新时代 新媒介 新想象
当代新闻传播研究的问题与方法

主 编 ◎ 叶南客
副主编 ◎ 虞淑娟

河海大学出版社

图书在版编目(CIP)数据

新时代　新媒介　新想象：当代新闻传播研究的问题与方法 / 叶南客主编. -- 南京：河海大学出版社，2018.12

ISBN 978-7-5630-5736-8

Ⅰ.①新… Ⅱ.①叶… Ⅲ.①新闻学—传播学—研究—中国 Ⅳ.①G219.2

中国版本图书馆 CIP 数据核字(2018)第 280745 号

书　　名 /	新时代　新媒介　新想象：当代新闻传播研究的问题与方法
书　　号 /	ISBN 978-7-5630-5736-8
责任编辑 /	易彬彬
封面设计 /	槿容轩　张育智　丁智慧
出版发行 /	河海大学出版社
地　　址 /	南京市西康路 1 号(邮编：210098)
电　　话 /	(025)83737852(总编室)　(025)83722833(营销部)
经　　销 /	江苏省新华发行集团有限公司
排　　版 /	南京布克文化发展有限公司
印　　刷 /	虎彩印艺股份有限公司
开　　本 /	787 毫米×1092 毫米　1/16
印　　张 /	24.75
字　　数 /	425 千字
版　　次 /	2018 年 12 月第 1 版
印　　次 /	2018 年 12 月第 1 次印刷
定　　价 /	78.00 元

丛书编委会

编委会主任 叶南客

编委会副主任 石 奎　张石平　季 文　虞淑娟

编委会成员（按姓氏笔画顺序排列）

邓 攀　叶南客　石 奎　朱未易

张石平　季 文　周蜀秦　黄 南

虞淑娟　谭志云

序 言 | Preface

在开创中国特色社会主义事业新局面、实现中华民族伟大复兴的历史进程中,哲学社会科学发挥了不可替代的重要作用。2016年5月17日,习近平总书记在全国哲学社会科学工作座谈会上明确指出:"坚持和发展中国特色社会主义,必须高度重视哲学社会科学,结合中国特色社会主义伟大实践,加快构建中国特色哲学社会科学。"2018年8月21日,习总书记在全国宣传思想工作会议上再次强调:"坚持马克思主义在我国哲学社会科学领域的指导地位,建设具有中国特色、中国风格、中国气派的哲学社会科学。"这表明,构建中国特色哲学社会科学不仅是我国广大哲学社会科学工作者的光荣使命,也是实现中国梦和中华民族伟大复兴的思想基石。

习近平总书记的系列讲话,为我们社科工作者指出了宏远目标。坚持和发展中国特色社会主义,必须加快构建中国特色哲学社会科学,按照立足中国、借鉴国外,挖掘历史、把握当代,关怀人类、面向未来的思路,以中国特色社会主义的实践为研究起点,牢牢坚持马克思主义的指导地位,牢牢坚持正确的政治方向和理论导向,善于融通中华优秀传统文化和国外哲学社会科学的优秀资源,加快构建具有自身特质的学科体系、学术体系、话语体系。

站在新的历史起点上,为更好地推进中国特色社会主义伟大事业,需要哲学社会科学工作者立时代潮头、发思想先声,积极述学立论、建言献策。多年来,《南京社会科学》坚持既定的办刊宗旨,在定位高端的期刊品牌战略引领下,依托跨学科、重时效的运营优势,突出前沿、精准、深度、集成的特点,探索特色型、开放型、高端化的办刊之路。在倡导主流价值,发挥综合优势,紧跟时代步伐的发展过程中,立求"发声"权威、重视策划"时效"、全力强化"导向",积极回应时代命题,不断推动学术创新,担负学术期刊在新时代的责任和使命。

随着中国特色社会主义进入新时代,学术期刊也亟待立足理论和实践,回应新问题、新形势和新挑战。近年来,《南京社会科学》着力发挥综合性人文社科期刊的优势,约请各学科领域的知名专家撰写专稿，倾力策划专题栏目，形成了一批丰厚的学术成果。本刊将选编近年发表的优秀论文重新拟定主题、编排体例，结集出版《南京社会科学》文丛。通过丛书的出版，倡导和推进扎根民族实践、中西融通、开放多元的学术生产，从而更好地扎根民族实践，重塑学术自觉，构建中国话语，讲好中国故事，传播中国声音，使《南京社会科学》努力成为拓展知识效用、坚守中国道路的学术载体，助力建设、创新与发展中国特色哲学社会科学。

衷心感谢多年来在《南京社会科学》贡献智识的专家学者，感谢河海大学出版社的大力支持，感谢丛书编委会同仁的协力合作，也期待本套丛书产生良好的学术影响和社会效能。

2018.12.24

目录 | Contents

◇ 新闻学理论范式 ◇

1. 试析马克思主义新闻观的哲学基础………………………………… 童 兵(2)
2. 从"客观性"到"透明性":新闻专业权威演进的历史与逻辑……………
   ………………………………………………………… 夏倩芳 王 艳(16)
3. 中国新闻理论研究的范式危机 ……………………………… 刘海龙(36)
4. 未来新闻的知识形态 ………………………………………… 王辰瑶(46)
5. 大数据时代的新闻学:计算新闻的概念、内涵、意义和实践……… 白红义(58)

◇ 传播学理论范式 ◇

1. 关于发展传播理论的范式转换 ……………………………… 陈卫星(76)
2. 公共传播研究的社会价值与学术意义探析 ………………… 吴 飞(88)
3. 论大众传播的历史性与意识形态性:基于技术的知识社会学视角 … 胡翼青(104)
4. "被遗忘的权利":个人信息保护的新问题及对策 ………… 邵国松(117)
5. "沉默舆论"的传播机理及功能研究 ………………………… 徐 翔(130)

◇ 舆论学与舆论监督 ◇

1. 论突发性事件的信息公开和新闻发布……………………陈力丹(142)
2. 社会化媒体时代的舆论研究：概念、议题与创新……………周葆华(151)
3. 中国舆论监督结构性关系的形成与发展……………………许　静(163)
4. 中国特色舆情理论研究及学科建设论略……………………王来华(173)
5. 自媒体发展中的表达自由、政府规制及其限度………………宋全成(186)

◇ 媒介学与媒介文化 ◇

1. 媒介融合：概念、动因及利弊…………………………………丁柏铨(200)
2. 媒介专业操守：能够建立理论框架吗？
　——基于伦理与道德分殊的一种尝试………………………展　江(214)
3. 新传播技术革命与网络空间结构再平衡……………………张涛甫(226)
4. 连接城乡：作为中介的城市传播………………………………谢　静(237)
5. 微信成瘾：社交幻化与自我迷失………………………………蒋建国(249)

◇ 国际传播与国家形象构建 ◇

1. 新阶段推动中国国际传播能力建设的理性思考………………姜　飞(262)
2. 跨文化传播学中文化适应研究的路径与问题……………李加莉　单　波(274)
3. 帝国、天下与大同：中国对外传播的历史检视与未来想象………
　………………………………………………………张　磊　胡正荣(286)
4. 国家形象建构：作为表征意指实践的"文化循环"……………刘丹凌(297)

◇ 新闻传播学研究方法 ◇

1. "民族志"与"网络民族志":变与不变 ·················· 郭建斌　张　薇(310)
2. 媒介·空间·事件:观看的"语法"与视觉修辞方法 ··············· 刘　涛(324)
3. 传播的理论与理论的传播:传播学史研究及其知识社会学方法 ······ 王金礼(340)
4. 大数据时代新闻传播学研究的重构与进路 ··················· 吴小坤(355)
5. 新闻框架与社会运动框架:两种研究视角的整合与对话 ··· 郭小安　霍　凤(368)

新闻学理论范式

试析马克思主义新闻观的哲学基础

童 兵

哲学的根本问题是思维和存在、精神和物质的关系问题。人们对自然界和人类社会的许多问题的基本认识，都以一定的哲学理念为依据和出发点。马克思主义新闻观也不例外，它以马克思主义哲学作为自己的认识工具和方法论原则。

马克思主义经典作家分析一切社会现象的基本方法，是从社会生活的各种领域中划分出经济领域来，从一切社会关系中划分出生产关系来，并把生产关系当作决定其余一切关系的基本的原始的关系。马克思主义经典作家从这一基本的社会结构框架出发，考察新闻传播事业在社会生活中所扮演的角色，发现新闻传媒的特征和功能，认识新闻传媒生产、发展及演进的规律，论证新闻信息和媒介意见的社会作用。

马克思主义新闻观以辩证唯物主义和历史唯物主义作为自己的哲学基础，在长期的新闻传播实践中检验和强化自己的真理性，克服片面性，不断地走向完善和深化，从而显示出无穷的生命力和巨大的战斗力。

下面，我们从五个方面简略分析马克思主义新闻观的哲学基础。

一、从事物联系的普遍性考察人类社会交往的必要性

马克思主义哲学指出，宇宙是各种事物相互间普遍联系的总体。人类社会是由人类个体构成的有机整体，各个个体的相互联系和相互交往是人类社会得以存在和发展的最重要的前提。人类首先离不开在物质生产基础上的交往活动。人类社会作为一种物质存在物，必须以空间上诸多个体的共同活动和时间上诸多个体的连续活动为条件，这种社会个体的活动的互动性和连续性，正是事物有机联系的普遍性和客观性的反映。所以马克思说，"社会

——不管其形式如何——究竟是什么呢？是人们相互作用的产物。"①

人类就是在这种物质关系中进行着各种交往活动，其中包括极为重要的精神交往。人类个体间的精神交往是相对较为远离生产劳动过程的交往形式，它在很大程度上超越了直接的生产过程和经济利益关系，但它始终不会脱离物质活动和经济利益。马克思和恩格斯指出，"思想、观念、意识的生产最初是直接与人们的物质活动，与人们的物质交往，与现实生活的语言交织在一起的。观念、思维、人们的精神交往在这里还是人们物质关系的直接产物。"②

随着人类社会的进步和生产力的发展，特别是物质利益同精神生产分离后，人们的精神交往具有了独立的形式和自身的特点，并对物质生产的方式产生一定的反作用。这正是客观世界中各种事物交互运动复杂多变特性的反映。所以马克思指出，精神活动呈现在人们眼前的，是一幅有种种联系和相互作用无穷无尽地交织起来的画面，但即便是在这种情况下，精神交往仍然不可能摆脱物质生产和物质利益。马克思强调了这样一条马克思主义基本原理："物质生产的生产方式制约着整个社会生活、政治生活和精神生活的过程。不是人们的意识决定人们的存在，相反，是人们的社会存在决定人们的意识。"③

马克思主义经典作家不仅重视人们进行精神交往的必要性，而且强调要为人们实现自由的精神交往提供各种保障。马克思和恩格斯提出，"既然人的性格是由环境造成的，那就必须使环境成为合乎人性的环境。既然人天生就是社会的生物，那他就只有在社会中才能发展自己的真正的天性，而对于他的天性的力量的判断，也不应当以单个人的力量为准绳，而应当以整个社会的力量为准绳。"④ 马克思还专门谈到思想自由对于精神交往的意义。他说，"只有在人们思维着，并且对可感觉的细节和偶然性具有这种抽象能力的情况下，才可能有人与人之间的社会关系。"⑤

马克思主义经典作家不仅重视社会制度对于保障言论出版自由的重要意义，而且十分强调传播技术对交往活动的巨大作用。马克思和恩格斯指出，工人"斗争的真正成就并不是直接取得的成功，而是工人的越来越扩大的联

---

① 《马克思恩格斯选集》第 4 卷，人民出版社 1995 年版，第 532 页。
② 《马克思恩格斯全集》第 3 卷，人民出版社 1960 年版，第 29 页。
③ 《马克思恩格斯选集》第 2 卷，人民出版社 1995 年版，第 32 页。
④ 《马克思恩格斯全集》第 2 卷，人民出版社 1957 年版，第 167 页。
⑤ 《马克思恩格斯全集》第 47 卷，人民出版社 1979 年版，第 255 页。

合。这种联合由于大工业所造成的日益发达的交通工具而得到发展……中世纪的市民靠乡间小道需要几百年才能达到的联合,现代的无产者利用铁路只要几年就可以达到了。"①

总之,事物联系的普遍性决定了人与人之间精神交往的必要性。正是人们的精神交往,激活了社会新闻信息的流动。捍卫新闻信息传授的自由权利,成为争取普遍人权的早期目标。为维护和发展人们交往的权利和条件,不仅要建立方便交往的制度,而且要为保障和优化交往活动不断地发展传播技术。

事物之间联系的普遍性这样一个基本的马克思主义哲学原理,对新闻传播活动和党及国家新闻政策的制定,对当前正在全面深入进行的政治体制改革和新闻改革,应该有很大的启迪和有力的引领作用:

其一,各级党委、政府和广大干部,各类新闻传媒及其主管部门,要充分尊重和敬畏包括知情权、表达权、参政权、监督权在内的基本人权,要为不断扩大和完善"四权"深入地无畏地去改革政治体制和新闻传播体制。世界大事、国家大事、地方大事必须有法制和政策为保障,充分地让人民群众知晓。国家和政府的重大决定,也同样要在法制和政策的保护下,经人民群众充分讨论后最后定夺。只有这样,全国上下,大江南北,各行各业,干部群众才能真正实现上情下达、下情上达、下情互达。

其二,要对新中国建立以来制定颁布(或内部实行)的妨碍人们之间沟通交流的政策、规定、法规进行比较彻底的清理和废止。对于国家机密、政党机密和其他机密的立法及相关规定,要根据当前全球形势和全国形势的新变化,对照世界多数国家的新发展,进行必要的修订,争取在一个不太长的时间里,同国际多数国家的相关规定和做法接轨。

其三,要在发展经济增加国民收入的同时,尽快尽多地减少公民用于沟通交往的成本,减少资讯消费收费,进一步扩大收视收听公共传播的群体和地区,切实加快传统媒体与新兴媒体融合的步伐,切实提升媒体融合的效果,切实保障广大人民群众享受到改革开放和新闻改革的实惠和好处。凡是同扩大民众沟通交流相关的电子产业、电信产业、传媒产业,必须坚定不移地把社会效益放在第一位,国家和政府应该为此不断地加大必要的投入。

以上三项工作切实做到、做好了,相信中国人民的相互联系、沟通、交

---

① 《马克思恩格斯选集》第1卷,人民出版社1995年版,第98页。

流必定会有根本的改观，并提升到一个新的水平。

二、从存在决定意识规律认识新闻传播的本质

辩证唯物主义认为，"人脑是思维的器官，但不是思维的源泉。意识是人脑的机能，但是光有人脑还不能产生意识。人们只有在社会实践中同外在的客观世界打交道，使人脑和其他反映器官同客观世界发生联系，才会产生意识。"① 正如马克思所说，"观念的东西不外是移入人的头脑并在人的头脑中改造过的物质的东西而已。"② 恩格斯也说过，"我们自己所属的物质的、可以感知的世界，是唯一现实的；而我们的意识和思维，不论它看起来是多么超感觉的，总是物质的、肉体的器官即人脑的产物。物质不是精神的产物，而精神本身只是物质的最高产物。"③

承认外部世界及其在人脑中的反映，是唯物主义认识论的基础。新闻传播活动是人们有明确目的和动机的社会行为，是人们认识外部世界和反映外部世界的意识活动。新闻作品，作为观念形态的东西，是人们反映和评论外部世界的产物。因此，新闻传播者的新闻传播活动，对于客观存在的东西，对于外部世界，有着绝对的依赖性。新闻传播的客体，主要是人们丰富多彩的社会实践活动，新闻传播者和他们的新闻传播活动对于人们的社会实践，有着直接的依赖性。没有外部世界，离开人们的社会实践，新闻传播活动就失去了反映客体和报道依据，新闻作品就成了无本之木，无源之水。

一部新闻传播史表明，新闻传播的本源乃是物质的东西，是事实，是人类在与自然的交往中和在社会生活中所发生的事实。新闻是事实的报道，事实是第一性的，新闻是第二性的，客观事实在先，新闻报道在后。新闻报道总是带有这样或那样的性质，比如重要性、新鲜性、趣味性等等，这些"性质"是从哪里来的？是由什么东西决定的？它们是由新闻所报道、所反映的事实自身决定的。事实决定新闻的种种"性质"，而不是"性质"对于客观事实或新闻报道有什么决定作用。当然，不同的社会制度，新闻传播者不同的价值取向，会影响事实的取舍和对这些事实所含性质的表现，但事实及其

---

① 肖前、李秀林、汪永祥主编：《辩证唯物主义原理》（修订本），人民出版社1991年版，第134页。
② 《马克思恩格斯选集》第2卷，人民出版社1995年版，第112页。
③ 《马克思恩格斯选集》第4卷，人民出版社1995年版，第227页。

所含有的性质是根本的,是第一性的。马克思在谈到报刊的本质时指出,"自由报刊是观念的世界,它不断从现实生活中涌出,又作为越来越丰富的精神唤起新的生机,流回现实世界。"①

新闻报道作为新闻传播者这个行为主体反映客体即外部世界的产物,同客体本身是不一样的,新闻传播者的意识活动及其产物新闻作品,使物质状态的客体变成了精神状态的观念成果。所以马克思曾经这样论述:"正是由于报刊把物质斗争变成思想斗争,把血肉斗争变成精神斗争,把需要、欲望和经验的斗争变成理论、理智和形式的斗争,所以,报刊才成为文化和人民的精神教育的极其强大的杠杆。"② 出于对报刊等新闻传媒这种极其重要的社会功能和特点的深刻认识,马克思主义经典作家向来看重新闻传媒在意识形态领域的独特地位和巨大作用。

由于意识对于存在的相对独立性和意识主体的个体主体性,马克思主义经典作家在论述意识与存在的相互关系时还指出,人的社会实践不但为意识提供现实的对象和内容,而且也为意识提供现实的主体。作为意识主体的人,他们只有在认识和改造外部世界的社会实践中,才能在实践活动和意识活动两个方面同时成为同周围环境既对立又统一的活生生的主体。"在对象化的实践活动中,人们既不断地再生产着外部的对象世界,同时也不断地再生产着全新的主体即人自身。同时,实践的物质活动还为人们的意识活动提供了越来越广泛和重要的认识工具。"③ 所以马克思指出,生产不仅为主体生产对象,而且也为对象生产主体。在新闻传播活动中,新闻传播者不仅生产新闻作品,也为新闻作品培育读者、观众和听众,同时,也为从事这种新闻生产培育着新闻工作者自身,为新闻生产的再生产和扩大生产培育着更多、更优秀的新闻传播者。这就是意识活动的能动性。

意识对于存在的能动性还表现在,人们在从事一件实际工作之前,先有明确的计划和设想,然后根据这些计划和设想去创建新的客观世界。毛泽东说,"一切事情是要人做的","做就必须先有人根据客观事实,引出思想、道理、意见,提出计划、方针、政策、战略、战术,方能做得好。思想等等是主观的东西,做或行动是主观之于客观的东西,都是人类特殊的能动性。

---

① 《马克思恩格斯全集》第1卷,人民出版社1995年版,第179页。
② 同上书,第329页。
③ 肖前、李秀林、汪永祥主编:《辩证唯物主义原理》(修订本),人民出版社1991年版,第152页。

这种能动性，我们名之曰'自觉的能动性'，是人之所以区别于物的特点。"①

意识活动对于外部世界的能动性的实现是有条件的。意识主体要懂得和尊重客观规律，从现实可行的条件出发，并且具有勇敢进取、百折不回的意志和毅力，把革命热情和科学态度结合起来。马克思主义经典作家谈到新闻传播者发挥反映和推动社会历史进程的作用时，一方面要求新闻传播者客观公正、实事求是地认识和反映现实世界，另一方面又要求社会为新闻传播者创造良好的传播环境，提供切实有力的制度支持。

存在决定意识这一唯物主义原理，从根本上规定了新闻传播者对于客观事实与新闻报道两者关系的基本立场：先有事实，后有新闻。也从根本上规定了一切新闻生产的基本程序：先获知构成新闻的基本素材——事实，包括人、事、时间、地点、事件的前因后果，再通过各种信息符号的运用，构建和"复原"事实和事件，以新闻作品的形式再现给关注这些事实和事件的众多受众。

一切成功的新闻报道，一切优秀的新闻作品，都是老老实实、规规矩矩、认认真真、一丝不苟地按照认识论的这一基本要求去认知事实，按照新闻生产的基本规程去操作的结果。反之，一切失败的新闻报道，一切错误的甚至被受众唾弃的新闻作品，除了立场、观点、价值取向等原因，最根本的，就是违反了唯物主义认识论原理，违反了先有事实后有新闻这一新闻生产的基本规程。

为此，为了坚持唯物主义认识论原则，排除和克服违反新闻生产规程的种种主客观因素，我们特别要坚持以下四点基本要求：

其一，对构成新闻的基本要素，对构成新闻传播和新闻作品的基本事实，新闻传媒和新闻传播者应持有敬畏之心，要毫无私心杂念地恪守几百年来新闻界始终不渝的新闻职业道德：为社会和公众生产真实、客观、公正、全面的新闻作品。其中，要特别强调和实践这样的理念：真实报道新闻是一切新闻传媒立足之本，是一切新闻作品的生命，是每个新闻传播者最重要的品格。

其二，把提供真实、客观、公正、全面的新闻报道作为每个新闻传媒和新闻传播者的基本功，真正把每个新闻传媒机构建成专职的调查研究机构，

---

① 《毛泽东选集》第 2 卷，人民出版社 1991 年版，第 477 页。

使每个新闻传播者成为名副其实的调查研究工作者。在新闻传播机构和整个新闻界，应造成这样的共识和舆论：造假的新闻传媒是最差的新闻传媒，造假的新闻记者是完全不称职的新闻传播者，要让这种传媒关门，让这样的记者下课。

其三，新闻界最来不得半点唯心主义和教条主义。要在新闻界形成这样的理念，构建这样的新闻运作机制：不唯上，不唯书，只唯实，一切以客观事实是从，一切从事实出发。为此，要从更广泛的角度考察，要在全国逐渐形成这样的风气甚至制度：主管部门不再过细地干预传媒报道什么不报道什么，传媒主管不再干预记者对事实的选择和对事实的细节提出不切实际的要求。进一步争取在全国传媒引进海外传媒长期以来的成功做法：记者只对事实负责，传媒负发表的责任。

其四，通过舆论鼓励传媒和记者讲真话，通过制度保护传媒和记者讲真话，通过司法救济支持传媒和记者讲真话。新闻界的一切规章制度，国家的一切新闻立法，都要有利于主张、支持、保护新闻传媒实施真实报道，有利于记者在坚持真实报道的过程中成长成才。从观念上走好第一步，从制度的顶层设计上下功夫，在新闻传播全过程中坚持唯物主义认识论，坚持先有事实后有新闻的规程，是当前便于切实操作的实际步骤。

三、对立统一法则制约新闻传播机制

对立统一法则是自然界、社会和思维发展的普遍规律，揭示任何事物都包含着内在矛盾性，矛盾双方既统一又斗争，推动事物的发展和转化。列宁指出："统一物之分为两个部分以及对它的矛盾着的部分的认识，是辩证法的实质。"[1] 毛泽东在《矛盾论》中对此作了更为详尽的阐释，他说："按照辩证唯物论的观点看来，矛盾存在于一切客观事物和主观思维的过程中，矛盾贯穿于一切过程的始终，这是矛盾的普遍性和绝对性。矛盾着的事物及其每一个侧面各有其特点，这是矛盾的特殊性和相对性。矛盾着的事物依一定的条件有同一性，因此能够共居于一个统一体中，又能够互相转化到相反的方面去，这又是矛盾的特殊性和相对性。"[2]

---

[1]《列宁选集》第 2 卷，人民出版社 1995 年版，第 556 页。
[2]《毛泽东选集》第 1 卷，人民出版社 1991 年版，第 336 页。

运用辩证唯物论的立场与方法考察新闻传播活动，我们可以发现，在新闻传播活动中，新闻传受双方所传播与接收的各种信息、观念与舆论，实际上无一不是自然界和社会生活中各种矛盾事物及其每一个矛盾侧面的公开披露，无一不是传受双方对这些矛盾事物及其侧面的数量上的把握和质量（性质）上的认定。新闻传播者每天、每时、每刻都在对汪洋大海般涌来的成绩与问题、好人好事与坏人丑事、大好形势与缺点不足等等事实进行考察选择，权衡其利弊得失，对报道时机的快与慢、报道量的大与小、新闻处理的重与轻等等进行决策定夺。这实际上就是对辩证法的活的应用。

因此，新闻传播的机制，是由对立统一法则规定的，其实施过程无不受到对立统一法则的制约。在新闻传播过程中，自觉地掌握和运用对立统一法则，新闻传播就正确，就有效，就能充分发挥新闻传媒巨大的社会功能；不按辩证法办事，违背对立统一法则，随心所欲，盲目传播，就不会有好的传播效果，有时甚至会走向反面。人说新闻工作犹如江河湖海，既可载舟又可覆舟，能否学好用好对立统一法则，是顺水行舟不翻船的关键。

坚持辩证法，运用对立统一法则指导新闻传播活动，首先要求我们从事物的发展变化观察事物，把握事物运动的走向。新闻传播者对新闻事实的选择和对传播效果的考量，必须以发展变化的眼光，考察和把握利弊得失，把对事实的选择和对效果的预测放到一定的条件下。特定的时空条件下，新闻传播中的利弊、敌我、冷热、虚实、真伪、褒贬、上下、攻守、主客、点面、快慢、异同、正反、动静、轻重、内外、古今、软硬、是非等等是可能互相转化的，事物的这一方，可能被另一方所取代，优势演变为劣势，上风沦为下风，正面效应成为负面效应。用因循守旧的观点看事物，以千篇一律的方法做传播肯定搞不好新闻工作。"蔑视辩证法，是不能不受惩罚的。"[①]

其次，对立统一法则要求新闻传播者全面地观察事物，处理各种社会矛盾关系。列宁指出，"辩证逻辑要求我们更进一步。要真正地认识事物，就必须把握住、研究清楚它的一切方面、一切联系和'中介'。我们永远也不会完全做到这一点，但是，全面性这一要求可以使我们防止犯错误和防止僵化。"他还指出，"辩证法要求从相互关系的具体的发展中来全面地估计这种关系，而不是东抽一点，西抽一点。"[②]

---

① 《马克思恩格斯选集》第4卷，人民出版社1995年版，第300页。
② 《列宁选集》第4卷，人民出版社1995年版，第416页。

任何事物都表现为一定的量和质，量和质都是事物本身所固有的规定性。量和质是不断变动的，新闻报道的正是事物的这种量变和质变。量变是质变的准备，质变是量变的结果，质变又会引起新的量变。不断地质量互变，事物就不断前进发展。新闻传播者每天忙忙碌碌，就是寻觅和捕捉这种变化，并在第一时间及时地向公众报道和评说这种变化。

体现事物质与量对立统一的是"度"。所谓度，就是一定事物保持自己质的量的限度，是和事物的质相统一的限量。[①] 处于稳定态的事物，它的量和质既是对立的，又是统一的。新闻传播者如果能及时、正确地认识和把握这个"度"，也就能准确地度量和报道该事物的量和质，这样的报道也易达到可靠和良好的传播效果，这就是报道"适度"。

再次，对立统一法则还要求新闻传播者具体地分析具体情况，实事求是地反映和指导实际工作。列宁说："马克思的辩证法要求对每一特殊的历史情况进行具体的分析。"[②] 新闻传播者所要反映的自然界千变万化，所要报道的人类社会千头万绪。对报道者来说，千事万物有着说不完道不尽的特殊性，因果联系中的多样性因素神奇地起着作用，偶然性情况对必然性趋势不可避免地会有冲击，种种主客观条件的变化又是造成人们难以预料的特殊性出现的原因。因此，新闻传播者必须克服本本主义、教条主义、形式主义等的影响，到生活中去，到群众中去，进行深入细致的调查、了解、研究，掌握第一手材料，具体问题具体分析，准确无误地反映、报道和评说每一个具体的人物和事件。正由于此，客观、公正、真实、全面地报道新闻，成为中外新闻传播者必须遵循的新闻传播活动的基本准则。

认识和把握对立统一法则对新闻传播机制的制约，对新闻传播者来说，有两点是特别重要的。一是要学会选择有说服力的、能够"讲话"和表明立场的事实，让这些事实替你说话，为你表达立场。记者不该轻易地直接站出来自说自话。二是要学会正确地把握好"说话"的"度"，不过量报道，不过度说话。报道的信息量要适可而止，话要讲到恰到好处。否则，新闻报道可能走向反面，令人不信，叫人生厌。

[①] 肖前、李秀林、汪永祥主编：《辩证唯物主义原理》（修订本），人民出版社1991年版，第216页。

[②] 《列宁选集》第2卷，人民出版社1995年版，第700页。

四、经济基础与上层建筑互动原理规定新闻事业的性质

关于经济基础与上层建筑的相互关系，马克思在《政治经济学批判》序言中有一段经典论述："人们在自己生活的社会生活中发生一定的、必然的、不以他们的意志为转移的关系，即同他们的物质生产力的一定发展阶段相适合的生产关系。这些生产关系的总和构成社会的经济结构，即有法律的和政治的上层建筑竖立其上并有一定的社会意识形式与之相适应的现实基础。物质生活的生产方式制约着整个社会生活、政治生活和经济生活的过程。不是人们的意识决定人们的存在，相反，是人们的社会存在决定人们的意识。社会的物质生产力发展到一定阶段，使同它们一直在其中运动的现存生产关系或财产关系（这只是生产关系的法律用语）发生矛盾。于是这些关系便由生产力的发展形式变为生产力的桎梏。那时社会革命的时代就到来了。"①

马克思的这段经典论述表明，在马克思主义经典作家看来，社会结构是由经济基础和上层建筑（上层建筑又由政治上层建筑和思想上层建筑即意识形态构成）两大部分构成的，经济基础是社会结构的基本部分，它制约着整个社会生活、政治生活和精神生活的过程，上层建筑是由经济基础决定并为其服务的。但是，上层建筑又有相对独立性并具有一定的能动作用，即它可能成为生产力发展的推动力，也可能成为生产力发展的障碍。

就新闻传播事业在社会结构中占据的地位和它所具有的主要社会功能来考察，新闻传播事业是一种上层建筑；在上层建筑中，新闻传播事业不是政治上层建筑即国家机器，而是思想上层建筑即意识形态形式。这是根据马克思主义关于经济基础与上层建筑关系的学说，对新闻传播事业性质及功能的定位。

在政治学说、法律学说、哲学、宗教、文学、艺术、道德等意识形态形式中，新闻传播事业及其学科新闻传播学以什么特征同各种意识形态形式相区别呢？以新闻手段。毛泽东指出："在社会主义国家，报纸是社会主义经济即在公有制基础上的计划经济通过新闻手段的反映，而资本主义国家报纸是无政府状态和集团竞争的经济通过新闻手段的反映不相同。"② 这里的新

---

① 《马克思恩格斯选集》第2卷，人民出版社1995年版，第32-33页。
② 毛泽东：《文汇报在一个时间内的资产阶级方向》，《人民日报》1957年6月14日。

闻手段，泛指消息、通讯、评论、图片及编排和传播形式的总称，专指新闻传播者用事实说话的特殊手法。

马克思和恩格斯有一系列论述强调意识形态的能动作用。这些论述为我们认识新闻传播事业对于社会经济基础的能动作用以及对于意识形态其他形式的能动作用，提供了理论指导。马克思和恩格斯还特别重视精神生产支配者的作用。他们指出，"统治阶级的思想在每一时代都是占统治地位的思想。这就是说，一个阶级是社会上占统治地位的物质力量，同时也是社会上占统治地位的精神力量。支配着物质生产资料的阶级，同时也支配着精神生产资料，因此，那些没有精神生产资料的人的思想，一般的是隶属于这个阶级的。占统治地位的思想不过是占统治地位的物质关系在观念上的表现，不过是以思想的形式表现出来的占统治地位的物质关系；因而，这就是那些使某一个阶级成为统治阶级的关系在观念上的表现，因而这也就是这个阶级的统治的思想。"[①] 马克思和恩格斯对社会统治思想的这些论述，为我们正确认识和把握新闻传播的指导思想、新闻传媒的性质和功能、新闻传播者的历史使命，指明了方向。

进入20世纪之后，无产阶级政党在许多国家先后建立，党的报刊如雨后春笋般迅速发展。马克思主义经典作家在新的历史条件下关于党的组织和党的报刊的许多论述，将马克思和恩格斯关于社会主导观念的思想推向深化。

列宁在《党的组织和党的出版物》一文中，鲜明地提出了党的出版物的口号和新闻传播工作的党性原则。列宁强调，"写作事业应当成为整个无产阶级事业的一部分，成为由整个工人阶级的整个觉悟的先锋队所开动的一部巨大的社会民主主义机器的'齿轮和螺丝钉'。写作事业应当成为社会民主党有组织的、有计划的、统一的党的工作的一个组成部分。"[②] 列宁提出的报刊工作党性原则，鲜明地强调了党的领导对于报刊工作的重要性，也明确规定了党的报刊自觉地接受党的领导的必要性。

经济基础与上层建筑互动的原理，为我们认识和把握不同历史时期、不同社会制度下的新闻传媒的性质，认识和坚持社会主义制度下新闻传媒的正确政治方向提供了理论武器。实行改革开放政策以来，我国经济呈现多种经

---

① 《马克思恩格斯选集》第1卷，人民出版社1995年版，第98页。
② 《列宁选集》第1卷，人民出版社1995年第3版，第663页。

济成分，近年来混合经济又有很大发展。多种经济成分发展的结果，必然会导致一些新闻传媒产权所有和经营权多样化的变化。但是，不论传媒的属性出现怎样的变化，它们是社会主义社会的新闻传媒的根本性质不会改变，这些传媒必须坚持党的领导、必须坚持社会主义政治方向的原则立场不会改变。强调和坚持这一点，在当前有着突出重要的现实意义。

五、人民的历史主人地位决定人民是新闻事业发展的动力

马克思主义经典作家高度重视人民群众在推动历史进程中巨大的创造力。列宁指出，"马克思主义和一切社会主义理论的不同之处在于，它出色地把以下两方面结合起来：既以完全科学的冷静态度去分析客观形势和演进的客观进程，又非常坚决地承认群众（当然，还有善于摸索到并建立起同某些阶级的联系的个人、团体、组织、政党）的革命毅力、革命创造性、革命首创精神的意义。"[①] 列宁特别强调，群众生气勃勃的创造力是新社会的基本因素，生气勃勃的创造性的社会主义是由人民群众自己创立的。

马克思主义经典作家根据相信群众、依靠群众、尊重群众在革命和建设中的首创精神的历史唯物主义原理，提出新闻传播事业是人民群众联合起来的事业的观点，规定了全党办报、群众办报的开门办报方针。毛泽东指出，"我们的报纸也要靠大家来办，靠全体人民群众来办，靠全党来办，而不能只靠少数人关起门来办。"[②]

出于对群众力量的充分肯定和为人民服务的使命感，马克思主义经典作家强调新闻传播工作者要根据人民群众的需要，向他们提供可靠、适用的新闻作品。列宁在《苏维埃政权的当前任务》中说，"就拿公开报道这样一种组织竞赛的办法来讲吧。资产阶级共和国只是在形式上保证这点，实际上却使报刊受资本的支配，拿一些耸人听闻的政治上的琐事来供'小百姓'消遣，用保护'神圣财产'的'商业秘密'掩盖作坊中、交易中以及供应等等活动中的真实情况。"我们"必须系统地进行工作，除了无情地压制那些满篇谎言和无耻诽谤的资产阶级报刊，还要努力创办这样一种报刊：它不是拿

---

① 《列宁选集》第1卷，人民出版社1995年第3版，第747页。
② 毛泽东：《对晋绥日报编辑人员的谈话》，《毛泽东新闻工作文选》，新华出版社1983年版，第150页。

一些政治上的耸人听闻的琐事供群众消遣和愚弄群众，而是把日常的经济问题提交群众评判，帮助他们认真研究这些问题。"①

马克思主义经典作家要求新闻传播者忠诚地为人民服务，努力为受众写作。刘少奇曾对新闻记者说，"你们的任务是写给读者看，读者就是你们的主人，他说你们的工作没做好，那就等于上级说的，你们没有话说。""你们是人民的通讯员，是人民的记者，要全心全意为人民服务。""你们要了解人民群众中的各种动态、趋向和对党的方针政策的反映。人民包括各阶层，要加以区别。要善于分析具体情况，看各阶层人民有什么困难、要求和情绪。要采取忠实的态度，把人民的要求、困难、呼声、趋势、动态，真实地、全面地、精彩地反映出来。""你们的笔，是人民的笔，你们是党和人民的耳目喉舌。"②

马克思主义经典作家要求新闻传播工作者要谦逊，要努力向人民群众学习，向社会学习。毛泽东批评有些文艺工作者不熟悉群众，不懂群众语言，英雄无用武之地。他说，"文艺工作者同自己的描写对象和作品接受者不熟，或者简直生疏得很。我们的文艺工作者不熟悉工人，不熟悉农民，不熟悉士兵，也不熟悉他们的干部。什么是不懂？语言不懂，就是说，对于人民群众的丰富的生动的语言，缺乏充分的知识。"③ 因此，毛泽东要求文艺工作者必须同群众打成一片，经过长期的甚至是痛苦的磨炼，了解群众，懂得他们的语言。他还要求文艺工作者学习马克思主义知识，学习社会。从当年参加文艺座谈会的人员看，毛泽东这里所说的文艺工作者，是包括新闻传播工作者的。

为了教导青年人，尤其是加入党报工作者行列不久的青年新闻工作者，恩格斯曾经提出许多中肯和严格的要求。恩格斯说，"但愿他们能懂得：他们那种本来还需要加以彻底的批判性自我修正的'学院式教育'，并没有给予他们一种军官证书和在党内取得相应职位的权利；在我们党内，每个人都应当从当兵做起；要在党内担任负责的职务，仅仅有写作才能和理论知识，即使二者确实具备，都是不够的，要担负负责的职务还需要熟悉党的斗争条件，习惯这种斗争的方式，具备久经考验的耿耿忠心和坚强性格，最后还必

---

① 《列宁选集》第3卷，人民出版社1995年版，第492-493页。
② 刘少奇《对华北记者团的谈话》，《刘少奇选集》（上卷），人民出版社1981年版，第401-402页。
③ 《毛泽东选集》第3卷，人民出版社1991年版，第850-852页。

须自觉地把自己列入战士的行列——一句话，他们这些受过'学院式教育'的人，总的说来，应该向工人学习的地方，比工人应该向他们学习的地方要多得多。"①

党的十七大以来，党中央强调新闻传播工作要充分体现以人为本的原则。党的十八大以后，更要求把以人为本的原则落实到新闻、宣传、舆论工作的方方面面。习近平在一系列重要讲话中反复强调，一方面要真正让人民群众享受到改革开放的实惠和成果，另一方面又要求进一步放手发动群众，让他们真正成为实现"中国梦"的主力。

随着新闻改革和经济改革的不断深入，商业利益无孔不入地进入包括新闻传媒业在内的各行各业。这种渗入的结果之一，是对人民群众在新闻传媒业发展中作用的忽视，令一些作品粗制滥造、庸俗低级，遭到群众的厌恶和反对。对此，我们要引起警惕，采取切实措施给予坚决抵制和纠正。人民的新闻传媒业一定要以高度的社会责任感，为人民提供合格的精神食粮，成为党和人民都满意的社会主义上层建筑，成为人人喜闻乐见的文化事业和文化产业。

---

① 《马克思恩格斯选集》第 4 卷，人民出版社 1995 年版，第 399 页。

从"客观性"到"透明性"：
新闻专业权威演进的历史与逻辑

夏倩芳　王　艳

作为维系新闻业专业权威的核心实践原则，自其产生之日起，"新闻客观性"就一直是学界、业界和公众议论最多的核心命题，"新闻业中从没有任何一个概念如客观性这样引发如此多的讨论和争议"[①]。朱迪丝·李钦伯格（Judith Lichtenberg）曾感慨，对客观性的攻击"能够结交千奇百怪的盟友，能够把来自左的和右的批评家联合在一起，能够把最玄奥的学究和世界各地的各种政治家、辩护士以及新闻记者扯到一起"[②]。作为实践性原则，新闻客观性的实质争议在于其实践的"方法"，这也决定了客观性伴随社会需要和传播技术的革新而不断演变的状态，客观性因而是过程性的。在当下，新媒体技术全面改造了传播环境，对新闻机构专业权威的挑战又一次将客观性推到了风口浪尖，"透明性"被作为替代性概念和实践方法而提出来。那么，"透明性"在何种意义上能取代客观性？客观性能否又一次在危机中重生？新闻业的专业权威能寻找到其他的替代性来源吗？对这些问题的回答，将把我们引向一个更根本也更原初的问题，即客观性对于社会的民主参与和对话仍有必要吗？

一、当我们在谈论客观性时，我们在谈论什么？

针对客观性的批评大多围绕在新闻报道是否客观、能否客观以及应否客观三个问题上：

[①] Donsbach, W., kleit. B. Subjective objectivity: How journalists in four continents define a key term of their profession [J]. Gazette, 1993, 51 (1): 53-83.

[②] 【美】朱迪丝·李钦伯格：《为客观性辩护》，载詹姆斯·库兰、米切尔·古尔维奇《大众媒介与社会》，杨击译，华夏出版社2006年版，第228页。

第一类批判性观点，从社会建构论的角度，采取内容分析、话语分析等研究方法，检视媒体进行倾向性报道的表现，包括信源结构、议题选择、新闻主题、新闻框架、归因处理等，经典研究是20世纪70年代以来格拉斯哥大学媒介研究小组对英国电视新闻表现的考察。

第二类批判性观点，多从新闻工作者的主观局限、文化和意识形态、新闻生产组织结构、媒介惯例、文化与制度环境等方面，阐释媒体无法做到客观公正的原因。客观性形成障碍主要有四个方面，一是报道者和编辑的政治态度、文化背景、意识形态、既有偏见等；二是组织或结构性因素，包括媒体的编辑方针、新闻价值观、技术性特征，所受到的时间、空间、后勤、财务、法律等方面的约束，所选择的消息来源是否可得等；三是记者所处的社会环境；四是语言修辞[1]。

第三类批评是从传播与民主的关系，从对威权主义批判的角度，反思新闻客观性对公共领域和民主参与的负面影响。主要看法认为，客观性要求记者不对事实进行价值判断，罗列双方观点不做评论，事实上是记者偷懒和推卸责任的方法，它让公众成为新闻的被动接受者，妨碍了对真相的获得。同时，"客观性"要求获取确证的事实和权威消息来源，将更多话语权赋予了权力部门和政府官员，淹没了来自普通民众和弱势人群的声音，限制了信息的多元性，维护的是各种既有权力和体制的合法性，并使霸权性的意识形态源源不断地再生产出来。新闻客观性因此被指责为媒体抵御批评、获得商业成功的"防卫性常规"（a defensive routine）[2]、"策略性仪式"（a strategic ritual）[3]、"维持现状的符码"（a code for maintaining the status quo）[4]、"操纵霸权的工具"（an instrument of domination）[5]、"修辞性装置（a set of rhetorical devices）"[6] 等。

一方面，没有人会否认新闻业应以报道真相为己任，而另一方面"新闻

---

[1] Boudana, S. A definition of journalistic objectivity as a performance, *Media Culture Society*. 2011; 33 (3), 385-398.

[2] Altheide, D. L. (1984). Media hegemony: A failure of perspective, *Public Opinion Quarterly*. 1984; 48 (2), 476-490

[3] Tuchman, G. (1972). Objectivity as strategic ritual: An examination of newsmen's notions of objectivity, American Journal of sociology. 1972; 77 (4); 660-679.

[4] Altschull, J. H. Agents of power: The media and public policy. New York: Longman, 1995.

[5] Boudana, S. (2011). A definition of journalistic objectivity as a performance. Media, Culture& Society, 33 (3), 385-398.

[6] Sial, L. V. (1986). "Sources Make the News", inRobert K. Manoff & Michael Shudson, eds., Reading the news. New York: Pantheon Books., pp. 12-22.

客观性"总是陷入无休止的质疑中,如何理解这一悖论?穆尼奥斯-托雷斯(Muñoz-Torres)在回顾历史上对新闻客观性的诸多争论后认为,这与"新闻客观性"概念本身的松散、模糊、弹性和多义有关:作为新闻业的核心概念,新闻客观性是一个与其他议题关联紧密的复杂命题,以至于可以从许多不同方面进行阐释;再者,在新闻业的发展过程中,客观性的内涵并不是一成不变的,而是包含许多互有分歧甚至彼此冲突的含义;另外,客观性问题有其哲学起源,其核心内涵与其他更深层次的、理解起来比较困难的哲学概念如"真相"相关联[1]。

首先,新闻客观性既是一种客观范畴,也是一种主观范畴。在本体论上,客观性意指某事物不以人的意志为转移的真实存在(即"何为真"),这是新闻客观性的逻辑起点。在认识论上,客观性关心的是新闻的主观认识形式如新闻报道与社会事实的客观内容是否相符合及其符合的程度(即"如何知道这是真的"),包含事实的准确性和解释的合理性两个方面。在方法论上,客观性代表是否可以设计出一套建立在被正确核实的证据基础之上的、不带偏见的调查方法,来保证在实践中所做的决定满足一系列相关标准,从而降低其他不相关的考量和偏见的影响(即"如何保证这是真的")[2]。新闻报道作为人类的主观性认识活动,受到报道者主观认知能力、意识形态、新闻机构制度环境等多方面的制约,认识论意义及方法论意义上的客观性因而无法得到完全实现。正是由于无法做到真正的客观并从有利于实践上可操作性的考虑,人们转而追求在方法或语气上做到客观,诸如中立、平衡、准确、公平等。永远无法达到的客观性目标与不完美的客观性新闻实践之间难以填补的沟壑,是新闻客观性争议不断的根源。

其次,新闻客观性是实质客观与形式客观的统一,它既是一种道德理想,又是一整套报道、编辑实践,以及清晰可见的写作样式。道德理想层面上的新闻客观性,即实质客观,指的是新闻事业及新闻工作者以崇尚事实为己任,排除个人价值观和偏见如实报道事实及真相,包括真实性、公平性、公正性、独立性、中立性、相关性、完整性以及超然性等理念[3];操作层面

---

[1] Muñoz-Torres, J. R. (2012). Truth and objectivity in journalism: Anatomy of an endless misunderstanding, Journalism Studies, 13 (4), 566-582.
[2] Ward, S. J. (2006). The Invention of Journalism Ethics: The Path to Objectivity and Beyond, Montreal: McGill-Queen's University Press.
[3] Westerståhl, J. (1983). Objective news reporting: General premises, Communication Research, 10 (3), 403-424.

上的新闻客观性，即形式客观，指的是用来防止新闻从业者主观性介入的新闻常规和操作方法，一般包括采用倒金字塔结构写作、采用中性语言、使用引语交代和说明信源、平衡处理信息等；文本层面上的新闻客观性，指的是一种名为"客观报道"的写作样式，它具备以下特质：可以提供完整且可供检验的事实信息、将事实与意见或解释区隔、具有可靠的消息来源、实时传递最新信息、以中立的叙事和形式去呈现报道，同时对于争议性事件采取独立、不涉及利益的角色，以及扬弃个人对广告商或第三者的偏私、有利或别有用心的动机。第一层意义的客观性可称为"作为理念的客观性"（objectivity as an ideal），后两层意义的客观性可称为"作为方法的客观性"（objectivity as a method）①。因此，新闻客观性随着新闻事业的发展并不只是一个孤零零的概念，而是包含了诸多层面、程度以及多重含义。一些人在谈论客观性时常常诉求的并非同一个批判对象，或者将客观性不同层面上的含义混作一团进行批评，例如通过批评超然中立、不偏不倚这种形式客观的操作方法和写作风格来否定客观性目标本身，使得对客观性的批判常常充满混淆。

　　李钦伯格在检视目前各种对新闻客观性的指控后进一步认为，反对者们的理由尽管五花八门，但他们真实的靶子其实并不是客观性本身，而是一种与客观性有联系但又区别于客观性的东西。实际上，他们与客观性的支持者享有同一个逻辑前提：即真正的客观性是可能实现的，更客观的报道方式也是可能的，否则何苦去抱怨一个根本不会存在的空中楼阁？同时，这些反对的声音始终无法摧毁客观性的另一个原因在于，它们抽离了重要的前置逻辑：即尽管经验因不同人不同文化而异，人类仍然存在着普遍知识和普适视角。怀疑某一种或某一套具体的描述是否客观，并不能就此否认讲述一个客观的、至少是一个更加客观些的故事的可能性，我们至少可以区分较好的和较坏的，较准确的和较不准确的描述②。

　　综上所述，目前对于客观性的各类批判实际上指向的都是新闻实践的操作手法和表现形式，目的是探讨"客观性"实践进一步完善的实现途径，而并没有否定也无法否定媒体应排除偏见报道真相的客观性理想。换句话说，对客观性的所有批判都是针对客观性"方法论"的批判，而非针对客观性理

---

　　① 【美】朱迪丝·李钦伯格：《为客观性辩护》，载詹姆斯·库兰、米切尔·古尔维奇《大众媒介与社会》，杨击译，华夏出版社 2006 年版，第 242 页。
　　② 同上书，第 227-230 页。

念本身，这些批评反映出的恰恰是人们对于实现真正客观性的希望。坚持客观性当然要去认识自身的偏见和局限性，而对这些偏见和局限性的认识反过来更加凸显了客观性理想的规范性作用："只要我们试图掌握理解世界的途径，我们就必须采纳这种理想典范，哪怕这种典范是有局限性的"①。正如比尔·科瓦奇（Bill Kovach）与汤姆·罗森斯蒂尔（Tom Rosentiel）在《新闻的十大基本原则》一书中所澄清的那样，客观性观念最早引入新闻工作的逻辑在于新闻工作者无法做到客观，但是在方法上可以做到客观。这一原始而深刻的意义现在已经彻底被误解并且基本上被抛弃。客观性争议的关键应放在规范和约束新闻生产方式，而不是目标本身②。

二、作为专业管辖工具的客观性

新闻客观性是新闻专业主义的核心原则，理解和讨论客观性的不可取代性必须回到"新闻业是否以及如何成为一门专业"的问题上来。总体上说，已有的关于"专业化"问题的研究大致分为以下取向：第一类是以某些客观特征为标准和参照系，检视、评价、描述、界定某一职业能否成为专业，此为"专业特征"的研究取向。这类研究因循结构功能学派的观点，认为所谓"专业"就成了满足某些特征的职业，所谓"专业化"就是这些职业获得这些特征的过程，这些特征和要素通常包括：工作以科学或系统知识为基础，专业成员受到正式教育，存在自我管理的专业协会，设立道德规范，专业成员与客户之间存在信托关系，有专业准入门槛，被广泛认可的社会地位或声望等③。

"专业特征"的取向存在着生搬硬套、倒果为因的缺失。20世纪60、70年代以后，一些学者受到马克斯·韦伯（Max Weber）关于权力的论述以及埃弗里特·休斯（Everett Hughes）所代表的芝加哥学派象征互动论的启发，提出"什么样的条件促使人们使职业成为专业，让自己成为专业人员"比"什么是专业？"的问题来得更重要。此为侧重专业化过程的"专业条件"取向。在该研究取向看来，专业化不是简单的"有无"专业特质的问题，而是一个

---

① 【美】朱迪丝·李钦伯格：《为客观性辩护》，载詹姆斯·库兰、米切尔·古尔维奇《大众媒介与社会》，杨击译，华夏出版社2006年版，第239页。
② 【美】比尔·科瓦奇、【美】汤姆·罗森斯蒂尔：《新闻的十大基本原则：新闻从业者须知和公众的期待》（中译版第二版），刘海龙、连晓东译，北京大学出版社2011年版，第99页。
③ Schudson, M. & Anderson, C. (2009). "Objectivity, Professionalism, and TruthSeeking in Journalism", In Karin Wahl-Jorgensen & Thomas Hanitzsch eds., The handbook of journalism studies, New York: Routledge, pp. 88-101.

不断与外部政治、经济和社会力量互动的动态过程，进而凝聚成员间的共识，提升对自身所承担的责任和规范的认同，并逐步取得专业的声望与地位。为此需具备一些必要条件，如建立系统和科学化的知识结构、建立专门的教育训练体制、吸引有才能的人员进入学习、建立授予证书的标准等①。

"专业条件"取向的研究虽并不强调"什么是专业"的问题，但对专业与社会互动如何产生关联的具体过程也并未明确说明，隐含着专业的最终状态，实际上和"特征取向"殊途同归，而这两种取向所列出的特征和条件基于律师、医生等典型专业，并非所有专业都适用。芭比·泽利泽（Barbie Zelizer）就指出，与那些典型专业不同，新闻业并不需要受到专业化条件的限制，许多新闻工作者并不乐意阅读新闻工作手册或者接受新闻专业的学院教育和培训项目。在很多新闻组织里并没有成文的职业行为规范，道德准则也始终没有得到确立，大多数新闻工作者习惯性地拒绝执照授予程序，并对专业协会不感兴趣②。

20世纪70年代末期以后，受到韦伯关于"地位群体"概念的启发，一些职业社会学者开始关心为何某些职业持续保持专业的原因。麦格丽·拉森（Magali Larson）指出，"对理想范型的建构并不能说明何为专业，而仅仅能表明专业假装成为什么"。更有意义的问题在于，"在日常生活中专业是如何协商或者保持他们特殊的地位的？"专业化问题于是转化为：集体的社会行动者如何将他们独占的稀缺资源例如特殊的知识和技能转化为社会和经济上的报酬，进而确立起特殊的服务市场，保障自身独特的社会地位和市场价值③。这构成了关于专业化问题的另一研究取向——侧重专业区隔与控制的"垄断学派"。

到了20世纪80年代，安德鲁·阿伯特（Andrew Abbott）指出：过往有关专业问题的研究虽然能够显示某些行业对其知识的控制和应用，却无法解释为什么这些形态得以形成，也忽视了不同专业之间的竞争，应将关注焦点从孤立的专业群体转移到专业工作本身上来，事实上，各个职业并不单独经历所谓的"专业化"过程，而是共同构成了一个相互依赖的生态系统，通过彼此之间的互动而发展，它们之间通过对专业的"管辖权"（jurisdiction）

---

① Hughes, E. (1984). The sociological eye: Selectedpapers, Chicago: Aldine-Atherton.
② Zelizer, B. (1992). Covering the body: The Kennedy assassination, the media, and the shaping of collectivememory, Chicago: University of Chicago Press.
③ Larson, M. (1977). The rise of professionalism: A sociological analysis, Berkeley: University of California Press.

建立联系。而这种管辖权往往具有排他性，一个专业控制了某项工作，其他专业就不能再合法地从事这项工作，形成"管辖权冲突"（jurisdiction conflict）。所谓"专业化"即是处在同一工作领域的各项职业对专业知识展开管辖权的主张与争夺、获得社会对其排他性权力认可的过程，"专业"的形成正是在处于同一工作领域的不同职业对于管辖权边界的冲突中完成的[①]。职业之间管辖争夺的具体过程和本质被托马斯·基恩（Thomas Gieryn）概括成"边界工作"（boundary work），即专业群体通过扩张、垄断、驱逐、保护自主性等话语建构方式，对内划分出专业成员及其服务的优劣程度，对外可将那些能提供类似服务的闯入者排除在专业领域之外，从而主张和重申自身的正统性[②]。

在专业管辖理论的观照下，一项职业的专业性在于它能否获得对其工作的排他性管辖权，专业化过程于是成为一个行业的职业自主性与从业者所享有的声望在社会中获得合法性的过程。泽利泽有关"新闻权威"（journalistic authority）和"阐释共同体"（interpretive community）的论述沿袭了管辖权控制理论的研究。"新闻权威"指的是一种新闻业作为具有权威性和可信度的真实事件的发言人的能力。她在研究美国新闻界对"麦卡锡事件"的评论时发现，记者们将"麦卡锡事件"报道从新闻界"犯下的错误"扭转为"从中吸取教训"，从而弥补了失误，挽救了声誉，巩固了他们所仰赖的对新闻事件收集和评价的权威性[③]。

新闻本质上是一种知识资源，新闻职业要获得专业地位，必须取得对事件信息进行收集和传播的排他性管辖权。由于新闻业对专业知识的管辖控制并未如医生、律师那样受到政府权力的保护（如职业资格准入制度、法律法规等），新闻记者正是通过对新闻客观性的崇尚部分地获得了这种权力，以不受外界势力影响的真实性、准确性、公正性与公关界、政府宣传等相近职业和局外人隔离、区别开来。因此可以说，与医生、律师等典型专业不同，新闻工作者的社会地位很大程度上是一种自我赋予，取决于他们如何对待事实，如何更好地实现客观性。而对于新闻业来说，"新闻客观性"不仅是一

[①] Abbott, A. (1988). The Systems of professions: An essay on the division of expert labor, Chicago,: University of Chicago Press.

[②] Gieryn, T. F. (1983). Boundary-work and the demarcation of science from non-science: Strains and interests in professional ideologies of scientists, American sociological review, 48 (6): 781-795.

[③] Zelizer, B. (1993). Journalists as interpretive communities. Critical Studies in Media Communication, 10 (3), 219-237.

套新闻业自身加强团结、形塑特征的职业规范，也是一种拥有某种专业知识的集体宣示（a group claim），作为主张专业地位、与其他职业争夺专业管辖权的策略性工具发挥作用①。

三、客观性演进中的变幻光谱

正是由于新闻客观性在实践上的不完美及其对于新闻业保持专业地位上的重要性，历史上新闻界发起的针对客观报道形式进行的修正运动从未停止过，客观性原则及实践形式在被论述、被挑战、被捍卫的历史过程中得到不断丰富和演化。赫伯特·阿特休尔（Herber Altschull）总结出以下九种二战后美国出现的新闻革新体裁："调查性新闻"（investigative journalism）、进取性新闻（enterprise journalism）、解释性新闻（interpretive journalism）、新新闻主义（new journalism）、地下新闻（underground journalism）、提倡式新闻（advocacy journalism）、敌对新闻（adversary journalism）、精确新闻（precision journalism）、名流新闻（celebrity journalism）②。在这些形式中，"进取性新闻""新新闻主义""地下新闻""提倡式新闻""敌对新闻"皆因过于主观化导致破坏新闻真实性而昙花一现。而"调查性新闻""解释性新闻"和"精确新闻"这三种报道形式则沿袭下来成为媒体固定的报道体裁，丰富着新闻客观性的内涵和实践形式。传统的客观报道要求事实与价值分离，相信事实本身会说话，记者不应加入任何个人的评论和分析。"解释性新闻"和"调查性新闻"将"客观的解释""客观的判断"纳入客观新闻学的范畴，新闻工作者因此有了更多能动性，主观意见以一种客观的、经验性的形式呈现出来，新闻客观性由"以事实为基础的客观"修正为"以真相为基础的客观"。凯瑟琳·芬克（Katherine Fink）与迈克尔·舒德森（Michael Schudson）通过对包括《纽约时报》《华盛顿邮报》《密尔沃基哨兵报》的内容分析发现，20世纪50年代以后报业最显著的变化是长于分析和解释的"情境新闻"的崛起，从1955年不到10%增长到2003年占40%，而"传统上"的纯粹的事实性报道的比例则从80%~90%跌到约50%，因此批

---

① Schudson, M. & Anderson, C. (2009). "Objectivity, Professionalism, and TruthSeeking in Journalism", In Karin Wahl-Jorgensen & Thomas Hanitzsch eds., The handbook of journalism studies, New York: Routledge, pp. 88-101.
② 【美】赫伯特·阿特休尔：《权力的媒介：新闻媒介在人类事务中的作用》，黄煜、裘志康译，华夏出版社1989年版。

评媒体充斥着"他说她说"式的罗列事实的报道并不恰当①。

传统客观性报道一般停留在经验性地、非系统的观察，追逐具体的、个别的碎片化事实，信息采集和核实上极度依赖官方机构和个体消息来源，使得新闻报道无法完整地反映现实世界的面貌，其对真相的表述也无法得到有效检验。20世纪60年代兴起的"精确新闻报道"主张采用社会科学和行为科学的研究方法，要求记者以科学的精神，借鉴科学研究方法对社会事实进行直接的、系统性的观察，依照这些观点在社会中的分布比例来选择和呈现消息来源，报道中的陈述和假设应可以得到检验等，从而将传统客观报道中"零碎的真实""经验的真实"提升为"整体的真实""科学的真实"。

与"客观新闻学"强调独立于公众、作为旁观者冷静记录不同，"对话新闻学"主张新闻传播应致力于建构公共对话，反映多元声音，促进各阶层、社团和文化间的交流与理解。"对话新闻观"最有成效的实践是20世纪90年代左右兴起的"公共新闻运动"，它主张记者不仅要报道新闻，更要以积极主动的姿态介入到公共事务中去，包括发起和组织公众讨论、交流和引导公众意见、共同解决公共问题。然而这场革新始终得不到大范围推广，特别是全国性主流媒体的响应。反对者的核心看法是，公共新闻要求于记者的是政府机构、社会团体或者慈善组织应该做的，而媒体从业人员必须超然中立。除此之外，在传统的媒体体制和技术结构下，新闻生产周期长，需要大量资金投入，公共新闻的运作方式无法常规化，也不能充分平衡信息告知和组织公众、新闻角色与政治角色之间的冲突，冲击到了媒体对专业知识的独有"管辖权"以及独立于公众的专业主义信念，注定其在当时无法撼动主流的新闻模式。

各式各样的新闻思潮和报道体裁在客观性演进中纷呈迭出，只有那些遵循客观与真实的新闻形式才能留存下来，"解释性新闻""调查性报道"和"精确新闻"分别从不同方面提高了人们认识和理解社会真实的程度，仍然属于客观新闻学的范畴。经由这些探索和修复，客观性的方法论得以改进，新闻报道反映客观世界的准确性得以提升。同时，客观性的实现程度还受到一定的技术条件和制度环境的制约，公共新闻试图修正传统客观性报道过于被动的方面并引入公众的参与，但在当时并未能得到广泛推广，其理念在新

---

① Fink, K., &Schudson, M. (2014). The rise of contextual journalism, 1950s—2000s. Journalism, 15 (1), 3-20.

媒体时代来临后被公民新闻、"用户生成内容"（User-Generated Content, UGC）等继承下来。

四、来自新媒体的挑战

进入新媒体时代以后，新闻业对专业知识的垄断遭遇到前所未有的冲击。首先是新闻业面临"去专业化"（de-professionalization）的冲击。"新闻场域"里的行动者不再限于有正式资格获准从事新闻工作的个体和组织，那些业余人士、"类专业团体"（quasi-journalistic group）等也加入进来。他们中包括公民记者、"用户生成内容"的生产者、社会化媒体、非营利机构、众筹新闻等，其组织化程度较低，新闻生产更大幅度向社会开放，资金来源和经营模式更多元，在新闻报道的质量上不遑多让，作为专业媒体机构主导性意识形态的新闻客观性面临冲击。

首先在专业新闻业内部，独尊客观性的新闻文化随着阅听人参与新闻生产的深度增加而日趋复杂，参与性文化正在崛起。例如在澳大利亚公共广播中，引入公民新闻内容的"参与式新闻"（participatory journalism）正在成为新闻编辑室文化中的一股新生力量，虽然编辑们仍以"客观性原则"对公民新闻进行筛选，同时也促进了主张"透明""合作""对话""多元声音"的"参与性"文化的崛起。客观性和参与性在记者的职业话语中并存、协商以及融合，新闻实践朝向融合两种价值观的方向发展。[①]

而在其他类型新闻业中，观点新闻因带给人们高目击感、高卷入度的"感知真实"而受到推崇。维鄂·伊丽莎白（Vill Elizabeth）比较"超本地化公民新闻网站"（hyper-local news citizen sites）与传统媒体网站在主题内容、客观性和监督功能上的差异，发现前者比后者包含更多的"观点主导型的新闻"（opinion-oriented news）[②]。安德烈·亨特（Andrea Hunter）对参与"新闻众筹"的12位"自由记者"（freelance journalist）访谈发现，他们与专业记者一样声称追求新闻的"准确性"，但试图将"事实"和"观点"嫁接在一起，大部分人并不避讳报道里的"观点"和"倾向"，认为客观性

---

① Hujanen, J. (2012). At the crossroads of participation and objectivity: Reinventing citizen engagement in the SBS newsroom, New media & society, 15 (6), 947-962.

② Elizabeth, V. (2009). New journalism on the web: a comparison of hyper-local citizen sites to traditional media sites, paper presented at the annual meeting of the International Communication Association, Chicago, USA, May 20.

并不必要,甚至直接视自己为"倡导式的记者"[1]。

其次,在传统专业主义的逻辑下,新闻工作者要求与外界保持一定距离,以便维护其工作自主性,公众很难看到新闻生产过程,由于在信息通路上具有独占性,他们对真相的主张很难被公众质疑。新闻业因此成为一些学者和公众所批评的"最不透明""最模糊不清"的行业之一,报道内容看上去像从"黑箱"里冒出来一样。而新媒体传播环境打破了新闻生产前台和后台之间的界限。传播的实时性要求媒体不断更新情况、更正先前报道,报道的过程以及不同版本得以直观地呈现在公众面前,使新闻生产后台"前台化"。同时技术进步也使得公众与大众传媒之间的互动越来越方便,用户生成内容被媒体广泛采纳,公众不仅是新闻产品的消费者,也是直接参与者。传统新闻业的生产过程由封闭走向开放,新闻事实从"作为产品的知识"(knowledge-as-product)转变为"作为过程的知识"(knowledge-as-process)[2]。媒体公信力不是理所当然地自动获得而是成为话语互动的结果,其建构真相的策略和原则自然面临着更新和改变。

第三,借助社交媒体,新闻媒体和从业者的个人特质、情感、态度,以及围绕具体的新闻事件、报道所进行的专业话语阐释日益频繁地展现在公众面前,也使得新闻工作者个人倾向与职业规范之间的矛盾被凸显和放大,许多媒体出台了专门的行为准则规范员工的社交媒体使用,大多要求记者时刻牢记准确、公正、独立、不偏不倚的新闻标准,对有争议性的公共话题谨慎发言,保持中立,并不惜采取警告、开除、解雇等方式强化客观性的约束,然而这些措施非但不能缓和两者的冲突,反而让公众更清楚地看到媒体在客观报道中要求记者假装没有自己看法的虚假性和欺骗性。新闻生产的开放使得公众对新闻产品的检视更加方便和直接,建立在客观性基础上的专业主义媒体的权威更容易受到挑战。

五、新闻透明性:一种新的客观性?

正当客观性在互联网时代遭遇上述挑战之时,"透明性"作为替代性概

---

[1] Hunter, A. (2015). Crowdfunding independent and freelance journalism: Negotiating journalistic norms of autonomy and objectivity, New media & society, 17 (2), 272-288.

[2] Matheson, D. (2004). Weblogs and the epistemology of the news: Some trends in online journalism. New media & society, 6 (4), 443-468.

念被提了出来并受到推崇，被普遍地看作是新闻业医治沉疴、回应公众关切、提升公信力的灵丹妙药。

一方面，在如今开放的新闻生产环境中机构性媒体的新闻权威建构方式面临重塑和转变，如同《新闻的十大基本原则》一书中强调的，"如果你首先不对阅听人诚实，你又怎么能声称你在寻求传递真相呢？"① 互联网时代要应对公众批评，仅仅宣示客观性已不足够，而要让他们了解新闻生产、调查和判断的过程，坦然承认和展示新闻原则与实际作为之间的差距，公众方能理解新闻决策是如何做出来的，媒体的公信力得以提升。

另一方面，对于社交媒体、自媒体、众筹新闻这些体制化程度较低、较为缺少自律机制和外部管制的媒体形态来说，对外透明和开放本身就是其安身立命之本，也是保障公众传播权利的必要。2016年5月，社交媒体巨头"脸书"（facebook）爆发"偏见门"，人们惊讶于他们看到的文章及排列顺序并非仅仅基于技术的中立性，而是编辑团队人工干预的结果，引发公众和批评家要求"脸书"做出公开算法的改革。2009年美国公共评论家大卫·温伯格（David Weinberger）在网络博客上发表了一篇引人注目的文章，提出"透明性"是一种"新的客观性"（the new objectivity），认为记者"如果不告诉人们他的倾向，又怎么能让我们相信呢"②。网络媒体以自己的方式重新定义了何为客观——既然主观偏见不可避免，倒不如公开地、诚实地承认它，并自我揭露这些偏见的来源，报道的可信度由此生成，这也进一步倒逼、推动了专业媒体机构公开原来对于公众来说处在"黑箱状态"、秘不可宣的新闻生产环节。

"透明性"作为互联网的时代精神在诸多社会领域受到推崇，它在新闻传播中的确切含义一般指的是新闻采集、组织和传播对公众公开，新闻编辑室的内部和外部都有机会监测、检查、批评，甚至介入到新闻生产过程中③。迈克尔·卡尔森（Michael Karlsson）④、李·赫尔姆勒（Lea Hell-

---

① 【美】比尔·科瓦奇、【美】汤姆·罗森斯蒂尔：《新闻的十大基本原则：新闻从业者须知和公众的期待》（中译版第二版），刘海龙、连晓东译，北京大学出版社2011年版，第110页。
② Weinberge, D.: Transparency is the new objectivity, http://www.hyperorg.com/blogger/2009/07/19/transparency-is-the-new-objectivity/, 2009.7.19.
③ Deuze, M. (2003). The web and its journalism: considering the consequences of different type of News media online, New media & society, 5 (2), 203-230.
④ Karlsson, M. (2010). Rituals of transparency: Evaluating online news outlets' uses of transparency rituals in the United States, United Kingdom and Sweden. Journalism studies, 11 (4), 535-545.

mueller)① 等人对"透明性"原则首次作出了具体且富操作性的定义:"透明性"包括"公开的透明性"(disclosure transparency)以及"参与的透明性"(participatory transparency),前者指的是新闻生产者是否对新闻制作过程保持公开,包括告诉公众事实来源,向公众展示已经在报道中囊括一切有关的利益团体,而后者指的是使公众参与到新闻生产过程中来,包括允许公众对报道内容有所贡献,使用"用户生成内容"等。从"透明性"含义本身来看,它要求将公众纳入新闻真实的建构中来,矫正和对抗报道者自身的主观偏见,实际上并没有否定客观性的理念和原则。它向客观性注入对话性元素,真相并非一种预先的假定或是报道者的独断,而是成为与公众共享、对话的集体知识。

公民新闻业较早地实践了透明性原则。在 2002 年出版的最早系统性地介绍博客现象的著作之一《网络博客手册》中,作者所提出的博客新闻六大操作原则中几乎每条都涉及"透明性"。博客记者、自媒体中通常采用的六种"透明性"操作策略包括:(1)对特殊行为保持开放而不是固守客观性制度;(2)对使用的原始资料和消息来源附上网络链接;(3)犯错时坦率地承认错误并在原始报道旁补上更正后的信息;(4)就报道中的考虑因素进行公开的讨论;(5)按照维基百科的方式为其他人更正报道错误或加入他们自己的补充内容创造可能;(6)公布报道的原始稿并允许被修订②。近年来许多博客记者、公民记者还流行向公众说明自己的身份、背景、利益关联、经济收入来源以及对社会主要议题的看法。

在专业新闻机构中,"透明性"实践早已是推动多年的"公信力运动"的一部分,"美国报纸编辑协会"(The American Society of Newspaper Editors, ASNE)于 1997 年至 1999 年期间开展"报纸公信力调查",向新闻界提出一项重要建议和倡议:报纸可以通过将公众纳入关于新闻业的对话中,向他们解释新闻价值标准以及决策制定过程来重建公信力。③ 而 20 世纪 90 年代盛极一时的公共新闻运动中也包含不少开放编辑室的"透明性"尝试,例如邀请读者直接参加报道选题讨论,聘请普通民众审查和评判报纸内容等

---

① Hellmueller, L., Vos, T. P., & Poepsel, M. A. (2013). Shifting journalistic capital? Transparency and objectivity in the twenty-first century. Journalism Studies, 14 (3), 287-304.
② Karlsson, M. (2007). Visibility of journalisticprocesses and the undermining of objectivity, paper presented at the 2008 International Communications Association Conference, Montreal, Canada, May 21.
③ Smith, S. A. (2005). A newsroom's fortress Walls Collapse, Nieman Reports, 59 (3), 44-45.

等,然而当时由于技术条件的限制,这些尝试并没有成为常规化的操作。

进入21世纪后,自2001年比尔·科瓦奇与汤姆·罗森斯蒂尔在《新闻的十大基本原则》中正式提出"透明性原则",西方新闻学界、媒体机构以及公众对"透明性"的主张和呼吁更加急迫,相关实践更加频繁更加制度化。2004年,24位新闻记者和咨询业者齐聚美国"阿斯彭研究所(The Aspen Institute)第八届新闻与社会年会",在会后发表的总结报告《新闻业:透明性与公众信任》(Journalism, Transparency and the Public Trust)里呼吁,鉴于公众对媒体不信任感加重、新技术环境下"透明性文化"在各行各业兴起以及年轻阅听人的需求,新闻界应该"在新闻实践中尽可能地透明"(as transparent as practical),并提出增强透明性的四大举措:在网站上提供新闻编辑室的影像导览;每周公开一次编辑对报道的评论;对新闻更正程序进行改进;增进消息来源的透明性[1]。在欧洲,2010年欧盟开始资助学者与非营利组织联合开展名为"欧洲媒体公信力与透明性"(Media Accountability and Transparency in Europe, MediaAcT)的大型调查与研究项目,旨在检视和评价欧盟各国媒体公信力体系和透明性的实施情况,极大地推动了欧盟各国媒体在数字时代开展各种形式的透明性实践。而据今年4月"美国新闻学会"(American Press Institute)对媒体公信力的调查显示,在互联网环境下,"透明性"已经成为影响公众对新闻信任度的第三大因素,居于"准确性"和"完整性"之后,而超过"平衡性"和"表达细致",高达68%的美国民众认为,报道的透明程度对于他们信任新闻非常重要,尤其是在突发新闻中。[2]

2010年左右,"透明性"开始陆续明确被写入一些新闻伦理教科书和行业规范中。2009年在帕特里克·普拉森斯(Patrick Plaisance)出版的《媒介道德:负责任行为的关键原则》(Media Ethic: Key Principles for Responsible Practice)一书中,"客观性"并没有被囊括在内,而"透明性"成为居于首位的原则。2011年,加拿大新闻记者协会就将"透明性"与"准确""公正""保护隐私""独立""正确处理利益冲突""信守对消息来源

---

[1] Ziomek, J. (2005). Journalism, transparency and the public trust, a report of the eighth annual Aspen Institute Conference on Journalism and Society. Washington D. C: The Aspen Institute.

[2] American Press Institute: A new understanding: What makes people trust and relay on news, https://www.americanpressinstitute.org/publications/reports/survey-research/trust-news/, 2016. 4. 20.

的承诺"并列为职业道德原则,除了主张记者说明消息来源,及时承认和更正错误之外,还特别要求:"对公众公开任何被认为会影响报道的自己的偏见;当其他组织支付我们花费时,或者相反,当我们通过付费获取信息时,诚实地告诉我们的阅听人。"[1] 2014年9月6日,美国"职业新闻工作者协会"公布了新修订的"职业道德规范"。相较1996年版本,这一次最明显的修订是将"新闻工作者应该诚实可信"(Be Accountable)扩展为"新闻工作者应该诚实可信以及透明"(Be Accountable and Transparent),在该条规范底下的具体细则也增加了如下内容:"新闻工作者应当向公众说明新闻报道过程以及自身所面临并做出的道德选择。鼓励公众参与讨论新闻报道的实践标准;迅速回应有关报道准确性、清晰性和公正性的质疑;承认新闻报道中的错误并做出及时、明显的修正,向公众认真、清楚地解释和澄清错误"[2]。"透明性"作为一项独立的职业道德规范正式得到新闻专业社群的承认。此外,《华盛顿邮报》的《数字出版准则》、阿拉伯半岛电视台制定的内部"道德规范"中也都明确提出了要"追求透明性"。

克劳斯·梅尔(Klaus Meier)从"过程-文本"、"单向-互动"、"对自身的覆盖-对新闻的覆盖"三个维度汇总了目前新闻组织常见的"透明性"实践形式,并按照"传统取向"及新媒体环境中产生的"数字化取向"两方面对这些实践做出标注和区分(见图1)。"传统取向"的透明性实践大多源自"新闻公信力运动"和"公共新闻运动"中的探索,例如,公布编辑道德规范与准则,成立阅听人咨询委员会,设立阅听人热线,邀请公众参观编辑会议,设立公评人、阅听人热线,错误更正制度,提供消息来源信息,对消息来源进行评估,指明公关材料等。技术进步所带来的新的"透明性"实践形式包括:提供编辑室会议、讨论的视频,建立说明编辑决策的博客、社交媒体账号,解释错误如何发生及原因,用户与记者之间对报道选题及其产制进行评论和讨论,用户直接参与报道,评选出"最多被浏览""最多被评论""最受欢迎"的报道,公开报道选题的进度,提供信源材料的链接、报道的附加材料(完整的访问、档案等)。

上述实践形式为一些媒体近年来着力推动的"开放编辑部"运动奠定了基础。

---

[1] The Canadian Association of Journalists: Ethics guidelines, http://www.caj.ca/ethics-guidelines/, 2011. 6. 21
[2] Society of Professional Journalists: SPJ Code of Ethics, http://www.spj.org/ethicscode.asp, 2014. 9. 6.

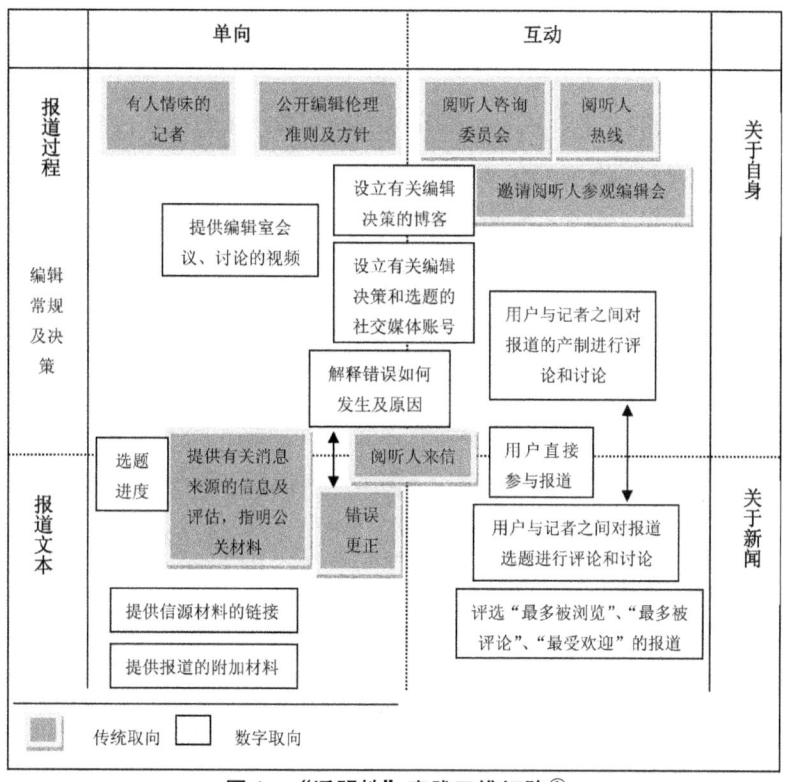

	单向	互动	
报道过程	有人情味的记者 / 公开编辑伦理准则及方针	阅听人咨询委员会 / 阅听人热线	关于自身
编辑常规及决策	提供编辑室会议、讨论的视频 / 设立有关编辑决策的博客 / 设立有关编辑决策和选题的社交媒体账号 / 解释错误如何发生及原因	邀请阅听人参观编辑会 / 用户与记者之间对报道的产制进行评论和讨论	
报道文本	选题进度 / 提供有关消息来源的信息及评估，指明公关材料 / 错误更正 / 提供信源材料的链接 / 提供报道的附加材料	阅听人来信 / 用户直接参与报道 / 用户与记者之间对报道选题进行评论和讨论 / 评选"最多被浏览"、"最多被评论"、"最受欢迎"的报道	关于新闻

■ 传统取向　□ 数字取向

图1　"透明性"实践三维矩阵[①]

美国华盛顿州斯波坎（Spokane）市的地方报纸《发言人评论》（The Spokesman-Review）专门开设网络专栏"透明新闻室"（The Transparent Newsroom），除了收集读者意见、说明报道决策、刊登总编辑日记、制作编辑部会议简报等外，每天上午10点、下午4：30向公众线上直播编辑部晨会和下午会议，公众还可以通过网络聊天的方式随时加入到编辑部的讨论中来，高峰时期最多有40~50名网民同时在线观看。2008年，瑞典新闻广播Aktuellt启动"开放新闻室"（Öppen Redaktion）的新闻改革项目，定期将记者们开会情况以及对新闻业务的讨论拍成视频上传到网站供人们观看。《纽约时报》自传统媒体时代起，就有通过"编辑的话"（editor's notes）专栏向公众解释、说明、检讨新闻决策的传统。进入数字时代后，2006年《纽约时报》推出"与编辑部对话"（Talk to the Newsroom）的网络专栏，从时报网站上收集读者提问后邀请高级编辑们回答，2010年该报顺应潮流在自己网站推出Timescast版块，每天向公众播出关于头版报道以及社论选题会的影

[①] Meier, K. (2009). Transparency in Journalism: Credibility and trustworthyness in the digital future, paperpresented at the conference The Future of Journalism: Journalism Studies and Journalism Practice, UniversityCardiff, UK, September 9-10.

像，编辑和记者在镜头面前回答读者就有关报道背景、内幕、考虑因素所提出的有关问题，这一举措将该报组织层面上的透明性推向了新的高度。

然而就实施的广泛性和普遍性而言，透明性规范整体上的落实情况并非看上去这般热闹。"欧洲媒体公信力与透明性"项目学者之一海基·海克拉（Heikki Heikkilä）等结合新媒体环境中新闻生产发生的变化以及新的实践工具的产生，对应"新闻生产前""新闻生产中""新闻生产后"三个过程，从"行动者的透明性""过程透明性""回应性"三个方面对目前各国媒体在网上常见的透明性实践进行了分类（见图2），并观察欧洲、中东地区以及美国媒体的实施情况。该研究列出的实践形式包括：公开媒体所有权信息、使命宣言、规范与准则，提供记者的档案；提供报道者身份及署名信息、对信源做精确链接、开设编辑室博客、与公众合作完成报道；在网站上设置"纠错"按钮，使用户能及时指出和更正报道中的错误信息，设立公评人、允许在线评论、使用社交媒体与公众交流等。研究发现，透明性实践目前仅仅是在美国和英国、法国、德国、荷兰等媒体发达的国家有些许开展，普遍做法集中在公布媒体所有权，报道署名，开放对报道的在线评论功能，开通社交媒体账号等，而其他形式也都只是在这些国家的部分媒体中得到实施。

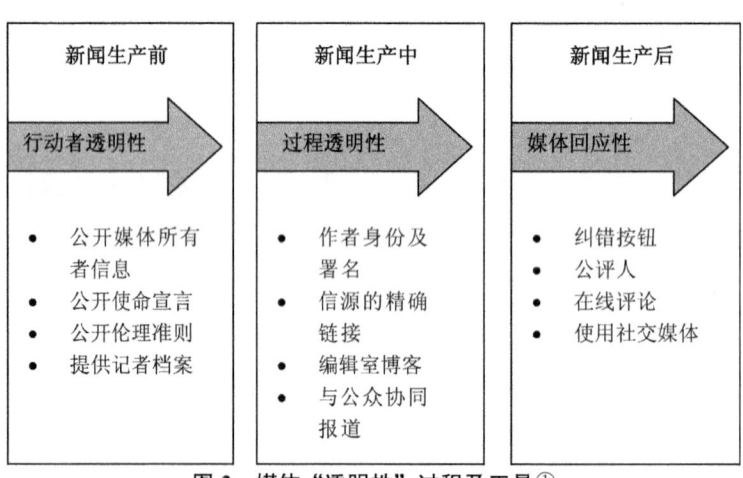

图 2　媒体"透明性"过程及工具①

值得注意的是，近几年透明性观念的深入仍然使得主流媒体一向恪守的超然中立开始出现一丝松动。2013 年 1 月 5 日，《纽约时报》报道了一则前中央情报局官员约翰·基里亚库（John Kiriakou）因向记者透露参与对囚

---

① Heikkilä, H., Domingo, D., Pies, J., Glowacki, M., Kus, M.&Baisnée, O.：Media Accountability Goes Online. A transnational study on emerging practices and innovation, http：//www.mediaact.eu/fileadmin/user_upload/WP4_Outcomes/WP4_Report.pdf., 2012.1.14.

犯严刑逼供的中央情报局工作人员身份而面临刑事起诉的新闻。报道罕见地采用了第一人称叙述，而该则新闻里那位从约翰处得到信息的记者正是报道的作者斯科特·希恩（Scott Shane）。报道刊登后引起了巨大争议，批评者们认为希恩有利益涉入，不应该由他来报道此事，这违背了时报一直奉行的记者应不涉入新闻事件的准则。而该报公评人玛格丽特·苏利文（Margaret Sullivan）坚持认为，这一报道方式有其正当性所在，希恩的报道能让公众比传统的第三者平衡报道获知更多，"只要报道者的利益涉入是公开的，读者自然可以得出他们自己的判断"①。

然而，与热情拥抱透明性的自媒体和公民记者整体相比，专业新闻机构及记者们对"透明性"的看法还是犹疑居多，这一差异集中体现在因报道"棱镜门"而获普利策奖的自由记者格兰·格林沃德（Glenn Greenwald）和《纽约时报》时任总编比尔·凯勒（Bill Keller）之间于 2013 年 10 月进行的那场著名的长达七页的电邮论战中。围绕《纽约时报》与格林沃德在"棱镜门"以及美国中情局虐囚丑闻上截然不同的报道手法，格林沃德批评到：由于受制于超然中立，美国媒体对政府显而易见的错误疏于做出自己判断，既然记者和媒体都立场不可避免，坦诚地披露自己的价值观而非隐藏可以使新闻业更加诚实和值得信赖，而隐藏自己的看法反而会使记者更自如地操控报道。凯勒则坚持记者为了避免影响报道的倾向性而因隐藏立场，认为一旦记者公开立场，很自然就会尝试捍卫本身立场，而读者自然可以从详细完整的事实描述中得出自己的判断，媒体应学会自我批评和纠正，但不应该滑向主动披露倾向性②。论战联系美国新闻界近年来两次重大的判断性失误，延续了历史上关于客观性是否妨碍事实真相的争论，纽约大学新闻学教授杰·罗森在个人推特上表示这是"曾有过的针对新闻编辑室客观性的争论中最重要的文本之一"。

论战刊登后引起美国新闻业界以及学界的广泛关注，并在此基础上延伸出热络的讨论，网络媒体记者、公民记者、自由作家大多支持格林沃德，而传统媒体记者大多支持凯勒。双方都认同应当对公众更加诚实，而分歧点在

---

① Sullivan, M., Was a Reporter's Role in a Government Prosecution a Reason to Recuse Him? http://publiceditor.blogs.nytimes.com/2013/01/08/was-a-reporters-role-in-a-government-prosecution-a-reason-to-recuse-him/, 2013. 1. 8.
② 这一争论的完整内容刊登在 2013 年 10 月 27 日出版的《纽约时报》的评论版上：Keller, B.: Is Glenn Greenwald the Future of News? http://www.nytimes.com/2013/10/28/opinion/a-conversation-in-lieu-of-a-column.html? smid=tw-share&_r=3&, 2013. 10. 28.

于这种诚实和公开是否意味着要向公众主动披露自身的倾向，到底应该通过增强事实处理的透明性来反思、矫正偏见，还是任由意见观点的公开表达？

凯勒的看法颇能代表目前专业新闻界及媒体人对于继续推进透明性实践的疑虑：现在是否已经太透明了？新闻媒体究竟要公开哪些方面？是不是太过努力地想解释自己？透明性是否总是更好？是否有另外的有效的改革运动？新闻界想要解释自己的压力是否已经让很多事情失去控制？以提高公信力为初衷的透明性运动是否反而会削弱媒体组织的公信力？[①] 也有学者通过对《纽约时报》、《华盛顿邮报》、《华尔街日报》、《洛杉矶时报》、CNN、NPR 等媒体 18 位记者进行深度访谈发现，技术可行性与新闻组织公开新闻生产黑箱的意愿程度仍然存在着鸿沟。大多数记者并没有将透明性作为规范性目标来追求，而倾向于认为透明性将潜在地威胁到新闻组织，损害其作为"诚实的代理人"的公信力。同时，媒体在运用透明性策略方面仍然是比较仪式化的，也十分有限，这些有限的策略一方面使他们看上去是"透明"的，另一方面对资源和人力需求较小，且可以不用大量披露新闻生产过程的实质内容，记者自身的观点、立场和动机也开放有限[②]。然而，新闻生产进一步公开以及公众进一步参与已是势不可挡的趋势，专业媒体故步自封早已不可取，持续推进地透明性运动究竟会成为压垮新闻专业权威的最后一根稻草，还是能够作为提高客观性的方法与专业主义意识形态相结合，抑或只是转瞬即逝的一阵风潮，这些取决于媒介技术的发展程度与速度，更取决于新闻界能否探索到使透明公开与专业管辖达到良好平衡的新闻实践方式并稳定实施。

六、结语：客观性、透明性与新闻业的未来

本文追索从客观性到透明性的演化过程和逻辑，讨论了客观性与新闻专业权威的关系。自新闻客观性产生以来，客观性的内涵和实践经过了不断的变迁，客观性原则就其实质目标而言，与对其形成挑战的公共新闻、公民新闻和"对话"新闻并无相悖。可以说，客观性的支持者和反对者事实上共享同样的价值和逻辑，他们的实质性分歧仅在于"如何客观"的方法论上。面

[①] Smolkin, R (2006). Too Transparent? American Journalism Review, 28 (2), 17-23.
[②] Chadha, K. &Koliska, M. (2015). Newsrooms and transparency in the digital age, Journalism Practice, 9 (2): 215-229.

对变化的新闻传播环境，客观性本身处在不断改进的实践过程中，每当新闻专业权威遭遇挑战之时，也正是客观性实践方式被质疑、因而被革新之时。

新的新闻业"必须欢迎并且为更具有参与性的公民服务，正是从这个意义上说，新闻不再是讲授，它更多的是一种内容更加丰富的对话。"① 在这样一种对话性、参与性的传播环境中，客观性仍然是新闻专业权威的来源，其重要性不仅不因多元主体的参与而消解，反而更加具有紧迫性。新闻客观性的内涵和目的不因技术的改变而削弱其价值，但须因应环境的变化而改进其实践方式。实际上，就连"脸书"这样的社交媒体平台也回避不了公众对其客观中立性的严苛审视，专业媒体机构更有责任生产出更加真实、可靠的新闻产品以区别于其他信息，保障公众在真实、完整、全面的信息基础上展开理性的对话。从这一角度看，强调开放和诚实的"透明性"规范正是新媒体对客观性的又一次有力推进，而绝不是颠覆。当媒体环境发生结构性改变之时，专业新闻组织所要做的绝不是抱残守缺，也不是战术的局部调整，而必须努力探索客观性的更多可能性，并进行连带的职业规范、生产机制、组织结构、经营管理等方面的变革。

事实上，除了已经开展的"透明性"实践，新技术正不断地为客观性注入更多想象力和生命力，如"数据新闻"利用大数据使事实真相建立在系统性的信息基础上，更加精确和丰富，"事实核查"新闻及网站已在世界多地兴起等。从客观性的演化过程来看，它总能在新闻业面临危机之时不断得到重生和自我修复，它扎根于公众的民主需要，只要人们需要真实地了解世界、理解彼此，客观性就总会在探寻的途中。

---

① 【美】比尔·科瓦奇、【美】汤姆·罗森斯蒂尔：《新闻的十大基本原则：新闻从业者须知和公众的期待》（中译版第二版），刘海龙、连晓东译，北京大学出版社2011年版，第178页。

中国新闻理论研究的范式危机

刘海龙

中国新闻理论研究目前处于困境之中。与新闻传播研究的其他领域相比，新闻理论在社会大转型中因循守旧，低水平重复；缺乏对现实问题的观照；缺乏自己的核心理论，生搬硬套来自其他学科的概念和理论；后备人才匮乏，大量新生力量投身传播研究。由于理论与实践的脱节，新一轮"新闻无学论"又重新泛起①。

除了将上述问题推给学科特殊性（与意识形态距离过近而被迫保守）、中国当下的学术制度等客观因素外，还需从学科自身寻找原因。归根到底，范式危机只有通过范式革命才能解决。治病要对症下药，因此首先要对中国当前新闻理论研究的范式做深刻的反思与批判。回到范式危机的源头，才能更清晰地看到问题的实质。

一、政治学范式的输入

中国本土的近现代新闻研究和近现代新闻事业的兴起一样，都与政治转型关系密切。清末的政治危机和制度改良的呼声导致了国人兴办新闻事业和研究新闻的第一个高潮。据已经发现的资料，中国早期新闻研究的学理主要舶自美国。最早的中文新闻研究著作是译自日本松本君平所著的《新闻学》(1903)。此书的主要内容即取自美国的新闻实践与理论②。

该书将新闻置于民主政治的框架下分析，奠定了中国新闻研究政治范式的基础。序言第一句即点明报纸的政治功能："君侧之权衰，移于政府矣；

---

① 唐远清：《对"新闻无学论"的辨析及反思——兼论新闻学学科体系建构和学科发展》，中国人民大学博士论文，2006年。
② 宁树藩：《松本君平与〈新闻学〉》，《新闻文存》，中国新闻出版社1987年版，第150-154页。

政府之权衰，移于议会矣；议会之权衰，移于新闻纸矣。"①松本君平强调新闻与公众意见（舆论）的密切关系："新闻为舆论之引火线，而又为舆论之制造器也"②。古典民主理论（例如卢梭的③）往往理所当然地将公众意见视为左右一国政治的关键因素，将公众的理性和价值的普世性作为前提，很少讨论勒庞、沃拉斯、李普曼诸公津津乐道的政治中的人性问题和现代政治哲学不能忘怀的政治正义及正当性等问题。松本君平将新闻放在这样一个现在看来略显简单的政治框架下加以考察，自然更关注其如何向导国民等政治问题及实际操作，新闻的本质、真实性这类形而上的哲学问题基本不在考虑之列。

20世纪初期的其他新闻研究著作大多在相似的政治学框架下展开。翻译的《实用新闻学》（休曼，1913），以及国人著述的《新闻学》（徐宝璜，1919）、《应用新闻学》（任白涛，1922）、《实际应用新闻学》（邵飘萍，1923）、《中国报学史》（戈公振，1927）等都侧重强调新闻对公众意见和政治的影响。

徐宝璜认为报纸的职务（功能）有六：供给新闻、代表舆论、创造舆论、输灌知识、提供道德、振兴商业。"欧美各国之政府，大抵均重视舆论，一政策之取舍，一事之兴革，往往视舆论为转移，不仅于国会中求舆论之所以，且于重要新闻纸之言论中，觇舆论之走向。……吾国政府，对于舆论，素不重视，且封闭报馆之事，时有所闻，遂致新闻纸为保存自身计，常不敢十分代表舆论。"④

任白涛则表达得更明确："民本政治胜于官僚政治者，要在不以少数私人决国事，而以公众舆论决国事。健全舆论之造成，民治国人民之责任也。以舆论而行国家之政治，民治国人民之权利也。苟无报纸，为之提示、倡导，则焉能造成健全之舆论，又何由得干预国家之政治。故民治国家之报纸，实造成舆论之冶金炉，而运用政治之推进机也。"⑤

邵飘萍在新闻记者采访的实践方法中，将政治人物的采访和政治信息的获取作为重点研究对象，颇看重新闻与政治的关系，而于新闻本体论根本没有涉及，对于新闻价值的论述也沿袭了美国威斯康星大学新闻学教授思考题

---

① 宁树藩：《松本君平与〈新闻学〉》，《新闻文存》，中国新闻出版社1987年版，第3页。
② 同上书，第12页。
③ 卢梭：《社会契约论》，何兆武译，商务印书馆2003年版。
④ 徐宝璜：《新闻学》，中国人民大学出版社1994年版，第4—6页。
⑤ 任白涛：《应用新闻学》，《民国丛书》第一编45册，上海书店1989年版，第2页。

兰赫德氏（Grant Hyde）的说法①。

戈公振对于新闻政治意义的观点比前几人更进一步，更接近美国芝加哥学派的政治哲学。他强调新闻在形成社会共同体与公共意识方面的重要作用："盖报纸者，人类思想交通之媒介也。夫社会为有机体之组织，报纸之于社会，犹人类维持生命之血，血行停滞，则立陷于死状；思想不交通，则公共意识无由见，而社会不能存在。"② 这段话如果不标明作者，很容易让人误以为出自查尔斯·库利或约翰·杜威的言论。杜威在 1919 年至 1921 年在中国的演讲中，曾比较全面地阐述过他的政治哲学。比如杜威在《社会哲学和政治哲学》中就曾提到类似的观点："社会一定使各分子有自由的发展、自由交换、互相帮助、互相利益、互通感情、互换思想知识的有机社会；社会的基础是由各分子各自能力自由加入贡献的。在表面上看来，似乎不太强固，实在是强固的很；不但强固，并且可以减少各种因隔绝交通而发生的弊病。"③ 彼时因胡适的推崇，杜威在中华大地名满天下，到各地的演讲常常是新闻媒体追逐的对象。当时在上海《时报》工作的戈公振应该对杜威的学说不陌生。

戈公振也对报纸能够改变现实政治充满信心："军事扰攘，岁无宁日，吾人欲挽此危局，非先造成强有力之舆论不可。报纸既为代表民意之机关，应屏除己见，公开讨论，俾导民众之动作，入于同一轨道。"④ 重视报纸实际的政治功能而非形而上的理论问题，这似乎已经成为当时中国文化菁英关注新闻教育的一个共识。比如支持创立新闻学研究会的北京大学校长蔡元培就相信，新闻教育的目的在于提升中国报纸的道德规范，最终服务于中国的民主⑤。燕京大学的创立者司徒雷登说新闻是他当时最热衷的科目，其原因也在于它对于中国社会贡献巨大。燕大的新闻系后来确实成为了该校最热门的专业，每年录取人数可与经济系相媲美⑥。

窥一斑而见全豹，通过考察中国新闻研究早期的几本著作，可以看到在中国新闻研究的最初阶段，新闻、公众意见与民主政治的关系是观察与分析新闻现象的基本框架，对新闻社会功能和实际操作的研究远远超过于对于新

---

① 宁树藩：《松本君平与〈新闻学〉》，《新闻文存》，中国新闻出版社 1987 年版，第 450 页。
② 戈公振：《中国报学史》，中国新闻出版社 1985 年版，第 1 页。
③ 【美】约翰·杜威：《杜威五大演讲》，胡适口译，安徽教育出版社 2005 年版，第 27 页。
④ 同②。
⑤ 《北京大学日刊》，1918 年 10 月 15 日，转引自《文人论证》，李金铨编，广西师范大学出版社 2008 年版，第 298 页。
⑥ 【美】司徒雷登：《在华五十年》，常江译，海南出版社 2010 年版，第 66 页。

闻本体等哲学问题的关注。但是这样一种政治范式并不是建立在缜密而学术化的政治理论之上，只是作为一种底色若隐若现地影响着新闻研究的问题域与研究对象。其中的许多观点直接或间接地来自美国的新闻研究，而后者作为一种实践智慧在开始阶段也缺乏严密的理论体系，大多基于古典民主理论影响下的常识与直觉，并未做较深的学理研究。可能在他们看来，"如何做"要远远比"为什么做"更值得研究。

在早期的新闻研究中，比较例外的是戈公振的研究。尽管他的兴趣在新闻史上，但是对报纸和新闻本体（原质）的讨论却超过了同一时期的其他新闻研究者，并间接地启发了新闻研究的哲学范式①。陆定一对于"资产阶级新闻学"的批判不仅沿袭戈公振的研究路径继续开掘，同时也把戈公振的不少观点作为批判的靶子，确立了中国新闻研究的哲学范式。

二、哲学范式的出现及影响

延安整风是中国共产党系统地建立自己的意识形态和宣传观念的关键事件②。这一时期围绕着延安《解放日报》的改版，形成了中国共产党新闻理论研究的哲学范式。阐释这一范式的经典文献是陆定一的《我们对于新闻学的基本观点》（1943）一文。该文总结了毛泽东指导下的延安新闻实践的核心理念，对后来共产党的新闻研究产生了深远影响。说它奠定了共和国时期新闻理论研究的基本问题、前提假设与研究路径一点也不为过③。

这篇文章在一开头便亮出辩证唯物主义新闻学的身份，和"资产阶级新闻学"和"法兰斯新闻学"划清了界线。陆定一认为，后两种新闻学的根本缺陷在于脱离了"事实第一"的原则，无法做到真正的新闻真实。通过对"唯物主义"新闻观的阐述，陆定一将之前新闻学研究的政治学问题替换为了哲学的认识论问题，将之前的研究者较少涉及的新闻"真实性"问题作为了辩证唯物主义新闻学的中心问题（它也是最终淘汰"资产阶级新闻学"的主要理由），干净利落地完成了一次影响解放区的"范式革命"。

与强调事实第一性的"唯物主义新闻学"相对立的，是"资产阶级新闻

---

① 戈氏将自己的见解归之于受日本人藤原勘治的启发。见戈公振《中国报学史》，第17页。
② 刘海龙：《宣传：观念、话语及其正当化》，中国大百科全书出版社2013年版，第224-260页。
③ 陈力丹：《新启蒙与陆定一的〈我们对于新闻学的基本观点〉》，《现代传播》2004年第1期。

学"的新闻本体的"性质说"(quality theory)。陆定一所举的典型的性质性说"新闻乃是时宜性与一般性之本身",正是戈公振在《中国报学史》中提出的观点。戈公振认为新闻既不是发生的事件本身,也不是对于事件之报道(陆定一把新闻定义为"新闻是对新近发生的事实的报道"),而是"时宜性及一般性之自身"。他认为这样定义的好处可以不必纠缠于具体事实是否是新闻,只要包含上述两个特征,确切地说是只要接受者和报道者认为具有上述特征,此一事实即为新闻。因此事实能否成为新闻,取决于性质与人的感觉的结合,必须以多数人的主观判断为准①。戈公振的这一看法表面看似大陆哲学的本质主义,其实仍带有明显的实用主义的色彩。他还提出要注重社会学的功能研究,因为性质是随着功能有所变化的。新闻的公告性(主要表现为一种功能)不变,但其原质会随情境而变化。戈公振在这里忽略了一点:如果本质可变,则本质就不成其为本质了。这种自相矛盾的论断体现出戈公振以功能作为首要决定因素的实用主义倾向。

严格来说,陆定一对于自己设为靶子的性质说并未真正直接应战,而是先将"新闻的性质由报道事实所决定"作为一个毋庸置疑的前提抛出,既而又通过批判"兴趣说"和"法西斯新闻学"的"新闻就是政治性本身"这些特殊的"性质说"否定了性质说本身。从逻辑推理上讲,该论证带有明显的诡辩色彩。首先,否定性质说中的具体某种性质不正确,不等于证明整个质说或所有性质说都不正确。其次,性质说未必与事实说相冲突,因为性质说并未否认"新闻是事实",它讨论的是何种事实会成为人们刊登在报纸上的新闻。毕竟,不是所有事实都是新闻。陆定一将新闻定义为"对新近发生的事实的报道",其实仍未回答哪些新近发生的事实可以成为新闻。所以陆定一所说的"决定"(成为新闻的基本条件)与戈公振所说的"决定"(从事实中筛选新闻的条件)完全是两个不同的概念。他对性质说的否定也就变成了一场关公战秦琼。

以陆定一这篇文章为代表,围绕延安整风和《解放日报》改版所形成的"无产阶级新闻学"将之前的新闻研究的政治学范式成功地置换成了哲学范式,以认识论,如为什么无产阶级新闻会比资产阶级新闻更真实等形而上的哲学问题替代了以"新闻、公众意见和政策"为主要问题的"资产阶级新闻学"。从学术研究的层面来看,这一范式的转换与其说提出了新的理论框架,

---

① 戈公振:《中国报学史》,中国新闻出版社1985年版,第15-17页。

不如说是转换了整个问题域。它重新定义了什么是有价值的研究对象与谈论这一对象的话语结构。1949年后，尤其是1957年反右前后两次全国新闻工作座谈会之后，随着"无产阶级新闻学"挟政治的力量占据主导，中国的新闻理论研究便整体转向了以辩证唯物主义哲学为理论资源和范式的哲学研究。

这一范式转换以形而上的哲学讨论终结了纷繁复杂的经验性的民主政治的争论。它把论题引向了一个经院哲学的认识论问题，提出之前新闻研究中几乎没有涉及的真实性问题。在徐宝璜的《新闻学》和邵飘萍的《实际应用新闻学》中，几乎没有专门讨论过新闻真实性。即使提到新闻失实，也多是从新闻工作者个人伦理的角度切入。徐宝璜在"新闻之略示（即现在所谓的"新闻线索"）"一节中，谈到不可简单将新闻线索作为新闻，新闻工作者必须进行核实后方才能发布①。邵飘萍在第十章"新闻价值减少之原因"中只是从新闻价值减少的角度间接涉及这个问题，如有偿新闻等②。但他们都想当然地认为只要到达现场，进行核实，就一定可以做到真实。陆定一则认为即使新闻记者到现场亲自踏看，即使新闻做到了"五要素"俱全，仍然可能失实。只有与人民有密切联系，不断倾听群众意见，才能得到真实的新闻。陆定一用群众路线，解决了他提出的新闻真实性问题③。

表面上看起来，陆定一的整个论证是去政治化的、崇尚科学主义的，甚至没有涉及马克思主义中经典的意识形态和立场理论，认为"新闻事实"对所有人而言只有一个而不是多个④。讽刺的是，这个去政治化的哲学范式，反而给政治留下了无限的空间。其实就算肯定了"新闻是事实"，还是未解决戈公振等人讨论的"什么事实可以成为新闻"的问题。这一真空迅速被延安整风时逐渐确立的党性、政治性、群众性、组织性、战斗性、阶级性等新的"性质说"填满，以致于发展到1949年后的四性一统（党性、群众性、战斗性、指导性、统一在党性之下）新闻理论框架⑤。去政治化的结果不是无政治，而是政治隐晦地躲到幕后，不受制约地操纵前台。直到现在还盛行

---

① 徐宝璜：《新闻学》，中国人民大学出版社1994年版，第30页。
② 余家宏等编注：《新闻文存》，中国新闻出版社1987年版，第458—460页。
③ 但实际上陆定一也把问题简单化了，把群众路线想象得过于理想，而没有看到新闻的专业性和非专业性之间的区别，也忽略了新闻生产中固有的组织方式造成的影响。
④ 马克思则认为理论受到意识形态影响，在社会领域不存在超阶级的真理，无产阶级的理论更适合无产阶级，资产阶级未必接受。
⑤ 黄旦：《从"不完全党报"到"完全党报"——延安〈解放日报〉改版再审视》，李金铨编：《文人论政》，广西师范大学出版社2008年版，第279页。

的"用事实说话"观念的其实正是陆定一所批判过的"新闻就是政治性本身"的表现：陆定一强调的事实变成了观点的傀儡，可任意挑选和剪裁①。无产阶级新闻理论所要否定的性质论和功能论最后仍然以新的形式借尸还魂，否定了新闻的其他一般性质，确立了唯政治性独尊的新闻理论范式。

三、为什么是哲学范式？

为什么恰恰在这个时候在延安出现新闻研究范式的突然转型？这是个很难回答的问题。陈力丹认为陆定一的这篇文章受到30年代中后期国统区左翼知识分子所发起的"新启蒙"运动的影响②。尽管他并未提供有说服力的证据。这个问题还值得进一步讨论，但从启蒙运动的视角来看待这一转向，倒为我们提供了新的思路。

20世纪10年代末的新文化运动被胡适称为"中国的启蒙运动"，其后的五四运动更明确提出了"民主"、"科学"这两个深入人心的口号。这两个关键概念恰好分别构成了"政治学范式"和"哲学范式"的核心理念。政治学范式强调新闻与民意、民主自治的关系，同时表达自由又经常和个人的全面发展联系在一起。在传统的政治学范式中，新闻的真实性问题并不是最重要的问题，更重要的是新闻是否能代表民意或影响民意。第一次世界大战之后，以李普曼为首的新闻研究者，才提醒人们关注新闻的真实性问题，提倡科学的、精确地描述世界③。此时，在政治学范式中，新闻的真实性才真正作为一个哲学问题而不是技术问题被提了出来。

然而陆定一在这个时刻提出真实性的哲学问题，则又完全是政治的产物，这倒值得深思。陆定一撰写此文时，面临着否定既有资产阶级新闻理论，确立无产阶级新闻理论的任务。按照舒衡哲的说法，当时中国的左翼知识分子中有三个明显的思潮：一是要重提五四以来的启蒙运动，教育大众，二是强调理性主义，反对五四时期的那种现炒现卖，浅薄极端的治学风气，注重学理与思辨的深度，三是反对五四时的全盘西化，强调中国国情与特殊

---

① 陈力丹：《用事实说话不是新闻写作规律》，《采与编》2002年第4期。
② 陈力丹：《新启蒙与陆定一的〈我们对于新闻学的基本观点〉》，《现代传播》2004年第1期。
③ 【美】迈克尔·舒德森：《发掘新闻：美国报业的社会史》，陈昌凤、常江译，北京大学出版社2009年版。

性，寻找一条"中国化"的道路①。陆定一的这篇文章也具有上述特征。

他在文章中强调中国的特色，反对戈公振等将资产阶级的新闻理论简单照搬到中国。陆定一是在整风运动开始后调入《解放日报》，参与改版工作。有长期宣传工作经验的他是毛泽东新闻观的忠实代理人。当他与博古在办报理念上发生冲突时，毛泽东站在了他这一边②。而且事实证明，和博古等《解放日报》改版前的负责人相比，陆定一更领会毛泽东要改版的真正意图。他明确地在报社成员中传达了"一个字也不准闹独立"的主张，促使了这张报纸从"不完全的党报"向"完全党报"的转变③。除了在业务上响应整风精神，推陈出新外，在理论上他也必须在现有西方新闻理论和政治范式之外，找到一个能将其彻底否定的新范式。由于意图先行，陆定一的论证急躁武断，过于轻率地否定了戈公振的观点，甚至有"乱扣帽子"的嫌疑（陈力丹语）。

为了确立无产阶级新闻理论的任务，陆定一一反过去新闻研究的"民主"传统，倒向"科学"传统。民主的精神是博弈与妥协，强调"多"，而五四以来中国知识分子所理解的"科学"则接近于"唯科学主义"，更强调"一"④。如果从政治学的范式入手，他就不得不陷入到知识与特定群体、知识与权力等相对主义的争论之中，即便能独树一帜，充其量只能成代表无产阶级的一家之言，无法定于一尊。这就不难理解为什么陆定一会选择从哲学而不是其他的角度入手来否定之前的新闻理论。在当时的共产党人看来，马克思主义无疑是社会领域唯一的科学真理。辩证唯物主义的认识论既有学理深度，发前人之未发，又能够彻底否定已有新闻理论，实为不二之选。因此新闻研究在这个节点从政治学范式转向哲学范式，确有其必然性。

四、新闻理论研究的困境及范式危机

延安时期确立的新闻理论研究的哲学范式影响深远。尽管改革开放以后，随着学术研究环境逐渐宽松，一些过于政治化的理论，比如曾经被奉为圭臬的新闻的阶级斗争工具论，淡出学术领域，但是它所划定的问题域仍然

---

① 【美】微拉·施瓦支（舒衡哲）：《中国的启蒙运动：知识分子与五四遗产》，李国英等译，山西人民出版社1989年版，第269-283页。
② 陈清泉、宋广渭：《陆定一传》，中共党史出版社1999年版，第269页。
③ 黄旦：《从"不完全党报"到"完全党报"——延安〈解放日报〉改版再审视》，李金铨编：《文人论政》，广西师范大学出版社2008年版。
④ 郭颖颐：《中国现代思想中的唯科学主义》，雷颐译，江苏人民出版社2005年版。

未有明显变化。大部分的主流教材仍然把陆定一所设定的真实性问题和新闻本源（本质）问题作为新闻研究的起点和核心①。

近些年来，新闻理论研究者开始有意识地摆脱这一哲学范式的影响，寻找新的理论资源。例如杨保军试图从一般哲学的角度重构新闻理论的关键问题，摆脱从陆定一开始建立的这一套不甚严密的理论体系。另一些学者则试图使用20世纪中期逐渐成熟的传播理论研究新闻理论，比如黄旦的《新闻传播学》（1997）、童兵的《理论新闻传播学导论》（2000）。但是这些发展还远未能达到摆脱当前困境的地步，主要表现为：（1）范式单一，对于社会科学其他领域的理论资源借鉴得还不够；（2）去政治化研究仍然盛行，从政治学的角度研究新闻理论问题基本还是禁区。

新闻活动（journalism）与社会科学之间具有由来已久的密切联系②。梅耶甚至在1973年就提出为了促进社会发展，新闻应该成为"快餐式社会科学"（social science in a hurry）③。近年来，随着新闻工作、新闻教育和新闻研究专业化程度的增加，三个诠释共同体之间的认知鸿沟越来越宽。芭比·泽利泽形象地把他们之间的分歧比喻为："新闻工作者说新闻研究者和教育者不应到处晾晒新闻工作者的脏衣服；新闻学者说新闻工作者和教育者不够理论化；新闻教育者则指责新闻工作者把头埋在沙子里，新闻学者却把头伸在云端。"④ 她呼吁这三个共同体应该加强理解与合作，并提出新闻研究应引入社会学、历史学、语言研究、政治科学和文化研究等学术领域的理论资源，才能进一步提升新闻研究的学术水平⑤。

国内近些年随着新闻专业研究型人才数量的不断增加，研究的门槛和水平也在提高。大量的研究在一个有限的问题域和深度上简单重复，对个人和整个学科都是浪费。如果能够从跨学科人才培养和跨学科合作两方面齐头并进，尝试将更多其他学科的资源引进新闻研究，有望使这个领域走出目前学理匮乏、低水平重复的困境。

---

① 甘惜分：《新闻理论基础》，中国人民大学新闻系，1981年；成美、童兵：《新闻理论教程》，中国人民大学出版社1993年版；郑保卫：《新闻理论新编》，中国人民大学出版社2007年版。
② Weaver, David H. & McCombs, Maxwell E (1980). "Journalism and Social Science: A New Relationship?" *Public Opinion Quarterly*, 44, pp. 477-494.
③ Meyer, Philip (1973). Precision Journalism: A Reporter's Introduction to Social Science Methods. Bloomington: Indiana University Press, p. 14.
④ Zelizer, Barbie (2009). Journalism and the Academy, Handbook of Journalism Studies, Karin Wahl-Jorgensen and Thomas Hanitzsch ed., New York: NY, Routledge, pp. 29-41.
⑤ Zelizer, Barbie (2004). Taking journalism seriously: News and the academy. Sage Publications.

在西方的新闻研究中，政治学一直是重要的友邻学科。新闻研究者詹姆士·凯里甚至提出"没有民主就没有新闻"，反对弱化新闻教育与政治民主的关系，警惕不加区别地将公关、广告等学科胡乱与新闻教育和研究嫁接①。近年来随着商业主义、新媒体对新闻的冲击，新闻质量下降，新闻与普通信息、宣传的区别越来越不被重视②。一些研究者郑重地重申新闻对于民主的重大意义。科瓦齐和罗森斯蒂尔在《新闻的十大原则》中认为："新闻工作的目标是向人民提供获得自由和自治所需的信息。"③

中国正处于社会转型期。新闻将会在这一过程中发生什么变化，如何更好地发挥作用，媒体技术的变化对新闻承担这一功能会产生什么影响……这些都是当前亟须解决的重大课题。这需要新闻研究者走出狭隘的从概念到概念的哲学范式，更关注新闻的现实功能，重新从民主政治的角度研究新闻。经过近百年的发展，新闻的政治学范式已经不再是20世纪初那样简单粗糙，从规范理论、操作理论和科学理论都有了大量新成果。今天要突破新闻研究的困境，需引入包括政治学范式在内的多元范式。只有这样，才能更好地回应时代对新闻研究的要求。

---

① 凯里：《新闻学错在哪里》，《国际新闻界》2002年第3期。
② Kovach, Bill and Ronsenstiel, Tom (2010). Blur: How to know what's true in the age of information overload. Bloomsbury..
③ 科瓦齐、罗森斯蒂尔：《新闻的十大基本原则》，刘海龙、连晓东译，北京大学出版社2011年版，第4-5页。

未来新闻的知识形态

王辰瑶

2008年北京奥运会时有一张著名的照片，一大群体育摄影师挤在一个平台上，所有的相机都用同样的角度对准运动员迈尔克·菲尔普斯（Michael Phelps）。这个画面的吊诡之处在于，昂贵的相机，有才华的摄影师，却被用来竞相拍摄大同小异的照片。2012年底哥伦比亚大学新闻学院发布的《后工业时代的新闻业》报告在提到这一"场景"时认为这是"荒谬的"，甚至是"有害的"（C. W. Anderson, etc. 2012：92）。但它确是当下新闻现象的一个注脚：媒体在有限的新闻资源上展开激烈的竞争，带来的是千篇一律的结果。更为糟糕的是，在互联网时代这样的竞争甚至都缺乏必要——在场的观众理论上也可以拍摄菲尔普斯的照片并传播出去，菲尔普斯本人也可以上传自己的照片。在这种情况下所谓传统"新闻"的价值何在？这张照片隐喻了当下新闻的困境：仍然身处常规赛场，压力巨大、竞争激烈，危机重重，通向的却可能是失败的结局。危机理当带来改变，但是如何改？朝什么方向改？如果对未来无从把握甚至无从想象，盲目的改变，可能会带来更大的危机——2012年3月美国皮尤研究中心（Pew Research Center）的报告引用了一位美国报业高管的话："如果你赌一把去创新，百分之九十的可能是加速死亡，只有百分之十的可能是让你发现一种新的模式。没人愿意去做这样的赌博"（Christensen, Skok & Allworth, 2012：6）。

站在这样晦暗不明的历史关口，社会学者罗伯特·帕克在70多年前对新闻学所做的努力仍然值得鉴戒。相比于前一时期知识界对新闻业在政治层面的看重和知识层面的贬低——前者如20世纪20年代杜威、李普曼对新闻（大众媒介）在民主和公众生活中所起作用的广为人知的争论，后者如1918年奥地利著名作家卡尔·克劳斯（Karl Kraus）对报纸不仅不创造知识反而"降解"知识的尖刻批评（Paul Reitter, 2008：94），帕克的路径是：要想认清新闻业对社会的意义，就必须要回到新闻业向社会提供的"新闻"本身，在知识谱系中为"新闻"寻找恰当的位置，并试图理解新闻的"知识形态"特征（Park，1940：669—689）。这一研究取向被不少新闻学者追随，如伯纳德·罗斯科（Bernard Roshco，1979）、迈克尔·舒德森（Michael Schudson：1978，1995）、唐纳德·麦瑟森（Donald Matheson，2000）等。如今，当新闻业再度面临危机时，从知识形态的角度对未来新闻可能发生的变化进行探讨，应该仍不失为一条值得尝试的路径。

一、何为新的知识？

毫无疑问，新闻首先得是"新"的。在大多数语言中，比如无论是英语 news，法语 nouvelles，瑞典语 nyhet，西班牙语 noticias，俄语 новости，还是日语ニュース，新闻一词都有"新"（new）这样的基础性词义。有意思的是，可能正因为新闻的"新"太过理所当然了，许多新闻定义反倒对什么是"新"置之不提。但考察一下与"新"有关的两句谚语："太阳每天都是新的"和"太阳底下无新事"，就可以看到这两句结构相似、观点相反的谚语蕴含着关于"新"的不同理解，前者是时间性上的"新"，后者指社会心理层面的"新"。新闻如何才能是"新"的？现代新闻业对此的回答是：时间轴上的新近是新闻之所以"新"的首要考量，离"现在"越近，就越"新"。陆定一所作的"新闻是对新近发生的事实的报道"定义精准地概括了现代新闻在知识形态上的本质特征，即新闻是在时间上关于现在的事实性知识。帕克认为新闻在知识形态上深深受制于事件的"突发"，"突发"也是一个明显的关于现在的时间性标志。

以时间性的"新近"作为新闻之为"新"的标准，看上去天经地义，但从某种意义上说，这种在知识形态上对"新"的界定是建构的产物。恩格斯很早就意识到了新闻业的内在悖论——非均量的事实变动与均量的新闻产品，他在1842年给《莱茵报》写道："这里实在没有什么可报道的。上帝可以作证，现在，正如这里的人们所说的，已经进入通讯员的淡季。什么新闻也没有，确实没有！"[①] 为了向受众稳定地提供新闻产品，新闻界不得不以对线性时间的恪守来彰显"新"，即便有些事件在社会层面没有什么"新

---

① 见《马恩全集》第四十一卷"柏林杂记"，原信是恩格斯作为《莱茵报》通讯员为报社所写，载于1842年8月29日《莱茵报》第241号，未署名。

意",但它是"新近"发生的,也就具有了成为新闻的合法性。正如研究者 Terhi Rantanen 所说,"很有可能,事件有时是'旧'的,但是出版商和叙述行为使得它'新'了,成了新闻"(Rantanen,2009:17)。新闻在时间上的紧迫感不仅塑造了现代新闻的文本形式,而且塑造了现代新闻业和新闻从业者的一些结构性特征。如塔奇曼(Tuchman,1977)就高度关注新闻记者如何在"截稿压力"下发明出作为"策略性仪式"的"客观性"来保证新闻生产的顺利完成。

然而,现代新闻在知识形态上与线性时间赛跑的特性,有可能在未来发生结构性的转变。未来新闻中的时间将超越单一的线性时间标准,变成非线性时间。首先,传播技术的进步,使得新闻可以轻松满足线性时间的要求。从当日新闻当日报的 TNT(Today News Today)到即时新闻即时报的 NNN(Now News Now),在"直播"技术普及之后,新闻报道与事件在时间上同步已经不再是梦想。仅以时间性为"新",不能再满足未来新闻的需要;其次,受众的接受行为不再受制于线性时间。对于受众来说,新闻从河流变成了海洋。正如 Lee 和 Liebenau(2005:52)观察到的,网络永远都"开着",用户不再需要跟随广播或电视的播出时刻或日报的发行时间,他们可以从任何时间开始阅读网络上的新闻。新闻变得没有时间性了,因为它适用于所有的时间;最后,也是最重要的,网络的海量空间和超文本链接,赋予了新闻超越线性时间的可能。比如一起新近发生的校园投毒案可能会勾连起 20 年前发生的另一起投毒案,并使后者成为新闻。网络的非线性在于它更容易打捞那些已经成为历史的事件,更容易穿越时间并在事件与事件之间形成互文关系,这就使得未来新闻有能力把不同时间的事实性知识"结构"成新闻,以满足当下社会对真相的需求。当然,传统新闻并没有完全忽视这一点,但正如前所说,在与线性时间的赛跑中,很多新闻最终成了有头无尾的"断头新闻",新闻业不断生产热点,但对社会关于这一时代的事实性知识的需求反倒无法很好地满足。而超越了线性时间的未来新闻,有可能在这一领域有更大的作为。

二、关于什么的知识?

现代新闻是关于事实的知识,这一点看上去不言而喻,但其实也是逐渐演变的结果。中外新闻实践都证明,早期的"新闻"常常与奇闻异事、市井流言、志怪笔记、劝谕宣教混为一谈。Rantanen 的研究发现，印刷新闻业刚出现的时候，什么是新闻与什么是小说并没有明显的区分，但随着新闻逐渐成为一个"职业"，新闻与小说的差异也在逐渐显现，新闻越来越"事实"化，而小说越来越虚构（Rantanen：2009：17）。同样，前哥大新闻学院院长 Tom Goldstein 在《新闻与真实：奇怪的床上伴侣》一书中也认为，真实是新闻学中一个晚近才出现的观念。对于 19 世纪的许多新闻来说，虚构还是必不可少的成分。(Goldstein：2007) 现代新闻职业化的过程也是一个将新闻逐渐定位成关于事实的知识的过程，当然，在这个过程中，英美国家的新闻实践起了很大的作用。有学者甚至将看重"事实性知识"的现代新闻业称为一项"盎格鲁-美利坚的发明"，其他国家的新闻传统比如更重视观点的法国新闻，逐步引进和采用了英美的新闻模式（Chalaby，1996）。

帕克在《作为一种知识形态的新闻》中详细阐述了现代新闻作为关于事实的知识具备哪些特征，尤其是如何区别于其他同样以事实为关注对象的学科，比如历史。帕克认为，新闻与历史相似，但新闻不是历史，它的事实也不是历史性的事实。最基本的新闻处理的是大量孤立的、碎片化的事实，不寻求它们之间的联系，也不探究因果。而历史学则不但关注事件而且致力于将事件放置在历史进程的恰当位置，并在其中发现暗含的历史趋势和规律。值得注意的是，帕克并不因此贬低新闻的事实性知识，相反，他认为"我们的时代是新闻的时代，美国文明的最重大的事件之一就是记者的崛起"（Park，1940）。

作为事实性知识，现代新闻主要解决的是"发生了什么事"这样一个基本问题。新闻专业主义关于"事实"的一套操作程序，如明确 5W 的事实要素、精确记录直接引语、使用不同信源交叉印证的核实技术，都旨在帮助新闻回答这一问题。而传播技术给新闻业带来的一个革命性变化是，未来新闻有可能不仅是"关于事实的知识"，也是"关于事实的知识的知识"，成为超越于简单的"发生了什么事"的新的知识类型。

正如曾经的技术进步，使得现代新闻业对事实的精确记录成为可能，当下的技术进步也使得关于事实的知识变得更加易得了。便捷的传播渠道提高了获知和核实事实的效率，其结果是有可能将新闻提供者尤其是专业的新闻提供者从原本复杂繁重的工作中"解放"出来，一方面能方便地获取更多的"关于事实的知识"，表现为新闻产品的信息总量增加；另一方面是转而获取"关于事实的知识的知识"，表现为新闻产品的深度增加。

未来新闻在后一方面的努力，至少可以因循以下两种路径：其一，语境化，也即用更多的相关事实知识来增加对某一事实的了解。云国强和吴靖（2010）指出"语境化新闻报道是一种建立在'互文性'和'媒体间性'基础上的报道实践"。对既往报道的海量存储和方便的"调阅"能力，增加了未来新闻更加强调"互文性"和"媒体间性"的可能。而频繁地"再现"，也使得未来新闻不再是传统的"一次性产品"和"易碎品"，"新闻产品将被尽可能重复使用：在其他平台、其他设备、在新闻故事里，甚至在其他新闻媒体里"（C. W. Anderson, etc. 2012）。值得注意的是，这种"重复使用"并非信息同质化，而是要通过对以往事实性知识的创造性"再现"，获得关于当下事实的超越于简单的"发生了什么事"的新的理解。其二，数据可视化，也即通过量化的方式将许多细小的事实转换成数字，再通过可视化的方式进行报道，以达到对事实的新的分析与认知。新闻中最常见的事实是某人做了某事，由于报道空间有限，新闻只能寻找"典型化"的事实凸显背后的社会意义。而数据新闻突破了这种"典型化"的事实知识模式，创造了新的整体性或代表性的事实知识模型。虽然以前也有一些"图表新闻"，但不仅制作简单，而且一向地位边缘。只有在以 0—1 数字转换为基本语言的计算机时代，真正意义上的数据新闻（data-journalism）才有望成为一种重要的知识形态。在新的信息处理技术如数据挖掘技术、动态图技术、空间定位技术、互动技术、媒介融合技术的帮助下，枯燥的数字经过"可视化"处理，可以成为有吸引力的新闻报道。近年来一些国际主流媒体纷纷成立或开辟这样的"新"部门，如《卫报》的"Data Story"栏目、《纽约时报》的互动新闻技术部、BBC 数据新闻小组、《芝加哥论坛报》的新闻 APPs 项目等，并且已经有一大批较成功的数据可视化新闻产品面世。这种努力的指向，正如万维网的发明者 Tim Berners-Lee 所说，"数据驱动的新闻将是，未来"[①]。

三、由谁提供的知识？

现代新闻的兴起伴随着工业社会日趋细致的社会分工，与其他职业一样，新闻业因为具有"专业"的优势，几乎垄断了新闻作为一种知识产品的

[①] 见英国《卫报》2010 年 11 月 22 日对 Lee 的采访，http://www.guardian.co.uk/media/2010/nov/22/data-analysis-tim-berners-lee

生产，以致于在日常语境下，人们所指的"新闻"往往就是有资质的新闻媒体的报道，除此之外的"新闻"只能叫"小道消息"或"流言"。比如帕克在分析新闻的知识形态时，其实已经天然地将"新闻"与其提供者"职业记者"绑定在了一起。而新闻业现在产生的许多焦虑，正在于这种"垄断性"受到了威胁——当传播技术发达到个人已经可以很方便地制作新闻并广为传播的时候，专业媒体和职业记者还有必要存在吗？

要回答这个问题，必须先看看职业新闻之所以具有"垄断性"优势的原因：首先，职业化的新闻意味着有专门的人和组织贡献他们全部的工作时间和精力来从事新闻生产；其次，职业新闻拥有专业的资源，比如在大众传媒时代，新闻媒介既是新闻生产的组织也是新闻传播的渠道。一般情况下，其他社会成员的声音只有先得到职业媒体的关注才能得到社会的关注；再次，职业新闻逐渐发展出了一套专业技能，比如采访能力、核实与调查能力、叙述能力等，这些技能提高了职业记者的竞争力，使得他们能在压力下完成工作，并进一步巩固了职业新闻的社会声望；最后，职业新闻具有独特的价值理念。与医生、律师、教师等职业群体一样，职业记者也有相对稳定的价值观，比如视真实为新闻的生命、为公共利益服务的信念等。与此同时，职业新闻还发明出一系列"伦理规范"来明确新闻实践的社会边界，纠正新闻"失范"，维系新闻业的专业水准。

很明显，上述"优势"在新闻转型时代面临的挑战是不同的。现代新闻业对资源的垄断优势，在未来很可能不复存在。未来新闻既不可能垄断消息来源，也不再可能垄断传播渠道。现代新闻业的专业技能优势在未来也会面临很大的挑战，随着一般教育水平的提高和媒介素养的普及，新闻实践的专业水准并非遥不可及。但是，相对来说，新闻职业的另外两大优势——工作时间的保证与职业理念不仅未被消减，反而可能更加鲜明。由于资源垄断已不复存在，大量的公民新闻实践蔚然壮观，但是"业余"能否就此取代"专业"？一个典型的例子是韩国公民记者网站"OnmyNews"的兴衰——作为全球第一个公民记者网站，OnmyNews 的口号是"每一个公民都是记者"。OhmyNews 的全球浏览排名一度进入 100 名以内，但现在已掉落到 17341 名[①]，成为一个完全无足轻重的小网站。研究者分析，OnmyNews 的衰落原因是完全依赖民众参与，但又无法让民众持久保持公民新闻实践的兴趣。一

---

① 此为 2013 年 5 月 27 日在 Alexa. com 网站查询的 www. onmynews. com 的流量排名。

且传统新闻业开始回应公民新闻的挑战，Onmynews 就因为缺乏竞争筹码败下阵来。(郑一卉，2010)

因此，未来新闻不再是一种由职业记者提供的垄断知识产品，但这绝不意味着职业新闻的灭亡或式微。在职业新闻和公民新闻之间进行二元选择，其实是在知识形态上对新闻做了固化的、单一的理解。事实上，未来新闻的知识形态将会更多元，这意味着参与者会更广泛、新闻生产形式会更加灵活、新闻生产者与接受者的边界会更模糊，角色转换更为常见——在这其中，职业新闻生产会变得更有活力，而非相反。

对未来新闻可能的生产图景可以做如下描述：(1) 公民新闻将以临时性新闻实践的方式大量存在，对各种突发事件的即时传播、对社会生活中一些易被忽视的细节的关注，是这类新闻实践的主要内容。其特点是：随意、数量庞大、碎片化；(2) 各种新闻小组会广泛出现，它们兼具业余性与专业性的特点，往往致力于对一个专业领域或类别的新闻的报道与整合。它们兴趣持久、规模小、非营利，有些已经形成一定的口碑。比如美国一对法律界夫妇创办的 SCOTUSblog.com 就以其在法律领域的专业报道成为众多媒体的关键信息源，该网站现已获得彭博社法律部的资助；(3) 职业新闻将面临着重大的革新，但调整后的职业新闻有望获得更大的发展空间，而不是日趋萎缩。

一方面，活力源于竞争。职业新闻的"门槛"将更多地来自其提供的内容，而非对资源和渠道的垄断。正是由于越来越多业余参与者加入了新闻竞争，职业新闻的内容门槛也在无形中提高了，如果不能提供比业余新闻生产者更好更优质的新闻服务，职业新闻就被取消了在未来新闻领域的合法性。与此同时，职业新闻生产者的准入条件在降低。尽管在不同国家和地区存在不同的政策法规上的限制，但像赫芬顿邮报（Huffington Post）、科斯日报（Daily Kos）和 Buzzfeed 这样的新兴职业新闻机构势必会对原有新闻媒体造成强大的冲击。在受冲击最强烈的美国新闻市场，职业新闻组织的行业"洗牌"正在发生。另一方面，活力源于新的创造。职业新闻可以大大增强与公民新闻的联系，通过组织、帮助和把关公民新闻生产，创造出以往仅凭职业新闻组织不可能实现的新的新闻知识形态。比如，众包新闻（Crowdsourcing news）。这个 2006 年由《连线》（Wired）杂志记者 Jeff Howe 发明的概念，原是指一种新的商业模式，但很快被职业媒体采用来发动公民共同进行新闻生产。2009 年 5 月，英国《卫报》进行了一次堪称标志性的众包新闻实验。由于《电讯报》披露了英国议员的高消费丑闻，英国政府公布了长达

200万页的公职人员消费明细报告。职业媒体如何对如此海量的信息进行报道呢？《卫报》的做法是在网站上公布这份报告，邀请读者作为志愿者来阅读一页报告并写下意见。超过两百万名读者志愿参与了这项庞大的工程，并帮助职业记者找出其中的有用信息，完成了任何一家新闻组织单凭一己之力不可能完成的任务。

四、为谁服务的知识？

现代新闻常给人一种"标准化"的感觉，舒德森认为，"主流新闻记者中有一种共同的观念：他们的报道应该不分男女老少人种和性别偏好"。(Schudson，2013)这种对新闻知识的无差别对待和标准化处理，实际上源自新闻从业者对所服务对象的单一化"想象"——起初是原子状的个人组成的无名的"大众"，随后是与民主等理念结合的抽象意义上的"公众"。但这种"共同体"只存在于想象之中，新闻业看似针对一切人的"重要""新奇""有趣""利益相关"等新闻选择标准，并不总能代表真正的公众。从20世纪七八十年代开始，不少学者就开始关注新闻报道的系统偏差，比如多米尼克1977年的调查发现美国国内新闻多集中于东西海岸，中西部则严重报道不足；格林伯格1980年的研究发现，专家在媒体上被过度呈现，而服务业工人则严重报道不足（Shoemaker & Reese，1991）。正如鲁迅在杂文《二心集·"硬译"与"文学的阶级性"》中所说："穷人决无开交易所折本的懊恼，煤油大王那会知道北京捡煤渣老婆子身受的酸辛，饥区的灾民，大约总不去种兰花，像阔人老太爷一样，贾府上的焦大，也不爱林妹妹的"。以标准化的新闻话语掩盖其背后的系统性偏差，尤其是这种偏差反映的是社会权力结构的不平等——这正是一批政治学、社会学出身的媒介研究者对现有新闻话语直指要害的抨击。在以商业化为主要驱动力、以工业化流水线作业为主要生产模式的现有新闻格局中，这个问题的确难以解决。

而未来新闻对此的可能突破是，将服务对象从单一的共同体延展为多元共同体。也就是说，未来新闻不再只是一种假定大众都需要或都关心的"标准"知识，而是致力于满足不同公众群体需求的知识簇。比如，《南方周末》曾在2005年刊登过一篇特稿作品《血友兄弟》，讲述一对患血友病兄弟的故事。这篇报道写得细致感人，但《南方周末》的编辑认为："这个故事打动了一些读者，但另一些读者感觉淡然。仅此一次，此类纯粹个人化的题材在

《南方周末》特稿中就不再出现。与公共利益，或者更宽泛地说，与社会图景相关，成为《南方周末》特稿基本而坚定的选题方向"（杨瑞春，张捷，2012）。这就是一个颇值得玩味的传统媒体进行新闻选择的案例。很显然，在未来，与绝大多数人利益相关的事实依然会是新闻的不二选择，但只与一部分人相关的事实也同样有可能成为新闻。在上面这个案例中，如果媒体服务的是一个关心血友病的公众群体，那么这篇报道不仅会是一则很好的新闻，而且可能促成这个共同体对血友病患者治疗、救助、遗传干预等更多方面的公共讨论。

未来新闻为何可以为多元共同体服务？美国《连线》杂志主编克里斯·安德森（Chris Anderson，2004）提出的"长尾"（The Long Tail）理论可以提供某种回答。由于资源短缺，例如现有媒体的版面、时长、人员精力都是有限的，所以只能选择关注最重要的事来满足尽可能多的公众的需要，其他的大量事实因为只有少部分人需要，因而常被媒体组织放弃，摒除在"新闻"之外。而在网络时代，由于新闻生产的成本大大降低，新闻传播的门槛也大大降低，这就使得未来新闻作为一种知识形态不仅关注绝大多数人的需要，也可以满足少数人的需要。如果说前者是正态分布曲线的头部，那么后者就是曲线的长长的尾部，像"血友病"这样的新闻应该就处于这个部位，如果有了更多地针对不同公众群体服务的媒体，这样的新闻就不会再被排除在新闻选择标准以外。新闻业的一些形态变化，比如社区媒体在传统媒体普遍式微情况下的逆势上扬、针对某一特定领域的垂直媒体的快速崛起等，都彰显了这一趋势。要说明的是，从为单一共同体服务到为多元共同体服务，并不意味着公众的"分裂"。事实上，"公众"不仅是一个复合概念，也是一个变化的概念。公民可以随时加入不同的共同体，分享和讨论不同的信息，也可能在任何出现了重大新闻的时刻，联合成一个更大的共同体。因此未来新闻在服务对象上的变化并不是说它会变得更琐碎，而是说它将更灵活，更符合公民的实际需要。

五、更好的"探照灯"？

李普曼在《舆论学》中对新闻业有一个著名的比喻："探照灯"——"新闻业就像是总在移动的探照灯的光束，它在茫茫黑暗中照亮了一个又一个片段。"但是，李普曼紧接着说道："人们不可能仅仅依据这样的光束就来处理与世界有关的事务"（Lippman，1922：336）。李普曼准确地指出了新闻在观察世界时难以避免的局限。这种局限源于新闻的两大"缺陷"：第一，与无限丰富的世界相比，新闻报道总是有限的；第二，新闻业的现有生产模式很容易使其在报道世界时产生系统性偏差，比如高度依赖权威信息源、热衷于关注表面的、戏剧性强的事实变动、迎合市民阶层的一般趣味等。

未来新闻是否还只能是李普曼所说的"探照灯"？要看未来新闻能否克服以上两个在现有新闻模式下难以克服的局限。不幸的是，第一种局限仍然是无法避免的。虽然由于传播载体和渠道的极大丰富，新闻报道的总量与人们阅读新闻的总量都有了很大的提高，但与世界自身的丰富性相比，这依然只是一种极其有限的反映。与李普曼一样，法国哲学家梅洛庞蒂也使用过"探照灯"这个比喻，只不过他描述的是人类头脑对世界关注的有限性。可见，无论传播技术怎么发展，只要人的自然能力没有根本性的变化，新闻作为我们认知外部世界的"探照灯"式的知识是很难改变的。但是，幸运的是，传播技术的发展确实给未来新闻提供了更多的可能性，在最美好的设想下，未来新闻有可能进行某些结构性调整，从而在一定程度上纠正现在的系统性偏差。比如，未来新闻可能超越对线性时间的追逐，从而更从容地提供这个时代所需要的事实性知识；未来新闻可能超越简单的事实性知识形态，有能力通过处理更多的事实，提供关于事实的全新的理解；未来新闻有可能不再是职业媒体的垄断性知识，从而变成一个更开放、竞争更强也更健康的领域；未来新闻还可能关注以往不在单一的新闻选择标准之列的事实，更灵活地为公众提供服务。所以，尽管未来新闻还是"探照灯"，但它有可能是更好的"探照灯"。

当然，未来未必如想象般的美好，不过学术研究的价值之一就是贡献这种想象力，并以理论的可能性为未来的行动提供坐标。未来新闻的样貌不仅取决于现在的努力，也取决于现在对未来的设想。最令人担忧的是现在的行动者出于对未来不确定的恐惧，在焦虑中悲观沉沦或盲目行事。比如有些职业媒体应对"变化"的做法是：一味比"快"、从网络上"扒"新闻、以观点站队甚至热衷于"口水战"、粗暴解读网络空间的某些观点并"上纲上线"、追逐流行看似新潮实则与其服务的对象渐行渐远，等等，这些做法不仅伤害了建构更美好的未来新闻的可能性，更重要的是，因为与未来新闻知识形态背道而驰，这些媒体很可能最终会黯然退场，将职业新闻的广阔天地让位给更有活力的竞争者。

【参考文献】

[1] Anderson, C W Emily Bell, Clay Shirky (2012), Post-Industrial Journalism: Adapting to the Present, issued by Tow Center for Digital Journalism, Columbia Journalism School, http://towcenter.org/research/post-industrial-journalism/.

[2] Clayton M. Christensen, David Skok and James Allworth, Breaking News: Mastering the art of disruptive innovation in journalism, Nieman Report, 2012: Vol 66 No. 3: 6.

[3] Clayton M. Christensen (1997), The Innovator's Dilemma: When New Technologies Cause Great Firms to Fail. President and Fellows of Havard College. pp. xxii.

[4] Chris. Anderson (2004). ? The Long Tail?. Wired, 12 (10). http://www.wired.com/wired/archive/12.10.

[5] Donald Matheson (2000), The Birth of news Discourse: Changes in News Language in British Newspapers, 1880—1930. Media, Culture and Society 22: 559-564.

[6] Jean K. Chalaby (1996), Journalism as an Anglo-American Invention. European Journal of Communication. 11 (3): 303-326.

[7] Lee, H. and Liebenau, J. (2000), Time and the Internet at the turn of the millennium. Time and Society. 9 (1), pp. 43-56.

[8] Michael Schudson (2013), Reluctant Stewards: Journalism in a Democratic Society. Dadalus. 142 (2), pp. 159-176.

[9] Paul Reitter (2008): The Anti-Journalist: Karl Kraus and Jewish Self-Fashioning in Fin-de-Siècle, The University of Chicago Press. p. 94.

[10] Shoemaker, P. J. & Reese, S. D. (1991). Mediating the message: Theories of influences on mass media content. New York, NY: Longman.

[11] Robert E. Park (1940): News as a Form of Knowledge: A Chapter in the Sociology of Knowledge, American Journal of Sociology, Vol. 45. No. 5, pp. 669-689.

[12] Terhi Rantanen (2009). When news was new. Wiley-Blackwell. p. 17.

[13] Tuchman, G (1977), Objectivity as strategic ritual: An examination of newsmen's notion of objectivity. American Journal of Sociology, 77. pp. 660-679.

[14] Tom Goldstein (2007), Journalism and Truth: Strange Bedfellows. Northwestern University Press.

[15] Walter Lippmann (1922), Public Opinion, the copy is republished by Filiquarian Publishing, LLC, 2007, p. 336.

[16] 伯纳德·罗斯科：《制作新闻》，姜雪影译，（台北）远流出版事业股份有限公司2000年版。

［17］迈克尔·舒德森：《发掘新闻：美国报业的社会史》，陈昌凤、常江译，北京大学出版社2009年版。

［18］迈克尔·舒德森：《新闻的力量》，刘艺娉译，华夏出版社2011年版。

［19］云国强、吴靖：《当"小世界"遭遇"大事件"——呼唤一种语境化新闻报道》，《国际新闻界》2010年第6期。

［20］郑一卉：《从OnmyNews的衰落看公民新闻的发展方向》，《现代传播》2010年第1期。

［21］杨瑞春、张捷：《南方周末特稿手册》，南方日报出版社2012年版，第296页。

大数据时代的新闻学：计算新闻的概念、内涵、意义和实践

白红义

一、新闻业的量化转向

当下的新闻业已经进入了一个大数据时代。不同类型的涉及数据使用的新闻实践和产品大量涌现，正在并将继续对当代新闻业产生重要影响，而研究数据及与其相关的算法、电脑代码、编程、自动化等在新闻中的应用正在成为一个快速增长的领域①。作为一个相对较新的名词，大数据是一个相当具有弹性的概念。在严格的计算意义中，大数据是指那些过于庞大而标准的电脑程序无法处理的数据，它不只是一个具体的技术规格，而是围绕大量数据的处理过程②。大数据在新闻业中的出现是技术变迁影响新闻业的又一例证。不同研究者就此使用了不同的词汇来形容这一新的趋势，如"新闻业的计算转向"（computational turn in journalism）③、"新闻业的计算探索"（computational exploration in journalism）④、数据驱动新闻（data-driven journalism）⑤、量化新闻（quantitative journalism）⑥、量化取向的新闻

---

① Lewis, S. C. (2015). Journalism in an Era of Big Data. Digital Journalism, 3 (3), 321-330.
② Lewis, S. C., & Westlund, O. (2015). Big data and journalism: Epistemology, expertise, economics, and ethics. Digital Journalism, 3 (3), 447-466.
③ Bucher, T. (2016). 'Machines don't have instincts': Articulating the computational in journalism. New Media and Society.
④ Gynnild, A. (2014). Journalism Innovation Leads to Innovation Journalism: The Impact of Computational Exploration on Changing Mindsets. Journalism, 15 (6), 713-730.
⑤ Coddington, M. (2015). Clarifying journalism's quantitative turn: A typology for evaluating data journalism, computational journalism, and computer-assisted reporting. Digital Journalism, 3 (3), 331-348.
⑥ Anderson, C. W. (2015). Between the unique and the pattern: Historical tensions in our understanding of quantitative journalism. Digital Journalism, 3 (3), 349-363.

(quantitatively oriented forms of journalism)[1]等。目前来看，计算新闻（computational journalism）正在逐渐成为一个最常用的术语，把上述各种与数据相关的实践活动都囊括在内。

计算新闻的兴起与大数据时代的到来有着密不可分的关系，作为一个学术概念，它在计算社会科学成为当前的学术热点后渐渐为学者们所使用。计算本身不是一个新鲜事物，但计算工具和技巧在各个领域的大量深入使用却是近年来才出现的新情况。不仅在自然科学领域内成为解决科学问题的重要路径，而且在社会科学领域也变得越发热门起来，一个主要的原因就在于大数据和新的计算工具的兴起[2]。随着新的数据收集、数据挖掘和分析支持技术的出现，社会科学研究者能够提出的研究问题和可以应用的研究方法均有根本性的变化，大数据带来了社会科学研究范式的转变[3]。计算社会科学随之成为一个独立学科，在此框架下，不同的分支学科也相继涌现，如计算社会学[4]、新计算社会学[5]、计算社会心理学[6]、计算传播学[7]以及本文着重讨论的计算新闻学[8]。

计算新闻学是对计算新闻所展开的学术研究，先有作为实践的计算新闻，然后才出现了作为学术概念的计算新闻。计算新闻在新闻业中的应用和实践早已有之，现有研究通常将其源头追溯到20世纪60年代的计算机辅助报道（computer-assisted reporting，CAR）[9]。时至今日，计算新闻专注于计算的处理能力，特别是对信息进行聚合、自动化和抽象化的能力，早已经超越了CAR体现出的计算水准[10]。计算新闻的实践形态已经表现出更为丰

---

[1] Splendore, S. (2016). Quantitatively oriented forms of journalism and their epistemology. Sociology Compass, 10 (5), 343-352.
[2] Bucher, T. (2016). 'Machines don't have instincts': Articulating the computational in journalism. New Media and Society.
[3] Chang, R. M., Kauffman, R. J., & Kwon, Y. (2014). Understanding the paradigm shift to computational social science in the presence of big data. Decision Support Systems, 63, 67-80.
[4] 江彦生、陈昇玮：《简介"计算社会学"：一个结合计算机与数字科技的新兴社会学研究》，《台湾社会学》2016年总第32期。
[5] 罗玮、罗教讲：《新计算社会学：大数据时代的社会学研究》，《社会学研究》2015年第3期。
[6] 陈浩、乐国安、李萌、董颖红：《计算社会科学：社会科学与信息科学的共同机遇》，《西南大学学报》（社会科学版）2013年第3期。
[7] 王成军：《计算传播学的起源、概念和应用》，《编辑学刊》2016年第3期。
[8] Anderson, C. W. (2013). Towards a Sociology of Computational and Algorithmic Journalism. New Media and Society, 15 (7), 1005-1021.
[9] Gynnild, A. (2014). Journalism innovation leads to innovation journalism: The impact of computational exploration on changing mindsets. Journalism, 15 (6), 713-730.
[10] Diakopoulos, N. (2015). Algorithmic accountability: Journalistic investigation of computational power structures. Digital Journalism, 3 (3), 398-415.

富的样式，其中涉及的计算深度和广度也各有不同，以致有学者称"一个鲜明的计算新闻的时代正在形成"[1]。简单地说，计算新闻就是指计算工具、方法和计算思维在新闻业中的应用，但它不是一种计算方法的简单应用，而是指利用计算软件实现对海量数据的操控，以实现接近、组织和呈现信息的新方式的目的[2]。

计算新闻正在成为新闻研究中的一个新兴增长点，这是在新闻业与新技术的交叉地带出现的新现象和新问题。过去 20 多年，迅猛发展的新兴技术对新闻业的影响不仅涉及新闻的收集、过滤和分发等最基本的层面，而且影响着新闻机构、商业模式、分发渠道乃至受众的变化。在经典的新闻社会学研究中，技术问题虽然经常被提到，但很少被详细地讨论，并没有获得足够重要的位置[3]。计算新闻代表着一种技术导向的新闻业[4]，它的兴起标志着新闻与技术的关系进入了一个新的阶段，技术不再是"连续性的典范"和"需要服从的威胁"，也能够作为"新闻革新的基础"[5]。深刻的现实变化对当前的新闻研究提出了新的要求，但作为一个新兴的学术领域，关于计算新闻的研究仍处在一个起步阶段。本文将在系统审视相关文献的基础上，围绕下列三个问题展开讨论：第一，计算新闻的概念、内涵及意义是什么？第二，哪些实践称得上是计算新闻？第三，当下应该如何研究计算新闻？

二、计算新闻的概念、内涵与意义

尽管计算新闻的形式早已有之，但作为一个学术概念提出的时间不算太长。研究者们开展的一个主要工作就是对这个领域进行更准确地界定，厘清其内涵或本质，并揭示其对于新闻业的意义。在一个早期的定义中，汉密尔顿（Hamilton）和特纳（Turner）把计算新闻定义为"算法、数据和社会

---

[1] Lewis, S. C., & Usher, N. (2014). Code, collaboration, and the future of journalism: A case study of the Hacks/Hackers global network. Digital Journalism, 2 (3), 383-393.
[2] Flew, T., Spurgeon, C., Daniel, A., & Swift, A. (2012). The promise of computational journalism. Journalism Practice, 6 (2), 157-171.
[3] Stavelin, E. (2013). Computational Journalism: When Journalism Meets Programming. PhD thesisi, p. 22. Norway: University of Bergen.
[4] Lewis, S. C., & Westlund, O. (2016). Mapping the Human-Machine Divide in Journalism. In T. Witschge, C. W. Anderson, D. Domingo, & A. Hermida (Eds.), The SAGE Handbook of Digital Journalism (pp. 341-353). New York: Sage.
[5] Powers, M. (2012). "In Forms That Are Familiar and Yet-to-Be Invented": American Journalism and the Discourse of Technologically Specific Work. Journal of Communication Inquiry, 36 (1), 24-43.

科学知识的结合，以补充新闻业的问责功能"，并进一步认为，"计算新闻旨在使记者在搜索新闻线索时探索越来越多的结构化和非结构化信息，同时，它提供了一种新的方式来帮助维系民主社会所需要的'看门狗'报道"[1]。科丁顿（Coddington）认为这一界定过于宽泛，无法对不同的计算实践予以清晰的区分。因此，他将计算新闻定义为一种技术导向的新闻，其中心在于将计算和计算思维应用于信息收集、感知和信息呈现的新闻实践中，而不是笼统地说是数据或者社会科学方法在新闻中的运用[2]。迪亚克帕罗斯（Diakopoulos）早前曾把计算新闻界定为计算技术和计算思维在新闻业的应用，以促进信息的收集、组织、意义建构、报道和传播等相关新闻工作的展开[3]。此后，他试图跳出这种工具导向的理解，更强调了算法在其中的核心位置，"使用和通过算法寻找和讲述故事以及关于算法的故事"[4]。在斯普伦多雷（Splendore）看来，计算新闻是一个协作过程，它更多地关注生产有形产品或平台而不是叙事，也更依赖于高级编程技能之类的技术专业知识，并将公众视为理性参与用户的集合[5]。卡森（Karlsen）等人则提出了计算新闻是一种修辞技巧的新理解，将其视为取决于特定技艺或是对实践的潜在因果关系有深刻理解的活动[6]。

随着研究的深入，学者们提出了更多理解和认识计算新闻的方式，逐渐缩小了计算新闻的外延。但即使是一个狭义的理解，在计算新闻这把大伞下依然存在着不同类型的计算新闻的实践形式[7]。这一现状导致在涉及数据与新闻业的领域存在着不少相近但又不互相统属的概念，可见计算新闻仍是一

---

[1] Hamilton, J. T., & Turner, F. (2009). Accountability through Algorithm: Developing the Field of Computational Journalism. Report from Developing the Field of Computational Journalism. Center for Advanced Study in the Behavioral Sciences Summer Workshop, Stanford, CA.

[2] Coddington, M. (2015). Clarifying journalism's quantitative turn: A typology for evaluating data journalism, computational journalism, and computer-assisted reporting. Digital Journalism, 3 (3), 331-348.

[3] Diakopoulos, N. (2010). A Functional Roadmap for Innovation in Computational Journalism. http://www.nickdiakopoulos.com/wpcontent/uploads/2007/05/CJ_Whitepaper_Diakopoulos.pdf.

[4] Diakopoulos, N. (2016). Computational Journalism and the Emergence of News Platforms. In B. Franklin & S. Eldridge (Eds.), The Routledge Companion to Digital Journalism Studies. London: Routledge.

[5] Splendore, S. (2016). Quantitatively oriented forms of journalism and their epistemology. Sociology Compass, 10 (5), 343-352.

[6] Karlsen, J., & Stavelin, E. (2014). Computational Journalism in Norwegian Newsrooms. Journalism Practice, 8 (1), 34-48.

[7] Coddington, M. (2015). Clarifying journalism's quantitative turn: A typology for evaluating data journalism, computational journalism, and computer-assisted reporting. Digital Journalism, 3 (3), 331-348.

个相当分散的研究领域,跨学科的本质似乎又强化了这种分散的特点[1]。无论是何种形式的计算新闻,其核心都是计算思维(computing thinking)[2]。计算思维是指运用计算机科学的基础概念去求解问题、设计系统和理解人类的行为,它的本质是抽象和自动化:抽象能力如抽象算法、模型、语言、协议等,自动化能力如系统、程序、编译等[3]。计算过程则体现着具体的计算思维,泰勒(Taylor)勾勒了计算过程在新闻工作中能够发挥基础性作用的三个领域:自动化、算法和抽象[4]。自动化提升了数据收集和解释、数字处理、网络分析、排序和处理等活动的能力,否则这些工作就要由人工完成;算法允许操作者遵循预定步骤来实现目标、识别问题,在大量替代方案中找到合适的解决方案,并以可靠、一致和有效的方式验证信息;抽象使得不同层次或角度的新观点有可能被呈现,探索新的方向[5]。

计算新闻最终的落脚点还是在于它对新闻业的影响。汉密尔顿和特纳就认为,计算新闻提供了一种新的方式来帮助维持民主社会所需的"看门狗"报道。由于新闻业的传统商业模式崩塌,媒体已经没有足够的动力去从事成本高昂的"看门狗"报道。计算新闻虽然不能改善新闻业的经营状况,但它可以创建能够降低报道成本的新工具,更好地利用新的信息环境,最终帮助履职技术巨变下的"看门狗"工作[6]。还有研究者指出,虽然公众可获得的数据量不断增加,但运用数据为公共利益新闻工作的能力却仅限于少数记者,计算新闻正是弥合这一鸿沟并保护新闻业的"看门狗"传统的关键[7]。记者和计算科学家共同开发新的方式,以降低公共事务深度报道的成本和难

---

[1] Ausserhofer, J., Gutounig, R., Oppermann, M., Matiasek, S., & Goldgruber, E. (2017). The datafication of data journalism scholarship: Focal points, methods, and research propositions for the investigation of data-intensive newswork. Journalism.

[2] Diakopoulos, N. (2016). Computational Journalism and the Emergence of News Platforms. In B. Franklin & S. Eldridge (Eds.), The Routledge Companion to Digital Journalism Studies. London: Routledge.

[3] Wing, J. M. (2006). Computational Thinking. Communications of the ACM, 49(3), pp. 335-337.

[4] Taylor, M. (2010). How Journalists Can Incorporate Computational Thinking into Their Work. https://www.poynter.org/2010/how-journalists-can-incorporate-computational-thinking-into-their-work/104535/.

[5] Flew, T., Spurgeon, C., Daniel, A., & Swift, A. (2012). The Promise of Computational Journalism. Journalism Practice, 6(2), 157-171.

[6] Hamilton, J. T., & Turner, F. (2009). Accountability through algorithm: Developing the field of computational journalism. In Report from the Center for Advanced Study in the Behavioral Sciences, Summer Workshop, pp. 27-41.

[7] Cohen, S., Li, C., Yang, J., & Yu, C. (2011). Computational journalism: a call to arms to database researchers. In Proceedings of the 5th biennial conference on innovative data systems research. January 9-12, Asilomar, CA: ACM.

度，计算新闻作为一种支持问责报道的新兴工具将会对公共利益产生强有力的潜在影响①。丹尼尔（Daniel）和弗卢（Flew）具体罗列了四点好处：通过使用计算工具和技巧，记者能够增加原创调查性报道的深度、与竞争者进行区分、加快新闻从消息来源到发布的过程，以及为分析提供事实依据，从而降低错误报道的风险，抵制来自公关的影响②。弗卢等人认为，将计算方法和技术扩展到新闻业的意义在于，计算新闻可以使得信息技术专家和记者共同开发新的计算工具，为原创的调查新闻提供新的基础，并扩大与读者互动的范围。使记者免于从事发现和获得事实的低水平工作，而是更加重视新闻的核查、解释和传播，为公众提供准确、原创、可靠和对社会有用的信息。③

很多研究者之所以对计算新闻的社会功能抱有乐观态度，一个很重要的原因可能在于，他们研究的案例多是计算方法和工具在调查性新闻生产中的运用。随着计算新闻实践日渐多元化，计算新闻的价值也应该不止于此，但这种价值并不会因新技术的引入而自然地获得，新闻业的创新涉及个体、组织、网络等不同层面因素的影响④。正如安德森（Anderson）所言，如果计算实践是新闻业的救命稻草，那么这根稻草也是一把双刃剑，它取决于许多新闻业之外的社会制度和技术物⑤。

三、计算新闻的实践领域

对于一个新近出现的领域，概念和缘起等理论层面的思考十分重要，但不同研究者之间的争议表明，究竟什么是计算新闻、谁在做计算新闻、哪些称得上是计算新闻等问题，需要更多的经验研究予以解答。就现有研究而言，研究者们集中讨论了数据新闻、程序员新闻和算法新闻三种计算新闻实践。

1. 数据新闻

---

① Cohen, S., Hamilton, J. T., & Turner, F. (2011). Computational journalism. Communications of the ACM, 54 (10), 66-71.
② Daniel, A., & Flew, T. (2010). The Guardian Reportage of the UK MP Expenses Scandal: a Case Study of Computational Journalism. In: Communications Policy and Research Forum 2010, 15-16 November 2010, Sydney.
③ Flew, T., Spurgeon, C., Daniel, A., & Swift, A. (2012). The Promise of Computational Journalism. Journalism Practice, 6 (2), 157-171.
④ 白红义：《从技术创新到新闻创新：重塑新闻业的探索性框架》，《南京社会科学》2016年第10期。
⑤ Anderson, C. W. (2013). Towards a Sociology of Computational and Algorithmic Journalism. New Media and Society, 15 (7), 1005-1021.

在计算新闻的概念提出前，数据新闻就已经成为一个快速发展的领域。但需要强调的是，并不是所有的数据新闻都与大数据相关，一些所谓的"数据新闻"其实只是在表面上涉及了使用特定类型的数据，仅作为一种"装饰信息"的方式[1]。从开放数据的使用方式来看，判断数据新闻是否是计算新闻框架下的数据新闻，关键标准在于数据的来源是人工获取的还是自动获取的，只有后者才是计算新闻意义上的数据新闻[2]。现有研究可以分为三类：

一是对数据新闻在某个或某些国家及地区发展现状的研究。塔巴里（Tabary）等人对2011至2013年间加拿大魁北克的数据新闻发展状况进行了研究，着重考察数据新闻中的行动者、使用数据的条件、实践及所需的计算和统计技能[3]。博尔赫斯雷伊（Borges-Rey）研究了英国的数据新闻实践中对数据库和算法的应用情况，通过对英国主流媒体中的数据记者、数据编辑和新闻经理进行的半结构化访谈，分析了数据新闻如何在英国专业新闻室运作以及数据新闻为新闻报道、采集和传播带来的创新之处[4]。在另一篇文章中，博尔赫斯雷伊提出了一个"重要性、表现力和反思性"的原创分析模型，作者以此研究了数据新闻在苏格兰、威尔士和北爱尔兰地区的发展及其面临的挑战。尽管上述三地的数据新闻显示出独特性，但都强化了开创这种实践的传统媒体的规范和仪式[5]。迈尔（Maeyer）等人考察了比利时法语区数据新闻的发展，作者把数据新闻视为一种"社会—话语实践"，不仅数据驱动的新闻工具生产在塑造着数据新闻的理念，而且新闻室内外的所有相关行动者的话语实践也在发挥着作用[6]。阿佩伊伦（Appelgren）和尼格伦（Nygren）对瑞典数据新闻发展状况的研究发现，在将新的方式和新闻类型引入"旧"组织的过程中，对数据新闻的态度与数据新闻工作方法中所感知的经验水平相关。当前数据新闻工作方法面临的主要挑战是缺乏时间，需要

---

[1] Hammond, P. (2017). From computer-assisted to data-driven: Journalism and Big Data. Journalism, 18 (4), 408-424.
[2] Splendore, S. (2016). Quantitatively oriented forms of journalism and their epistemology. Sociology Compass, 10 (5), 343-352.
[3] Tabary, C., Provost, A. M., & Trottier, A. (2016). Data journalism's actors, practices and skills: A case study from Quebec. Journalism, 17 (1), 66-84.
[4] Borges-Rey, E. (2016). Unravelling Data Journalism. Journalism Practice, 10 (7), 833-843.
[5] Borges-Rey, E. (2017). Towards an epistemology of data journalism in the devolved nations of the United Kingdom: Changes and continuities in materiality, performativity and reflexivity. Journalism.
[6] De Maeyer, J., Libert, M., Domingo, D., Heinderyckx, F., & Le Cam, F. (2015). Waiting for Data Journalism: A qualitative assessment of the anecdotal take-up of data journalism in French-speaking Belgium. Digital Journalism, 3 (3), 432-446.

培训和发展数据新闻技能①。芬克（Fink）和安德森（Anderson）强调在理解数据新闻现象时不能仅停留在组织内部，还要跨越组织在机构间层面上审视这种新兴实践。他们发现，美国数据记者在教育背景、技能、工具和目标等方面存在相当大的差异，但是也面临着如何界定他们在组织内的角色和管理稀缺资源等共同的困境②。

二是对数据新闻报道作品进行的研究。有研究者对《卫报》的260篇数据新闻报道进行了内容分析，对大数据新闻实践与传统新闻价值、规范和常规进行了比较。研究结果表明，大数据新闻在使用资源方面显示出新的趋势，但仍然普遍遵循传统的新闻价值观和新闻样式③。杨（Young）等人的研究对加拿大媒体向三家新闻协会提交的数据项目进行了内容分析，着重探讨记者如何制作堪称卓越的数据新闻。但研究结果表明，并没有一个公认的标准来判断数据新闻是否卓越，其质量受到两个关键因素的限制④。阿佩伊伦研究了北欧数据新闻奖中的31个数据新闻项目，借此讨论数据新闻中工程文化与新闻文化杂糅后的混合形式，她称之为"父爱主义"，技术专家对此持否定态度，记者却认为这是新闻业中固有的合理内容。作者发现了数据新闻中父爱主义的三大特征：控制功能、互动性的错觉和线性度⑤。

三是对数据新闻记者展开的研究。博伊尔斯（Boyles）和梅耶尔（Meyer）关心的问题是，数据新闻记者是否承担了传统记者在民主社会所扮演的公众信任守护者的角色。作者对美国顶尖报纸的数据新闻记者的深度访谈发现，他们也秉持着传统的职业模式。在面向公众处理大数据时，数据新闻记者把自己定位成抽象和技术知识的转译者，也在为公共利益服务⑥。阿佩伊伦考察了一个2012年创建于瑞典的Facebook兴趣小组"Datajournalistik"，这是北欧地区数据新闻记者发展数据新闻技能的重要平台。作者以格兰诺维特（Granovetter）"弱关系的力量"为理论基础，对2012至2014年间所

---

① Appelgren, E., & Nygren, G. (2014). Data Journalism in Sweden. Digital Journalism, 2 (3), 394-405.
② Fink, K., & Anderson, C. W. (2015). Data Journalism in the United States. Journalism Studies, 16 (4), 467-481.
③ Tandoc Jr, E. C., & Oh, S. K. (2015). Small Departures, Big Continuities? Norms, values, and routines in The Guardian's big data journalism. Journalism Studies.
④ Young, M. L., Hermida, A., & Fulda, J. (2017). What Makes for Great Data Journalism? A content analysis of data journalism awards finalists 2012—2015. Journalism Practice.
⑤ Appelgren, E. (2017). An Illusion of Interactivity. Journalism Practice.
⑥ Boyles, J. L., & Meyer, E. (2016). Letting the Data Speak. Digital Journalism, 4 (7), 944-954.

有收到过评论的帖子进行了内容分析,用以探讨小组的社会功能。结果表明,北欧的数据新闻记者对知识交流具有强烈需求,对自我肯定也有需求。①

2. 程序员新闻

严格说来,程序员新闻可以归入数据新闻中对数据记者的研究。只不过与前述研究相比,更侧重于讨论各类技术人员在新闻室中的角色、认同和作用,此类人员的出现是新闻业加强与计算机编程技术合作趋势的一种体现。不同学者对此使用了不同的称谓,如程序员记者、黑客记者等。这一领域内较早的经验研究是罗亚尔(Royal)对《纽约时报》互动新闻技术部门的研究,作者发现受访的技术人员把他们的工作视为具有强烈编辑色彩的新闻工作,热爱和欣赏新闻业的价值观②。帕罗西(Parasie)和达吉拉尔(Dagiral)的研究讨论了把程序员引入新闻室从事数据驱动的新闻计划所产生的影响,程序员的引入挑战了美国计算机辅助报道传统所体现的认识论:CAR 的基础是假设数据可以帮助记者通过披露公共问题来制定政治议程,而程序员则扎根于黑客文化③。帕罗西进一步讨论了调查性新闻引入大数据后引发的认识论的冲突。作者以位于美国旧金山的调查报道中心(CIR)进行的一个为期 19 个月的调查过程为例,其中的调查记者、计算机辅助报道记者、程序员记者具有各自不同的认识论背景,但由于同一物质性人工产品的存在反而降低了潜在的冲突,强化了组织内的合作,克服了认识论上的冲突④。

总的来看,早期针对记者与程序员在新闻室中的工作状况进行的研究主要集中在对美国媒体的研究,之后又陆续出现了对其他国家的实证研究。韦伯(Weber)和拉尔(Rall)研究讨论的是不同于美国模式的欧洲模式。在德国和瑞士,记者和程序员的不同角色有着清晰的界定:记者负责新闻产品的研究和内容,程序员和工程师则负责其中的视觉或互动成分。而《纽约时报》的成功就在于程序员和设计师都属于新闻小组,每个组员都像记者一样

---

① Appelgren, E. (2016). Data Journalists Using Facebook. Nordicom Review, 37 (1), 1-14.
② Royal, C. (2012). The Journalist as Programmer: A Case Study of the New York Times Interactive News Technology Department. #ISOJ Journal, 2 (1), 5-24.
③ Parasie, S., & Dagiral, E. (2013). Data-driven Journalism and the Public Good: "Computer-assisted-reporters" and "programmer-journalists" in Chicago. New Media and Society, 15 (6), 853-871.
④ Parasie, S. (2015). Data-driven revelation? Epistemological tensions in investigative journalism in the age of "big data". Digital Journalism, 3 (3), 364-380.

思考和行事，这种创新性的态度是《纽约时报》成功的关键①。卡森（Karlsen）和斯塔韦林（Stavelin）对挪威新闻室的研究发现，从事计算新闻的受访者都在新闻室而非技术部门工作，记者和工程师的相互依赖似乎强于他们在工作文化上的差异。这些计算记者认为，从事计算新闻的前提就要像记者一样行事，他们把新闻传统放在比技术更为重要的位置②。但在对英国 BBC 和 FT 的研究中，汉纳福德（Hannaford）发现，受访者并不认可此前研究中发现的混杂角色。记者和工程师是两种截然不同的专业，记者没有学习如何写代码，工程师也坚决否认自己是记者。作者发现了一个记者、程序员和设计师在数据驱动项目中紧密合作的新模式，与美国新闻室的情况形成了显著差异③。

上述研究主要是在新闻室语境下讨论技术人员介入新闻生产后带来的新问题，刘易斯（Lewis）和厄舍（Usher）的研究则更多考察了新闻室外的案例，探讨新闻世界和技术世界如何在新闻创新的共同目标下携手合作。他们研究的第一个案例是一个叫"黑客和黑客"（Hacks/Hackers）的跨国草根组织，该组织的成员对于通过开源软件编程为新闻寻找技术解决方案方面拥有共同兴趣。作者确定了四种与新闻业既有关联也有偏移的开源文化：透明性、修补、迭代和参与，开源给技术人员和记者们提供了机会一起去思考传统新闻学拥护的新价值④。在对这一组织的后续研究中，两位作者试图了解记者和技术专家如何通过这个组织进行交流：什么样的互动将会发生？哪些因素可能促进协作？作者认为，黑客/黑客组织成了一个非正式和短暂的"交易区"，记者和技术人员可以随时会面和协调。两类人员的参与程度取决于一系列社会和结构性因素，包括机构支持、关键志愿者的领导等，参与的深度则取决于记者和技术人员之间充分的相互了解⑤。刘易斯和厄舍研究的第二个案例是 Knight-Mozilla 创建的一个在线"学习实验室"。在实验室里

---

① Weber, W., & Rall, H. (2013). "We are journalists". Production Practices, Attitudes and a Case Study of the New York Times Newsroom. In Interaktive Infografiken (pp. 161-172). Springer Berlin Heidelberg.
② Karlsen, J., & Stavelin, E. (2014). Computational Journalism in Norwegian Newsrooms. Journalism Practice, 8 (1), 34-48.
③ Hannaford, L. (2015). Computational journalism in the UK newsroom. Journalism Education, 4 (1), 6-21.
④ Lewis, S. C., & Usher, N. (2013). Open Source and Journalism: Toward New Frameworks for Imagining News Innovation. Media, Culture & Society, 35 (5), 602-619.
⑤ Lewis, S. C., & Usher, N. (2014). Code, collaboration, and the future of journalism: A case study of the Hacks/Hackers global network. Digital Journalism, 2 (3), 383-393.

60位由记者和程序员构成的学员通过开源软件协调新闻创新的共同兴趣。借鉴科学技术研究中的交易区和边界客体概念，作者探讨了关于新闻和技术的不同理解如何融合、分化并最终混合在一起，朝向制作更具过程取向的、参与式的、社会策划的新闻。由于程序员及其伦理将在新闻领域发挥更大的作用，通过边界协商这一窗口可以透视新闻及其规范和价值的未来发展[①]。

3. 算法新闻

如果说数据新闻是已经形成的热点，那么算法新闻正在受到越来越多的关注，正在成为新闻生产的又一个热门趋势。与大数据最直接相关的新闻就是自动化新闻、算法新闻或机器人新闻[②]。安德森也强调了计算新闻的算法维度，"算法在调节记者、受众、新闻室和媒体产品等方面发挥着越来越重要的社会技术作用，这种调节兼具社会性和规范性的意义"[③]。在新闻生产中，对算法和数据的新闻使用已经从数据分析和新闻选择迈向了一个更为先进的自动化状态，在不需人工介入的情况下程序就能够将数据转换为可发表的新闻报道。在卡尔森（Carlson）看来，在目前出现的以数据为中心的新闻实践中，没有一个像自动化新闻这样具有潜在的破坏性，机器写作新闻的能力提高所开创的新领域之广已经远远超过了人类记者的生产能力。[④] 不过，他并不认为人类记者会被机器取代，未来的新闻将会是一个机器写作与人类写作并存的状态[⑤]。

学者们已经使用了诸多不同的概念来描述这一现象，如机器人新闻、自动化新闻、算法新闻、机器写作新闻等，这些名词在一定程度上可以互换。算法或自动化技术给新闻生产带来了许多便利，如算法能够更快地大规模生产新闻，并且可能比人类记者犯更少的错误；算法还可用相同的数据以多种语言和不同角度来进行报道，从而为不同读者的偏好提供个性化满足；算法也能回应用户对数据的需求来订制新闻。但在带来巨大便利的同时，算法新

---

① Lewis, S. C., & Usher, N. (2016). Trading zones, boundary objects, and the pursuit of news innovation: A case study of journalists and programmers. Convergence, 22 (5), 543-560.

② Hammond, P. (2017). From computer-assisted to data-driven: Journalism and Big Data. Journalism, 18 (4), 408-424.

③ Anderson, C. W. (2011). Deliberative, Agonistic, and Algorithmic Audiences: Journalism's Vision of its Public in an Age of Audience Transparency. International Journal of Communication, 5, 529-547.

④ Carlson, M. (2015). The robotic reporter: Automated journalism and the redefinition of labor, compositional forms, and journalistic authority. Digital Journalism, 3 (3), 416-431.

⑤ Carlson, M. (2016). Automated journalism: A posthuman future for digital news? In B. Franklin & S. Eldridge (Eds.), The Routledge Companion to Digital Journalism Studies (pp. 226-234). London: Routledge.

闻的发展也激起了新闻界对自动化内容终将消除新闻室工作的隐忧。① 算法只是在近几年才成为新闻组织为其网站生产新闻的可用工具，在新闻室语境下进行的经验研究依然有限。卡尔森把现有研究简单地分成两类：一类聚焦于自动化新闻的质量，一类关心自动化新闻如何影响新闻生产。②

在前一类研究里，克莱瓦尔（Clerwall）的研究旨在探讨读者如何看待软件生产的内容以及由记者撰写的类似内容。该研究利用实验方法调查受访者如何感受由记者撰写的不同新闻或软件产生的新闻，被访者被要求从文章的整理质量、可信度、客观性等角度评估他们所看到的新闻。结果表明，软件生成的内容被读者认为是描述性和无聊的，它也被认为是客观的，尽管并不一定能够与记者撰写的内容区别开来③。钟（Jung）等人研究的是韩国公众和记者如何看待算法新闻的质量。结果显示，当算法新闻被告知是由真正的作者所为时，公众给予算法作品的得分很高，但当被告知作者为记者时，得到的公众评分就降低了。受访记者表现出了与公众同样的行为模式，对计算作品给出了高分，却对记者作品打了低分④。记者和受众对自动化新闻的质量评估影响着新闻组织是否决定采用这种新技术。一个来自韩国的研究就发现，引进机器人新闻带来的商业前景和新闻消费者阅读机器人新闻的意愿是报业公司决定是否引入机器人新闻的主要因素⑤。瑟曼（Thurman）等人的研究指出，尽管记者们认为自动化新闻在消息来源和新闻敏感方面存在不足，但他们依然认为，自动化新闻将会变得越发普遍，并逐步增加报道的深度、厚度、特异性和即时性⑥。

在第二类研究里，范·达伦（Van Dalen）分析了记者对机器写作新闻的反应，探究这一新技术如何促使记者重新审视自己的技能。作者发现，记者往往通过履行的任务来界定他们的专业，而不是通过拥有技巧和知识实现

---

① Graefe, A. (2016). Guide to automated journalism. https://www.cjr.org/tow_center_reports/guide_to_automated_journalism.php.
② Carlson, M. (2016). Automated journalism: A posthuman future for digital news? In B. Franklin & S. Eldridge (Eds.), The Routledge Companion to Digital Journalism Studies (pp. 226-234). London: Routledge.
③ Clerwall, C. (2014). Enter the Robot Journalist. Journalism Practice, 8 (5), 519-531.
④ Jung, J., Song, H., Kim, Y., Im, H., & Oh, S. (2017). Intrusion of software robots into journalism: The public's and journalists' perceptions of news written by algorithms and human journalists. Computers in Human Behavior, 71, 291-298.
⑤ Kim, D., & Kim, S. (2017). Newspaper companies' determinants in adopting robot journalism. Technological Forecasting and Social Change, 117, 184-195.
⑥ Thurman, N., Dörr, K., & Kunert, J. (2017). When Reporters Get Hands-on with Robo-Writing: Professionals consider automated journalism's capabilities and consequences. Digital Journalism.

任务的人。在与自动化新闻对比时，记者们强调分析能力、个性、创造力和写作复杂句子的能力是定义新闻的重要技能，而不是真实性、客观性、简洁和速度。记者甚至将"机器人新闻"视为一种机遇，当常规任务可以自动完成时，记者将有更多的时间从事深度报道[1]。拉塔尔（Latar）把自动化新闻与人工智能的进步联系起来，由于人工智能所具有的局限性，必须告知读者报道是由机器人还是人类记者所写。机器人记者不会成为民主和人权的守护者，只有人类记者才能担此重任，依赖自身优势才能与自动化新闻进行竞争[2]。卡尔森以"叙事科学"为研究对象，揭示自动化新闻对于新闻劳动的未来、新闻组成形式的一致性和新闻权威的规范性基础三方面产生的影响，意在讨论自动化新闻如何改变记者的工作实践，以及如何影响了对于什么是新闻、新闻应该如何运作的理解[3]。布赫（Bucher）研究了算法新闻中的三个关键过程自动化、个性化与策展如何影响新闻业，不仅专业界定、规范和理想要适应算法的影响，而且算法也要能与编辑实践和新闻价值有所交汇。[4] 这些研究都着眼于记者对自动化新闻的理解，它不仅是一种研究路径的选择，还具有实际效用。林登（Linden）的研究就指出，在几十年的新闻室自动化过程中，记者已经表现出强烈的适应新技术的能力，为自己的工作赋予意义可能有助于缓解自动化新闻趋势所带来的压力。[5]

四、从计算新闻到计算新闻学

作为一个新兴的新闻实践现象，计算新闻的出现已经引发了新闻研究者的极大热情，出现了大量以数据、算法、计算等为主题的英文论文。刘易斯把现有研究归纳为三种路径：其一，对新闻组织内部和跨组织间的新闻记者的案例研究；其二，在新闻学的框架下对计算机科学、编程等概念进行理论

---

[1] Van Dalen, A. (2012). The algorithms behind the headlines: How machine-written news redefines the core skills of human journalists. Journalism Practice, 6 (5-6), 648-658.

[2] Latar, N. L. (2015). The robot journalist in the age of social physics: the end of human journalism?. In G. Einav (Eds.), the New World of Transitioned Media (pp. 65-80). Springer International Publishing.

[3] Carlson, M. (2015). The robotic reporter: Automated journalism and the redefinition of labor, compositional forms, and journalistic authority. Digital Journalism, 3 (3), 416-431.

[4] Bucher, T. (2016). Algorithms as New Objects of Journalism, in M. Eide, H. Sjvaag, and L. O. Larsen (Eds.), Journalism Re-examined. Digital Challenges & Professional Reorientations (pp. 87-104). Intellect.

[5] Linden, C. G. (2017). Decades of Automation in the Newsroom: Why are there still so many jobs in journalism? Digital Journalism, 5 (2), 123-140.

思考；其三，采用一种历史视角对当前的发展与电脑辅助报道进行比较分析。[1] 这些研究对于理解当前的计算新闻无疑有很大的帮助，但与丰富的计算新闻实践相比，在此基础上形成的计算新闻学研究依然有很大的提升空间。一方面，研究者提出了很多概念，有时不同概念指称的对象是相同或相近的，但有时同一个概念在不同的研究者那里指代的却是不同的研究对象，给相关研究之间的对话造成了一些难度；另一方面，针对具体的计算新闻实践的实证研究依然有限，而且既有的实证研究也往往集中在对美国新闻业案例的探讨，导致研究结论有一定的局限性。这一现实表明，计算新闻从一个实践领域进入学术领域还有很大的提升空间，需要在概念界定、研究对象、研究问题和研究方法等方面有所创新和进步。本文认为，可从下列三个方面着手，继续推动计算新闻学的发展。

第一，深化对计算新闻的理解。由于历史和现实中存在着纷繁复杂的计算新闻现象，通过比较研究来揭示计算新闻的内涵和本质是一条切实可行的路径。不仅是与过往的历史比较，如计算机辅助报道、精确新闻等；还要与当下并存的现实比较，如数据新闻、算法新闻等。此前科丁顿对计算机辅助报道、数据新闻和计算新闻的比较[2]，斯普伦多雷对数据新闻、计算新闻和算法新闻的比较[3]，对于理解不同类型的计算新闻实践的共性与差异很有帮助。今后还应加强在概念、理论和历史层面的研究，在命名、分类等方面做得更为细致和贴切。

第二，拓展计算新闻的研究路径。计算新闻是新闻研究对象的一次重要拓展，代表着新闻研究中的物质转向[4]，对它的研究必然会带来新闻研究范式和路径的更新。一个突出的例子就是科学和技术研究中的理论和方法被大量引入新闻研究中来，如刘易斯和厄舍对交易区和边界客体[5]、卡尔森对技

---

[1] Lewis, S. C. (2015). Journalism in an Era of Big Data. Digital Journalism, 3 (3), 321-330.

[2] Coddington, M. (2015). Clarifying journalism's quantitative turn: A typology for evaluating data journalism, computational journalism, and computer-assisted reporting. Digital Journalism, 3 (3), 331-348.

[3] Splendore, S. (2016). Quantitatively oriented forms of journalism and their epistemology. Sociology Compass, 10 (5), 343-352.

[4] Boczkowski, P. J. (2015). The material turn in the study of journalism: Some hopeful and cautionary remarks from an early explorer. Journalism, 16 (1), 65-68.

[5] Lewis, S. C., & Usher, N. (2016). Trading zones, boundary objects, and the pursuit of news innovation: A case study of journalists and programmers. Convergence, 22 (5), 543-560.

术戏剧的使用等①。在研究路径上，安德森呼吁要迈向一个计算和算法新闻社会学的研究体系，为此总结了"政治、经济、场域、组织、文化和技术"六种研究路径。② 刘易斯也提出从案例、概念和批判三种路径对大数据时代的新闻展开研究。③ 有些路径已经被广泛采用，有些路径则还是未开垦的处女地。

第三，扩大计算新闻的研究对象。现有的实证研究主要集中在对美国、英国以及少数北欧国家的分析上，不仅覆盖的国家和地区较少，而且多聚焦于《纽约时报》等精英媒体。在此基础上形成的分析结论只能反映一些领先国家和媒体的发展状况，对计算新闻在其他国家和媒体的发展现状、影响因素、动力机制等问题知之甚少。此外，现有研究基本是在新闻室语境下进行的，关注的是传统媒体和新兴媒体在计算新闻方面的实践。然而，Facebook、Twitter等技术创业公司凭借其在平台、算法和数据等方面的优势，正在成为新闻场域中异常重要的角色④。他们不仅"决定"受众看什么、谁为这些内容付费、规范了新闻产品的样式，而且"强制"传统新闻机构重新思考新闻演化进程和组织结构⑤。研究者已经关注了这些机构如何使用计算工具和方法分发新闻内容⑥、新闻业又如何看待这些场域中的新来者⑦等问题，但是他们的计算新闻实践如何影响新闻生态、新闻组织如何应对等问题依然值得认真审视。

五、结语

本文讨论的是一个在大数据背景下日渐勃兴的领域，数据新闻、算法新

---

① Carlson, M. (2015). The robotic reporter: Automated journalism and the redefinition of labor, compositional forms, and journalistic authority. Digital Journalism, 3 (3), 416-431.

② Anderson, C. W. (2013). Towards a sociology of computational and algorithmic journalism. New media and society, 15 (7), 1005-1021.

③ Lewis, S. C. (2015). Journalism in an Era of Big Data. Digital Journalism, 3 (3), 321-330.

④ Kleis Nielsen, R. , & Ganter, S. A. (2017). Dealing with digital intermediaries: A case study of the relations between publishers and platforms. New Media and Society.

⑤ Bell, E. , & Owen, T. (2017). The Platform Press: How Silicon Valley reengineered journalism. Tow Center for Digital Journalism, http: //towcenter. org/wp-content/uploads/2017/03/ The _ Platform _ Press _ Tow _ Report _ 2017. pdf.

⑥ VDeVito, M. A. (2016). From editors to algorithms. Digital Journalism, DOI: 10. 1080/21670811. 2016. 1178592; Lokot, T. , & Diakopoulos, N. (2016). News bots: Automating news and information dissemination on Twitter. Digital Journalism, 4 (6), 682-699.

⑦ Carlson, M. (2017). Facebook in the news: Social media, journalism, and public responsibility following the 2016 Trending Topics controversy. Digital Journalism.

闻、数据驱动报道、计算新闻、数据库新闻、计算机辅助报道、数据驱动新闻、量化新闻等不同名词纷纷触及了其中的某一个侧面。概念的复杂有时并不代表着实践也是如此多元，看似多样化的概念有时描述的却是相近的现象。如果说在一个新兴研究领域出现初期，缺乏有共识的定义还情有可原，那么现在就需要一个更具统摄性的概念来把既有研究纳入一个可以比较、归纳、分析和阐释的体系。计算新闻在众多相近概念中脱颖而出，虽然像任何一个新概念一样，对它的界定仍处在争议之中。作为一个新领域，它既有令人高度期待的一面，也有极不易确定的边界[1]。从本质上来说，计算新闻是在新闻业与新技术的交叉地带出现的新现象和新问题。以往的新闻社会学理论对于技术问题着墨甚少，既不能提供框架，也不提供术语或经验证据，以表明技术是新闻生产的一部分。[2] 计算新闻作为新闻业中的新客体（new objects）[3]，或许有望成为拓展新闻研究疆域的一股驱动力。

---

[1] Stavelin, E. (2013). Computational Journalism: When Journalism Meets Programming. PhD thesisi, p. 13. Norway: University of Bergen.
[2] Stavelin, E. (2013). Computational Journalism: When Journalism Meets Programming. PhD thesisi, p. 23. Norway: University of Bergen.
[3] Anderson, C. W., & De Maeyer, J. (2015). Objects of journalism and the news. Journalism, 16 (1), 3-9.

传播学理论范式

关于发展传播理论的范式转换

陈卫星

"范式"(Paradigm)一词原出自希腊语的"范型"、"模特",在拉丁语中它成了"典型范例"的意思。科学哲学家库恩在研究科学史时提出这个概念,它有两层意思,一是特殊共同体(如科学家团体)的共有信念,二是常规科学作为规则的解谜基础。库恩指出:"我所谓的范式通常是指那些公认的科学成就,它们在一段时间里为实际共同体提供典型的问题和解答。"① 按照库恩的解释,广义的范式就是指学科的基础,其中包括组成整体并共同发挥作用的四种要素,即象征性的概括,形而上的假定,价值观的表达和可以仿效的研究成果。简而言之,"范式"是一种有关价值、信念和方法论的共识。

问世半个世纪前的发展传播(development communication)理论是针对发展中国家在相关发展过程中所面临的各种挑战,一直属于国际传播研究的重要组成部分。英国学者安那贝丽·斯雷伯尼曾把近半个世纪以来的国际传播范式划分为"传播和发展范式""文化帝国主义"范式和力图寻找女子一致性理论样式的"文化多元主义"②。与此有别,另一位英国学者科林·斯巴克斯则提出另外一种三段式的分类:从发轫于 20 世纪 50 年代的发展传播(development Communication)到 70 年代的媒介帝国主义(media imperialism),国际关系背景下的传播学概念有一种正反的过渡,随后从 80 年代开始,全球化(globalization)逐渐占据学术主流位置,形成一种正反合的学术观念的逻辑进程③。两个学者观点的共同之处是把发展传播理论看作二

---

① 【美】托马斯·库恩:《科学革命的结构》,北京大学出版社 2003 年版,第 4 页。
② 【英】詹姆斯·库兰、【美】米切尔·古尔维奇编:《大众媒介与社会》,华夏出版社 2006 年版,第 86 页。
③ 参阅英国西敏寺大学教授科林·斯巴克斯(Colin Sparks)于 2002 年提交北京广播学院"国际关系与文化传播"国际学术研讨会的论文:From media imperialism to globalisation, and back again?

战以后国际传播的出发点。

作为学科发展的生成机制，发展传播理论的范式转换投射出国际关系自20世纪中期以后的现实演进和传播主体的身份变迁：民族国家的成长，市民社会的兴起，全球治理的压力，文化认同的焦虑，叙事话语的膨胀等等。本文的目的在于通过对发展传播理论的粗略线性分析，归纳出发展传播理论的路径转换，即从强调媒介传播效果的功能主义模式逐渐过渡到重视社会主体参与性质的社会属性模式。前者有现代化化的诱导和国家主义的想象，后者有多元现代性的反思和主体间性的期盼，这在某种程度上与传播学学科发展的历史逻辑相平行。

一、从人的神话到国家想象发展

传播理论的主导范式（dominant paradigm）源于1946年美国总统杜鲁门的"四点"演说①，属于冷战延伸的产物，而且在某种程度上这种范式是在东西两大政治集团开始相互对峙的历史背景下，试图按照西方的理念来向发展中国家推广的国际传播战略的组成部分。这种观念认为国际传播是现代化过程和第三世界发展的关键，通过国际大众传播来传播现代化的讯息，可以把西方的经济和政治模式传达给第三世界国家，以有利于改造传统社会。这种具有媒介中心主义色彩的理论得到联合国教科文组织等国际组织的支持。

丹尼尔·勒纳（Daniel Lerner）曾经是二战期间的美国心理战专家，后来成为发展传播理论的开创人物之一，1958年出版代表作《传统社会的消逝：中东的现代化》。勒纳把现代性主要当作一种渴望进步，期盼增长和准备改变的心理状态。他认为推进社会发展必须解决两个问题：流动性和稳定性。流动性三阶段（物理、社会和心理意义上的）中最重要的是心理流动性，他用移情（empathy）来描述它，即一种个人在深度和广度上改变自己，从而使社会变化得以保持的机制。相反，具有高的移情能力或者是强的心理流动性被同一为现代社会的主导型人格特征。所以，早期的发展传播理

---

① 1949年1月20日，美国总统杜鲁门在就职演说中，提出美国全球战略的四点行动计划，并着重阐述了第四点，即对亚、非、拉美不发达地区实行经济技术援助，以达到在政治上控制这些地区的目的。这就是"第四点计划"。又称"开发落后区域计划"。（前三点计划是：支持联合国、战后欧洲经济复兴计划即"马歇尔计划"和援助自由世界抵御侵略。

论往往把失败归咎于个人的责任（individual blame），而没有与更加宏观的政治和制度联系起来。之所以勒纳把现代化的重心放在发展中国家个人主体的心理转变上，是因为他认为"发展中国家的传统价值观是政治参与和经济活动的主要障碍物，而政治参与和经济活动恰好又是发展的关键元素。"① 要改变人们的态度和价值观，就得推广传播媒介的使用，因为大众传媒是一个流动加速器（mobility multiplier）。所以，一个国家的大众媒介的普及率等同于现代化的水平。

现代化范式的心理学理论是行为主义，如勒纳所说，行为主义是一种"生活方式"，一个成员实现有效功能需要所有其他成员都实现有效功能，在这个意义上大家相互作用，换而言之，一个社会体系或子体系的运作，是由每一个组成它的部分的数量上的相加。所谓"现代性是一个互动的行为体系。这是一种'生活方式'，其成分是互动（任何人的有效作用需要所有人的有效作用）、行为（只有通过个人活动才能实现）、体系（一个成分活动的显著变化与其他成分的显著变化密切相关）。"② 认为社会发展的动力从"地理阶段"过渡到"社会阶段"而后到"心理阶段"："在任何情况下，任何计划依靠社会变革来实现经济增长的人们必须理解最基础的人的因素。因为心理动力（在别处我们管它叫移情作用）是这样一种机制：个人最大限度改变自己以使社会变革自给自足。"③ 换言之，只要发展中国家能够调度社会和个体的"移情"能力，就会推动整个社会的现代化。在他看来："现代化进程始于新的公众传播——新思想与新信息的传播可以激励人们想要按新的方式行事。"④ 然而，勒纳又认为一个现代化的人同时是大众媒介的受众和手持选票的选民，其暗含的前提是宪政民主和市场经济的实现，而这两个条件在当时的很多发展中国家是不现实的。勒纳的意图自然是把作为流动加速器的传播作为现代化进程的一个起点，把传播的心理-政治投入经由个人利益转变为公共机制⑤，如下图所示：

---

① 【英】詹姆斯·库兰、【美】米切尔·古尔维奇编：《大众媒介与社会》，华夏出版社 2006 年版，第 87 页。
② Daniel Lerner, Toward a Communication Theory of Modernization: A Set of Considerations, The process and Effects of Mass Communication, Revised Edition, by Wilbur Schramm and Donald F. Roberts, University of Illinois Press, Fourth printing, 1977, p. 864.
③ 同上书，p. 867.
④ 同上书，p. 886.
⑤ 同上书，p. 886.

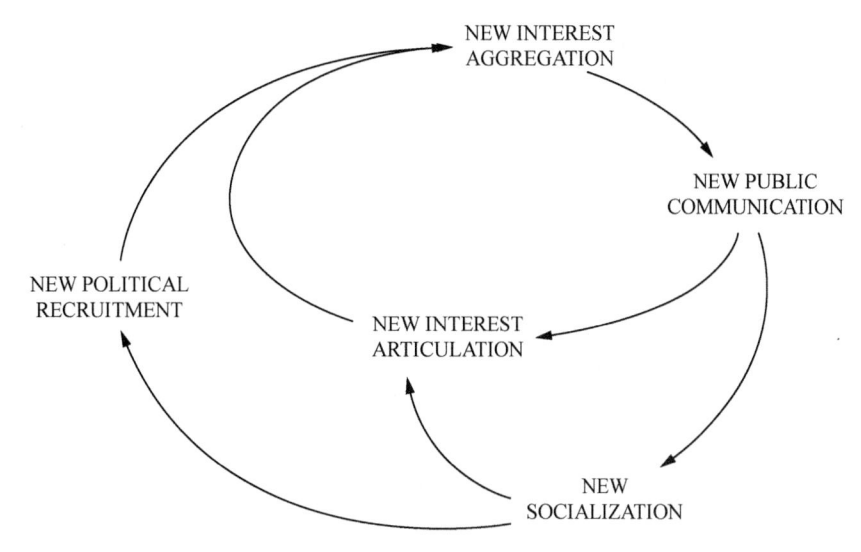

```
          NEW INTEREST
          AGGREGATION

                              NEW PUBLIC
                              COMMUNICATION

NEW POLITICAL
RECRUITMENT      NEW INTEREST
                 ARTICULATION

                              NEW
                              SOCIALIZATION
```

这个传播路线图分为内外两个圆圈：首先，新公共传播是要促进社会人群的新的利益方式的表达和聚集，由此产生更大范围的新公共传播，形成社会效果和政治动力。从这个图表可以看出，发展传播理论所提供的现代化模式是基于新古典主义经济学的制度结构：市场化、自由竞争和资本集中型的工业化，试图通过一个线性传播模式来寻求西方现代化模式的国际化。

与此同时，在20世纪50、60年代，现代化、民族主义和政治发展是发展中国家构建自身的主导路径。发展传播理论家和发展政治学家以及发展社会学家一起分享了现代化的概念预设。勒纳的研究局限在于他仅仅把政治的作用当成个人心理特征的一个副产品，从而没有考虑到这样一个事实，即第三世界国家对传媒技术的引进，首先目的是制造政治共识。和当时的施拉姆一样，勒纳虽然注意考察现代化和传媒技术的互动，包括创新扩散、教育娱乐或健康计划，把发展想象为一个信息问题而不是政治问题，亦没有充分意识到传媒技术和权力之间的关系。

社会心理学的努力促成政治社会学的创新。作为发展传播的理论家，施拉姆在1964年出版的《大众传播与社会发展》[①] 一书中强调，大众传媒在国家发展中所扮演的是社会变化代理人的角色，传媒的主要任务是在"态度、信仰、技能、社会规范"几方面来影响社会变化。在处于现代化进程中的社会精英和那些仍处于传统状态之中的芸芸大众之间，大众传媒起到了桥梁链接作用，以求把现代化进程和社会发展中的利益带给他们，并由此成为

---

① 【美】施拉姆：《大众传播与社会发展》，华夏出版社1990年版。

比较政治学领域和国际关系领域当中的发展主义模式。

以麻省理工学院政治学教授白鲁恂（Lucian Pye）为代表的研究现代化和政治发展的理论家强调西方民主、机制建构和公民参与的重要性："通过一种有效的传播过程，人们可以更快地获得理解政治动机的有关领域的现实感。"① 同时，多党体制、世俗化和民族国家的主权被强烈地鼓吹和支持。政治发展主要被视为一个民族——国家整合的过程，一个民族共同体形成壮大的运动；实现这一目标意味着把中心的传播网络扩展到以前处于隔绝的社会区域中去。② 这在某种程度上意味着将非西方国家纳入正在兴起的国际等级结构中，并在这个过程中塑造民族——国家的精英阶层③。

曾经积极推动美国对外发展和援助计划的经济学家罗斯托也在回忆录中承认美国在发展中国家中推广的发展计划出于三点战略考虑：世界人口总量的增长给美国带来的风险和机遇，通过军备来制止共产党的武装或者通过消除饥饿来阻止共产主义④。这充分说明曾经在一个时期盛行的发展传播理论不能脱离冷战痕迹的历史背景，如马特拉所说，"几乎不可能把握现代化理论而忽略其压迫性的一面"⑤。马特拉并为此提出历史证据，即现代化观念赋予民族国家内部正在上升的军事权力的合法性，在1967—1972年，被军人统治的国家的数量增长了一倍多。同时，军队成为建构国家意识最有效的社会集群，因为军队的组织特征如职业能力、装备、劳动力、奖惩制度和好胜心模式成为其他社会阶层模范的榜样。从而带动整个国家行为把人口、空间和环境转化为封闭系统，以便观察和控制。

就一般状态而言，这种发展模式的实质是通过强大的行政权力来推广和实施具有民族革命性质的政治意识形态，而这种革命想象的乌托邦色彩也在某种程度上反映出公民社会的匮乏。

从20世纪70年代开始，由于国际经济新秩序的论争和拉美学者提出的"依赖"理论，伊朗伊斯兰革命的震撼以及诸多发展中国家现代化过程中引发的民族、宗教冲突和社会动荡，都在理论和实践的层面挑战现代化范式下

---

① 【美】白鲁恂：《政治发展面面观》，天津人民出版社，2009年第176页。
② Hamid Mowlana, Communication and Development: Theoretical and Paradigmatic Development, In Development communication in action: Building Understanding and Creating Participation by Andrew A. Moemeka, University Press of America, 2000, pp. 17-37.
③ 【加】文森特·莫斯柯：《传播政治经济学》，华夏出版社2000年版，第117页。
④ 【美】华尔特·罗斯托：《概念与交锋：市场观念六十年》，中央编译出版社2007年版，第236页。
⑤ 【法】阿芒·马特拉：《世界传播与文化霸权》，中央编译出版社2001年版，第163页。

的发展理论。发展主义模式的衰落很快在知识层面上和现实进程中成为"失望增长的革命"(阿芒·马特拉)。究其原因,按照美国政治学者霍华德·威亚尔达的总结,有如下几点:

第一,研究方法的抽象性和理论化公式往往简单套用"利益的聚合"或者"规则的裁定"来剪辑现实政治、经济和文化的本土特色。

第二,美国推广的发展模式往往伴随着政治和军事干预如在东南亚地区,结果以失败告终。

第三,发展主义的论著往往假设经济发展、社会变迁和宪政民主是同步发展,但现实结果往往是骚乱和崩溃。

第四,研究方法的种族中心主义偏见很难套用发展中国家。

第五,当今的发展中国家在发展过程中越来越受制于国际市场、现代交通、信息传播、全球化、战争和冲突、国际贸易等等复杂的国际依赖关系,自主性质的发展机遇有限。

第六,发展中国家的时空压缩式的发展过程使得内部的各种制度因素相互挤压,形成复杂局面。

第七,发展主义模式认为,诸如家庭、部落、种族、庇护关系网等传统制度会因为自然的原因而逐渐消亡或被现代化的发展所瓦解或破坏。事实上,这些传统制度仍然保持着民族国家的凝聚力功能[①]。

其实,民族—国家的角色功能在发展主义模式推广过程中起着相当的主导性。按照亨廷顿的观察,20世纪60和70年代,发展主义模式在政治学和经济学两个向度上呈现出相反的关系。如在经济学上,是从财富创作转移到分配,政治学上则上从分配权力以实现民主转到为实现政治秩序而集中权力。直到20世纪80年代,政治学的焦点回到民主制,经济学反过来从强调计划走向强调市场[②]。这一历史场景的转换,在某种程度上反映了东西两大政治集团在国际范围内对信息传播的流量争夺及其政治影响。一方是倡导信息自由流通等于商品自由贸易的美国,另一方是主张国际传播活动应该成为一种和国家主权相一致方式的前苏联。敌对的意识形态和现实的经济利益相互交织,从而使得国际传播真正成为国际关系力量对比的赌注,即国际信息

[①] 【美】霍华德·威亚尔达:《新兴国家的政治发展——第三世界还存在吗?》,北京大学出版社2005年版,第51-54页。
[②] 【美】塞缪尔·亨廷顿:《现代化——理论和历史经验的再探讨》,上海译文出版社1993年版,第333页。

和传播的流量在什么意义上循环?就全球范围而言,大国立场是在不同的民族—国家之间的力量关系中代表什么样的经济、政治和文化上的利害关系?围绕着空间和太空等传播资源的开发和利用,负责技术层面管理的国际传播组织如国际电信联盟和其他集团性或私营性国际传播组织,如何颁布调解国际传播信息流量的规则等等。

二、从技术扩散到社会参与

现代化范式在传播理论中的重要代表是美国传播学家罗杰斯(E. M. Rogers)及其创新扩散理论。他的成名作《创新的扩散》(Diffusion of Innovations)在1962年问世①,然后在1969年出版了《农民中的现代化》。在后一本著作中,罗杰斯完美地概括了指导他的发展概念:"发展是一种社会变化的类型,在一个社会系统中被引进的新思想的目的是增加人均收入和提高生活水平,这是通过更现代的生产手段和一种完美的社会组织来完成的。"② 当然,和现代化观念始终强调对人的改造一样,罗杰斯也很重视新技术接受者的农民的个体属性的改变上,这些属性一共有十条,其中有人际关系间的不信任、满足感的缺乏,缺少创新意识、有限的激励,低的移情能力等等。罗杰斯的主要贡献无疑是创新扩散本身的性质(兼容性、创新性等属性所占的比例),传播渠道和社会结构,但是他把这种采纳过程界定为"个体从第一次听到创新到采纳它的一个精神过程",这就暴露了他对当时把传播作为线性传递给离子化个体这一假说的依赖。

罗杰斯的这本名著先后在1962、1971、1983、1993、1995和2003年不断再版。他认为创新扩散是社会成员在某一时期通过某种渠道传播创新科技的过程。尽管他坚持这是一个达成相互理解的过程,而与此相关的社会性批评则始终可以找到现实依据,从而使得传播技术的表面中立性始终难以摆脱社会身份的定位。第一,传播技术所带来的发展的前提是要有政治和经济的投入。引导发展肯定需要投入,没有投入就没法发展。获得传播技术的差异或从技术扩散中获取收益的多少与政治、经济权力的行使和分配分不开。第二,有投入,传播过程就是一个利益过程,产品,消费物资资料、服务的增

---

① 【美】罗杰斯:《创新的扩散》,中央编译出版社2002年版。
② 【法】阿芒·马特拉:《世界传播与文化霸权》,中央编译出版社2001年版,第168页。

长，构成发展的本质和通向收入和机会的分配原则是什么？显然是按照市场权力的差异来进行分配，而不是一个自然的公平机制。第三，生产力提高的关键是技术创新。这不可能不过问谁从中获利，谁受到伤害。马特拉异常精辟地指出："被困扰的'个体'被置放在形成决策的社会分量的阴影中，'领袖'隐藏精英或寡头，'世界主义'化装成城乡权力之间的利益群体，'参考群体'稀释了社会力量关系的现实，农业经营者成为牺牲品的内部支配。"① 直到20世纪80年代，针对创新扩散理论最有力的批评主要集中于该理论的去政治化和自然化方面，这几乎是经验—功能主义学派的理性特征，即往往容易用传播过程的技术透明性来模糊或过滤背后的社会结构、权力属性和文化特性。

从20世纪70年代开始，经过"文化帝国主义"的论战，发展传播模式不再把发展的问题简化为大众传媒的信息功能问题。作为发展传播中扩散主义的理论先驱，罗杰斯从放弃"支配范型"出发，打破种族中心主义的视界，尤其是参考了来自中国和巴西等国在大众传播的社会实践层面上的现实经验，从理论上反思发展的数量概念和它的传播逻辑的可靠性。罗杰斯认为，发展成为"整个社会参与社会变化的一个伟大程序，它试图争取大多数人在社会和物质方面的进步，使他们赢得对环境的更大控制；而这是一个更大的平等，更大的自由和另外一种质量的价值。"② 面对第三世界的真实图景，罗杰斯开始重新思考发展传播理论的背景，发展的含义和对平等和自我参与的关注，以及新的科学技术带来的互动性和及时性对社会的影响等，把自己称之为"软性技术决定论者"。莫斯柯认为罗杰斯的修正发展论的实质上继续输出西方科技，并将重点转移到电信产业上，即便不输出具体的西方节目，也会结合西方媒介模式，只不过在实践过程中对当地社会结构和文化实践有更大的依赖。③

可以肯定的是，从此以后的扩散理论在第三世界的国家管理层面和社会应用层面引导出新的发展趋势。

第一是开始重视推广传播技术中的政策制定（rule making）。从20世纪70年代开始，发达国家法国和日本率先启动以电子通讯为主要内容的国家发展规划，关于新信息传播技术的社会推广过程中的制度堡垒、资源配置

---

① 【法】阿芒·马特拉：《世界传播与文化霸权》，中央编译出版社2001年版，第174页。
② 同上书，第174页。
③ 【加】文森特·莫斯柯：《传播政治经济学》，华夏出版社2000年版，第126页。

和市场模式成为公共政策的重要议题,投资主体的多元化和受众市场的差异化浮出水面①。随着市场经济一体化的全球推进以及跨国公司的扩张,面临着发展诱惑的第三世界国家不得不在基础设施的投入、信息生产和流通、市场区域的划分等方面随时调整内外政策的差异。

第二是社会观念的广告化使得社会营销成为社会运行本身的重要机制。凡是涉及大众层面的活动,首先是按照受众观念来核实传播诉求中的三个问题,即从消费、认同和知识三个指标来探测目标人群。② 其次是把这个劝说过程按照"创新的扩散"所归纳的推广模式,严格地编码成不同阶段:知识、利益、评估、试验、采用,再有效地使用媒介和最合适的动机图式发动一场劝说。这体现了现代商业销售技巧,即不仅强调改变价值和态度,还要求采取相应的行动。传播过程也成为一个需要不同信息和不同传播途径的阶段过程。社会营销战略不仅在服务业中越来越强调受众细分、市场调查,产品发展,信息刺激,利润指标等要素的整合,并成为其他社会行为和政治行为的信息模式。

不断修正的扩散理论虽然越来越注重匹配心理行为模式的社会和文化外延因素,但始终追求一种单纯的因果关系,从而激发产生一种现代性的同质性和霸权模式的社会景观。正如美国学者雷讯马所指出:"现代化理论往往不只是一套被用来产生特定结果的分析性和操作性的工具。它也是一种在各种相互强化的观念之间建立联系的意识形态。"③

从 20 世纪 70 年代中期的石油危机开始,西方发达国家逐渐步出二战后三十年的黄金时期,经济发展减缓,失业率开始成为社会问题,各种社会运动表达出危机征兆,选民政治冷漠更标志着民主政治的危机,曾经作为发展中国家的"典范"的意义开始丧失。在"依赖模式"理论的鼓舞下,第三世界的知识分子结合本国的实际和对早期传播实践结果的反省,探索出有别于主导的现代化模式,以下的议题成为发展传播的基本要素:平等、基本需求的满足、富于意义的工作、丰富的和各种各样的人际关系。这些观念性的转变催生了对环境和本地文化的保护,这意味着发展中国家不再是一个毫无个性的整体,发展传播也不只是自上而下的垂直结构,而是一个多方互动的实践(praxis)、一场对话(dialogue)和一个参与过程。与强调追逐现代生活

---

① 【法】诺拉、孟克:《社会的信息化》,商务印书馆 1985 年版。
② 陈卫星:《传播的观念》,人民出版社 2008 年版,第 316 页。
③ 【美】雷讯马:《作为意识形态的现代化》,中央编译出版社 2003 年版,第 113 页。

模式的发展传播范式相比,"参与范式则给出了另一个答案,或者说至少是更加激进的一种说法:大众传媒的任务是帮助穷人说话,使他们能够争取被剥夺了的权利。"①

这种立足于主体的自我反思性和社会参与性的传播观念,成为巴西著名教育学家保罗·弗莱雷的主要论题。他坚持人性化是人的使命。"不公正的待遇、剥削、压迫以及压迫者的暴行妨碍了这一使命的完成,但是被压迫者对自由和正义的向往,以及他们要找回失落的人性的斗争,也证实了这一使命的重要性。"② 因为,"被压迫者尽管已经将压迫者的形象内在化并接受了他的旨意,但对自由心存担忧。自由会让他们抛弃这种内在化的形象,代之以自主和责任。……自由不是身外的理想,也不是可以成为神话的想法,而是人们追求人性完美的不可或缺的条件。"③ 要完成这一使命,就必须首先用批判的眼光找出根源,探索以实践为中心的解放性的途径。就传播者而言,应该缩小与传播对象的距离,在行动和反思中形成共同学习的关系。他举例说:"某个特定的事件发生以后,对各种报纸发表的社论内容进行分析是必要的:'为什么不同的报纸对同一事实有如此不同的说法?'这种做法有助于培养批评意识,使人民对报纸或新闻广播的反应不是作为'公报'发布的被动对象,而是作为寻求获得自由的意识存在。"④

作为民众教育家,保罗·弗莱雷通过自己的身体力行,在理论分析和实践场景之间为知识的建构创造了一个富有成果的对话性语境,而知识的生成又会在实践中得到系统地检验、改变和扩展。"对话—自由论行动的目标不是让被压迫者'脱离'神话的现实,以便把他们'固定'到另一现实中去。与之相反,对话行动的目标是使被压迫者认清自己的依附关系,从而使他们选择去改造不公正的现实。"⑤

保罗·弗莱雷的重要贡献在于把公众参与建立解放自身的教育学观念引入发展传播的语境,对话-自由论被提升为一种伦理上的传播选择,使得人们在探索自身社会身份的传播过程中始终保持着一种动态的可能性,从而对线性模式的传播观念所想象的设问、目标和策略提出挑战。这可以归纳为三

---

① 【英】科林·斯巴克斯:《全球化、社会发展与大众传播》,社会科学文献出版社 2009 年版,第 207 页。
② 【巴西】保罗·弗莱雷:《被压迫者教育学》,华东师范大学出版社 2001 年版,正文第 1 页。
③ 同上书,正文第 4 页。
④ 同上书,正文第 65 页。
⑤ 同上书,正文第 107-108 页。

点。首先，传播过程的社会参与性是要提高人们对现存处境的认知。其次，知识的获取方式是集体的和民主的过程。再其次，借助反省和批判的自我评价，走向参与性的社会行动。这种政治人类学式的方法探索，旨在把公众参与和地方的政治、经济及社会结构结合起来，使得信息传播的意义成为传播和实践的主体间性的产物，从而在知识—权力的话语创新中主导社会转型的过程。

毋庸置疑，全球化的平行推进使得很多重要的发展问题都成为超越民族—国家的全球问题，如环保、贫困、宗教原教旨主义等等，从这个意义上说，发展传播成为每一个人的问题，更重要的是现代性成为多元性命题。按照艾森斯塔德的说法，这体现了以下两个方面的结合：一方面是对现代性的不断重释日益多样化；一方面是多元的全球趋势和相互参照点的发展。[1] 这种论断的可援用性在于发展传播的技术变量和社会变量的相互启发。一方面是信息传播的技术范式的更新不断修正全球范围内关于生产、经验、权力和文化的社会实践过程；另一方面是社会群体的新组合方式把信息传播技术的使用需要和社会政治语境产生互动。"随着卫星电视和有线电视的普及，尤其是互联网的兴起，传媒媒介以时空分离的方式建构媒介化的社会情境，重组社会关系，它超越或取代了其他社会化力量和控制力量，成为一种具有特殊影响的新兴社会力量。在无数虚拟社区中，人们在通过新的传播手段强化自己的身份认同，'想像共同体'找到了新的形式。网络时代的跨文化交流不仅仅打破传统的民族国家的界限，也开辟了新的身份认同，这种新的身份政治学是指在国际、国家和本土权威控制之外，为具有相同身份及利益的人们建立全球网络，特别是 NGO（非政府组织）的网络，如妇女权利、反战和平、技术教育、环保生态，当然也包括反全球化运动，从而形成跨文化传播当中新的平衡机制的组成部分。"[2] 信息技术的使用呈现出社会参与的可接近性（access），关于传播权力的话语分析不得不把信息技术的社会格式作为主要的考察对象，如信息分配与占有的不平衡，信息传播的垂直模式的象征效力受到质疑，而横向的自发模式同样面临着阶层、种族、性别、技术和教育水平的制约。技术应用过程中的身份认同和身份建构成为越来越微观的社会赌注，流动性、柔韧性和人性成为其主要特征。

---

[1] 【以】艾森斯塔特：《反思现代性》，三联书店 2006 年版，第 34 页。
[2] 陈卫星：《传播的观念》，人民出版社 2008 年版，第 338-339 页。

对发展中国家而言，今天的发展概念已经不再仅仅局限于技术、资本和管理的功效，越来越强调社会参与和公平发展，实际上强调个人以主动的身份来参与发展和现代化的过程。关于发展的传播不得不把发展的传播定义为社会变革的制度性介入，我们不得不面对这样一些根本问题，"发展为了谁？通过谁而发展？为什么发展？"对这些问题的回答实际上是对发展的一个价值评判。在"科学发展观"看来，增长不只是一个数量概念，一个技术概念，还是一种社会概念。

研究现代化的著名学者艾森斯塔特认为，在全球化进程的国际力量的主导下，"被视为现代化缩影的现代民族、革命国家及运动的制度、象征、意识形态发生了戏剧性的变化"[1]。在他看来，这些变化主要分为四点，第一是固定、僵硬、单调的生活模式容易淡化，家庭、共同体、空间和社会组织定义越来越柔性。第二，职业、家庭、性别和居住越来越和国家、阶级、党派政治的制度框架产生联系。第三，社会群体的职业角色和公民角色在重新定义，文化和社会认同的新中心得到发展，超越现存的政治和文化边界。第四，最重要的制度变化是各种半阈限结构不断展现新的文化取向和意义模式，成为社会空间重构的出发点[2]。结合到我们在这里所讨论的发展传播理论的范式转换，亦证明这种变化的轨迹：以前稳定而有秩序的一元性现代性体系让位于分散而零碎的话语中心，生产主体的多元和利益主体的多元通过信息传播的象征界面进行合法性的博弈，信息传播对社会关系的再生产作用日益凸现，这不仅是因为传播的逻辑折射出社会的政治、经济和文化的发展轨迹，而且是信息传播的界面生成使得无数个体成为社会发展的主体。

---

[1] 【以】艾森斯塔特：《反思现代性》，三联书店 2006 年版，第 394 页。
[2] 同上书，第 395 页。

公共传播研究的社会价值与学术意义探析

吴 飞

在社会学处于鼎盛时期的 20 世纪 50 年代，施拉姆创立了传播学。那时美国有三个社会学研究中心：(1) 哈佛大学社会学系，该系在帕森斯的主持下成为当时美国社会学研究的重镇；(2) 哥伦比亚大学。那时这里有默顿和拉扎斯菲尔德这些社会学大家。默顿为试图改造宏大社会学叙事，提出中层理论的方法，而拉扎斯菲尔德则长于设计科学的定量方法。(3) 芝加哥大学。虽然那时的芝大的社会学中心已失去了昔日的辉煌，但仍在社会学领域占有一席之地。[①]

作为传播学成立的标志性事件，1949 年施拉姆出版了第一本传播学著作——《大众传播学》。他在这本书中收录 R. 帕克、H. D. 拉斯韦尔、W. 李普曼、P. F. 拉扎斯菲尔德等三十多位政治学家、心理学家、社会学家、语言学家以及许多其他学科的专家对传播现象的研究成果。从八个层面——大众传播学的发展、大众传播的结构与作用、大众传播的控制与支持、传播过程、大众传播的内容、大众传播的受众、大众传播的效果和大众传播的责任——展示了一个新兴的学科的野心，建立起了影响数代人的传播学基本体系。

一、传播学研究出了什么问题？

套用社会学家埃里克森的一句话，我们大概也可以说传播学最关心的主题就是传播学本身。因为作为一个理论形态，传播学虽然一片繁荣，但远没有获得学术的尊严。投身其中的传播学研究者似乎很少形成理论共识，整个学术场域呈现碎片化之态。安德森曾经对七种传播教科书中的相关传播理论

---

① Peter Berge, What Happened to Sociology? First Things, Vol. 126, 2002, p. 26.

数量进行统计，发现总共出现 249 个不同理论，其中有 195 个理论是只出现在一种教科书中，而出现在两种教科书中的只有 22%，至于同时出现在三种以上的则不到 7%①。

作为社会学的派生学科，传播学顺沿了社会学的基本思维，同样存在着实证/反思、宏观/微观、定量/定性的二元划分。从美国主流传播学效果研究的实证传统到学科场域内相对弱小的反思性传播学研究，从拉扎斯菲尔德及其应用社会研究中心奠定的量化研究到性别传播学、文化研究以及传播政治经济学对质性研究方法的回归，传播学就一直在这一组二元对立的空间游走。② 争论时起，但从一开始到今天，也未见终结。

20 世纪 90 年代伊始，著名的新闻传播学家罗杰斯（Rogers, E. M）、查菲（Chaffee, S. H）和休梅克（Shoemaker, P. J.）等就指出，传播领域的发展存在着几个隐忧：其一，是传播科技的不断发展，大学往往因应新兴科技而增设系所，可能使得发展整合性传播理论更显困难；其二，大学经费日渐拮据，威胁这个领域的存续；其三，深受实务传统影响的传播学界，理论发展犹嫌不足③。几位学者的担心，似乎在今天变成了现实。新媒体尤其是网络的飞速发展，让新闻传播学多少有些无所适从，一些院校创办新媒体专业，一些则推出了媒体融合专业。而在美国，因为经费的压力，首先考虑调整的学科同样是新闻传播学，如 2010 年年底著名的美国西北大学梅迪尔新闻学院更名为"梅迪尔新闻、媒介与整合营销传播学院"。西北大学著名传播学教授罗伯特·海瑞曼（Robert Hariman）解释说：这是新闻专业主义向媒介融合时代的商业利益臣服的标志④。

中国大陆学界这几年相对密集的反思讨论，再一次引发了传播学场域的焦虑与不安。诚如潘忠党教授在一篇文章中所指出的那样，仅仅是传播学一部分的"效果研究"已经呈现了碎片化之态势，由是，学者们不得不心生惶然：究竟什么样的理论可以将这些众多的"诸侯小国"整合为一个内部统一

---

① Anderson, J. A. "Chapter 9: Communication Theory Analysis", Communication Theory: Epistemological Foundations. New York: Guilford, 1996.
② 闻翔：《社会学的公共关怀和道德担当——评介麦克·布洛维的〈公共社会学〉》，《社会学研究》2008 年第 1 期。
③ Rogers, E. M. & Chaffee, S. H. (1993). The Past and the future of communication study: Convergence or divergence? Journal of Communication, 43 (4): 128; Shoemaker, P. J. (1993). Communication in crisis: Theory, curricula, and power, Journal of Communication, 43 (4): 146-153.
④ 常江：《从梅迪尔新闻学院改名看美国传统新闻教育的变化》，《中国记者》2011 年第 5 期。

的领域? 如果一个研究领域尚且如此,更遑论传播研究这个学科①? 查菲教授更是明确指出,这种统一学科的原理在大众传播研究领域尚不存在②,因此,与其说大众传播研究是门学科,还不如说它是个"聚集的场所"(a gathering place, Rogers & Chaffee, 1983)。罗森格仁(Rosengren)更是痛陈,今天传播学的特征不再是"骚动"而是"分裂"! 他认为造成这一现象的主要原因是传播学研究范式缺乏"累积性成长",实体理论(substantive theory)、定型模式(formal model)与经验数据(empirical data)之间没有进行必要的互动。实体理论直接被用于解释经验性的事实和数据,而没有与定型模式相关联,甚至试图避开定型模式,这三者之间的重要联系因而被削弱甚至荡然无存。纵令有坚实的理论与令人印象深刻的实证数据,缺乏定型模式,往往无法进行科学的"否证"与"比对"的过程,因而也就无法建立一套评价的标准。而另一方面,缺乏印证,将妨碍强而有力地建立通则(generalization); 互动的罕见,将使得不同学门积极的对话与合作不存在,如此将使得整个知识环境没有累积的成长。如果这种状况继续下去,传播学中最有前途的研究传统也会局限在描绘性、叙述性等基本层面,停滞不前。③

波特等(Potter, Cooper and Dupagne)借用哈贝马斯对知识的分类传统,在 1993 年将传播学知识划分为社会科学范式(the social science paradigm)、诠释范式(the interpretive paradigm)和批判范式(the critical paradigm)等三种类④。不过,另有学者认为现存的传播理论可以划分为,诠释理论、批判理论、结构与功能理论、认知与行为理论、互动与习性理论等五种类型⑤。

有学者对美国主要传播研究学术刊物发表的论文进行的内容分析发现,美国传播研究从早期(1965—1971 年)的诠释范式主导,1974 年以降移转

---

① 忠党:《媒介效果实证研究的话语——对一个研究领域的理解与误解之反思》,【美】简宁斯·布莱恩特、道尔夫·兹尔曼主编:《媒体效果:理论与研究前沿》,石义彬、彭彪译,华夏出版社 2009 出版,序言第 1-24 页。
② Rogers, E. M, Chaffee S. H (1993): The past and the future of communication study: Convergence or divergence? Journal of Communication, 43 (4): 125-131.
③ Rosengren, K. E. (1993). From field to frog ponds. Journal of Communication, 43 (3), 6-17.
④ Potter, W. J., Cooper, R., & Dupagne, M. (1993). The three paradigms of mass media research in mainstream communication, Journals Communication Theory, 3 (3): 17-335.
⑤ Littlejohn, W. Stephen (1992). Theories of human communication (4th. ed). Belmont, California: Wadsworth Publishing Company.

到社会科学范式,到1889年为止,这一趋势并未改变,甚至在1989年仍有七成的大众传播研究属于社会科学范式,可见主流传播研究几乎就是社会科学范式①。

表一 美国传播研究学术刊物论文类型一览表

发表年份	批判	诠释	社会科学	总计
1965	7	45	31	83 (5.9%)
1968	15	49	35	99 (7.1%)
1971	1	53	47	101 (7.2%)
1974	9	44	110	163 (11.7%)
1977	7	64	127	198 (14.2%)
1980	5	63	123	191 (13.7%)
1983	8	61	110	179 (12.8%)
1986	13	54	123	190 (13.6%)
1989	16	41	136	193 (13.8%)
总计	81 (5.8%)	474 (33.9%)	892 (60.3%)	1397 (100%)

资料来源:Potter, Cooper & Dupagne, 1993:328.

具有芝加哥社会学学派传统的传播学研究,比较重视文化与社会因素,不过,这一传统并没有受到传播学之父施拉姆的重视,这位学科的集大成者将传播学研究的主流,引向了行为科学研究这一主流的实证传统,重视如何从因果关系推断的法则理论、社会规范与个人诠释乃至系统理论的全面观照。而传播学的后继者们可能是基于路线依赖,很少对施拉姆的框架进行根本性的反思。因此长期以来,传播理论不但被设定为一组相互关联的命题,其中某些命题可以被验证,更因为传播理论的创造者恒常期望透过一组相互关联的命题,来解释(explain)、预测(predict)以及控制(control)传播现象②。

费孝通先生于2003年在一篇文章中指出,社会学具有"科学"和"人文"的双重性格,社会学的科学理性精神是一种人文思想。③但今天的传播

---

① Potter, W. J., Cooper, R., & Dupagne, M. (1993). The three paradigms of mass media research in mainstream communication, Journals Communication Theory, 3 (3):328.
② Infante, D. A., Rancer, A. S. & Womack, D. F. (1993). Building communication theory (2nd ed.). Prospect Heights, IL: Waveland. 转引自须文蔚、陈世敏《传播学发展现况》,(台北)《新闻学研究》总第53期,第9-37页。
③ 费孝通:《试谈扩展社会学的传统界限》,《北京大学学报》(哲学社会版),2003年第3期。

学，追随着社会学研究的"科学"脚步，放弃了对"人文思想"的求索。笔者曾在一篇文章中指出，中国的传播学研究已经"沦为被动的政策解读者（之所以用'解读'，是因为我们甚至很少有创造性的'阐释'），而主动放弃了知识分子的批评立场；而今天，他们又华丽地转身——投进金钱的怀抱——为商业营利者出谋划策，学术成为政治权力和金钱的双重奴役。"[1]

施拉姆选定的四大奠基人，都是以自然科学为参照来进行研究的。这一偏向，以及美国社会科学领域在那一时期对自然科学的膜拜，一直成为学科主流的惯习和规则。其后果是，不能被定量分析的事实甚至被当作是不值得研究的,[2] 越来越多的传播学者使用越来越复杂的方法来研究微不足道的主题。但近年来，就整个社会思潮而言，科学至上主义受到了普遍质疑。自然科学，特别是物理学引发的问题比它们解决的还要多，而且这些问题几乎全在社会领域而非物理学中[3]。理性之梦最终变成了理性的梦魇[4]。科学主义所受到的冲击直接影响了社会科学的代表学科——社会学的命运[5]。而暴风雨的连带性力量，已足以让脆弱的传播学科风雨飘摇了。

二、如何突破？——布洛维的公共社会学的启示

美国的社会学自 20 世纪 80 年代以来遭遇了极大的挫折：华盛顿大学和罗彻斯特大学先后撤销了社会学系，哈佛大学的社会学也在帕森斯地位一落千丈之后风雨飘摇。[6] 这股风，甚至影响到了欧洲大陆，2009 年 7 月英国瑞丁大学（University of Reading）宣布正式取消社会学系。社会学的粉丝在一天天缩减，而相关的研究方法也受到广泛的质疑，拯救社会学的反思运动也应运而生了。

美国著名的社会学家米尔斯认为问题的关键在于 20 世纪 50 年代的社会学专注于建立宏大理论和抽象经验主义研究，忽视了对公共问题的关心。他

---

[1] 吴飞：《传播学研究自主性反思》，《浙江大学学报》2009 年第 2 期，《新华文摘》2009 年第 14 期全文转载。
[2] Peter Berge (2002), What Happened to Sociology? First Things, Vol. 126, p. 27-29.
[3] 【美】米尔斯：《社会学的想象力》，张强、陈永强译，三联书店 2001 年版，第 14-15 页。
[4] 【美】杰夫瑞·亚历山大：《世纪末社会理论》，张旅平等译，上海人民出版社 2003 年版，第 2-3 页。
[5] 吴小英：《社会学危机的涵义》，《社会学研究》1999 年第 1 期。
[6] 陈文江、何祎金：《公共的张力：从拯救社会学到公共社会学》，《国外社会科学》2009 年 3 期。

分析了社会科学家自我期许的三种政治角色：哲学王、统治者的幕僚、独立的公共知识分子。其中，哲学王的角色强调社会科学者置身社会之外，面向自身学术价值，仅成为掌握知识的人；统治者的幕僚则专注于统治者认为有价值的议题，成为维持统治者政治稳定的工具；只有独立的公共知识分子，既不忽略统治者的兴趣，又致力于教化公众，追求民主政治这一核心价值。他明确指出，"社会科学家作为文科教育者，他的政治职责就是不断地将个人困扰转换为公共议题，并将公共论题转换为它们对各种类型个体的人文上的意义。"① 阿兰·图海纳（Alain Touraine）也认为社会学家不该是社会生活的外在旁观者，而是社会运动的积极参与者，只有通过能动的干预手段介入社会生活，社会学家才能形成关于行动者的真切知识。也就是说，社会学应该被带入到与公众的对话中，从而达成与公众的双向交流②。1991 年，赛德曼批判社会理论日益远离过去曾经滋养它的社会冲突和公共讨论，超然物外只与理论家相关，并愈发自我指涉（self-referential）。1999 年布莱克面对 20 世纪 80 年代大学校园的市场化风潮，市场正在侵蚀公共空间，大学校园的运作越来越像一个公司。他指出，社会家应该承担批判者的角色，扩大与公众的交流，介入更多的公共问题讨论。③

米尔斯还发现人们已不再关心理性和自由，社会笼罩着"焦虑与淡漠"的氛围。因为在这种"大众社会"（mass society）中，古典意义的"公众"消失了，只有一个个被消费主义规驯了的"快乐机器人"。在《给新左派的一封信》中，米尔斯将希望寄托在年轻的知识分子身上。他认为，后者最有可能成为直接的社会变迁主体④。与米尔斯相比，麦可·布洛维（M. Burawoy）则持更加乐观的态度。他相信公众并未消失，只是需要社会学家们努力去发现和培养公众。布洛维虽然也强调"学生是我们的第一批公众"，但是他却并不仅仅将公众局限在知识界内部。正因为如此，布洛维锐意将推广公共社会学变成一场超越学术的社会运动⑤。

美国学者帕特里夏·威尔纳基于统计发现，美国顶尖的社会学期刊《美

---

① 【美】米尔斯：《社会学的想象力》，张强、陈永强译，三联书店 2001 年版，第 14-15 页。
② 转引自王晓斌《试谈我国社会学的公共转向》，《重庆科技学院学报》（社会科学版）2009 年第 2 期。
③ 陈文江、何祎金：《公共的张力：从拯救社会学到公共社会学》，《国外社会科学》2009 年第 3 期。
④ Mills, Wright (1960): "Letter to the New left". New Left Review 5.
⑤ 闻翔：《社会学的公共关怀和道德担当——评介麦克·布洛维的〈公共社会学〉》，《社会学研究》2008 年第 1 期。

国社会学评论》(American Sociological Review) 上，从 1936 年到 1982 年，在该杂志发表的 2559 篇文章仅有不到 5.1% 的文章篇涉及这一时期的重大社会历史事件和公共议题，比如冷战、麦卡锡主义等①。所以，2004 年布洛维 (M. Burawoy)② 以美国社会学会主席的身份，在社会学年会上发表了题为"捍卫公共社会学"(For Public Sociology) 的演讲，引发了美国社会学界的震动，此后，在他的大力推动下，美国公共社会学遂成为热点研究领域。

布洛维把社会学分为四类，即专业社会学 (Professional Sociology)、政策社会学 (Policy Sociology)、批判社会学 (Critical Sociology) 和公共社会学 (Public Sociology)。他认为，四种社会学的提法回答了任何社会学家都不得不面对和思考的两个元问题，即"社会学是为了谁"和"社会学是为了什么"？为说明这一问题，他还制作了一个表格：

社会学的劳动分工

知识类型＼听众类型	学术界内	学术界外
工具性知识	专业社会学	政策社会学
反思性知识	批判社会学	公共社会学

布洛维解释说，表中的第一列专业社会学和批评社会学，他们的听众都是学术界内的；第二列政策社会学和公共社会学的听众是学术界以外的。

他说，按照"知识是为了什么？"这个标准，可把社会学分为两类：第一类是专业社会学和政策社会学，以研究给出的"谜题"为目标，属于工具性知识。也就是说，目的是已经给出的，然后我们通过一定的方式来达到目的。对于政策社会学来说，就是客户提出问题，社会学家提出解决方案。客户可能是非政府组织、政治家、工会或事先界定了目标和资源以获取社会学家为之进行服务的任何实体。总的来说，工具性知识的意思就是，由其他人来提出问题，我们去找解决的方法。第二类的知识是反思性的知识。这种知识类型是指目的和目标不是既定的，而是通过讨论、辩论得出的。对于批判

---

① Patricia Wilner, "The main Drift of Sociology Between 1936 and 1982", in History of Sociology, (Spring 1985) 2: 1-20. 转引自【美】拉塞尔·雅各比《最后的知识分子》，洪洁译，江苏人民出版社 2006 年版，第 174-175 页。

② 麦克·布洛维 (Michael Burawoy)，加州大学伯克利分校社会学系教授，2003—2004 年度美国社会学协会会长。近年来，他大力提倡"公共社会学"，强调社会学的公共关怀和道德担当，在社会学界产生了非常之大的反响。

社会学来说，就是要讨论价值观，讨论我们为什么要进行社会学研究，社会学研究的目的和价值是什么？①布洛维强调批判社会学非常重要，因为它常常对专业社会学进行批评。专业社会学是一种科学，成果反映在论文的发表。批判社会学家认为专业社会学的研究实际上也是建立在一定价值观基础之上的，批判社会学则通过挖掘职业社会学的价值基础，把它们提出来接受检查、讨论和辩论，批判社会学不仅为职业社会学重新定向，而且支持、激励了公共社会学②。对于公共社会学来说，就是要在社会学家和公众之间进行对话。

布洛维强调，四种社会学之间不是相互排斥的关系，其中专业社会学是一切社会学的基础，作为一个社会学家，他首先需要在专业领域有所成就。公共社会学依靠专业社会学提供知识、支持其面对公众所需的自主性，仰仗批判社会学的价值灌输，使其能平稳前行。显然，布洛维提倡公共社会学并不是要贬抑专业社会学的地位。

笔者认为，布洛维划分四种社会学取向，确实是一种很有创意的想法，这样的划分，可以让社会学家更加清楚地思考自己学术定位问题。

布洛维认为，在美国，专业社会学经过一个多世纪的发展已经足够强大，现在则到了让社会学走出学院，重新回到公众之中的时候了。因此，他特别强调公共社会学在当代的意义。那么到底什么是公共社会学呢？布洛维在上海大学的一次演讲中说，把公共社会学分为传统公共社会学和有机公共社会学两个部分③。他解释说，传统公共社会学就是社会学家把自己的观点刊登在一些媒体上，比如报刊，引起公众的讨论。就像现在美国的社会学家比较关注社会不平等、种族歧视、恐怖主义、个人主义以及美国与其他国家的关系，在这些方面，社会学家可以把自己的专业知识传达给大众。不过，布洛维发现，传统公共社会学家常常会遇到这样一个问题，即因为他们往往对社会持一种批评的态度，所以他们在面对由财团所控制的媒体时，就不能完全地表达自己的观点，因为这些财团往往有自身的利益考量。换言之，在这样社会情境中，社会学家在和公众的交流中，肯定会遭遇媒体阻碍的问题。布洛维还认为，传统公共社会学虽然给公共问题带去了社会学的视角，

---

① 【美】麦可·布洛维：《公共社会学》，《社会》2007年第1期。
② 【美】麦可·布洛维：《奥巴马时代的公共社会学》，Justine Zheng Ren 译，《21世纪国际评论》2010年第3期。原文见 Innovation-The European Journal of Social Science Research, Vol. 22, No. 2, June 2009。
③ 同①。

用米尔斯（C. Wright Mills 1959）不朽的话说，它们把私人困境转变成公共问题。但他们面对的公众是广大的、单薄的、被动的、主流的。他们的存在是无定形的①。米尔斯大概可以被看成是一个典型的传统公共社会学家，他主要是通过自己的著作与公众对话，激发公共辩论。在其生命的最后几年里米尔斯写作了一系列时事小册子，《听着，美国佬！》为发生在美国家门口的古巴革命辩护，《第三次世界大战的起源》则直指美国的军事工业共同体最终将给世界带来毁灭性的后果②。他的这些著作被售出了成千上万册，他的观点常常被提起③。

与此不同的是，有机公共社会学能在一定程度上摆脱对于媒体的依赖。因为这些社会学家们会直接与工会、社团组织、非政府组织等直接联系和交流。因此他们的公众是厚重的，而不是单薄的；是本地化的，而不是广义的；是积极的，而不是被动的；是反对派的，而不是主流的。如法国著名的社会学家韦耶维欧卡（Michel Wieviorka）为弄清楚理解运动与暴力使用的关系，自20世纪80年代投入恐怖主义研究，于1988年出版了《社会与恐怖主义》一书，该书对恐怖主义组织成员进行访查，呈现了恐怖主义活动的光谱，分析了恐怖分子的信仰以及他们企图通过恐怖行动达成的目标，为原本抽象的恐怖主义研究带来具体、鲜活材料而又不失理论高度。同样，在中国，在富士康事件中，一批年轻的社会学者进入工厂，与工人直接交流，一方面收集相关的研究素材，一方面将自己的社会学知识应用于社会实践之中，取得了一些良好的成绩。

三、现在是时候提出公共传播学了

美国传播学者罗伯特·克里格（Robert Craig）对传播学科发展方向的基本判断是，由于人类的传播实践具有多样性的特点，因此传播学科不可能被一种理论流派或体系所统辖。由此，他提出，传播学科的建设与发展需要把握两个方向。(1) 研究者应该寻找不同的传播理论与观点流派之间的相似

---

① 【美】麦可·布洛维：《奥巴马时代的公共社会学》，Justine Zheng Ren 译，《21世纪国际评论》2010年第3期。原文见 Innovation-The European Journal of Social Science Research, Vol. 22, No. 2, June 2009。

② 赵刚：《社会学要如何才能和激进民主挂钩？——重访米尔士的"社会学想象"》，《台湾社会研究季刊》2000年第39期。

③ 【美】拉塞尔·雅各比：《最后的知识分子》，洪洁译，江苏人民出版社2006年版，第131页。

性与差异，通过比较差异或相似性，进一步阐明其理论流派之间的碰撞与交汇之处，在进行比较差异与相似处的基础上，达成学术上的共识。（2）要取得共识，需要对学者们头脑中的"理论"概念进行重新定义。他认为，从学科建设角度看，理论不是对某个研究过程进行的阐述，而是一些围绕学术发展方向的陈述与争论①。

罗伯特·克里格无非重述了施拉姆在其最后一部手稿中对传播学的未来曾做出的预言：传播学在不久的将来，会通过一个合并和重新确认的阶段。那时，现有的新闻学、言语传播学、电影学、大众传播学和信息科学的大学机构将合并成被简单地称为"传播学"的更大机构。这种名称的改变是至关重要的，因为它意味着过去与传播相关的机构的区分——它是以传播渠道为基础，以立于每一种传播渠道背后的媒体产业为基础——将不再受到重视，以便有利于围绕传播学的核心范式建立一种理性的统一体。

但在笔者看来，这一问题虽然相当重要，但仍然没有走出学科仅仅在关心自身的迷障。让我们直接面对布洛维提出的两个问题来分析一下问题的核心所在。

一是传播学为了谁？虽然，有学者将新中国成立以来中国大陆学者发表的被 SSCI 和 A&HC 收录的 9951 篇文献按学科分类统计和分析，发现法学、统计学、新闻传播学等文献量非常少，国际学术影响非常微弱②。但透视中国传播学知识的生产场，我们仍然可以发现，学科建设的"国际化"的进程已经在一定程度上产生了负面效应。现在的中国高校，尤其是强调追求世界一流的"985"高校，研究的目标似乎是国际刊物（就传播学生产场而言，就是由美国主导的 SSCI 期刊）上发表论文并受到国际同行的认可。而所谓的"国际"往往指的是北美和欧洲。"这股形式化的职业主义迫使学者用外国的范式来研究本国的问题，使他们负责的对象变成了外国学者，而不是本国和本土的读者"③。

另外，传播学研究似乎有一种麦当劳化的倾向：以主流学术界认可的学术规范生产合格的、标准化文化产品。作品在典型的文本格式，包括文献分析、理论假设、案例分析、验证假设、研究结论和参考文献等内容，而此类

---

① 【美】斯蒂芬·李特约翰：《人类传播理论》，史安斌译，清华大学出版社，第 14 页。
② 参见刘莉《我国社会科学研究国际化探究 SSCI 论文视角》，中国社会出版社 2009 年版。
③ 【美】麦可·布洛维：《奥巴马时代的公共社会学》，Justine Zheng Ren 译，《21 世纪国际评论》2010 年第 3 期。原文见 Innovation-The European Journal of Social Science Research，Vol. 22，No. 2，June 2009。

文化产品的品质检测也无非一些约定俗成的行业标准。就像全世界相同的麦当劳汉堡的口味，传播领域的 TOP 期刊的标准化文章也在引导着全世界的传播学者的学术兴趣。正如瑞泽尔所言，麦当劳化的产生背景是官僚制、科学管理和流水作业线在社会生活中的普遍涌现，其主要特征是方法的标准化和产品的同质化[①]。在传播学领域，美国的学术趣味，一直左右着中国传播学场的趣味。

由此可见，传播学家们并不是针对自己国内的受众对象，提供有意义的知识产品，而不过是在一条看不见的文化生产流水线上提供他们并不确切知道的对象和用途的配件而已。哈贝马斯在《现代性：一个未完成的方案》一文中曾感叹说，专家文化和一般公众之间的距离拉大了。因为"文化领域通过专门处理和反思所获得的东西，确实没有自动地为日常实践直接拥有。"近听一下，业界长期对传播学专家脱离实践日重一日的批判声，我们可以发现场域的积弊有多严重，而更遑论一般公众对传播学知识的理解与接收了。

二是传播学为了什么？欧洲有相对独特的公共传播体制，传播一向是研究者、媒介实务工作者和整体市民的公共问题，传播学研究与教育一直有重视批判研究与政策研究的传统，近年来人文哲学的学术传统如：符号学、结构主义、后结构主义、后现代主义、象征互动论、社会语言学、当代文化研究等，也在传播的土壤中茁壮[②]。但在美国主导的传播学知识生产领域，欧洲的声音是有限的。除了文化研究和批判学派的一些思想曾被介绍到中国来以外，中国的传播学家们并没有真正领悟到传播学是为了什么。

韦伯在《以学术为业》中强调科学的超然态度，不带有前提或预设，不涉及终极关怀。不过涂尔干晚年在《宗教生活的基本形式》中则指出，工业社会的发展，摧毁了原有的宗教信仰，造成了失范现象。他断言，宗教缺失下的话语空白应该由社会学填补，而社会学家则相应地承担原本萨满、先知和牧师的角色。显然，涂尔干所指的萨满、先知和牧师的角色，并不是纯粹的社会事物的解释者和客观的分析者，他们往往是社会的参与者。这意味着，学术的价值不在于学术价值之中立，而在于是否能够直面现实生活，解答社会问题，揭示社会隐藏的矛盾，需要有公共关怀和道德担当。诚如吕塞兰所言："当我遇到某些现代思想家所谓客观的神话时，不禁感到生气。对

[①] 参见苏国勋《全球化背景下的文化冲突与共生》，《国外社会科学》2003 年第 3 期。
[②] 须文蔚、陈世敏：《传播学发展现况》，（台北）《新闻学研究》总第 53 期，第 9-37 页。

他们而言，只有一个世界，对人人都一样的世界。其他的一切世界都应该被认为是过去时代留下的错觉（illusions）。为什么不干脆称之为幻觉（hallucinations）呢？我付出代价之后，才知道他们的观点大错而特错了。"① 正是基于相似的理念，米尔斯批判当年美国社会学被实用主义左右，"不关心在社会底层挣扎的人们：坏男孩、放荡女人、移民工人和尚未美国化了的移民。相反，它们幻想，实际也在与社会上层相联系，尤其是与开明的商业经理和掌握大笔预算的大人物相联系。"② "学者自身的叛逆性渐趋削弱，而在行政上却更加实用。"③ 所以布洛维更是明确指出，"专业化一直试图以科学的外衣为掩护，压抑道德的冲动，就像它迫使我们进入到各种轻视道德义务的职业。然而，尽管道德冲动可能被压制，被边缘化，也可能被束之高阁，被冷落一旁，但是它从未消失"④。

借助布洛维的分析框架，我们也可以将传播学划分为四种类型，即专业传播学、批判传播、政策传播学和公共传播学。专业传播学实质上一种理论传播学，是大多数传播学家的职业追求，旨在为职业共同体提供传播理论知识；而批判传播学，在20世纪60年代的欧洲已经有良好的发展，旨在对传播政策、传播制度和媒介所有权等问题开展批判性地分析，考察传播效果而阐述了媒介如何发生作用，如何影响受众的思想。J. 阿特休尔、H. 席勒、阿多诺、P. 布尔迪厄、T. 吉特林（Gitlin）等都是这一研究传统的代表性人物；而政策传播学研究基本上属于应用研究，旨在对传播政策和项目委托者提出的相关问题进行经验研究，为公共、私人机构和各种商业组织进行传播分析诊断。而公共传播学，则是基于公共社会发展的需要，积极参与各种社群实践活动，为人类的权利的平等、社会公正和民主参与社会治理提供理论支持和策略支持。

四、我们需要怎样的公共传播学

历来社会变革时期，社会矛盾都易激化，因为现存的统治集团因恐惧而

---

① Jacques Lussryran, And There Was Light, Boston, 1963, p. 112. 转引自【加】哈罗德·伊尼斯《帝国与传播》，何道宽译，麦克卢汉所撰序言之第3-4页，中国人民大学出版社2003年版。
② 【美】米尔斯：《社会学的想象力》，陈强、张永强译，三联书店2001年版，第101、102页。
③ 同上书。
④ Michael Burawoy. The Critical Turn to Public Sociology. Critical Sociology, 2005, (3): 313-326.

选择保守策略，但公众因为急于求变又容易失去理性。对于当下的中国来说，情况更为复杂，因为大量的社会矛盾被压缩到一个相关密集的时间内爆发出来，而全球化席卷寰宇的力量，又将中国拉入全球性的社会矛盾场之中。这种快速的社会变迁，为中国的传播学研究提供了丰富的研究问题和研究案例。比如说，经济改革带给民众更多的自由的诉求，虽然，政府也向社会释放了更大的自主性的空间，但威权式的国家治理方式和社会之间任何存在紧张的关系，冲突和对抗的程度和形式多样化。权利意识越来越明晰的社会底层民众开始学会运法律武器和体制内的手段保护自己的利益，偶尔在激烈冲突时会直接挑战权力的核心[1]。波兰尼（Karl Polanyi）曾指出，人类的生存依赖三个基本要素——土地、劳动力和金钱——这三者如果屈服于不受规制的商品化，就会威胁到人类的生存。对土地（也可以扩展到空气和水）的商品化威胁了人类的生存物质；对劳动力的商品化威胁了它的生产力；对金钱的商品化威胁了经济实体。波兰尼认为，面临这三个要素的商品化时，社会要么做出反应，要么被摧毁。显然这三个基本要素在转型期的中国最发生了重大的变化。传播学家当介入中国社会的变革，这已是一个不再需要讨论的问题了。

从笔者掌握的材料看，法国社会学家 M. 勒内大概是最早提出建立《公共传播学》的学者，1993 年他在一篇文章中较系统地研究了公共传播学问题。国内学者江小平在介绍 M. 勒内观点的一篇文章中，给公共传播学下了一个描述性的概念："公共传播的首要目的是说服受众，使之采取有益于自身健康和生活、有益于社会和人类的行为；引导他们积极参与公共生活和努力提高社会道德水准；指导更多的人承担并完成推动社会发展的使命。"[2] 虽然他提供的公共传播学与本文使用的概念内涵有一定在差异，但相通的是，传播学者都需要积极参与社会实践，并且指导公众的社会活动。只是今天我们是站在公民社会的背景下来思考公共生活参与性问题的。我们强调公共传播学家不仅要通过自己论文著作来反映社会事实，更重要的是得亲身投入社会实践、参与和卷入社区和社会公共事务，包括与各种 NGO 组织、劳工团体合作、乡村和社区这类社会基层组织，以社会运动的形式推动

---

[1] Elizabeth J. Perry and Mark Selden (ed.), Chinese Society: Change, Conflict and Resistance (London: Routledge, 2000). 转引自李颖《西方学界关于中国公民社会的讨论》，《21 世纪国际评论》2011 年第 3 期。

[2] M. 勒内的文章《公共传播学》刊载于法国期刊《文献评论与研究》1993 年第 4977 期上，参见江小平《公共传播学》，《国外社会科学》1994 年第 7 期。

社会变迁。例如中国传播学者卜卫、丁未、曾繁旭、张志安、曹晋、郭建斌等不仅在书斋里做学问，也不仅仅靠通过问卷调查来收集数据，他们往往参与各种不同的社团活动，去发现理论，去解决问题，这正是社会所需要的学术追求。其实，这种卷入，有时又会反哺理论研究，比如卜卫曾经介绍说：

问卷调查经常出现的一个题目是"你想看什么样的电视节目"。比如在中国农村大多数家庭只有一台电视，节目选择非常有限，比如只能选一个省台，有的地区在山区，可能连中央一台都收不到。这样的节目选择，在有的地区，节目选择可能受到男主人的控制。你在访问一个女主人的时候，说你喜欢看什么节目？说看武打片，因为丈夫看她就跟着看，但那可能不是她最喜欢的，这样你记录下来可能就变成一个问题。定量研究的主要工具是标准化问卷，但是它使用的前提，比如说被访问者应该是独立的人，能够独立地使用媒介，能够很好地理解调查的问题，这也意味着研究者和被研究者在文化和语言上没有什么显著差异……但是在大多数农村地区不是[①]。

公共传播学者的基本使命，大概可以用葛兰西谈"有机知识分子"(organic intellectual)时说的一段话来说明："成为新知识分子的方式不再取决于侃侃而谈，那只是情感和激情外在和暂时的动力，要积极地参与实际生活不仅仅是做一个雄辩者，而是要作为建议者、组织者和'坚持不懈的劝说者'（同时超越抽象的数理精神）；我们的观念从作为工作的技术提高到作为科学的技术，又上升到人道主义的历史观，没有这种历史观，我们就只能停留在'专家'的水平上，而不会成为'领导者'（专家和政治家）"[②]。

借用布洛维的观点，我们可以说公共传播学的益处是显而易见的：其一，能够将传播学的知识带进公共辩论中，其二，可以为学术世界注入公共讨论，因而是一个双向的"沟通行动"。

布洛维认为，当专业社会学变得与现实无关，批判社会学变得教条，政策社会学变得卑屈，公共社会学变得民粹——即，任何一类社会学失去了和其他类型的联系和对其他类型的尊重，所有的类型都会遭遇困难，我们的学科就会失去活力。国家社会主义向资本主义转型的"第二次大转变"后的当今世界，"市场专制主义与政府暴政在共产主义衰落后大行其道，并在

[①] 卜卫 2006 年 7 月 12 日在中国社会科学院举办的"第七届世界互联网项目年会"上的发言。本书引用的网络来源：http://tech.sina.com.cn/i/2006—07—12/10581033198.shtml

[②] 【意】安东尼奥·葛兰西：《狱中札记》，曹雷雨等译，中国社会科学出版社 2000 年版，第5页。

"9·11"事件之后联合在了一起"①。与之抗争的关键取决于公民社会的发展，取决于各种旨在保护人权、环境正义、劳动条件的社会运动的广泛基础。这是社会学和传播学可以大显身手的领域。1999年布莱克指出社会学不能仅仅依靠大学而存在，而需要回归公众。② 2002年甘斯同样呼吁更多的社会学家应该成为公共社会学家，对公众发出社会学的声音③。这大概是智者所见略同吧。

近些年来，美国不少社会学家开始参与公共事务之中，他们走进反对剥削拉美和非洲的非法移民的血汗工厂的运动之中，进入占领华尔街的队伍之中，他们与移民团体合作，通过开办英语课程等措施帮助移民工人及其子女融入当地社区，从而提高工人的组织能力和集体行动能力，最终让工人可以为自己说话。同时，他们还通过在媒体上的呼吁和曝光引起美国社会对移民和血汗工厂问题的关注，从而使移民工人问题变成一个公共议题④。

可惜，中国传播学家真正进入社会实践者少，他们虽然有人会利用有限的传媒平台发表一些时事的评论，或者普及一些学术常识——如微博中的舆论领袖、二级传播模式、知情权等等。但类似于乌坎事件、富士康工人跳楼、宜黄事件等大大小小的社会冲突事件中，传播学家很少进入现场，通过自己的知识来化解社会矛盾。同样，在社会的底层中（如失业工人群体、农村留守人群），在边缘性的群体中（如同性恋群体、艾滋病村、城市农民工、吸毒人群、性工作群体等等），在环境运动中（如反核能、反垃圾焚烧、反建大水坝、反砍伐森林、绿色和平组织等等）的公民行动中，我们也不太能见到传播学家的身影。布洛维曾警告说："在公民社会消亡的地方，社会学也消失了。在公民社会复活的地方，社会学也就得以复活。"⑤ 这句话，何尝不能用到传播学身上呢？

从某种意义上说，提倡公共传播学研究，多少有点回归芝加哥传统的意味，因为当年帕克、托马斯甚至杜威的学术生涯，就有深度介入公共生活的

---

① Michael Burawoy. The Critical Turn to Public Sociology. Critical Sociology, 2005, (3): 313-326. 该文已经由单业平摘译，分上下两篇刊发于《国外理论动态》2006年第9期和第10期。
② Timothy Black (1999), Going Public: How Sociology Might Matter Again, Sociological Inquiry, Vol. 69, pp. 257-275.
③ Herbert Gans (2002), More of Us Should Become Public Sociologist, Footnotes, Vol. 30, p. 10.
④ 闻翔:《社会学的公共关怀和道德担当——评介麦克·布洛维的〈公共社会学〉》，《社会学研究》2008年第1期。
⑤ Michael Burawoy. The Critical Turn to Public Sociology. Critical Sociology, 2005, (3): 313-326.

趣味。如杜威、福特和帕克当年甚至策划过出版一份名为《思想新闻》的报纸，虽因没有市场而放弃，但其意图就是通过报纸来改造哲学。随着实证主义研究成为社会科学研究的唯一正统时，芝加哥的传统才慢慢消隐。其间虽然凯里（J. Carey）、卡茨等人还不时提醒人们不能忘记这样的学术传统，但在施拉姆确立的正统的传播学研究学术场域内，这样的声音终究是式微的。

布洛维在接受贝里斯采访时曾说："尝试了解支配的底层生活是改变的第一步。这是一个有益身心的洗礼。或许所有的学者都应该有类似的经验"①。对于中国的传播学者来说，我认为这样的忠告来得正是时候，就让我们走出书斋，走进充满苦难与欢乐、绝望与新生并存的鲜活而复杂的社会生活，传播我们的学术知识，培养社会公民，改造我们的社会吧。毕竟如帕克所言："传播显然是社会过程中根本的东西，因为物理学使传播手段的延伸和改进对社会的存在显然发挥着至关重要的作用，尤其是对理性组织起来的社会形态即所谓的文明发挥着至关重要的作用。"②

当然，话得说回来，笔者提倡公共传播学，并不意味着反对其他的传播学研究面向。毕竟公共传播学的基本知识来源于专业传播学的成果，而批判传播研究和政策传播研究，对我们发现社会问题，发展学术思想或者提供社会服务同样是有价值的。最后请允许我转引加州大学乔纳森·特纳（Jonathan Turner）的一段精辟的论述作结："如果社会学理论不具科学性，那它又是什么呢？在我看来，它就成了新闻报道、意识形态灌输、对所见不平的批判以及含糊不清的高谈阔论的杂交。对于认识论科学的这种选项并不会……将社会学带到一个非常健康的方向上。"③

---

① Jeff Byles. Tales of the Kefir Furnace man. Village Voice, 2001, (4): 1-4. 转引自胡勇慧、赵万里《从"学术工人"到"传道者"——麦克·布洛维的学术转向与价值关怀》，《学术交流》2011年第2期。
② 帕克：《物理学与社会》，转引【加】哈罗德·伊尼斯《传播的偏向》，何道宽译，中国人民大学出版社2003年版，麦克卢汉所写的序言之第7页。
③ Turner, Jonathan H. 2001. "Sociological Theory Today." pp. 1-17 in Handbook of Sociological Theory, edited by Jonathan H. Turner. New York: Springer. 转引自李钧鹏《也谈公共社会学》，《社会科学论坛》2011年第1期。

论大众传播的历史性与意识形态性：
基于技术的知识社会学视角

胡翼青

笔者认为，在新媒体传播的今天，已经很少有人再谈大众传播，全然不顾学界对这一概念还知之甚少。个中原因与时代的关切不无关联：在大众传播技术昌盛的时代，大家犹如温水中的青蛙，觉得传播就应当是这样的，没有必要大惊小怪。一个典型的例子就是在传播学传入中国时，当时的中国学者几乎就把大众传播学等同于传播学本身而没有觉得丝毫不妥；而在新媒体时代，大家觉得大众媒体穷途末路，大众传播场域已经被高度边缘化，已经没有什么学术探讨的价值。

不过，就此放过大众传播是不对的。大众传播的历史边界和历史局限性已经显现，但深入理解今后的传播范式必然会对照大众传播。因此如果我们对大众传播时代的技术、社会与文化缺乏知识社会学的关照，我们不但不能充分理解与反思旧有的传播学知识，也不可能拥抱新的传播研究。笔者非常同意波尔特和格鲁森对新旧媒介之间辩证关系的揭示，他们认为："新媒介之新来自它们重塑旧媒介的特殊方式，为了回应新媒介的挑战，旧媒介又重塑自己。"[①] 所以，理解新媒介并不是一件容易的事，需要厘清新媒介与旧媒介的边界，并洞悉它们之间的互相渗透和改造。如果不了解旧媒介，也就谈不上理解新媒介。这种思考方式同样也适用于分析新旧两种传播形态。今天社交媒体的社区化和群体传播方式在很大程度上改变着大众传播的同时，也在不断吸纳着大众传播的某些特点，如果不能立体地呈现大众传播的内涵、外延与社会呈现，我们当然也就并不知道新媒介传播意味着什么。

[①] 转引罗伯特·洛根《理解新媒介——延伸麦克卢汉》，何道宽译，复旦大学出版社 2012 年版，第 4 页。

一、以往谈论大众传播，大家在谈什么

对于"对大众传播缺乏深入认知"这一看法，肯定有人会持保留意见，他们会指出：几乎所有的传播学教科书都对大众传播这个概念有较大篇幅的阐述，而且他们对大众传播是什么有自己的共识。为了分析这些共识到底有什么，我们选择了20本中国的新闻传播学院常用的传播学教材，对这些教材中关于大众传播概念的描述进行剖析，此中大概有四个主要的共同点，笔者以关键词的方式呈现如下：

专业的媒介组织。上述教材多会以詹诺维茨1968年对大众传播的定义作为一个重要的参考。在那个定义中，大众传播在信源和载体方面有两个重要特点：其一是由专业化的机构组成，其二利用专业化的技术设备（平面媒体、广播、电影等）①。麦奎尔认为这两者缺一不可，因为"大众传播的过程与'大众媒介'（使大众传播成为可能的有组织的技术）意义并不相同。同样的技术也有另外的一般用途，经由同样的网络也会形成另外的关系类型……大众传播媒介也可用来服务于个别的、私人的或组织的目的"②。这两个特点不仅被麦奎尔、赛弗林、斯坦利·巴兰等西方学者所强调，而且也被张隆陈、胡正荣和郭庆光等中国学者所认可。比如郭庆光对大众传播所下的定义中，就强调大众传播是一种"专业化的媒介组织运用先进的传播技术和产业化手段"③ 所进行的传播活动。而胡正荣则指出这种传播方式的特点是："这种传播中传播者职业化……传播媒介也是机械和电子设备系统"④。

大规模的不确定性受众。多数教材也同意詹诺维茨对信宿的描述，即"为数众多、各不相同而又分布广泛的受众"⑤。无独有偶的是，1959年查尔斯·赖特对大众传播的描述是："针对大量的、异质的、匿名的受众"⑥。这一点也受到国内学者的赞同。比如刘海龙就把大众传播的信宿定义为"不

---

① 转引自丹尼斯·麦奎尔、斯文·温德尔《大众传播模式论》，祝建华，上海译文出版社2008年版，第6页。
② 丹尼斯·麦奎尔：《麦奎尔大众传播理论》（第四版），崔保国、李琨译，清华大学出版社2006年版，第11页。
③ 郭庆光：《传播学教程》，中国人民大学出版社1999年版，第111页。
④ 胡正荣、段鹏：《传播学总论》（第二版），中国传媒大学出版社2008年版，第53页。
⑤ 同①。
⑥ 转引自沃纳·塞弗林等《传播理论：起源、方法与应用》，郭镇之译，中国传媒大学出版社2006年版，第17页。

确定性的大众";① 而戴元光和金冠军则将其定义为"分布广泛、互不相识的广大受众"②。

海量信息的生产和公开发布的过程。尽管相比于互联网和社交媒体，大众传播机构生产的信息实在不能算海量，但我们不能用一种历史后视镜的眼光去苛责这一切，因为相比于人际传播的信息含量，大众传播机构生产的信息足够海量。李特·约翰就认为大众传播是"媒介组织（媒体）生产出大量的信息，把它们传递给大量的受众"③。国内学者也有相似的观点，郭庆光将大众传播的属概念界定为"大规模的信息生产和传播活动"④；而胡正荣则形容大众传播为："这种传播……讯息大量、快速复制……"⑤。

传播是单向的。尽管没有哪本教材概念明确提出"单向传播"这个词，但显然，上述多数教材的作者都是拉斯韦尔的信徒，因此这一特征是暗含在所有定义字面之下的。这从我们上面描述的三大特征中就可以看出，对于分散的互不相识的大众来说，能够掌握生产和发布海量信息能力的专业传播机构当然把握着传播的绝对主动权，而吃瓜群众们所能扮演的角色仅仅只是大众传播的对象。对于专业机构的传播，公众根本没有反制力，顶多只能对所接受到的信息表示怀疑、否定和不接受，却不能制止。按阿多诺的说法，叫作"人格所能表示的，不过是龇龇牙、放放屁和煞煞气的自由"⑥。这就是大众传播的绝对话语权。

这些定义当然向人们描绘和形容了什么是大众传播，这四个特征也确实是大众传播的特征，但从另一种意义上来看，其实这些定义什么也没言说，因为概念上的抽象不小心抽离了大众传播存在的社会历史语境和具体的存在方式，把大众传播放在了真空中。这种下定义的方法类似于自然科学的抽象方式。不过，如果熟悉传播学术史，就完全可以理解其中的背景。在大众传播学创立的早期，正好是自然科学中横断科学发展的第一个高峰。香农和维纳等物理学家在 20 世纪 40 年代对研究对象模式化的努力给当时正在创建学科的传播学家们很多直接的启发和借鉴。当时几乎所有的社会科学都受到横

---

① 刘海龙：《大众传播理论：范式与流派》，中国人民大学出版社 2008 年版，第 66 页。
② 戴元光、金冠军：《传播学通论》，上海交通大学出版社 2000 年版，第 77 页。
③ 斯蒂芬·李特约翰、凯伦·福斯：《人类传播理论》，史安斌译，清华大学出版社 2009 年版，第 329 页。
④ 郭庆光：《传播学教程》，中国人民大学出版社 1999 年版，第 111 页。
⑤ 胡正荣、段鹏：《传播学总论》（第二版），中国传媒大学出版社 2008 年版，第 53 页。
⑥ 马克斯·霍克海默、西奥多·阿多诺：《启蒙辩证法》，渠敬东、曹卫东译，上海世纪出版集团 2006 年版，第 151 页。

断科学的深入影响，甚至到了崇拜的地步。就像施拉姆所描述的："我们不能期望找到任何一种用于传播效果的模型，是可以同自然科学中某种最普遍的模型相比拟的。……我们必须承认，我们是处在一种我们叫作传播学这样一个很困难和很复杂的领域的初级阶段，因此我们要去研究各种模型而不是一种模型。"[1] 在当时的社会科学家看来，社会科学只是自然科学的初级阶段，因此形式化（高度抽象的模式化）和纯粹数字化当时被看作是社会科学努力的最终方向。

除此以外，信息论和控制具体研究的内容，也与传播学中关于传播过程的研究走得很近。香农在贝尔实验室对于通信的研究，主要关注的是传播渠道如何能够承载更多的信号以及如何减少传播中的噪音，这是信息论的起点。维纳在其控制论思想中表达了他的科学野心，他希望能够把机器的自动化管理与人的通信传播纳入同一研究框架中。他指出："语言不是生命体所独具的属性，而是生命体和人造机器在一定程度上可以共有的东西。……通常，我们都把通信和语言仅仅看作人与人之间的联系手段。但是，要使人向机器、机器向人以及机器向机器讲话，那也是完全办得到的。"[2] 尽管维纳在《人有人的用处》一书中想要表达人与机器还是有差异的，但他的潜台词无非就是人或其他高等生命体只是更复杂和更灵活的机器，人与机器的差别不是本质上的差别而只是程度上的差别。巧合的是，拉斯韦尔为传播学勾勒的结构与功能，为传播学描述的所谓"五W"传播过程，恰恰与香农和维纳关于通信过程的研究有很多相通之处，"五W"模式与"香农-韦弗"模式有着非常近似的样貌。

总之，社会科学想学习自然科学的视角和方法以获取自身的合法性地位，而自然科学又想把人和社会纳入其阐释范畴，因此他们之间的相向运动便一发不可收。不过，这恰恰体现了传播学早期学者缺乏对社会问题的深入理解。简化和对象化在自然科学中是一种所向披靡的方法，这源于研究者与研究对象之间说明与被说明、解释与被解释而不是理解和被理解的关系。其实，只有当人等同于机器时，自然科学才能将人纳入其研究范畴。这么做表面上好像与一切价值都撇清了关系，真正做到了客观，但实际上却阻碍了社会科学家以理解的方式接近其研究对象。社会科学的研究对象是在历史传

---

[1] 威尔伯·施拉姆、威廉·波特：《传播学概论》，陈亮等译，新华出版社1984年版，第200、201页。
[2] 维纳：《人有人的用处：控制论与社会》，陈步译，北京大学出版社2010年版，第64页。

统、社会关系和社会实践中存在着的，简化就意味着意义的消解，因此自然科学的这种方法论实际是深入研究人和社会之敌。说到底，它主张用一种反历史、反社会和反人性的方式在研究社会与人。

如果下定义的对象仅仅只是其特定的实体，比如路边的一块石头，那么用自然科学的方式给予定义是无可厚非的，当然如果这块石头有其独特的历史意义和艺术价值又另当别论。然而大众传播虽然有其实体如大众传播机构，但后者却不能代表大众传播的社会意义。也就是说，给大众传播这样的对象下定义，不能仅仅描述其实体，还要揭示其价值和意义。而问题的复杂性就在于，大众传播的价值和意义会因其历史社会环境而不断被建构，不仅是其内涵，而且也包括其外延；不仅是种差，甚至也包括属概念。因此只定义大众传播的实体部分和可见部分，而不触及大众传播的价值和意义部分，那么这种定义距离大众传播本身是非常遥远的。

当早期传播学采取了自然科学的姿态为其研究对象——大众传播下定义时，它已经将这个定义的复杂性和意义一扫而空，它只是给大众传播的实体躯壳下了个定义，作了个归纳。我们可以设想这么一幅场景：当一位传播学的入门者将这些定义背得滚瓜烂熟时，他可能并没有存在于这些定义的内涵与外延之中，更没有存在于其具体历史与社会情境中，所以他并不理解大众传播的丰富内涵。他可以想象大众传播就是广播、电视和报纸及其传播方式，但他不能想象它是一种意识形态国家机器，它是一个多方利益博弈的空间，它是一个游走在政治资本和经济资本之间的缺乏足够独立性的场域，它是一种构成我们日常观念的技术座架。为什么这些定义会那么空洞，原因在于它们具有两个共同特点：其一是它们共同忽视大众传播所处的社会框架；其二是它们忽视大众传播更为抽象的技术座架。因而这些定义不具有现实意义，也不具有继续深入探索的潜力，无法真正展现大众传播这个概念在社会实践中的复杂性。

二、大众传播社会角色的多元视角

由于在大众传播的定义中采用了客观化的态度，在处理大众传播与社会关系时，传播学的主流学派——经验学派也同样显得高度抽象和空洞无力。他们倾向于将大众传播简化为一种信息传递的工具和手段，一种现代性（对应于人际传播的传统性而言）的传播方式，用于传播者教育、协调和支配现代大众社会的成员,用于提升经济水平、改善民主状况、提高文化素养、培养人的现代性。然而,这种高度抽象化的功能主义推理,也是一种简化和客观化的描述,一旦用于解释复杂和辩证的社会实践,就总是出现问题。且不谈持这种大众传播观的发展传播学基本在任何一个发展中国家都不能成立,就说拉斯韦尔大名鼎鼎的"社会协调"功能,也未必见得成立。与这一社会功能描述的经验现象相反,大众传播在许多情境下往往也是社会阶层分化和对抗的重要推动力量。甚至在20世纪50年代,拉斯韦尔本人最关心的议题之一便是如何利用大众传播媒体对社会主义阵营的国家开展"冷战",这对他提出的传播的"三功能说"是一种绝好的讽刺。所以经验学派的社会观也是空洞无物的,他们眼中的"社会"可以还原到每个个体的心理和行为,可以普适性地跨越所有文化和社群。直到今天的大数据时代,这一学派的传播学家在社会观层面还是多摆脱不了唯名论和还原论的泥潭。

  率先将大众传媒与大众传播放回其历史和社会整体框架考察的是黑格尔-马克思传统的社会学家,他们帮助我们从多元的角度理解了大众传播与社会间的丰富关系。当然,由于他们各自的侧重点不同,身处的社会情境也不同,他们所发现的大众传播也带着完全不同的社会角色和社会气质。从某种意义上讲,社会学家比传播学家更了解大众传播的丰富维度。

  法兰克福学派基于社会总体性的观点考量了传播。身处批量复制信息技术产生和发展的时代,法兰克福学派的大师们敏锐地感觉到了这种技术及其载体可能对文化和艺术带来的影响。他们认为,在威权主义或极权主义的政治气氛之下,这种技术所批量生产的大众文化可能会消解公众的主体性和个性,使他们沉溺于这种文化中并丧失参与更有意义的行动的能力,失去反思和批判现状的能力。所以,在阿多诺等人看来,寄希望于通过文化和艺术教化来完成对无产阶级革命启蒙的想法在大众传播和大众文化的时代是不现实的。

  传播政治经济学的早期学者们由于身处英美等商业化媒体高度发达的国家,因而更习惯从资本复制的角度去思考大众传播的角色扮演。由于在传媒的盈利模式中,受众的使用是传媒实现自身资本复制的关键,因此受众的注意力和闲暇时间被转化为一种商品。当达拉斯·斯麦兹得出了受众商品论的结论之后,马克思关于资本剥削剩余价值的观点便得到了发展,因为由于大众传媒的出现,不仅是劳动时间,而且是闲暇时间,都可以实现资本剥削剩余价值的目的,资本因为大众传播形成了全时空复制的能力。传播政治经济学者还发现，随着传媒集团的集约化和规模化，它们与公权力和商业精英（如广告主）之间互相利用的倾向越来越明显，而大众传播为国家的管理者所提供的重要支持是一目了然的。对此，赫伯特·席勒直接宣称："在国内，大众传播通过一定程度的分散注意力的方式来克服民众对帝国的全球角色缺乏热情的状况。在国外，对重新出现的，但或许不太明显的殖民奴役的敌意（如今）已经被源于美国的、源源不断流向各地并通过当地的信息媒介不断播放的图像和信息成功地转移和混淆。……大众媒介为这个富足社会提供了主要的意识形态内容，还有幸福生活的观念。"①

葛兰西包括其追随者在文化层面运用了马克思的社会冲突理论，因而将资本主义社会形态描绘为统治阶级和市民社会的相互影响与相互斗争。在葛兰西看来，统治阶级的日常统治的要务便是掌握文化领导权，而大众传播领域则是统治阶级与市民社会争夺文化领导权的重要空间。阿尔都塞把大众传播看作是资本主义国家的意识形态国家机器，也就是掌握文化霸权最重要的手段，它使主流意识形态在公众的观念中结构化。延展到文化研究的伯明翰学派，大众传播传递结构化的主流意识形态，但公众仍然有机会用自己的方式与大众传媒进行游击战，并通过弱者的战术消解和抵抗意识形态的侵蚀。"大众文化是在斯图亚特·霍尔所称的权力集团和民众之间的对立状态中建构的。这一权力集团由一种相对统一、相对稳定的社会力量——经济的、立法的、道德的、美学的——联合组成；另一方面，民众是在从属者的组成中不断形成和再形成的相异和分散的一组社会性忠诚。"②

所以对于批判学派的三个代表性分支而言，大众传播有三种完全不同的社会角色和社会面貌：它可以是一种弥散的意识形态以自动瓦解对立阶级的反抗；它可以是权力精英的一部分并帮助统治阶级管理和维系现状；它也可以是一个斗争的空间，但该空间中的游戏规则更偏向掌握文化领导权的阶级。

不过，上述讨论与其说着眼于大众传播本身，还不如说是在分析资本主义社会的整体社会和文化结构及其运作规则。大众传播只是他们在这种分析中绕不过去的顺手一枪，他们对于大众传播社会角色的分析还是过于笼统，认为它们只是权力的附庸。20世纪90年代布尔迪厄用场域理论对大众传播

---

① 赫伯特·席勒：《大众传播与美利坚帝国》，刘晓红译，上海世纪出版集团2006年版，第2页。
② 约翰·菲斯克：《解读大众文化》，杨全强译，南京大学出版社2001年版，第8页。

场域（当然布尔迪厄主要指的是新闻场域）的分析，则真正直击了处于社会情境中的大众传播。在布尔迪厄看来，所谓的场域就是关系构成的社会网络，在场域内权力关系（在布尔迪厄那里，就是所谓的各种资本）决定了人们行动的逻辑。布尔迪厄强调，大众传播场域是高度他律性的，因为以商业电视为代表的大众传播场域竟然在很大程度上受制于收视率其至是一个发布收视率的公司。所以，在布尔迪厄的空间布局中，大众传播这一场域，位于文化场与经济场之间，它是文化场通向经济场的中间地带，因此比其他文化场更容易受到经济场的影响。不过，布尔迪厄仍然辩证地强调大众传播场有自身的独立性："新闻场的自主程度很低，但尽管微弱，这种自主性也意味着不能简单地依靠周围世界的知识去理解新闻场发生的事情；要理解新闻场发生的事情，只知道谁为出版提供了资金、谁是广告商、谁为广告买单、津贴从何而来等信息是不够的。除非对这个小世界做这样的概念化工作，努力去理解在这个小世界里的人们相互间施加的影响，否则是不能理解新闻界所产生的部分现象的。"① 布尔迪厄从大众传播场域本身入手的观点极好地补充了传播政治经济学对大众传播社会角色粗疏的描绘，也多少揭示了大众传播社会角色扮演中偶然性的由来。

三、技术的知识社会学：一种理解大众传播的新视角

批判的社会学很好地描述了当代资本主义社会与大众传播（包括其营造权力斗争的空间，包括其意识形态面向，包括其要素和制度关系面向）之间的关系，但大众传播为什么以这样的方式存在于上述的社会框架中？资本和权力为什么能够以如此的方式来运用大众传播手段？这些问题其实并没有在宏大叙事中得到充分的解答。所以，要更为深入地了解，我们绝不能忽略大众传播的另一重要维度：作为技术的大众传播。

技术是最经常被客观化的对象，在人们的常识中，技术通常被认为是一种工具，无所谓价值倾向。所以将"大众传播"这一概念客观化的合法性来自对大众传播技术的客观化。然而，技术真的是无价值偏向或纯粹客观的吗？

---

① 布尔迪厄：《政治场、社会科学场和新闻场》，转引自罗德尼·本森、艾瑞克·内维尔主编《布尔迪厄与新闻场域》，张斌译，浙江大学出版社2017年版，第35页。

麦克卢汉曾经对萨姆诺将军的技术观不屑一顾。这位将军在一次演讲中说道："我们很容易把技术工具作为那些使用者所犯罪孽的替罪羊。现代科学的产品本身无所谓好坏；决定其价值的是它们的使用方式。"对此，麦克卢汉的评价是："萨诺夫将军的话里，根本没有什么东西，因为它忽视了媒介的性质，包括任何媒介和一切媒介的性质"[1] 麦克卢汉想说的当然是媒介最重要的是其形式而非其内容："任何媒介（即人的任何延伸）对个人和社会的任何影响都是由于新的尺度产生的；我们的任何一种延伸（或曰任何一种新技术），都要在我们的事务中引进一种新的尺度。"[2]

这个观点与海德格尔的技术哲学观点几乎是不谋而合。同样作为存在主义的重要哲学家，雅斯贝尔斯在《历史的起源与目标》一书中讨论过现代技术，他认为关于现代技术，人们有三种观点：技术被看作是好的和有用的；技术被看作是对人和自然的一种破坏性力量；技术是中立的，只有靠使用他的人才能显现出好与坏的结果。在他举出大量的正反两面的证据分析这三种观点后，他指出："技术仅是一种手段，它本身并无善恶。一切取决于人从中造出些什么，它为什么目的而服务于人，人将其置于什么条件之下。"[3] 雅斯贝尔斯在这里几近常识的叙述严重挑战了存在主义哲学的前提预判：存在先于本质。在他的叙述中，人的本质先于技术，但他忘记了一个根本点，那就是在现代社会，技术体系一定先于人的存在而存在，它当然会成为所谓人的本质的一部分。所以，海德格尔对他这位同行的观点表示不能认同。他直接宣称："不管我们对技术持激烈的肯定或否定，我们始终不自由地束缚于技术。然而，最糟糕的是，当我们把技术看作某种中立的东西时，我们就受技术摆布。"[4] 海德格尔认为，技术不仅先于人而存在，而且人生来就被置于一个整体的技术框架之上，他将其称之为技术的座架。因此，人摆脱不了已经置入其观念的技术。

从历史的角度来看，因为技术先于存在，因而人是在技术的起点上形成观念的，认为技术是客观的主要源于人站在技术的起点之上而造成的不自知，任何人都不能摆脱技术的历史性，这也是人的历史局限性的重要组成部

---

[1] 马歇尔·麦克卢汉：《理解媒介：论人的延伸》，何道宽译，商务印书馆 2000 年版，第 37 页。
[2] 同上书，第 33 页。
[3] 转引自冈特·绍伊博尔德《海德格尔分析新时代的技术》，宋祖良译，中国社会科学出版社 1993 年版，第 11 页。
[4] 同上书。

分。生在大众时代的个体很难参透大众传播技术及其文化在自己身上打下的烙印，会天然地认为传播就应当是这样的。所以，当海德格尔抨击雅斯贝尔斯说的是一番"完全正确的废话"时，他想强调的是人只看到了自己使用技术的那一面，而没有看到自己被置于技术座架之上，并不具有所谓的本质和完全的主体性，而且，这种技术的座架还是历史性的，无法抗拒。

从社会的角度来看，一种技术一旦形成，就会形成它独有的空间和时间的偏向，而这种时间与空间的关系就会形成一系列关系的变化，比如改变速度，比如改变次序，又比如改变使用者看世界的角度。所以，技术即信息，技术即意义。技术在解蔽和遮蔽关系的变化中，不断重塑人们看到的世界，当然也就形成了自身独有的价值和意义。所以，技术怎么都不可能是客观的。技术选择最适合自己的管理者、合作者和使用者，并在它与社会互相建构的过程中表述着经其过滤的世界。海德格尔倾向于将技术看作一种解蔽和呈现，每一种新技术都会让使用者看到一个完全新的世界。所以他认为，分析技术一定要超越唯实体的层面。用海德格尔的视角来看，对于一个传播研究者而言，大众传播技术的重要性并不在于报纸、广播和电视等大众传播专业机构的日常运作以及他们对大众的对空言说，重要的是这种技术邀约了哪些社会关系参与传播的过程，选择了哪些适合传播的信息，以及作为一种弥散的中介，它向人展现了一个什么样的世界。

这是海德格尔看问题的一贯方式。他曾指出，在人理解物的本质时，通常容易将物实体化而不注意它作为隐喻的意义。我们会将物理解为显现的实体或者感知的对象再或者使用的功能取代物本身，然而这些理解都误读了物对于人的真正意义。"上述三种对物性的规定方式……从此产生出一种思维方式，我们不仅根据这种思维方式专门去思考物、器具的作品，而且也根据这种思维方式去思考一般意义上的一切存在物。这种久已流行的思维方式先于有关存在者的一切直接经验。这种先入之见阻碍着对当下存在者之存在的沉思。"[①] 技术也是如此，当我们把技术看作是一种客观存在或一种功能性的工具时，我们完全忘记了技术作为一种中介，以怎样的叙事方式组织着它的世界观、价值取向和意识形态，并渗透在我们的观念和行动方式中。

如果要像海德格尔所期待的那样，让人直观地感受到作为观念和意识形态的技术对我们的影响，并不是那么容易，要将这种观念和意识形态放在具

---

① 海德格尔：《林中路》，孙周兴译，上海译文出版社1997年版，第14、15页。

体社会关系和社会立场的图底上，才有捕捉其偏向的可能。作为一种高度关注知识形态（或观念形态）与社会形态关系的认识论和方法论，知识社会学强调一切观念都受到观念主体社会地位的影响，必须给予关注："对精神产品的解释不仅要对其内容进行直接解释，而且要通过它对实在的依赖，尤其是通过它所现实的社会功能来进行间接解释。"① 当然，在一个相对静止和封闭的时代，知识社会学的方法是很难奏效的，因为没有对比就没有认知。这一点，曼海姆显然非常清楚。"只有当横向运动伴随着强化的纵向运动，亦即在社会地位上升或下降意义上的阶层之间的迅速变动时，人们对于自己的思维方式的普遍的、永恒的有效性的信念才会动摇。"② 因此，从社会的快速变革中，最能洞察一种知识的本质，包括它的偏向、它的边界以及它的立场等。

然而长期以来，由于受到"技术是客观的"这一判断的影响，知识社会学并没有太多重视技术的社会观念层面和意识形态向面，知识社会学研究者并不乐于将技术纳入自己的视野，也不打算将其变成一种独特的方法论。技术往往被放在本体论的技术哲学与科学哲学当中被探讨，这多少有些曲高和寡。而在认识论领域，简单粗暴的技术决定论充斥着技术与社会二元关系的讨论，导致技术乌托邦的论调满天飞，严重影响到对技术社会问题的严肃讨论。然而，人类创造并接纳一种技术，技术就同时具有了它的观念特征和社会特征，而且这才是技术存在的本真，更何况今天的社会就是个技术化社会，所以它就理所应当地成为知识社会学关照的对象。关于技术的知识社会学不仅是可能的，而且是必要的，当下，包括基特勒在内的许多媒介学家也正在采用这种方法思考技术的当下与未来。

如果使用知识社会学的方法来思考大众传播技术，可以帮助我们很好地洞察这种技术的空间、时间偏向，和作用于这一时空的权力关系以及它为人类展现的景观。因为我们正好处在一个急剧变动的新媒体时代，按曼海姆的说法，既有激烈的横向社会运动，又有激烈的纵向社会运动。这种新媒体技术就总体而言向我们展现了一个与以前颇为不同的时空，也必然展现出一系列颇为不同的权力资本关系和社会关系。与大众传播的单向传播不同，这种新媒介传播技术可以实现个体与个体之间便利的双向互动，可以联结到每一

---

① 卡尔·曼海姆：《卡尔·曼海姆精粹》，徐彬译，南京大学出版社 2005 年版，第 37 页。
② 卡尔·曼海姆：《意识形态与乌托邦》，黎鸣、李书崇译，商务印书馆 2000 年版，第 31 页。

个体的私人移动终端,从而形成了一个由多元传播主体共在并且可以显现日常生活世界的信息平台。由于多元主体在传播中的互动、模仿和交锋变得越来越频繁,生活世界与公共世界边界的模糊导致公共与私人、媒介与现实、事实与谣言、客观陈述与主观观点之间的边界开始模糊。传播速度变得越来越快甚至形成零时距的态势,既有观念秩序受到巨大的冲击,不断出现挑战现状的言论和行动的极化现象,又有媒介技术与整个社会紧密地交织在一起,相互建构。而这些特点就衬托出了颇不相同的大众传播文化。

大众传播是一种公共私人边界非常分明的专业信息技术平台,由于它的巨大运作成本,它只能选择资本与公权力而不是普通民众作为其操作者,所以只突出专业传播者话语而摒弃社会多元主体参与,这必然造成社会的二元对立和距离感。如果对比今天的互联网和移动互联网传播,大众传播大概可以这样来被描述:"它有较为保守的意识形态取向,专业化的大众传媒与国家的政治、经济领域有着千丝万缕的利益纠葛,它的意识形态与主流意识形态或显在或潜在地具有一致性;它天然地建构一种二元对立的社会关系,人类真正重要的日常生活被极度边缘化并因此产生了日常交流中下层社群对主流意识形态传播或积极或消极的反抗;它把传播过程的丰富性简化为了接受的实际效果问题,使观念、文化的分享与沟通简化成了连接和说服。"[①] 大众传播的价值倾向总是与掌握它的投资者关联在一起,它不可能总是脱离这个精英集团的立场,尽管这个精英集团也会有矛盾,也会有利益上的博弈,但它们显然不是多元主体而是更多地表现为彼此有联系的一元主体。由于需要基于这个集团的立场并服务于这个集团,大众传播从整体上更倾向于对内制造舆论共识,服务主导性意识形态;对外进行价值扩散,服务于国家形象的建构与塑造。笔者曾经以无线电广播为个案,考察过这个发烧友心仪的小玩具是怎样一步步转化为一种大众传播技术并服务于国家间战争的[②]。这其中技术潜能的开掘与其所有者投资者的相互建构极度复杂,但最终它们还是走向了一致,即大体上满足所有者集团的需求,代表所有者集团的立场。

从二元对立到多元社区,从传播者主导到多元传播主体,从生活世界的边缘化到生活世界的显现化,从秩序的维护到重估一切秩序,大众传播正在

[①] 胡翼青、梁鹏:《词语演变中的大众传播:从神话的建构到解构》,《新闻与传播研究》2015 年第 11 期。
[②] 胡翼青、唐利:《广播与舆论共识时代的来临——兼论大众传播的历史边界》,《当代传播》2013 年第 6 期。

成为一个历史的概念，而不再是自然而然的现实。大众传播的神话已经谢幕。神话本没有历史，神话的谢幕就意味着大众传播历史边界的出现。由于大众传播的文化与意识形态无论如何都无法在时间、空间和权力关系上与新媒体技术有机衔接，因而无论国内国外，传统媒体的新媒体改造都显得极为艰难。大众传媒正围绕着新技术与旧制度两种反向的力量艰难地挣扎着，新技术及其意识形态已经在渗透和吞食大众传媒的意识形态空间。所以，面对新媒体技术，大众传媒正在进行着有史以来最为艰难的调试。即使大众传播以某种方式融入新媒体的体系，成为新媒体的一部分，比如说像麦克卢汉所说的，旧媒介会转化为新媒介的内容，但以往作为社会整体的大众传播意识形态也必将烟消云散。

当我们用技术的知识社会学拨开大众传播这一概念客观化和科学化叙事的外表，我们看到的是一个意义丰富的观念空间，有着无穷无尽可以展开的议题，充满着传播学的想象力。虽然大众传播是现代性社会的产物，是现代社会的心灵控制术，甚至是战争、冷战、制造认同、洗脑和极权这些带有"原罪"的社会观念和社会行动的产物，但是它已经神话不再，已经彰显其历史感。如此深度地讨论大众传播这个概念意味着传播学的觉醒：因为那个唯自然科学马首是瞻的时代应该结束了。我们完全可以用技术的知识社会学深入和全面地理解新媒体传播，理解新媒体与社会的相互建构，理解其技术为我们打开的新世界。

"被遗忘的权利"：个人信息保护的新问题及对策

邵国松

2012 年初，欧盟出台了一项有关个人信息保护的改革方案。和欧盟 1995 年颁布的数据保护指令相比，这个改革方案赋予民众一项新的关乎个人信息的权利，即民众有权要求相关机构删除有关他们的个人数据，同时阻止那些个人数据的进一步传播。这项权利被称作"被遗忘的权利"或"删除的权利"。

欧盟增设这项权利并不令人吃惊。过去十多年间，社交网站、搜索引擎、云计算等信息传播技术快速发展，越来越多的民众将个人信息传到网上，以实现网上交友、购物、个人表达等目的。但这些个人信息往往被私营/公共机构或其他个体以一种极为便利的方式进行收集，然后用之于种种不同的商业、政策乃至犯罪的目标。实际上，收集、共享和使用个人信息的规模已达到一个无以复加的地步，这给个人信息隐私保护带来了巨大的挑战。有鉴于此，欧盟推出个人信息保护的改革方案，增设"被遗忘的权利"，使民众能及时、永久删除自己的个人信息，在相当大程度上能提升信息隐私的保护水平。

尽管如此，有不少人对这项权利提出异议。新的权利条款刚刚出台，便有报刊评论说，该条款本身是含混不清、不切实际的、也不太具备可操作性，因为我们很难弄清某个用户的数据是何时开始储存，又是何时结束储存的。另外，个人信息一旦上网，就很难保证所有的电子复制件全部被删除[1]。如果执行这个条款，会对小的网络公司造成相当大的负面影响。即使是大的网络公司，也会发现所面临的惩罚是相当严厉的[2]。更主要的是，不

---

[1] Private Data, Public Rules, ECONOMIST (Jan. 28, 2012).
[2] Eva Arevuo, Should There be a "Right to be Forgotten" on the Internet? (Feb. 15, 2012) http：//legallyeasy. rocketlawyer. com/should-there-be-a-right-to-be-forgotten-on-the-internet-94508.

少大牌法学家也发表文章，认为倘若实施该项权利，使个体有权利删除任何于己不利的言论，将会对民主社会最为看重的言论自由构成极大的危害[①]。

本文便是对上述争议的一个回应。我们认为这项权利的实施能有力提升个人信息隐私保护的力度，是隐私权保护的必然发展趋势，同时也是财产所有权在个人信息领域延伸的结果。同时，我们也认为，这项权利不是绝对的。在特殊情形下，它应受到限制，以保护其他更重要的公众利益，比如言论自由等。

在接下来的篇幅里，我们将对这项权利进行详细讨论，以期为我国的个人信息立法保护提供参考。具体而言，本研究包含四个部分。第一部分追根溯源，对被遗忘的权利之法理渊源进行历史考察。被遗忘的权利是一个新颖的权利，但并不是说它是横空出世、没有任何历史渊源的。事实上，该项权利在西方至少有两个法理渊源：一个是隐私法中控制个人信息的权利，一个是财产法中毁损个人财产的权利。我们将对这两个法理渊源展开论述，探讨他们是怎样为被遗忘的权利提供佐证的。本研究的第二部分将对被遗忘的权利的主要内容进行讨论，主要涉及权利的范畴、权利的主体、权利的施加对象等。本研究的第三部分将讨论该项权利对其他权利的影响。我们认为被遗忘的权利不是绝对的。在一些特殊情形下，被遗忘的权利可能会受到限制，以保护更重要的利益，比如言论自由。前面三部分探讨的都是被遗忘的权利在西方的发展情况。在文章的最后，我们将谈论该项权利能否为我所用，纳入我国个人信息立法保护的范畴。

一、法理渊源

被遗忘的权利主要是为了解决当下个人数据大量存储所带来的隐私隐患。尽管是一项新近提出的权利，但在西方至少有两个法理渊源，一个是隐私法，一个是财产法。前者重在保护的是信息所有人的人格，因为相当多的个人数据涉及个人的隐私；后者保护的是信息所有人的财产所有权，因为个人数据具有一定的财产属性[②]。这两个法律模式均为被遗忘的权利的发展提供了法理上的依据，但均无法为这项新的权利提供完全的支持。

[①] Google Should Not Have to Delete Data under "Right to Be Forgotten", Company Lawyer Says, OUT-LAW (Feb. 15, 2012).

[②] 王利明：《隐私权的新发展》，《人大法律评论》2009 年第 1 期。

先看隐私法。在欧洲大陆，隐私权作为一种基本的人格权长久以来受到法律的保护。依据《欧洲人权合约》第 8 条①，公民的私人生活、家庭生活、住宅和通信有权利得到尊重。这些隐私权利是欧洲大陆所推崇的人格权的重要组成部分。被遗忘的权利作为隐私权的延伸，可用来进一步保护权利主体的人格权。在美国，普通法对推动隐私权的发展、加强对公民隐私的保护起到了很重要的作用。按照著名学者 William Prosser 的总结②，普通法判决中隐私侵犯常常涉及四种情形，即窃用他人姓名或肖像；对他人隐私空间的侵入；公开他人不实形象；公开他人的私生活。其中最后一种情形和被遗忘的权利最为相关。该条规定：如果所披露的他人隐私对于常人来说是高度冒犯性的，且所披露的隐私信息和公众利益无关，那么信息披露者就要承担侵权责任。反过来说，受害人有权要求相关机构删除那些与公众利益无关的个人隐私信息。发展至今日，无论是在欧洲还是在美国，隐私权已从先前的"不被打扰的权利"发展成一种自决隐私。即"个人不受约束地、独立的决定自己隐私生活的权利"③。应用到网络上的个人数据方面，自决隐私意味着个人有权决定怎样使用个人信息、决定哪些个人信息可以公开、哪些又不能公开。这为被遗忘的权利之出台提供了直接的支持。

再看财产法。财产法中的一个核心概念是财产所有权，即所有人依法对自己的财产享有占有、使用、收益和处置的权利。依据古代罗马法，所有权最极端的一种表现形式是所有人享有毁损其财产的权利。后来的英美普通法也将毁损权作为所有人的一项重要权利加以保护，除非该权利的行使影响到第三者的利益。到了 20 世纪，毁损权逐渐受到冷落，一些法院对此项权利进行否定，认为那将不利于珍贵财产的保护。但最近有学者对美国的相关案例进行分析，发现损毁权其实能给社会带来诸多好处，尤其是能更好地保护个体隐私、促进言论自由以及鼓励更多的创造性活动④。过去几十年间，所有权的外延不断扩大，已被用来保护非实体性的财产，比如著作权、商标权和专利权等。尤其是著作权赋予作者一系列自行处理其作品的权利，和被遗忘的权利最为接近。发展到互联网时代，个人信息逐渐被看作是一种私人财

---

① Council of Europe, European Convention for the Protection of Human Rights and Fundamental Freedoms, art. 8, ETS 5 (Sep. 4, 1950).
② Richards, Neil M. & Solove, Daniel J., Prosser's Privacy Law: A Mixed Legacy, 98 CAL. L. REV. 1887 (2010).
③ 【美】理查德·C. 托克音顿、阿丽塔·L. 艾伦：《美国隐私法》，冯建妹等译，中国民主法制出版社 2004 年版，第 363 页。
④ Lior Jacob Strahilevitz, The Right to Destroy, 114 YALE L. REV. 785 (2004).

产，而受财产法的保护。具体而言，在网络空间，用户传到网上的信息也可视为他的个人财产，因此该用户有权力决定怎样处理这些信息，包括对这些个人信息进行毁损/删除。

尽管隐私侵权法和财产所有权法为被遗忘的权利提供了法律支持，但尚不能完全覆盖被遗忘的权利。隐私侵权要求损害是确定的、且可以估测。将这个标准用到被遗忘的权利上，意味着原告必须明确知晓哪些机构或个人持有他/她的个人信息，并且能证明这些机构或个人持有信息的行为对原告造成了伤害[1]。从这个意义上说，隐私侵权法并不完全适合保护被遗忘的权利。相比较而言，财产所有法是一个更好的模式，因为它不需要原告证明受损的事实。但从财产所有权的角度对个人信息进行保护，也不是一种万全之策。比如，对事关某个个体的信息的删除在某种意义上讲是对他人言论的压制，这有可能构成对言论自由的侵犯。财产所有权并没有很好的解决这一点，这也是被遗忘的权利被欧盟提出的原因。

二、主要内容

作为一种新型权利，被遗忘的权利还处于完善发展当中，迫切需要解决以下一些问题：删除记录的权利涵盖哪些记录或内容，即权利的范畴什么？谁是被遗忘的权利的主体？权利主体有什么权利和责任？谁是被遗忘的权利的施加对象？权利的施加对象又有什么权利和责任？

1. 权利的范畴

按照欧盟议案目前的提法，被遗忘的权利覆盖面较广，它覆盖一切与个人相关的信息。欧盟负责制定此项法案的委员 Viviane Reding 对此解释说，欧盟故意将被遗忘的权利条款宽泛化、模糊化，而不是规定得非常细致，其目的是为了更好地适应新技术的发展[2]。然而，对于权利范畴过于宽泛的界定有可能导致司法实践的不确定性，尤其是可能导致对言论自由的压制。有学者因此试图将权利的范畴具体化。比如，美国学者 Chris Conley 提出，被遗忘的权利应该只是覆盖与个人有关信息中一切具备信息性质的内容，比如

---

[1] Chris Conley, The Right to Delete, AAAI Spring Symposium Series 53 (2010).
[2] David Coursey, How The Right To Be Forgotten Threatens The Internet, FORBES (Feb. 24, 2012).

参加讨论或网上搜索的记录①。这是因为内容可能既是表达性的，又是信息性的。为了保护言论自由，认为被遗忘的权利仅仅局限在保护那些主要是信息性的内容或者是能与表达性的内容区分开来的内容。这样区分的话的确会削弱该项权利的影响力，但作上述区分，可以更好地保护言论自由。退一步讲，私人信息的不适当披露依然可以按照侵权法来加以处理。除了上述区分之外，还有学者指出，被遗忘的权利应该覆盖和某个特定个体相关的记录或信息方面。这种关联可以是直接的，比如显示某个特定个体的电子邮件地址；也可以是间接的，比如显示某个特定用户的 IP 地址②。

也有学者质疑被遗忘的权利是否只针对互联网上发布的信息？如果你在报纸杂志等出版物上发表，你是没有权利也无法将其删除的。为什么发表在网上的内容就可以要求删除？难道是将互联网出版作为不同的出版物加以对待？③ 这个问题至今还没有人给出明确的界定。但在本文作者看来，答案是肯定的。言论自由的保护力度常常因发表该言论的媒体的不同而不同。比如在美国，报刊言论享有宪法第一修正案最高程度的保护，广播电视节目则明显受到政府诸多政策的限制。这是因为后者既占用了有限的公共资源（即射频频谱），又能对各个年龄段的观众（包括儿童）产生更为广泛的影响。政府对其进行限制，旨在保护更为重要的公共利益。至于网络媒体，业已渗透到人们的日常生活之中，通过网络散布的侵权性信息，如果不加制止，无疑会对人们的隐私权造成深度侵犯。换句话说，网络出版的性质和传统报刊确实存在差异，这也是欧盟主张删除信息的权利的重要原因。

2. 权利的主体

根据欧盟个人信息保护提案，被遗忘权利的主体指已被识别的自然人，或可直接/间接通过信息控制者、其他自然人或法人鉴别的自然人。认证参数包括自然人的身份证号码、地区信息、在线识别器或者其具体的生理、心理、基因、精神、经济、文化等方面的信息④。为执行此项权利，权利主体常常需要通过合适的方式证明其身份，以防止这项权利被人滥用。另外，被遗忘的权利保护的是自然个体的人格，其理论根源是个体自决和个体自由，

---

① Chris Conley, The Right to Delete, AAAI Spring Symposium Series 53 (2010).
② 同上书.
③ Eva Arevuo, Should There be a "Right to be Forgotten" on the Internet? (Feb. 15, 2012) http://legallyeasy.rocketlawyer.com/should-there-be-a-right-to-be-forgotten-on-the-internet-94508.
④ Commission Proposal for a Regulation of the European Parliament and of the Council, art. 4(1), COM (2012) 11 final (Jan. 25, 2012) [hereinafter Proposed Data Protection Regulation].

因此将其延伸到公司是不合适的。换句话说，该项权利的主体不包括公司或其他类型的机构。

根据欧盟提案，在以下四种条件下，权利主体有权要求信息控制者删除与其有关的所有信息或停止此类信息的进一步传播：（1）此类信息已没有被收集或处理的必要；（2）权利主体通过声明或行动表示不再允许其信息为实现一个或多个具体目的被收集；或被收集的信息存储期已经过期，且法律上已没有处理该信息的必要性；（3）权利主体根据自身情况在任何时候都可以反对其个人信息的收集和处理，除非对于该信息的处理对维护信息主体的基本权利至关重要，或是为了维持公共利益项目的正常运作所必需的，或属于信息控制者既定的官方权利范围之内，或信息收集者对于该个人信息的处理有着超越保护个人信息自由的无可抗拒的立场；（4）对于权利主体个人信息的处理违反个人信息保护的改革方案（欧盟个人信息保护的改革方案）[1]。欧盟议案指出，权利主体一旦根据以上情况提出反对，信息控制者应立刻停止对于此类个人信息的使用和处理。欧盟议案还强调，如果权利主体是在年幼时亲自将其个人信息散播出去的，那么他长大之后更有权利要其相关机构删除这些信息。

在履行被遗忘的权利时，权利主体常面临的一个重要问题是如何处理用户同意合约。如果用户只需同意网站所制定的隐私保护条约，删除的权利就可以束之高阁，那么这项权利就没有任何实际效果；反之，无论用户是否同意网站所制定的条约，删除的权利都不允许被免除，那么就有可能损害数据收集和数据使用所带来的一些好处。有学者指出，目前最好的处理方法是限制免除使用：只有在如下情形下，即用户的同意是特定的、明确表达的、也是在信息充分的情况下做出的，删除的权利才可以被免除[2]。

3. 权利的施加对象

根据欧盟议案，被遗忘的权利的施加对象是信息控制者，即独立或与他方合作决定处理个人信息的目的、条件和方法的自然人、法人、公共机构、私营机构或这些机构的代理人[3]。这样的界定目前显得有些宽泛，不利于区分涉嫌违法机构/个体的法律责任，因此有必要将该项权利的施加对象进行细分。一种方式是将施加对象定为持有记录/信息的任何人，无论此人持有

---

[1] Proposed Data Protection Regulation，同前，at art. 17（1）.
[2] Chris Conley, The Right to Delete, AAAI Spring Symposium Series 53 (2010).
[3] 同[1]. 4（1）.

纪录的性质或目的何如。值得注意的是，记录的拥有者不仅包括记录的原始收集者，也包括那些没有参与原始收集过程但帮助他人储存记录的中介人或机构。换句话说，中介机构同样需要承担责任[1]。另一种方式是将施加对象界定为出于商业目的使用记录的任何人。后面这种界定方式初看有许多好处，一方面是它可以有效维护个体删除的权利，另一方面又不至于构成对其他权益的侵犯。问题在于，数据挖掘和网络搜索技术不断发展，处于非商业目的收藏信息的情况越来越普遍[2]。

据欧盟改革方案，信息控制者在以下情况下可拒绝承担删除个人信息的责任：(1) 对个人信息的处理纯粹为了言论自由，比如新闻报道或文学艺术的表达；(2) 对个人信息的处理在保证信息主体之基本权利的同时涉及以下与健康安全有关的情况：严格保密的情况下个人信息为医学专家或其他人员为了研究药物、医学诊断、医疗服务的供给和管理所用；个人信息在公共健康领域符合公众利益，比如防止严重的传染性疾病、维护医疗产品、医疗器械的品质和安全等；个人信息符合其他公共利益，比如有利于确立医疗保险系统的医疗津贴或是有利于提高医疗保险服务的质量和经济效率；(3) 对于个人信息的处理为历史性、数据性、科学性研究所必须；(4) 对于个人信息的处理，信息掌控者不具有发言权，欧盟等其他法律另有规定[3]。

欧盟提案还规定，信息控制者在以下情况下也可以拒绝承担删除个人信息的责任，并对信息的处理进行约束：(1) 个人信息的准确性与信息主体的情况相悖，信息控制者可对其准确性进行一段时间的核实；(2) 信息掌控者不再需要此个人信息但是将此作为证据保存；(3) 信息主体不允许删除信息但对此信息的处理进行限制；(4) 信息主体符合法律规定要求将个人信息转入另一个信息自动处理系统。需要注意的是，这里的个人信息指除了作为存储外，为了证据，或征得信息主体同意，或为了保护其他个体或法人的合法权利，或出于公共利益考虑收集处理的信息。此外，一旦个人信息被按要求删除，信息控制者无权再处理此信息[4]。

当权利主体的个人信息已被公开，且在法律规定的范围之内有权利要求信息控制者删除此类信息时，控制者需要采取一切合理的步骤，包括技术手

---

[1] Proposed Data Protection Regulation, 同前, at art. 17 (2).
[2] Evgeny Morozov, The Information Welfare State, SLATE (Feb. 20, 2012).
[3] 同[1]. 17 (3).
[4] 同[1]. 17 (4).

段，按权利主体的要求删除与其相关的个人信息，或是断开与个人信息相关的网络链接，并及时通知正在处理该信息的第三方采取同样的措施。如果信息控制者授权第三方公开此类个人信息，那么控制者应对此负责，并采取相关举措。

三、对言论自由的影响

不少人认为，被遗忘的权利不是绝对的。在执行该项权利的时候，必须要兼顾其他同等重要的竞争性权利，这突出表现在被遗忘的权利和言论自由之间的平衡问题。在一篇博文中[1]，谷歌首席隐私顾问 Peter Fleischer 将被遗忘的权利划分为三种类型的权利，每种类型对言论自由有不同的影响。第一种类型是如果用户在网上贴了一些东西，他是否有权利删除这些东西？这类权利的实施最没有争议。包括 Facebook 在内的许多社交网站已经允许用户（永久）删除其张贴的信息，被遗忘的权利只是更加明确了用户的这项权利[2]。第二种类型是如果用户在网上贴了一些东西，之后他人将其复制，并将这些信息重新贴在他们自己的网页上，该用户是否还有权利删除这些被他人重贴的信息？[3] 按照欧盟提案，对此类问题的回答是肯定的：当有人要求删除个人数据时，网络服务提供商应立即加以执行，除非保留数据对言论自由、医疗、科学研究而言是必须的。第三种类型是如果他人发布一些关于某用户的东西，该用户是否有权利删除它？[4] 欧盟提案对此的回答也是肯定的，即用户有权利要求网站删除他人转发的由该用户本人发布的信息，同样也有权利要求网站删除他人发表的关于该用户的信息，因为这两种信息都是欧盟提案所说的"与用户相关的"信息，除非此类信息属于新闻、艺术或文学类[5]。

从上可以看出，欧盟新提出的这个议案将先前的言论自由是原则、隐私保护是例外的传统打破了，而是将隐私权保护放在比言论自由保护更重要的位置上。以前的做法是将言论自由作为更重要的价值加以保护，企图限制某

---

[1] Peter Fleischer, The Right to Be Forgotten, or How to Edit Your History, PRIVACY … ? (Jan. 29, 2012), http://peterfleischer.blogspot.com/2012/01/right-to-be-forgotten-or-how-to-edit.html.
[2] Jeffrey Rosen, The Right to Be Forgotten, 64 STAN. L. REV. 88. (Feb, 13, 2012).
[3] 同[1].
[4] 同[1].
[5] 同[2].

些言论的人必须证明该言论对其隐私权造成了伤害,举证的责任落在企图限制言论的人身上。但按照新的法案,发表言论的人必须证明其言论是合法的,属于隐私保护例外的范畴,比如新闻,艺术或文艺领域。举证的责任在于发言者本身,这也是不少学者认为此项权利对言论自由危害甚大的主要原因[1]。

被遗忘的权利对言论自由的影响,在司法领域表现得尤其明显。在欧洲大陆,如果被遗忘的权利和言论自由之间在司法领域发生冲突,欧洲法院将在这两种权利之间维持平衡;在某些情况下,会更倾向于保护被遗忘的权利,以维护其相当看重的人格权。而在美国,由于受到美国宪法第一修正案的约束,法院更倾向于保护言论自由[2]。这明确无误地反映了不同法律体系平衡两种权利之间的矛盾态度。

在瑞士,法院判决了一起案子,被告以前犯过罪,但他要求隐匿其犯罪的官方和非官方记录,使公众不得知晓。法院认为,由于犯罪分子对公众利益的影响不是无限的,公众在经过一段时间之后不应该再享受接触这些犯罪信息的权利[3]。到目前为止,瑞士法院承认曾经的犯罪分子享有被遗忘的权利。问题的关键在于怎样界定过多长时间之后犯罪记录不应再公开。这个有关时间的间隔在本次的判决实际上比较宽泛,也比较主观,主要是看该信息时候还涉及公众利益,披露该信息是否会影响该犯罪分子回归社会过正常人生活的目标。结果,只要该信息不再具有新闻价值,媒体就不应该继续披露;但有关过去的信息如果有助于保护公众目前的利益,那么被遗忘的权利就不应被采纳。

在德国,一帮武装团伙抢劫了德国武器库并杀死4名服役人员。主犯落网被判终身监禁,其中一名司机被判入狱十年。一家德国媒体将此著名犯罪案例拍成纪录片,欲在那名司机出狱当天(也就是谋杀案发生十年后)播放。该纪录片包含了该司机的名字、照片和影像。法院在进行言论自由和公民隐私的利益平衡测试(interest-balancing test)后,判定该名司机胜诉。法院认为,该案件虽然是十年前的具有历史价值的案件,但是如果在涉案人员完成服刑出狱时公布其名字和照片,势必会对其改过自新重新融入社会造

---

[1] Jeffrey Rosen, The Right to Be Forgotten, 64 STAN. L. REV. 88. (Feb, 13, 2012).
[2] John Hendel, Why Journalists Shouldn't Fear Europe's "Right to Be Forgotten", ATLANTIC (Jan. 25, 2012).
[3] Rolf H. Weber, The Right to Be Forgotten: More Than a Pandora's Box?, 2 JIPITEC 121 (2011).

成负面影响①。这就是德国著名的 Lebach 案。在之后出现的类似案件中，不少法院都在遵循此案的判决原则，对被遗忘的权利的应用情形（比如犯罪活动的重要性、重大政治运动的涉及程度等）进行具体分析、判断和处理②。

考虑到各个领域尤其是司法领域的特殊性，欧盟新近推出的隐私保护条款将司法实践纳入特例范畴：如果是为了司法实践的需要，一些信息是不可以随便删除的，而且相关机构和网站有义务将这些信息保留半年或一年以上③。虽然这样的规定在一定程度上缓解了被遗忘的权利和言论自由的矛盾，但是所谓的"一年以上"范围过于宽泛，很多法庭在审理中仍需要具体问题具体分析。

不同于欧洲，在美国，被遗忘的权利受到很大限制。美国宪法第一修正案赋予言论自由一种根深蒂固的权利。在与其他权利的冲突中，言论自由基本都能获得胜利。因此，数十年以来，被遗忘的权利的应用范畴非常有限，而且常常要接受违宪审查。

在 The Florida Star v. B. J. F.，一案中④，佛罗里达的地区报纸 STAR 在一则涉及抢劫强奸的犯罪报道中无意透露了受害者的真实姓名。受害者于是控诉该报纸侵犯了其个人隐私。原告的诉求得到了地方法院的支持，该法院裁定被告侵犯他人隐私，应赔偿原告损失。但美国最高法院动用"对公众意义重大的测试"⑤（public significance test），推翻了佛罗里达地方法院的判决。最高法院认为，公开其姓名虽是报纸的疏忽但不构成对于其个人隐私权的侵犯，因为此报道对于公众利益有非常重大的意义。

除了"对公众意义重大的测试"，美国最高法院还采纳过"更高层面的公共隐私利益"（high order of public confidentiality interest）的判决原则，即限制言论的行为只有在涉及保护"更高层面的公共隐私利益"的情况，才有可能得到法律允许，而要满足"更高层面"的要求常常是非常困难的⑥。还有另一种途径是进行言论自由保护和公民隐私的利益平衡测试

---

① United States Department of Justice v. Reporters Committee for Freedom of the Press, 489 U. S. 749 (1989).
② Rolf H. Weber, The Right to Be Forgotten: More Than a Pandora's Box?, 2 JIPITEC 121 (2011).
③ Proposed Data Protection Regulation, 同前, at art. 17 (3).
④ Florida Star v. B. J. F., 491 U. S. 521 (1989).
⑤ 同②.
⑥ 同①.

(balancing of interest test)。在该测试中，法院往往以社会价值和公民价值为最终取向来进行判决。按照该项原则，隐私权一般得不到保护，除非披露他人隐私对社会的价值观造成了重大的威胁[1]。

即便在美国，也不乏有个人隐私战胜公众利益的判决。在 DOJ v. Reporters for Freedom of the Press 一案中，美国 CBS 电视台记者要求 FBI 公布 Charles Medico 公司幕后成员的犯罪记录，因为此公司曾于一名腐败的政府官员有关，可能涉及公众利益。美国最高法院判记者败诉，并在此案中认为，我们不应该永远生活在过去事情或错误的阴影下，一些信息，尤其是公共信息，应保持"实际模糊"(practical obscurity)[2] 的状态。

在上述案例中，法院判决似乎都试图在被遗忘的权利和言论自由之间划清界限。然而，在很多情况下，这种界限是非常模糊和难以断定的。另外，在很多涉及公众人物的案例中，比如政治人物或公共娱乐人物，他们是否也有权利将其犯罪记录从网站删除？如果那样做的话，是否会损害公众的知情权。诸如此类的问题非常多，但确是完善被遗忘的权利所必须面对的。

四、给我国的启示

中国目前有近 40 部法律、30 余部法规，以及近 200 部规章涉及个人信息保护[3]。然而，现行的法律法规存在诸多问题，比如内容不系统不全面、对信息泄露者惩罚机制不够、对于信息泄露的预防能力不强。此外，这些法律基本上没有提出被遗忘的权利主张。2011 年 1 月，工信部就数据保护颁发了《信息安全技术、公共及商用服务信息系统个人信息保护指南》，是我国在保护个人信息方面的最新尝试。《保护指南》对个人信息做了较为宽泛

---

[1] Snyder v. Phelps, 562 U. S. (2011); New York Times Co. v. Sullivan, 376 U. S. 254 (1964).
[2] Chris Conley, The Right to Delete, AAAI Spring Symposium Series 53 (2010).
[3] 除去《全国人大常委会关于维护互联网安全的决定》《互联网信息服务管理办法》《计算机信息系统安全保护条例》等专门立法外，还散见于《宪法》《刑法》《国家安全法》《保守国家秘密法》等中。承担信息安全监管工作的工信部、公安部、国家保密局等都曾发布部门规章或相关规范性文件；而卫生部、铁道部、银监会、证监会等也曾就各自主管领域发布规章文件，其中包括规范互联网信息规定、医疗信息规定、个人信用管理办法等。大体上，中国的宪法为个人隐私权的设立奠定了基础。宪法第 38 条规定公民的尊严不受侵犯，并保护民众免受诽谤，诬蔑和人身攻击的伤害；第 40 条规定中华人民共和国公民的通信自由和通信秘密受法律的保护，也就是人民享有言论自由并且其隐私受到法律保护。以上条款被认为是中国保护个人隐私的宪法渊源，并为多部其他法律法规所引用。

的界定——个人信息被定义为能够单独或与其他信息一同使用断定信息主体身份的信息。该定义实际上涵盖了与个人相关的所有信息。《保护指南》也指出，对个人信息的处理涉及收集、加工、转移、使用、屏蔽和删除以及管理五个主要环节；主张个人信息保护需遵行七项基本原则，即目的明确、公开透明、质量保证、安全保障、合理处置、知情同意和责任落实。此外，《保护指南》明确了信息主体的基本权利，包括保密权、知情权、选择权、更正权、禁止权[①]。其中，最后一项权利-禁止权-和欧盟主张的删除的权利最为接近，即信息主体有权要求信息控制者屏蔽、删除其个人信息。

《保护指南》对个人数据提供了较为全面的保护。问题在于：工信部牵头制订的这个保护指南没有立法通过，不具法律效力。它甚至不是国家强制性标准，属于国家三种标准（强制性标准，推荐性标准，指导性技术文件）中的技术指导文件。它所主张的"禁止权"以及其他的一些权利能对当事人和相关行业产生多大的影响还是一个很大的未知数。诚然，《保护指南》提出了类似于被遗忘的权利（即禁止权）主张，但很明显它没有很好地考虑该项权利会对其他权利所产生的影响，没有妥善考虑该项权利的限制性条款。这无疑不利于保护其他同等重要的权利（比如弥足珍贵的言论自由）。

参照欧盟提出的被遗忘的权利主张，我们的个人信息保护应当把握和反映最新的发展趋势，应当将被遗忘的权利通过立法形式明确下来，也应当在立法中明确被遗忘的权利所受到的限制。具体来说，我们认为，无论是欧美还是中国，保障被遗忘的权利的最好方法就是制定出删除权，即信息主体有权控制其为人所知的个人信息然后不受其影响。拥有这项权力并不等于必须执行这项权力。通过建立这种删除权，我们能在该权利与其他权利之间取得平衡，我们也能在保护个人隐私的同时从这个信息海洋中获利。另外，必须指出的是，被遗忘的权利不是单独依附法律存在的。像其他权利主张一样，它不能只依靠法律手段就能达成目标。在实践中，它往往需要借助科技手段、社会准则、市场压力等其他辅助手段，才可以得到较好地执行。这意味着，我们需要建立一个较为全面地将法律、技术、市场等手段结合起来的体

---

① 按照相关解释，保密权指的是信息处理者不得出于信息主体已知的目的以外向任何自然人或者法人公布其信息；知情权指的是信息主体有权获知有关其身份的正确信息、该信息来源、使用目的和为第三方所用的范围；选择权指的是信息主体有权选择同意或拒绝，信息管理者应为信息主体的选择权的行使提供条件，并履行通知、说明和警示的义务；更正权指的是信息主体有权要求信息控制者维护其信息的完整性和准确性，对错误的信息有权要求后者予以及时更正；禁止权指的是信息主体有权要求信息控制者停止对其个人信息当前的处理行为，有权要求信息控制者屏蔽、删除其个人信息。

系，才可有效保障被遗忘的权利能真正落到实处，为推进个人隐私的保护做出实质性的贡献。

（在本文写作过程中，波士顿大学吴佳妮博士协助作者将部分英文原始资料翻译成中文，特此致谢。）

"沉默舆论"的传播机理及功能研究

徐 翔

舆论（public opinion）是社会中相当数量的人对于一个特定话题所表达的个人观点、态度和信念的集合体。不同的研究者对舆论的界定具有不同的侧重或角度。甘惜分主编的《新闻学大辞典》把舆论定义为"社会或社会群体对近期发生的、为人们普遍关心的某一争议的社会问题的共通意见"[1]。李良荣认为，"舆论是在特定的时间空间里，公众对于特定的社会公共事务公开表达的基本一致的意见或态度。"[2] 总的来看，舆论通常具有公众传播性和公开表征性，必须经过公开的社会讨论传达和公众性的传播，在社会公共领域（public sphere）生发激荡。然而，舆论也具有"沉默"的形态，可以在非显见的隐性意义场中得以生长和传播。

本文要强调的沉默舆论，不仅指的是显在舆论的潜在形态或弱化形态，而是具有本体论的意义，也即虽然以沉默的方式存在和传播，但是蕴含着重大传播能量和重要社会作用力。从核心界定来说，沉默舆论是表面上不被公开性、公共性地明确表达或传播，但却在社会公共领域和公众中具有传播效果和作用的表征内容。沉默舆论并不只是基于其不被公开表达、议论或不被明确地言语表征，而是基于这种从潜在性与沉默性而通向公共性与效果性的张力结构。尽管它不具有通常所见的热门议程、公共话题的显性舆论形态，不具有在各种大众媒介载体和"议程"中的公开表达和传达形态，但是依然在沉默的话语机制中进行社会传播，并对公众和社会意见具有较强的传播效力和影响作用。

---

[1] 甘惜分：《新闻学大辞典》，河南人民出版社1993年版，第37页。
[2] 李良荣：《新闻学概论》，复旦大学出版社2011年版，第53页。

一、沉默舆论的内在张力

在对于潜舆论或沉默舆论的研究中，存在着潜在性和公开性、隐蔽性和公共性、潜伏与扩散、表面强度与真实强度、弱信息与弱效果等若干方面值得注意的张力关系。这些涉及对沉默舆论加以聚焦分析的主要问题，它们也关系到沉默舆论在舆论传播中的本体论意义和本体论架构。

其一，沉默舆论的"内在性"与公开性之间的张力。例如，邵培仁认为，"没有公开陈述的意见不是舆论……隐性的内向传播，其内容不易为大众所知晓，也不会引起公众的讨论，而且这里的传播者也不希望、不要求与他人共享信息，因而它构不成舆论。"[①] 邵培仁先生的观点固然无可厚非，但是非公开陈述表达并不意味着非传播和非共享，很多舆论的观念、意见、情绪即使没有公开化的表达机制也依然能得到有效的传播，这是潜在舆论的一种沉默传播。在社会意见形态中，舆论既有公开的场域也有非公开的形态，有些公开的舆论未必代表着真实的民意，而是具有表层民意与潜在深层民意的断裂；恰恰是在被压抑的、被潜藏的舆论气候中，表达着真实的社会意见。

其二，沉默舆论的"隐蔽性"与公共性之间的张力。舆论就其定义和本质内涵而言，通常具有社会的公共性和公众属性，需要在集体的传播场域中生成发展。由此，有学者反对"内在民意"的提法，认为"内在的意见既然没有表达出来，不可能是公众的，人与人之间不认同共同的兴趣，也未讨论过，怎可说是民意？不论内在的感受多强烈。"[②] 侯东阳述及，"隐蔽的舆论存现于隐蔽的人际之间，或非公开的组织之间，它不见于大众传播媒介，也不见于公开场合。这是不正常的舆论生成形态"[③]。然而，隐蔽性也可以达成公共传播，实现潜在公共性和公众化的传播。这其中，一个典型例子是"默会知识"（tacit knowledge）的传达和扩散。波兰尼提出的"默会知识"指的是不被显性表达的隐在知识，它们一样可以在组织或社会群体中得以传播[④]。对于沉默舆论而言，其隐蔽性的存在和作用是舆论的一种普遍形态并

[①] 邵培仁等：《媒介舆论学》，中国传媒大学出版社2009年版，第4页。
[②] 王石番：《民意理论与实务》，黎明文化事业公司1995年版，第16-17页。
[③] 侯东阳：《舆论传播学教程》，暨南大学出版社2009年版，第78页。
[④] 【英】迈克尔·波兰尼：《个人知识：迈向后批判哲学》，许泽民译，贵州人民出版社2000年版。

具有其作为舆论的自身的本体论特征。

其三，沉默舆论的"潜伏性"与其作为舆论演化阶段之间的张力。有学者对显现性的和潜在性的舆论尽管作出区分，但是却窄化潜在舆论的内涵和本体论价值，认为它只是舆论的一个阶段甚至"初级阶段"。例如马乾乐、程渭根据舆论的不同发展程度，把舆论分为"潜在性舆论"和"显现性舆论"，舆论"当其处在初级阶段时……称之为潜在舆论。可以说，任何一种舆论都要经历一个未公开前的潜在阶段，只不过因为有的潜在阶段较短，而不被人们注意罢了。"① 刘建明也认为，"潜舆论是隐蔽、分散的公众情绪，处于舆论形成前期"②，从而把潜舆论"阶段化"地予以局限。然而，潜在的或沉默的舆论不仅仅是一种"苗头性舆论"的阶段或舆论初级发展的程度、或一种补充性的机制，而且也是一种自足独立的舆论形态，其特征恰恰是在沉默的隐性传播中生成和发展、扩散。它并不必须转化为显现性的舆论，而可以始终以潜性舆论的方式运行、扩散和作用，同样具有舆论的整体生命周期和社会效果特征。

其四，沉默舆论的缄默性与其重要程度之间的张力。不少研究者尽管承认显在舆论和隐性舆论的重大区分，但是实际上对两者的重要地位和程度存有偏见，缄默的舆论其重要性通常被低视：或是认为潜在、隐性的舆论其社会作用和影响要低于显在舆论，认为"潜舆论是低水平的民意"③；或是认为隐性舆论要转化、形成为显性舆论才能生成和发挥其社会作用和重要的影响力；或是认为潜舆论由于未显露与爆发，因而其引导易于显性的舆论议程，例如陈力丹指出，"引导显舆论的困难程度，则远大于潜舆论。"④ 然而需强调的是，在社会公共领域中，"尚未完全显露出来或者没有被关注的舆情……虽然不像新闻报道、示威游行那样引人关注，但却不一定不具有很强的传递性和感染性"⑤。Lane 和 Sears 等人也指出未被表达出来的公众意见的其重要性。⑥ 由于种种原因未形成显性舆论和强势话语的社会意见，可能成为具有主导性的民意。

在对显现性舆论和隐蔽性舆论、公开舆论和潜在舆论、喧嚣舆论和沉默

---

① 马乾乐、程谓：《舆论学概论》，山西人民出版社1991年版，第41页。
② 刘建明、纪忠慧、王莉丽：《舆论学概论》，中国传媒大学出版社2009年版，第129页。
③ 闫平：《加强网络舆论引导和管理的思考》，《中共济南市委党校学报》2009年第3期。
④ 陈力丹：《舆论学—舆论导向研究》，中国广播电视出版社1999年版，第16页。
⑤ 中宣部舆情局、天津社科院舆情研究所：《舆情信息汇集分析机制研究》，学习出版社2006年版，第37页。
⑥ Lane, R. E., Sears, D. O. Public opinion. Englewood Cliffs, NJ: PrenticeHall. 1964.

舆论等进行区分阐析的基础上，沉默舆论不仅仅是显现性的舆论的一种补充的形态机制、一种发展过程中的阶段或一种非强势的公共意见气候，而是一种具有本体性和普遍意义的舆论形态。沉默舆论在舆论研究中处于不被重视的状态，其深层的理论意味尤其值得挖掘。被得到广泛认可和传播的显舆论不一定就比潜舆论更有力量，未被公开表达或公众传播的"沉默"具有其"此时无声胜有声""大音希声"或"于无声处传惊雷"的舆论传播能效。沉默舆论并不需要达成公开化、公众化的声势或转化为显舆论传播阶段，而是进行着沉默舆论自身所拥有的传播方式，在沉默传播中实现其显著的作用与重要的社会效果。

二、沉默舆论的构成形态

沉默舆论何以可能及何以传播，与它的构成形态存有诸多关联。一些研究者对于潜在性的、隐性的舆论，主要地界定在社会情绪或非公开传播的社会意见。例如刘建明从内在性和情绪化的角度认为"潜舆论是隐蔽、分散的公众情绪，处于舆论形成前期，多表现为公众的内心活动"[1]；喻国明从公开性的维度，"潜在舆论"的解释为"多属社会不容公开议论的内容"[2]。公众舆论的潜在和沉默传播具有多元形态和不同的层次类型，不仅是情绪形式的舆论或不被（不容/不便）公开议论的表达。总体来看，沉默舆论包含有以下构成维度：一是就公开性而言，不被公开但依然得到传播或扩散的表现形态；二是就公共性而言，在社会的"公共领域"中并不显在但却具有公共性的表现形态；三是就表达性而言，不被明确地表达和呈现但依然被有效传达的表现形态；四是就接受性而言，不易于被认知或承认但却对社会和公众具有实际传播效力和作用效果的表现形态。

其一，公开性维度：不被公开但依然得到传播和扩散的表现形态。公开性是舆论应具有的特征，由此而在公众的意义场中得到讨论、互动、扩散。但是存在着不被公开或在社会体系中被抑制的表征或内容，它们同样具有传播性和社会共同度。弗洛姆曾提出"社会无意识"理论，从语言过滤、逻辑过滤和社会禁忌的不同层面论述了显在社会意识之下被压抑的社会无意

---

[1] 刘建明、纪忠慧、王莉丽：《舆论学概论》，中国传媒大学出版社2009年版，第129页。
[2] 喻国明、刘夏阳：《中国民意研究》，中国人民大学出版社1993年版，第280页。

识①。在社会舆论系统中，要注意被抑制的"隐性社会意见"及其对民意的反映，例如被主流话语压制而不得公开的"地下"舆论、"禁书"传播。"统治者的高压政策造成老百姓不敢公开议论政治，但是人心不可违，人们的正确舆论便以隐蔽的形式进行，互相沟通……表面上是沉默，实际上舆论的洪流暗涌，随时酝酿着爆发。"② 沉默舆论或是在公开的舆论体系中难以反映和捕捉，或是被显性舆论乃至"舆论泡沫"覆盖和隐藏，或是构成与主流舆论层断裂的潜在民意场，但体现着民意内核的运行与传播。

其二，公共性维度：在社会"公共领域"中并不显明或不进入大众舆论议程但具有公共性的表现形态。舆论的公共性是其重要特征，它不仅仅意味着被公开和表述，还意味着这种表述需要在社会公共领域获得公众的关注和聚焦，成为具有公共性的议程而不是封闭的呓语。沉默舆论就显性舆论或强势舆论而对应的形态是非公共性的公共性，在公共的符号场域或大众传播系统隐在，但却得到公众认知、传播和较多共同关注。这是比较直接的潜舆论形态，例如小群体传播、"室语"或亚文化传播等。沉默舆论或是在公共表达中存在但并不显著和难以监测、感知，例如偶尔表露出来的社会意见；或是在公共的媒介、信息、文本、言语中的隐在，但是为公众所认知；或是从公共意识和公众认知中隐在，但内在地传通于多数公众的意识乃至集体无意识、"社会记忆"等承载形态中，有公共的认可和共鸣。这些层次与方式并不是对公众的沉默，而只是在公共领域的非直接性，并不妨碍其作为普遍和强烈的民意在公共空间的扩散。

其三，表达性维度：不被明确地表达呈现但依然被有效传达的表现形态。从内容的角度来看，舆论并不一定是要显性的社会符号与明确的话语表达才得以构成，而是有潜在表达乃至难以言传的表达标的。波兰尼的"默会知识"理论指出，在可符号化、显性表达的知识之外，存在着难以被明确表达的知识构成，但它却是共通的、公共的、可传达的。这在舆论中也是如此，喧嚣嘈杂的显性舆论之外，还有许多言未到、意未尽的舆论信息和内容，隐藏于周围的舆论空气中，作为暗舆论场而存在。它们或是以有意无意的隐晦方式含而未发、意伏言外；或是不为文字传播明确表达、确切捕捉到的民众情绪，但却普遍存在并对社会舆论气候的生成塑造、社会行为的酝酿

---

① 【美】埃里希·弗洛姆：《在幻想锁链的彼岸》，张燕译，湖南人民出版社 1986 年版。
② 侯东阳：《舆论传播学教程》，暨南大学出版社 2009 年版，第 78-79 页。

爆发产生重要作用;或是以旁敲侧击的方式迂回生发,如新闻宣传中"没有主观参与的下意识表达"①、曲折隐藏的"风声"传播、"山雨欲来风满楼"的舆论微气候积淀;或是被显性话语系统遮蔽的隐性社会信念、价值观和利益性隐性诉求,它们会体现出在某些特定催化情境下的舆论爆发。

其四,可见性维度:不被认知或承认但却对社会和公众具有实际传播效力与作用效果的表现形态。沉默舆论可能表现出深层的隐在性,也即不仅难以直接表现出来,甚至难以被认知或认可其存在,形成舆论与其作用的更大的张力结构。这种舆论并非关系到它是否被明确地加以社会表达,而是就表现与效果而言处于隐性状态,是隐于舆论场之内的"反舆论"。爱德华·霍尔在《无声的语言》指出,"文化存在于两个层次中:公开的文化和隐蔽的文化。前者可见并能描述,后者不可见,甚至连受过专门训练的观察者都难以察知。"② 基于隐蔽性的文化构成,霍尔提出"低语境"和"高语境"文化传播的区别,在高语境的文化中,更多的文化和意义构建是隐在于交流传播的背景之中。对于隐蔽的舆论来说也是如此,存在着舆论的低语境和高语境差异。未被显明化、显性化的舆论要素也许不可见,但它以沉默的形态参与到舆论情境的总体建构和传播中。

三、沉默舆论的传播方式

沉默舆论从非公共性通往公共性、从非公开性达成公开性、从非表达性实现传达性、从不可见性实现效果性,有其自身的传播方式及机制,这些是区别于显性舆论构成的隐性传播。

社会民众的某些情绪、意见难以用舆论中通行的文字、语言形式公开表达,而只能以类似于"默会知识"的非符号化形态存在和传达,例如社会体验、社会经验、民众情绪以及各种"隐性信息"。默会传播是隐匿于显性舆论传播的丰富意义世界,不只是靠符号化或显在化的传达,还需要在具体情境中的积淀和沉浸。领悟、体会、洞察、直观等都是重要的意义生发方式,在舆论场中同样也是意义接受与传递的主要支撑,这些需要主体的默会与内隐体验。舆论形成的一个重要条件是流水线式复制而生产的舆论声势,例如

---

① 张淑玉:《浅谈新闻传播中的隐性舆论导向问题》,《社会科学战线》2005年第2期。
② 【美】爱德华·霍尔:《无声的语言》,何道宽译,北京大学出版社2010年版,第92页。

报纸、刊物对社会意见的大量印刷发行，电视媒体新闻向成千上万观众的直播。但是对于沉默舆论而言，基于特殊情境与体验的非复制性的传播也具有其独特力量，例如非言语传播、"文脉""地方性知识"① 等，都不是可复制抽离与电子拷贝的媒介工业可简单取代。

在社会压力、制度渠道等情况下，会造成公共意见表达不畅，只能以被抑制的形式表达和传播，这是构成沉默舆论的主要传播路径之一。如有研究者指出的，"如果不能做到社会公开，舆论就会转而利用非官方的、民间的渠道，甚至会采用非法的、地下的形式。这从'公开'的第一层意义讲，仍然具备'公开'的特性。只是，社会的挤压和舆论的非体制化，是舆论不能常态生长，往往会形成谣言、流言、传言等等变体形态。'大道不通，小道流行'，就是这个道理。"② 但是这种被抑制的传播依然有其难以抑制的生命力和功效。显性传播的作用或爆发通常也需要抑制型的隐性传播作为积累，例如"道路以目"对社会情绪的传达和积淀。或者说：不充分的信息并不等于不充分的传播；沉默舆论不一定被公共表达但却可以传染和传达。

舆论的传达也并非总是显明和直接的，而是具有各种隐晦的传播方式，例如非言语的表意、含蓄的象征、罗兰·巴特所谓的"含蓄意指"（connotation）③。隐性的舆论可以通过语言文字的潜在意旨形成社会情绪和社会意见的传达，如"言外之音""心照不宣""心领神会"，各种民谣、"你懂的"段子也都在含而不发的方式中传递社会情绪和社会意见。沉默舆论也可以通过非语言文字的方式进行传播，例如"肢体的集体表意"④、纪念物、行为艺术、特殊物件所唤起的集体情感和行动。邵培仁关于舆论的隐性表达认为，"这些传播的目的是潜在的、不易觉察的，目的被巧妙地隐藏在传播的内容和形式之中。"⑤ 格尔茨的文化解释学中，"眨眼"作为细微符号具有丰厚的需"深描"的意义功能，凸显出在"地方性知识"中的意义传播体系的多样化方式。这些是弱强度的舆论波动，但同样产生强烈的情感共鸣、意见共契、行为共振等显效果。

大众传播社会普遍存在反大众或非大众性的"亚传播"方式，类似于亚

---

① 【美】克利福德·吉尔兹：《地方性知识》，王海龙、张家瑄译，中央编译出版社 2000 年版。
② 徐向红：《现代舆论学》，中国国际广播出版社 1991 年版，第 115 页。
③ 【法】罗兰·巴特：《神话—大众文化诠释》，许蔷蔷、许绮玲译，上海人民出版社 1999 年版。
④ 刘建明、纪忠慧、王莉丽：《舆论学概论》，中国传媒大学出版社 2009 年版，第 65 页。
⑤ 邵培仁：《传播学导论》，浙江大学出版社 1997 年版，第 102 页。

文化局限于有限范围的群体，亚传播通过亚群体或个人、私密性的社会网络，扩散和连接形成社会整体舆论场，它们尽管不在大众社会的"公共领域"如大众媒介议程表现出来，但无可否认其内在的公共性和公众性。"隐蔽的舆论也可能是事件不光明正大，如法轮功经常通过电子邮件、信箱或者录音电话进行宣传。隐蔽模式不会立刻形成大规模舆论，但是长期的隐蔽宣传可能通过某个导火索爆发出来。"[1] 非公开的隐蔽传播是形成潜舆论的重要方式，"伴随着传播主体的多元化以及越来越多的传播自由，一种与公开的'显传播'相对的、隐蔽的'潜传播'正在发展成为引人注目的传播现象，其对于社会主流意识形态、价值观的构建，主流媒体的公信力，公众舆论引导产生着极为深刻的影响。"[2]

在信息的"内爆"和注意力时代的背景下，对于注意力或"头条"、发声权的争夺与占领，往往成为舆论战场的主要焦点。缄默性的舆论元素易于被喧嚣的注意力经济和眼球经济所掩盖，而忽视了大众媒介文化中应有的缄默。而事实上，"桃李不言下自成蹊"等传播路径展露的是，信息的传播并非需一味地讲究眼球、头条或速度、规模，"快时代"同样可以通过"慢传播"的方式达到深入人心之效。西方社会的"慢生活"正逐渐增强其关注效应，"慢写"（slow up）作为在资讯爆炸时代和头条时代中，与传播和文化过程相关的一种重要理念，不是迷失于时效、哗然、轰动、猛料、私隐，而是要注重慢慢地阅读和理解，避免快餐化文字，寻找文字的灵魂。不是所有的传播都是可以快和必须快的。同样，不是所有的舆论传播都必须在"眼球为王"中达成其声势与影响。沉默舆论的慢传播要克服速度与信息爆炸的社会表皮，讲究无声胜有声的慢哲学。

四、沉默舆论的作用机制

舆论的显在性与主流性不等于效果，议程也不等于意见和舆论。沉默舆论通过其自身的作用机制而达成缄默的话语权、潜舆论的显作用、弱信息的强效果，彰昭舆论的沉默形态所具有的重要地位和本体论意义。

其一，沉默舆论生成对社会意见和社会情绪的隐性的作用与改变。大规

---

[1] 侯东阳：《舆论传播学教程》，暨南大学出版社2009年版，第78-79页。
[2] 梁德学、彭艳萍：《初探自媒体时代的"潜传播"》，《新闻爱好者》2011年第14期。

模的民意生成滋长并不一定在显赫的舆论声势中完成，而是具有潜在的扩散和隐性改变。舆论的不可见并不意味着它在传播力度和传播效果上的缺失。事实上，一个社会中的注意力资源是有限的，更多的舆论元素以接近隐性和缄默的方式在社会话语中存在和作用。它们并不占据着显性的议程资源，但是却真正切实地构成和"涵化"着社会意识的主体，在表层舆论的"社会皮肤"之下运行生长。媒介传播伴随的不只是外显的态度和接受，也有公众在舆论接受和传递过程中形塑生发的内隐态度或内隐意见、内隐认知、内隐认同等，藏而不现的内隐态度和意见形成公共传播中的隐性舆论和隐性社会意见。Greenwald 和 Banaji 提出了内隐性社会认知（implicit social cognition），强调不能被个体意识到或自我报告的经验痕迹会对个体当前的感受、观念和行为产生潜在的影响。[1] 在诺依曼所谓的"沉默的螺旋"中，我们不仅需要关注在舆论声势之下被抑制的沉默，更要思考的这些"沉默"的意味和价值。

其二，沉默舆论形成对社会舆论和社会行动的爆发转换。舆论并非一直处于高亢状态，而是有其起伏转换的过程。沉默舆论并不需要发展滋长为显舆论才能起到功效，但它本身也有着把舆论内在的沉默力加以转换和释放爆发的机制。一些情绪化的、短时的群体宣泄行为的触发，尤其显现出被强行弹压但却持续运行的潜在民意的作用和效果。沉默舆论的不可见、不被公共传播不意味着它的弱化或是消失，而是显舆论的一种表层状态，它在催化语境下将自身内蕴的能量释放切换为强势舆论和社会动员。隐性舆论只需一点导火索就可以在社会中爆发，可以无需经由转化成显性舆论来催动社会运动和社会集群行为，说明它已经以潜在方式普遍地存在、在公众中形成类似共识的公共舆论氛围。某种程度上，隐性舆论或许比显性舆论更真实地代表民意。

其三，沉默舆论构成与显舆论共同作用的有机传播生态。沉默舆论可以表现为显舆论背后的延伸乃至基础，成为对显舆论进行调控中必须面对的必要构成。公共舆情事件只是舆论中浮出的冰山表层，对公共事件和热点舆情的引导不能头痛医头脚痛医脚，大众舆论引导的失效很大程度上源于对隐性舆论引导的忽视。沉默舆论可以与显舆论共同激荡而生成、强化民意表达。

---

[1] Greenwald A G, & Banaji M R. "Implicit Social Cognition: Attitudes, Self-Esteem, and Sterotypes", Psychological Review, 1995, 102 (1).

一定条件下,沉默舆论的外显化是其较通常的作用机制。有研究者指出潜舆论的转换,"潜舆论进一步升级,就会转化为显舆论"。[①] 沉默舆论也可以表现为显舆论的惯性作用和延续形态,"这种延续有时表现得异常强烈,有时比较平缓,甚至成为潜意识,但社会上出现一定的导火索,舆论又从内心活动转化为公开的意见"[②]。面对一种舆论热点,其背后的沉默舆论、潜在舆论不消,相类似的舆论就会不断出现,因此需要审慎思考显舆论背后伴生的潜在舆论并加以妥善引导和应对。

五、沉默舆论的意义诉求

沉默舆论的存在与作用,对于传播研究和舆论实践有其多方面的意义。在信息和舆论的传播链中,存在着传播的信息内容、传播的渠道和过程、传播效果等支撑要素。这些方面为沉默舆论的运行和作用提供着丰富维度与有益基础。沉默舆论在其缄默和隐性形态中,达成传播的公众性和公共性,成为舆论生态的重要构成。

一是沉默的意味。沉默舆论的本体特征显示出舆论并不一定需要大声和喧哗,这不仅仅是舆论和宣传的区分,更核心的是要求对于舆论和沉默舆论的区分。对于舆论工作来说,要懂得和利用"慢传播"与"静传播"在信息爆炸时代的重要性。舆论实践中也要把社会的"隐性信息"赋予足够重要的地位,这些社会性的和公共性的隐性信息,事实上都通过受众的接受过程和反馈过程而对舆论生发、传播、发展起着介入作用。例如在"沉默的螺旋"中,即使公众出于种种原因抑制其真实的表达,但是被抑制的意见和情绪始终是一种具有真实作用和强效果的存在,这种抑制只是暂时和浅层的。公共舆情的表面稳定不等于潜在舆情的稳定,往往隐藏和积蓄着许多社会矛盾和社会情绪的潜流。潜在性的舆论被压制并不意味着只有上升到显舆论和行为舆论才能得到公众性的大规模和普遍传播,而是有着其缄默性的传播机制,始终是舆论环境中不可或缺的组成。

二是沉默的调控。沉默舆论反映出舆论场及其调控的复杂性,它针对的是舆论中不被直接或公共地显现出来的部分,而且这个部分可能与显在舆论

---

① 彭鹏:《网络情绪型舆论的调控》,《军事记者》2004年第4期。
② 侯东阳:《舆论传播学教程》,暨南大学出版社2009年版,第44页。

存在着不一致乃至断裂。舆情的引导和管理需要高度重视沉默舆论的作用形态和机制，不能把舆论调控简化为舆论造势或舆论息事。在舆论的调控和应对中，需要面对浮出水面的显舆论，还要充分重视作为暗存在的沉默舆论，它们虽然是潜在的甚或难以直接测量的，但却是舆论气候中甚至具有关键性的因子。平息了舆情危机不等于平息了沉默舆论，即使短期内很好地消弭与平息了它。陈力丹指出，"有时潜舆论比显舆论更能确切地说明舆论的真正倾向，因为显舆论的发表会受到各种其他因素的规范，而各种社会规范很难直接干预情绪型潜舆论的表达。"① 某种程度上，对于沉默舆论的调控比显性强势舆论有更大的难度也更具有其显著意义。

三是沉默的传播。沉默舆论的作用机制与效果，要求我们尊重信息舆论时代的沉默，甚至主动与积极利用这种沉默。面对热闹喧嚣的强势舆论，注重和挖掘其意见气候背后未被表征的沉默，并以符合沉默舆论的传播方式加以引导培育。对舆论的监测、调控以及研究，不仅要注意社会可见状态、热点状态乃至危机状态的舆论，还要重视平静状态、内隐状态、潜伏状态和非社会公开状态的舆论。舆情监控管理要从关注显性舆论和公共事件加大对沉默舆论的转向。不排除对沉默传播和"反传播"、社会隐性信息等的有意识利用，发挥其在舆论、宣传、营销等方面的独特作用。沉默舆论要求在舆论研究和传播实践中更多地去聚焦和挖掘沉默，因为沉默在说话。

---

① 陈力丹：《舆论学—舆论导向研究》，中国广播电视出版社1999年版，第91-92页。

舆论学与舆论监督

论突发性事件的信息公开和新闻发布

陈力丹

"信息公开"的提出与在我国形成国务院的法规,经历了较长的时间。2008年5月1日,《中华人民共和国政府信息公开条例》开始实施。尽管在一些具体问题上我们遇到了较多传统思维的困扰,经历了太多的起伏和太多的甜酸苦辣,但收获也是前所未有的,这就是全国各级政府和广大人民对于信息公开原则的认同。近两年来,我们在贯彻政府信息公开方面的进步,也是明显的。

一、谣言止于信息公开

1. 过去有关信息公开的规定,地方政府和媒体没有报道权,为各种突发事件的传闻蔓延提供了机会,教训惨重

关于信息公开的问题,需要回顾一下我们过去的一些规定。如:1989年1月,国务院、中宣部发出《关于改进突发事件报道工作的通知》,规定包括疫情在内的重大突发事件,要请示国务院领导,一般由中央新闻单位报道,必要时由新华社统一发布。1994年8月,中共中央办公厅和国务院办公厅发出《关于国内突发事件对外报道工作的通知》,重申了1989年通知的精神,规定突发事件的对外报道一律由中央外宣办组织协调,归口管理,新华社统一发稿。

这些规定实际上就是地方政府和媒体没有报道权,由中央具体部门来协调管理。也就是说,事件发生地的政府和地方媒体,是没有权利在第一时间报道的,这就为各种突发事件传闻蔓延提供了机会。如果地方领导瞒报或缓报,中央不知道或知道了也不重视,在每一个环节都可能进一步把事情再次延误下来。一切依赖各级、各地领导人个人的聪明或开明,没有监督机制,这种信息传播制度造成的恶果已经有过多次教训。

历史上这方面的典型事例是1994年3月31日的"千岛湖事件"。这是一起恶性刑事案件，三个歹徒劫持了浙江千岛湖的一艘游船，洗劫了船上的32人（24位台湾游客，2位导游和6位船员）后，把他们全部闷死在舱底。台湾和香港的媒体对此报道很多，但多数是猜测。这是由于中国大陆方面封锁消息，不让他们正面采访，也不许当地记者和中央新闻单位的记者采访，正式渠道的消息没有，自然小道的猜测横生。当时持台独立场的李登辉当局借机宣布中断两岸的一切联系，演变成政治性质的台海危机。大约20天后新华社发布了关于事实真相的消息，内容是真实的，但是此前台湾和香港媒体关于这个事件的报道已经形成一种认识定势，许多人宁肯相信这些媒体的猜测，也不相信公布的是真相，总认为中国官方隐瞒了什么，为此两岸关系紧张了很长一段时间。

就出面解决问题的当时浙江省的官员的表现而言，也是很欠妥的。一位副省长原本代表中国官方"安慰"家属，作为政府的代表，处理事件有悖情理。仅仅因为家属们要求见死难的亲人最后一面，他在电视镜头前板起面孔说："没办法再和你们这些家属谈下去了。"随后，拂袖而去。因为得不到确切的信息，罹难者的行李等遗物又全部失踪，并且船壳弹孔累累，家属更加怀疑"内情"不单纯，确定浙江当局蓄意隐瞒事实。随后浙江当局未经家属同意解剖遗体，也不准家属阅读验尸报告，并将家属们软禁在旅馆中，切断所有对外联系的管道，还要求"一定要同意政府代为将尸体火化"。一星期后，罹难者家属同意尸体火化，才被允许带着骨灰离开浙江。4月9日，家属们一下飞机立刻发表声明，死者的善后处理方式他们是在非自由意愿下被迫选择的。而浙江省的报纸、电台却一致报道："台胞对善后处理表示'满意'。"

当时就有文章认为：两岸之间的密切关系与时俱增，连坚持台独的基本教义派也难以阻挡，然而这个没有处理好的事件，成为两岸统独消长的转折点。事件前的2月底台湾的民意测验与事件发生后的4月底同样的民意测验，数字如下：

认为"自己是台湾人"的29.1%/36.9%；认为"自己是中国人"的24.2%/12.7%；认为"自己既是台湾人又是中国人"的43.2%/45.4%；"支持独立"12.3%/15.5%；"支持统一"27.4%/17.3%；"维持现状"44.5%/54.5%。当年台湾赴大陆的人数，从154万人次，遽降到 115 万人次①。

2. 打破"全能政府"的神话，树立"有限政府"的观念，信息公开，充分调动各种社会力量共同参与解决危机

那么，为什么我们总是一出事就习惯性地捂住，不许报道呢？

首先，这跟我们 20 世纪 50 年代以阶级斗争为纲时期的一些想法是有联系的。1957 年，毛泽东提到过"三闻"政策，即新闻媒体采取"新闻，旧闻，无闻"的政策②。"新闻"是指把某些发生的事实作为新闻来报，要及时，要抢时间发出去；"旧闻"是指，有些事实发生了，要故意不报，等放"旧"了再发表；"无闻"是指，某些事情做了永远不说，就当没发生一样。也就是说，把报什么或不报什么作为一种政治表态，并非全是为了沟通信息。主要原因是当时中国被帝国主义包围着，中国发出的所有信息美国中央情报局都在研究，于是我们就把报什么和不报什么作为一种政治行为。这种做法在当时来说，至少在阶级斗争的角度上还是有道理的。

但这种情况也影响着我们整个新闻工作的思维，新闻工作者也养成一种强烈的"抢与压"的政治意识。发生了一个事情，他们马上组织判断，不是说报不报，首先想的是该不该报，能不能报，如何不抢新闻而是压新闻，这成为一种基本功；一些记者没有把握好，甚至被打成右派。就政府与传媒的关系而言，当权者反复告诫传媒"要帮忙，不要添乱"的家长式思维至今仍颇盛行。

其次，我们这样做的理念是什么？为什么这么做？中国过去对待突发事件的信息发布，其指导思想是：一个负责任的政府在没有将事情的来龙去脉搞清楚前，为了不引起社会的恐慌和混乱，不能随便发布消息；若不这样做，是对人民不负责任。

这种过时观念基于一种"全能政府"的传统体制。新中国成立后，国家将人民的生老病死一切全包下来，政府、个人、市场等不同主体之间的边界不清。遇到突发事件，执政者仍然想当然地设想自己能够解决一切问题，一旦没有解决好问题，就不向人民公开真相，担心形象受到影响。因此，中国人从传媒上经常看到的是好消息，坏消息很自然地被隐瞒下来，这个思维方式，我们是要接受教训的。

---

① 小瓜呆：《台湾统独消长的转折点：千岛湖事件》。http://www.chinaelections.org/NewsInfo.asp?NewsID=12368
② 《毛泽东新闻工作文选》，新华出版社 1983 年版，第 193-194 页。

现代市场经济的实践已经在不断地告诉人们,"全能政府"是神话,应该树立的是"有限政府"的观念,充分调动各种社会力量共同参与解决危机。

当然,我们也有做得很好的。2000年9月8日下午19时38分左右,新疆驻军一运载准备销毁的军用弹药物资的车辆,行至乌鲁木齐市西郊的西山路段时发生爆炸,造成79人死亡,369人受伤,37辆汽车及附近房屋受损。事后,原兰州军区副司令员兼新疆军区司令员和新疆军区政治委员被免职。

当时,有人说是原子弹爆炸,周围有人还以为发生了地震,因为这个事情实在太大了。该事件发生后的第二天凌晨5点,新华社对外发布新闻,说明是一次事故,与"疆独"无关。因为是最早发布的信息,事情又发生在中国,此后全世界的报道无论是什么观点,基本是这个调子。

虽然新疆遭受了很大的损失,但处理结果是比较好的。随后王乐泉接见中央六媒体驻新疆记者,感谢中央媒体及时、客观地报道了新疆发生的事故。以前人们总是怀疑新疆是一个恐怖的地方,于是旅游的人不敢去、投资的人不敢投资,新疆就没法发展,这次虽然是一件坏事,及时报道了以后,旅游的人不会由于发生了这个事故而不敢去旅游,因为毕竟是一个偶然事件,投资的人也敢投资了,有利于新疆的发展。希望新疆以后发生事情不要总是瞒着,要及时地报道,因为这个报道本身是先声夺人的。

3. 信息公开要适应环境、跟上形势、讲究策略

胡锦涛总书记2003年在中央政治局第七次集体学习时曾说:"当今世界,文化赖以发展的物质基础、社会环境、传播条件发生了深刻变化。我们要深入研究新形势下我国文化建设面临的新情况新问题"。

全球化时代,人口流动频繁,新的传播科技已经普及到全社会,传媒形态也多起来,你可以不报道,但无法阻挡世界其他国家报道,也不能完全挡住网络、电话、手机,以及较原始的信件和最基础的人际之间的传播。如果权威性的权力机关不在第一时间出面讲真话实情,最容易造成信息多级传播中的扭曲和衰变,更大的社会不稳定必然来临。在全球化和市场化的形势下,以往一些看来有效的管理和控制方式将会失效。

我们的思维往往比较落后于形势,直到2003年非典疫情以后,才开始转变思想,考虑到了信息公开。从2003年一直到2008年5月1日,我国正式实施《中华人民共和国政府信息公开条例》,进程较为缓慢。而全世界所

有的发达国家在20世纪末全部通过了信息公开法，进入21世纪以后世界大多数发展中国家，也都通过了关于信息公开的法律，中国这方面实际上比较落后。

《信息公开条例》实施到现在已经一年多了，从一种理念正逐步变成现实。各级政府主动公开政务信息的责任意识和公民要求政府信息公开的权利意识，都在得到加强。

但我们的思维有时还不能很快适应环境，跟上形势。比如说"3·14事件"发生后，2008年3月15日，西藏自治区的一位负责人在稳定局势的电视电话会议上说："严峻的斗争现实再次充分表明，达赖集团的分裂破坏是影响西藏稳定的主要根源，是西藏发展稳定的最大心腹之患，达赖是一只披着袈裟的豺狼、人面兽心的恶魔。"

这句话传到西方首先是找不到合适的词翻译，于是就按字面意思直译，"human-being in appearance animal inside"（直译：外表是人类，里面是动物）；"a wolf in kasaya"（直译：一个穿着袈裟的狼）。这样就引发了不同文化背景的外国人不同的解读。有的人认为达赖是神人，因为，连达赖的敌人都说他不是一般的人类，而是半人半兽的神仙。有的人认为达赖很善良，因为达赖有一颗兽心，西方很多人认为人类的心最邪恶最肮脏，远不如动物善良。还有一个印第安裔人一听说达赖是"披着袈裟的豺狼"，表示要皈依藏传佛教，因为他们的祖先一直崇拜狼。等等。所以说，我们的高级官员说话一定要注意，首先要克服"文革"思维，与达赖进行斗争，语言用词都要很策略、讲文明。

二、新闻发言人的责任和技巧

信息公开，涉及到政府组织新闻发布等形式，这里主要谈谈新闻发言人制度和新闻发言人在操作上应该注意的一些问题。

新闻发言人制度1983年建立，最近几年开始普及到所有的部门和地方政府。新闻发言制度不能简单地视为是政府对外发布信息，应该看作是社会公仆向社会主人——人民报告工作的一种日常形式；还有另外一种功能就是政府公关功能。建立新闻发言人制度，权力机关从过去的"不说话"到主动"说话"，如果形成规范，遇到突发情况即刻发布、定期发布，它们便成为一种积极的信息源，可以缓解政府和民众之间紧张的关系。这是一个好事情。

新闻发言人制度应该是人民了解权力机关的活动窗口，它也是现代公共关系理论影响权力机关的结果。这种制度一方面是权力机关调控新闻传播的手段，另一方面也是权力机关与新闻界、社会公众实现沟通的一种重要渠道。由于新闻发言人经常以回答记者提问的方式发言，因而他不能完全决定"说什么"和"说多少"，他所面对的记者的提问，实质上是一种社会的质疑，一种有限的双向沟通，因而这种对话多少具有一些公开监督的性质。

新闻发言人要注意如下几方面的问题：

1. 新闻发言人的职业道德底线

新闻发言人是政府各个部门的官员，当然要贯彻本部门领导的意图，但是一些基本的做人的道德准则还是要尽可能做到。第一、坚决不说假话。第二、不主动说假话。第三、不得不说假话时，决不添油加醋、发明创造。第一点要求的是做一个正直的普通人的底线；第二点和第三点要求的，是新闻发言人职业工作的底线，因为你在这个岗位上，毕竟还有上级，上级要求说的不能不说。除此之外，还要尽可能地不说套话、空话、大话。在这方面新闻发言人自己是可以掌握的。

2. 新闻发言人要掌握回答问题的技巧

"没有不好的问题，只有不好的回答"。要喜欢富有挑战性的问题。因为挑战性的问题往往是公众最关心的，你回答后容易得到传播，效果好。我们讲究效果，要尽量争取正面效果，避免负面效果。但不是以正面报道为主，而要以正面效果为主。报道负面消息也可以产生正面的效果。2001年江西烟花爆炸，法国记者在新闻发布会上问外交部发言人朱邦造："中国政府为何不允许记者前往现场采访？"朱回答："在法国，如果发生刑事案件，记者难道和警察一起在现场破案吗？我在法国呆过，怎么从来没有看到这样的情况？"记者被反驳得哑口无言。

3. "台上一分钟，台下十年功。"

作为新闻发言人最怕的是：一怕记者提出的问题自己不知道，二怕摆错角色，三怕关键词汇弄错。所以说，"台上一分钟，台下十年功"。事前要充分的准备：如基础性问题、热点问题、敏感问题分别是什么，最有争议的问题是什么？没有不能说的问题，关键是要对问题"脱敏"。为了使自己的回答比较生动，需要找一些事例、故事、名家名言。

4. 立场是国家的，表达是个人的

为什么要开新闻发布会？因为新闻发布会的传播效果比一般性的采访报

道要好，人数多，记者的水平也相对高。另外，就是要智慧地来讲真话，从你嘴里讲出来，你代表政府，需要考虑技巧，按照国务院新闻办前任主任赵启正的说法就是：立场是国家的，表达是个人的。

2001年中美撞机事件后，中国驻美大使杨洁篪接受CNN记者采访。记者问：美方只是要求中方返还24名机组人员，但中方在道歉问题上纠缠到底意味着什么？杨大使答：就拿美国的情形举例说吧，有一个家庭，他的房子前院有一伙人总是在他家门口的街上开着车徘徊，他们不进他家的院子，但就是日日夜夜，月月年年地在靠近前院的地方开来开去。这家的人出来查看是怎么回事，结果这家人的车子被毁，人也失踪了。我认为，这家人有权问到底发生了什么事？有权做一些检查和调查。你是否认为这一道理成立？如果你认为这一道理成立，我想你能做出非常公正的判断，到底该怪罪谁。至少你应该说声"对不起"吧。车也毁了，人也失踪了，可你只说一句，事件就是这么发生了，够吗？

这个专访效果非常好，专访结束后，民调显示美国民众赞成美国政府向中国道歉的由不足20%飚升到50%以上。所以说，新闻发言人怎么来说话，怎么用自己的语言、风格来代表国家立场说话，还是很有技巧的，要有说服群众的技巧，要有心理学的知识。

2008年，在贵州发生了"6·28"瓮安事件。6月30日，贵州省主要负责同志到达瓮安，在一次群众座谈会上指出："6·28"事件是一起起因简单，但被少数别有用心的人员煽动利用，甚至是黑恶势力人员直接插手参与的，公然向我党委、政府挑衅的群体性事件。情节恶劣，破坏严重，造成了极大的财产和经济损失，影响了全省稳定和贵州形象。

这话还是我们过去老的思维和路子，他的话很快在网上引起了非常大的反应，网民情绪严重反弹。有的说：既然起因简单，为什么不公布原因？有的说：一起简单的事件就能被少数别有用心的人利用，发展成震动全国的重大事件，这说明了什么？说明瓮安老百姓傻吗？有的说：谁别有用心？瓮安不是拉萨，没有藏独分子。有的说：这位领导同志下车伊始，首先定性，有法律依据吗？经过司法认定了吗？这是先判后审！有的说：究竟是谁影响了贵州形象，贵州老百姓吗？

7月3日，这位领导同志再次对这一事件表态："6·28事件的教训是极其深刻的。我们必须对这一事件进行深刻反思，认真汲取教训。第一，要严查彻究在此次事件中严重失职渎职的干部特别是领导干部的责任。第二，谣言止于真相。要向社会及时、真实、准确地公布事实真相。第三，要进一步稳定群众情绪。贵州的各族群众是非常淳朴善良的，也是非常通情达理的。在处置事件过程中，必须始终相信群众、紧紧依靠群众。第四，必须严厉打击各种黑恶势力。第五，必须进一步提高处置突发事件的能力和水平。"他的这一番话后，加上及时的行动，遂逐步取得人们的信任。

5. 处理好政府新闻发言人和传媒的关系

2009年3月1日，身兼中央党校校长的国家副主席习近平在中央党校春季开学典礼上说：要提高同媒体打交道的能力，尊重新闻舆论的传播规律，正确引导社会舆论，要与媒体保持密切联系，自觉接受舆论监督。

我们有一个观点需要改变，传统上只把各种突发事件（危机）看作坏事，倾向于千方百计地"捂住"，不让别人知道。在当代社会，突发事件出现的机率较高，应当把这类事件视为一种常态来处理，把处理危机看作政府正常职能的一部分。社会也应该有这样的观念：风险无处不在。如果在认识上视危机为常态和中性的，就不需要把它"捂住"。在现代社会，把封锁消息作为处理危机，特别是疫情、火情、水情等类危机方法之一，肯定会把危机推向最糟糕的境地。

有的政府部门配备新闻发言人，强调是为了统一宣传口径，以免影响政府的良好形象。如果抱着这个目的，一种对信息发布的"限制"就已经不言而喻地存在了。新闻发布不是为了统一口径，而是为了报道事实，让老百姓有一颗定心丸。

发言人既不能把记者当成政府的手下，把传媒视为新闻发言人的传声筒，也不能将记者视为观念上的敌人。政府有政府的职能，传媒也有传媒的职能。建立新闻发言制度，不是为了把所有的传媒管理起来，不要造成传媒的新闻千篇一律。

为什么有些地方政府总是要隐瞒信息，不让中央知道真实的信息，恐怕跟我们现在国有资产的比例分配有关系。现在地方掌握的国有资产总额占全部的近一半，这本是一种积极的变化，有利于出现因地制宜的多元的经济发展模式。但是运用不好，地方为了取得中央的肯定和与同级地方竞争，隐瞒不利于自身的真实情况，使中央和其他地方获得的不是真实的信息。我们的官员要意识到，披露信息不仅是他们的权力，更是他们作为人民公仆的义务，人民是信息公开的权利人。新闻发言人制度归根到底是为了保障人民的知情权，而不是保障官员的乌纱帽。毛泽东说："向人民负责和向党的领导机关负责的一致性,这些就是我们的出发点。"[①] 果不具备这样的认识,再好的"经"也会被念歪了。

6. 除了新闻发言人,现代社会政府的每个官员都应该是出色的新闻发言人

不能光指望某一个办公厅的主任或副主任做新闻发言人,每个官员都要习惯于同传媒打交道。"9·11"事件发生后,纽约市长鲁迪·朱里阿尼(Rudy Giuliani)的首要反应就是召开记者招待会,向全世界传递纽约危机中的一切有序信息。这使得他当天成为比总统还权威的人物。他这样做并非有出风头的嗜好,而是历任纽约市长都这样做,是一种不成文的惯例。

如果我们的官员对记者能回避就回避,甚至反过来质问记者为什么提某个问题,各种传闻不出现才怪呢!官员说服公众的力量,并不在于他们的官衔大小,而在于说的是不是真话。美国蒙格马利县的警长查尔斯·摩斯,由于本县发生连环杀人案而频频上电视,他不善于讲话,但说的话句句在实。案件告破,举行最后一次记者招待会时,他赢得了记者们由衷的长时间掌声(记者为官员鼓掌在美国是极少见的场面)。我们的官员,不论职位大小,以实情面对社会,这才是立位之本。

最后,还有一个问题,现在的新闻发言人制度和信息公开制度明显不平衡,我国的这种制度存在着一个较明显的问题,即对于不及时发布信息、发布不完全真实的信息、不该保密的信息以保密作为理由不予透露等等的行为,没有对应的问责制,更没有惩处的法律法规的依据。这需要我们进一步讨论。

[①] 《毛泽东选集》第3卷,人民出版社1991年版,第1095页。

社会化媒体时代的舆论研究：概念、议题与创新

周葆华

我们正在进入一个以社会化媒体为特征的媒介化时代。这个时代的重要特征是：普通公民很大程度上成为新闻的发布者、整理者、传播者，社会的信息生产不再由专业化的大众传媒机构所垄断。这一过程同时也在显著改写舆论的生态，它促使我们思考舆论研究的新建构。本文将围绕这一新环境，探讨三个问题：第一，在社会化媒体所带来的"海量意见"时代，我们该如何理解舆论？如何把握舆论的核心内涵？第二，社会化媒体时代给舆论研究带来了哪些新议题？第三，立足中国情境，舆论研究如何可能实现理论创新？

一、回到基本概念：大众意见与公众舆论

社会化媒体时代是一个"人人都有麦克风"的"众声喧哗"时代，它给我们形成了一种印象：意见无处不在，并且显而易见。在传统媒体时代，我们要感知社会意见并不容易——通常的渠道不外乎自己的人际网络，或者大众媒体，而人际网络规模狭小、同质性高，因此一般来讲，意见的代表性不高；大众媒体同样如此，由于其自身版面有限、时段紧张，因此主要为政经权力和社会精英提供话语平台，较少能够有机会覆盖社会不同阶层的意见。在此背景下，社会化媒体的崛起对整个舆论生态的改变意义重大——它使得"意见"的表达变得格外的容易，借由BBS、博客、微博、微信等Web2.0与UGC（用户生成内容）平台，任何一个普通网民都有条件对外发表自己的意见。也就是说，不但"意见"发表变得容易了，而且参与意见表达的主体变得扩大、多元了。根据中国互联网络信息中心（CNNIC）2013年7月

发布的调查数据[1]，诸多具有表达性功能的网络应用都日益获得较高的普及度，例如博客在网民中的普及率为68%（代表着4.0亿用户）、微博56%（3.3亿用户）、社交网站48.8%（2.9亿用户）。因此，当下中国舆论生态的一个景观是：意见层出不穷、无所不在、无时不在。一方面，各种社会化媒体平台分分秒秒都在生产"意见"数据——以新浪微博为例，其在2013年第一分钟的发布量就超过72万[2]；另一方面，原本主要由专业机构实施的舆论搜集手段——民意调查可以很方便地在社会化媒体平台开展——体现为在线投票、网络调查等形式。可以说，我们经由社会化媒体进入了一个"海量意见"时代。

但是，"意见"的增多是否同时意味着"舆论"的增多呢？在这个"意见"如水银泻地的社会化媒体时代，原本被认为似"幽灵"般难以把握的"舆论"是否也变得触手可及呢？这里就必须回到舆论的基本概念问题。舆论，英文是Public Opinion，除了作为表达内容的"意见"之外，另一个关键词就是其前缀"Public"，也就是"公众"。所以"舆论"即"公众的意见"。但要理解"公众"一词却并不容易，"公众"并非固化的存在（即一些人是"公众"、而另一些人不是），而是一个基于其表达情境、特征与状态的概念。那么，什么情况下一群人可以被称之为"公众"呢？舆论学家曾经通过区分"公众"与另外两个有关群体形态的概念——"大众"和"聚众"来阐述[3]。所谓"大众"，英文为Mass，指的是由一个数量很多的个体组成的集合，这些个体分散在遥远的地方（比如全国上下），由于分散他们之间也互不认识、很少交流，因此缺乏有机的联系。但是，当我们采用现代的民意调查方法（包括在社会化媒体平台上越来越容易实施的网络调查与投票）去征询他们对于某个议题或人物的意见时，他们也会给出其答案（比如赞同程度、好评与否），当我们把这些个人的意见汇聚起来时，我们就得到了所谓"民意调查"的结果（通常表现为一个百分比或平均数），有的关于"舆论"的定义恰恰就是通过这种建立在百分比或平均数基础上的"大多数人的意

---

[1] CNNIC (2013)，《第32次中国互联网络发展状况统计报告》，取自网络，网址：http://www.cnnic.net.cn/hlwfzyj/hlwxzbg/hlwtjbg/201307/t20130717_40664.htm.

[2] 新浪科技 (2013)《新浪微博发送峰值达每分钟73万条大幅提升52%》，取自网络，网址：http://tech.sina.com.cn/i/2013—01—01/14037941143.shtml.

[3] 如Blumer, H. (1946). Collective behavior. In Alfred M. Lee (Ed.), New Outlines of the principles of sociology. New York: Barnes and Nobel. 潘忠党：《舆论研究的新起点》，《新闻与传播评论》，武汉大学出版社2002年版。

见"来完成的（比如超过 1/3 或 1/4[①]）。然而，严格来说，这种情况下所获得的只是"大众意见"（Mass Opinion），而非"舆论"（Public Opinion），因为他们（这些分散的个体）并没有就公共议题产生任何实质意义上的相互连接、讨论与交流，仅是相互割裂的个人意见的简单叠加，因此缺少了"公众"的内涵。另一方面，所谓"聚众"，英文为 Crowd，指的是因某一共同事物所临时形成的群体性集合，他们之间同样通常互不相识，也缺少有机的联系与理性的讨论，而主要呈现为情绪的相互感染；并且，一旦引起他们群聚的事物消失，这些相互感染的临时性聚集也就随之消失。所以，"聚众"就像一阵风，因某些特殊议题而起，纷纷攘攘，一时喧嚣，但又很快一哄而散。回到当下社会化媒体空间中，我们也不难观察到类似的"街头哄客"现象——譬如 2013 年中国互联网曾经因王菲与李亚鹏离婚、李晨与张馨予分手等事件热闹过一阵，当消息爆出时，网民们就像在街头看到有人斗殴一样围拢上来，兴奋地观看各种即时更新、评头论足、喧闹一番，然而数天后由于没有更劲爆的内幕大家便各自散去。在这些场景下，我们看到的更多的是"聚众"形态，而较少"公众"的成分。

因此，当我们在社会化媒体时代，看到层出不穷、丰富多样的表达，看到"海量意见"的"大数据"时，不应简单地视之为"舆论"，不应认为社会化媒体时代天然地为"舆论"带来福音。的确，由于社会化媒体的普及，越来越多的普通网民有了表达的机会，使得意见变得越来越"可见"。但是，这些意见的表达及其汇聚有多少"公众"的成分？抑或只是分散化个人表达的"大众意见"与情绪相互感染的"聚众意见"？答案恐怕是不容乐观的。相对于"大众"和"聚众"，"公众"的定义有如下规范性要求：第一，群体成员面临一个共同议题（与该群体切身利益或价值相关的公共议题，如某地是否该建 PX 项目、全国节日放假该如何安排）；第二，他们对如何处理该议题有争议；第三，也是最重要的，他们就议题之解决展开公开讨论。因此，舆论的定义格外强调是公众针对有关自身或集体利益/价值的争议性议题展开公共讨论的过程。也就是说，舆论绝不仅是最终通过"民意调查"或"数据挖掘"所发现的意见之分布（尽管它们作为"结果"也是舆论的一部分），而且更强调这些意见形成的过程、特别是其中必须包含的公共讨论。

[①] 如刘建明《当代舆论学》，陕西人民教育出版社 1990 年版；陈力丹《舆论学——舆论导向研究》，中国广播电视出版社 1999 年版。

从这个意义上说，舆论首先是一个传播的过程，它看重群体成员之间的相互关联，而非"老死不往来"（"大众意见"）或"来去一阵风"（"聚众意见"）。也正是在这个沟通、交流、讨论的过程中，群体也才显示出其"公众"的一面，也才可以被定义为"公众"。

与此同时，还应当注意意见表达的场景与条件。诚然，社会化媒体时代，个体表达变得特别容易。但这种表达多大程度上具有"舆论"色彩，其中很重要的判别因素是表达所处的情境——是开放的、还是封闭的，是信息自由流通的、还是高度管控的。"公众"与"舆论"的概念除了强调群体之间的相互关联与讨论外，还格外强调个人表达的基础——应当是具有独立自主的人格，在自由流通的信息环境下（而非信息遮蔽的"盲情"环境中）做出判断，进而自由（意味着免于威胁恐惧）、充分地表达个人意见。由此，我们进一步看到"公众"这一概念的规范性内涵——强调独立人格、强调自由空间。参与表达的群体成员正是在这种自由表达中才体现出其"公众"成分，我们很难固定地说某个人或某群人"是"或"不是"公众，而只能分析在特定的场景中，在针对特定议题的讨论中，这群参与表达的人"多大程度上体现出'公众'色彩"。"公众"与"舆论"因此是互为倚靠、相互构成的。

所以，在今天这样一个表达特别容易的"海量意见"时代，我们更需审慎地使用"舆论"这一概念。回到它的学术起点，"舆论"概念包含两个最重要的内涵：第一，相互关联的群体成员针对关涉其利益或价值的有争议性议题展开公共讨论的过程；第二，讨论必须基于个人独立自主的表达，以及这些表达必须在信息自由充分的流通环境中进行。也就是说，那些相互分散割裂的"大众意见"不应等同于舆论，那些缺乏自由信息环境的"盲情"表达（往往被操控）也并非舆论。当然，这些讨论更多地具有规范理论的意义，在现实研究中，舆论的考察包括两个路径传统：一种是考察"大众意见"——这种方式就是将舆论定义为群体中相互独立的个人对政策或议题意见的总和（分布比例），因此研究主要采用传统的问卷调查方法（现在延展至网络数据挖掘）考察个体对公共议题或人物的意见分布，这类研究也即通常所说的"民意调查"（Public Opinion Poll）。我们不能否认它们是舆论研究的一部分，但远非全部。另一种则是考察"公众舆论"——其对舆论的定义是公众对关系到自身或集体利益/价值的争议性议题展开公开讨论的过程，以及在讨论中形成和表达的看法与评判；因此，这个思路不仅注重考察舆论形成的结果（作为横截面的意见分布），而且考察舆论形成的动态过程（作为过程的公共讨论）；其所用的方法除了问卷调查，还可以包括访谈、观察、个案分析、媒体内容分析、二手资料分析、事件-过程分析等。

总之，社会化媒体时代的舆论研究不能简单地将意见的增多等同于舆论的繁荣，需要仔细地分析这个时代的"海量意见"的形成与表达中具有多少"舆论"的成分，并从规范理论角度反思与推动社会不断扩大信息自由流通与意见充分表达的空间。

二、社会化媒体时代舆论新特征与研究新议题

回归舆论的基本概念，也提示我们开展社会化媒体时代的舆论研究可以从两方面着手：一是分析社会化媒体时代"大众意见"意义上的意见分布；二是考察社会化媒体时代"公众意见"形成的过程。下面我们结合社会化媒体时代舆论的新特征提出舆论研究需要重点考察的三大议题。

1. 社会化媒体空间内的"大众意见"分布

在传统媒体时代，要把握集体层面上的"大众意见"，只有采取抽样问卷调查的方法，去挖掘那些"沉默的大多数"，通过统一的问卷（通常以封闭式问题为主）搜集大众的意见。从这个角度说，调查本身是让大众"发声"的一种渠道。然而，社会化媒体时代的到来改变了这一生态——大众可以通过丰富多样的社会化媒体平台主动发声，因此这些网络空间成为了舆论表达的天然场所。这就使得社会化媒体时代舆论研究的一个重要议题就是挖掘既有的"网络舆情"（主要就是"社会化媒体舆情"）。由于用户在微博、微信等 UGC 平台上留下了数以亿计的"海量意见"数据，搜集、提取、分析、呈现这些数据超出了原有基于问卷调查的"小数据"处理能力，使得大数据挖掘（Big Data Mining）成为炙手可热的舆论研究前沿话题。这些研究通常采取语义分析、社会网络分析等手段，描述社会化媒体空间内的议题分布（热门词、关键词）与意见分布（倾向分布、情感分析）、从历史角度追溯其议题与意见分布的变化、以及建构表达主体间的网络关系（社会网络结构、意见领袖分析）。目前，国外关于 Twitter、Facebook 舆论的研究、国内依托新浪微博、百度搜索、人人网、乃至微信等主要社会化媒体平台的舆论数据挖掘研究都已展开，勾画出这些空间内一般或特定议题上"大众意

见"的分布状况①。

2. 线上（社会化媒体）与线下（调查）"大众意见"之间的关系问题

我们关心社会化媒体空间内的"大众意见"分布，一方面是因为网络舆论本身是值得重视的研究对象；另一方面，它们也构成社会舆论的晴雨表。线上舆论与线下舆论之间的理论与经验关系因此成为值得研究的第二个重要议题。社会化媒体空间的"大众意见"分布代表性如何？是否与线下调查结果一致？网络舆论挖掘是否可以替代传统基于随机抽样的小数据调查？目前关于这一议题存在两种不同的意见。一种意见趋向于认为社会化媒体舆论对现实舆论的代表性越来越强，其理由主要在于：一是网民比例越来越高，网民对大众的代表性随之增强；二是就意见表达的独立自主性而言，相对于其他管制严密的表达渠道（如传统媒体、政府机构），网络（社会化媒体）是中国现阶段唯一一个相对比较真实、比较开放的表达空间，因此它更能够反映老百姓真实的声音。另一种意见则倾向于怀疑社会化媒体舆论的代表性，认为它最多只能反映网络舆论。其理由包括：第一，样本的差异——大数据不等于随机数据（尽管数据挖掘的样本很大，但未必具有随机性，对总体的代表性欠缺）、网民不等于社会大众全体（因为"数码沟"的存在，目前中国仍有 55.9% 的民众为非网民，他们的意见不能在网络上得到充分地体现）、网络意见表达中"自我选择偏差"（self-selection bias）的存在（在网上表达意见的只是"自我选择"的少数，因此网络"大众意见"甚至都无法代表全体网民）；第二，表达环境与机制的差异——当网民在社会化媒体空间内发言时，其所表达的内容与方式完全可能与线下（如接受问卷调查时）不同，例如可能追求更为偏激的表达、更加倾向于与网络"意见气候"保持一致、更容易受到网络"聚众"的情绪感染、可能存在非理性表达等等。

因此，这方面的经验研究亟待开展。目前有一些研究开始通过实证方式检验社会化媒体平台（如搜索引擎指数、微博意见）与线下问卷调查所呈现

---

① 如 Wu, S., Hofman, J. M., Mason, W. A., & Watts, D. J. (2011). Who says what to whom on Twitter. WWW, March 28-April 1, 2011, Hyderabad, India. 喻国明：《大数据分析下的中国社会舆情：总体态势与结构性特征》，《中国人民大学学报》2013 年第 5 期。

的"大众意见"分布的异同①，这些研究的结论不一，说明了相关经验研究与理论辨析仍待深入。

3. 社会化媒体时代的舆论过程与动态关系：新媒介、新动力与"可视化"

上面两个议题重点关注的是作为"大众意见"的舆论结果，如前所述，舆论研究更需要关注作为"公共讨论"的动态过程。在新的社会化媒体环境下，本文认为至少有三个方面对分析舆论过程与动态关系至关重要：新媒介、新动力与"可视化"。

第一，新媒介。舆论的生成与演变依赖媒介空间，不仅因为媒介提供个体表达赖以形成的信息基础，而且因为舆论概念所强调的"公共讨论"更需依赖媒介空间展开。因此分析社会化媒体时代的媒介结构与生态格外重要。社会化媒体时代的"新媒介"包括如下特点：一是数量的多样化——从一两家媒体可以为舆论定调到今天的"众声喧哗"；二是类型的多样化——当下的媒体不仅数量多，更重要的是类型多样，并且新的媒介类型打破了原有的媒介分类。传统上依据介质和技术对媒介分类（如划分为报纸、广播、电视、网络）已经无法适应新形势的需要，一些新的分类方式应当进入舆论研究的视野。譬如有业界人士提出的"POP"分法——即把媒介根据其生产主体与机制划分为个人自媒体（Personal media）、机构媒体（Organization media）及媒体平台（Media platform）三类②，这种分类方法在传统的专业化媒体（机构媒体）之外凸显了两类新型媒体——由个人或小团队操作、带有鲜明个性、以个人微博及微信公众号等为代表的"个人自媒体"、以及以汇集、聚合和展示新闻与观点为特征的"媒体平台"（如新闻客户端）在媒介生态中的重要角色。毫无疑问，它们已经成为新的议题设置者、框架设置者与话语竞争者，是社会化媒体时代舆论研究无法忽视的媒介空间；三是话语的多样化——党报与市场化媒体，传统媒体与社会化媒体，新闻网站与个

---

① 如 Gonzalez-Bailon et al. (2012). Emotions, Public Opinion, and US Presidential Approval Rates: A 5-Year Analysis of Online Political Discussions. *Human Communication Research*, 38 (2). O'Connor et al. (2010). From tweets to polls: Linking text sentiment to public opinion time series. Paper presented at the ICWSM-2010. Tumasjan et al. (2010). Election forecasts with Twitter: How 140 characters reflect the political landscape. *Social Science Computer Review*. Zhu, J. & Wang, X., Qin, J., & Wu, L. (2012). Assessing public opinion trends based on user search queries: Validity, reliability, and practicality. Paper presented at the 65th annual conference of the World Association for Public Opinion Research (WAPOR), June 14-16, Hong Kong.

② 徐园：《POP，媒体未来式》，《新闻实践》2013 年第 9 期。

人自媒体等，都呈现出话语上的竞合关系，不同类型的媒体之间产生纷繁复杂的议题、意见与框架的流动与互动，值得舆论研究者仔细分析。

第二，新动力。就中国社会传统的舆论动力机制而言，党和政府是最主要的议程设置者，并借由主流媒体完成议题动员与框架定调，成为整合社会的重要力量①。但是这一动力机制在社会化媒体环境下发生了显著改变——参与议程设置与框架竞争的力量都变得多元化、复杂化，舆论运行的过程机制不再像以往那样路径清晰、结构单一。普通公民通过网络爆料等形式、借助戏剧化的传播符号可能成为新的议程设置者，并经过活跃在社会化媒体平台上的新闻记者、学者律师、意见领袖（"网络大 V"）的介入、转发与传播，进而通过社会化媒体对传统媒体的"反向议程设置"，成为轰动全国的舆论大事件，这一舆论动力机制与传播过程在历次突发公共事件中体现得尤为明显②。这一新的动力机制体现了普通人在舆论生态场中影响力的提升，但实际上其所能造成的影响力受制于网络与传统精英力量对其的响应，也受制于传统媒体对相关事件的回应。

第三，"可视化"。新的社会化媒体环境使得意见的形成过程变得可视化，也使得舆论概念所强调的"公共讨论"变得可视化。以往，除非组织专门的座谈会或小组访谈，否则通过"大众意见"式的民意调查所测量的只是抽去了公共讨论过程的个体的意见总和，公众私下的讨论是"不可见"的。即便大众媒体出现后为公众提供部分的表达平台与讨论空间（例如报纸的"读者来信"版、电视台的时事辩论节目），但其表达空间、参与主体、讨论话题都是极其有限的，经过编辑和剪辑后的版本也使得诸多过程"不可见"。也正因为此，最近的舆论研究才强调"协商民调"（或译"慎思民调"，Deliberative Polling）的重要性。社会化媒体改变了这一生态，当一个议题产生后，网民就通过多种多样的公共平台与传播机制（包括转发、评论、点名等形式）展开个人的意见表达与相互讨论，这些表达与讨论都公开可见，公众不仅可以参与这一过程，而且可以随时观察、跟踪这一过程，议题的设置、传递与上升，框架的提出、竞争与胜负，都在公众视野中展开。由此，原本舆论那种隐匿、分散的状态更多转向公开、汇聚，这样的"可视化"使得舆论过程清晰可辨，推动事件的进展，也使得个体的意见感知更为容易和

---

① 王绍光：《中国公共政策议程设置的模式》，《中国社会科学》2006 年第 5 期。
② 周葆华：《突发事件中的舆论生态及其影响：新媒体事件的视角》，《中国地质大学学报》（社会科学版）2010 年第 3 期。

直观，进而动态性地影响其在议题或事件发展不同阶段的意见表达，形成不断演化的动态舆论过程。当然，社会化媒体时代舆论过程的"可视化"并不意味一定是公开、自由、开放、理性的，必须注意考察：这一"可视化"过程中信息自由流通的程度如何？理性讨论的程度如何？参与主体的广泛性与多元性如何？是否容忍少数意见、甚至边缘意见的存在？更重要的，还要始终注意到在"可视化"之外存在"不可见"的部分，在"可视化"的表层下藏着"隐匿脚本"与"幕后推手"，这样才有助于真正从"公众意见"与"传播过程"角度准确地把握社会化媒体时代的舆论。

三、中国情境与社会化媒体时代舆论研究的创新

相对于日渐丰富的舆论生态现实，我们目前的舆论理论研究是滞后的。新的社会环境催生了一批新兴产业——譬如舆情分析与危机应对行业的兴起，但舆论研究最主要的理论创新却亟待加强。要完整地回答这一问题超出本文的任务，我们在此主要结合中国情境尝试提出社会化媒体时代舆论研究理论创新的可能路径，以激发学界更多地讨论。

1."两个舆论场""双重话语空间"及其动态性

思考理论创新的一个出发点就是立足中国具体的社会场景。社会化媒体舆论并非隔绝存在，而是身处"扩展的媒介生态体系"中。特别是对转型期中国社会而言，社会化媒体舆论之所以如此引人注目的一个重要原因在于其与社会其他舆论场的差异。部分研究者援引新华社前总编辑南振中的"两个舆论场"概念，敏锐地观察到中国当代社会相比于其他社会更明显的"两个舆论场"现象，并呼吁"打通官方、民间两个舆论场"[①]。用更为规范的学术语言来表达，"两个舆论场"实际上体现的是中国社会转型期的"双重话语空间"（dual discourse universes）特征[②]。该概念认为中国社会存在官方和民间两个差异化的舆论表达空间，前者的载体是官方文件和传统媒体，后者则主要表现为私人话语（人际讨论）以及网络新媒体（主要是社会化媒体）。"双重话语空间"是基于中国舆论的特定场景提出的富有新意的学术概念，值得我们在分析社会化媒体时代的中国舆论时加以应用和发展。

---

① 祝华新：《"两个舆论场"的由来和融通之道》，《南方传媒研究》2012 年第 38 期。
② He, Z. (2009). Political communication in dual discourse universes. In L. Willant &A. Aw (Eds.), *Political communication in Asia* (pp. 43-71). NY: Routledge.

一方面,我们应当看到"双重话语空间"存在差异、甚至对立的基本现实。在中国近年来的诸多舆论事件中,都可以看到社会化媒体扮演传统媒体"对抗者"的角色——网络空间成为网民反对、嘲弄传统媒体所发布的"权威信息"的主战场;但另一方面,也要注意"双重话语空间"之间的互动、甚至合作关系,也就是说两者之间的关系是动态性、而非僵化静止的。具体来说:第一,传统媒体内部也存在分裂甚至分化。例如除了以往研究所揭示的党报与市场化媒体之间的差异、中央与地方媒体之间的差异外,还有一些颇值分析的内部差异——比如因地方政治与传媒文化不同造成的差异(如"南方系"与"北方系")以及在同一报团内部、甚至同一份报纸不同版本之间因语言和受众不同造成的差异(如《环球时报》中文版与英文版),这就造成了在一些舆论事件中,市场化程度较高或新闻专业主义职业意识较强的传统媒体,容易成为网络表达的同盟军;在针对地方政府的监督上,中央级媒体也会加入,并与异地监督的其他地方媒体一起形成对网络民意的呼应;第二,传统媒体本身也在进行数字化转型,拥抱新媒体、特别是社会化媒体。这一过程不仅意味着技术与平台的转换,也代表着话语方式与表达理念的可能转换。这方面的典型就是《人民日报》微博,自从 2012 年 7 月 21 日开通以来,短短一年(截止 2013 年 7 月 17 日),粉丝数已经超过 814 万,排名媒体微博首位,远超《人民日报》的单期发行量①。个中原因,正是其摆脱了传统僵化的"宣传"面孔,积极回应社会重大议题与网友关切,与社会化媒体舆论展开互动。从这个角度说,"@人民日报"不等于"《人民日报》",无法简单地将之归入官方话语空间;第三,社会化媒体平台爆发的舆论事件,要赢得更大的社会关注,也依赖传统媒体的介入与推动,两者之间并不仅有对立关系,也存在共同推动公共事件的可能。诸多"新媒体事件",恰恰是由于传统媒体的介入报道,才得以成为引发舆论更大规模关注的"大事件"②。因此,分析社会化媒体时代的中国舆论,可以借鉴"双重话语空间"这一基本思想,对舆论表达的主体、平台及其相互之间复杂多变的差异、对立、合作、融合展开具体的实证研究与经验分析,从中可望对舆论过程产生若干原创性的中观概念。

2. 与西方经典舆论理论对话:以议程设置、沉默螺旋与政治效能感

---

① 刘鹏飞、齐思慧:《人民日报法人微博一周年数据分析》,取自网络,网址:http://zgbx.people.com.cn/n/2013/0913/c369169-22916167.html。
② 周葆华:《作为"动态范式订定事件"的"微博事件"》,《当代传播》2011 年第 2 期。

为例

另一个思考理论创新的路径在于立足中国本土情境，与产生于西方土壤的经典舆论学理论展开平等、开放的对话。这里强调"对话"，是想走出中国传播学乃至社会科学"本土化"研究中的"检验"思路——似乎西方已经产出了很好的理论，我们只需拿中国经验去检验它，并在此基础上作出可能的修补。本文认为，理论对话的含义是借鉴西方产出理论的"问题意识"及其研究逻辑，但却不先验地认为其理论必须"拿来"，也就是说，问题与理论皆可"自产"，但应与经典理论的提问背景、设问方式及研究路径等展开互动与对话。

举例来说，西方舆论研究的重要理论之一是"议程设置"（Agenda Setting），强调媒介为公众设置议程，决定公众思考什么（议题排序）。这一问题基于西方开放竞争的多元环境而生，关联到公共决策与资源分配，具有现实土壤。但在中国社会，传统来讲，党和政府是最大的议程设置者，以宣传管理的方法为媒体定调，再经由媒体来动员群众与整合社会，这一运行逻辑与西方社会存在很大的差别，如果机械地套用或"检验"议程设置，无疑刻舟求剑。不过，在社会化媒体时代，是否就不能提出关于议程设置的问题呢？并非如此。因为随着社会化媒体的日益普及，普通公民或利益团体已经开始运用这些平台进行设置议题的实践，在这种情况下，我们就应当对社会化媒体时代中国社会中的"议题来源"问题展开经验的分析。也就是说，我们并非是要"检验"西方的"议程设置"理论是否正确，而是借鉴"议程"这一概念审视中国当代公众注意力的竞争问题。

再比如，西方舆论研究的另一个重要理论是"沉默的螺旋"（Spiral of Silence）。它所阐述的是影响个体意见表达的重要心理机制——由于对孤立的恐惧，人们总是倾向于与社会主流意见保持一致，如果判断自己的意见与大多数人不一致（少数意见），就会倾向于沉默。回到中国的舆论研究中，我们要做的并非不假思索地"检验"沉默的螺旋理论是否适用，而是应当借鉴其基本思想提出一系列研究问题，例如：在中国社会，人们是否能感知到"主流意见"？从哪里感知"主流意见"？与主流意见的一致与否会在多大程度上影响其意见表达？遵循这一思路，已经有研究发现，中国公众感知到的与"主流媒体"意见的不一致不仅不会降低其意见表达的意愿，反而可以正向促进其意见表达①，这一与西方差异化的结论可以衍发出很多有价值的理论探讨与创新。

由这一研究发散开去，一个值得系统考察的问题就是：哪些因素是影响中国公众意见表达的关键因素？除了"沉默的螺旋"，西方相关研究还指出一个重要的心理因素——政治效能感（Political Efficacy），该概念指公民自我感知到的影响政治过程的能力，通常又区分出两个维度——代表个体对自身理解和参与政治能力基本信念的"内部效能"（internal efficacy）和代表个体对政治体制能否对公众参与进行有效回应感知的"外部效能"（external efficacy）。西方研究指出政治效能在人的社会化过程中形成并稳定，因此其可以显著地正向影响意见表达和政治参与。但在中国情境中，我们的研究发现：一方面中国人的"外部效能"普遍处于较低水平，因此其对意见表达缺乏显著影响；另一方面中国社会处于转型变动之中，政治效能、特别是外部效能，完全可能发生动态的改变②。因此，从这样的本土情境出发，我们正在深入研究下列问题：中国人如何理解"政治效能"？如果说大家普遍感受到较低的"外部效能"，为什么不同的人体现出不同的表达水平？到底哪些因素是更为重要的影响个人意见表达和参与公共讨论的关键因素（比如中国人的"面子""关系"）？我们相信，通过这样既与西方理论展开对话，又深深扎根本土经验的研究路径，一定可以在未来产生更多有价值、有意义的理论和概念创新，推动社会化媒体时代舆论研究的新发展。

---

① Chan, J. & Zhou, B. (2011). Expressive behaviors across discursive spaces and issue types. *Asian Journal of Communication*, 21: 2, 150-166.
② 周葆华：《突发公共事件中的媒体接触，公众参与与政治效能——以"厦门PX事件"为例的经验研究》，《开放时代》2011年第5期。

中国舆论监督结构性关系的形成与发展

许 静

按照社会学的一般思路,在任何一个社会中都存在着行动者以及制约其行动的一些基本社会结构,但是吉登斯(Anthony Giddens)的"结构化理论"则认为,社会结构不仅具有制约性,而且具有使动性。行动者(agent)利用结构性的规则和资源,在跨越"空间"和"时间"的各种"互动情境中"进行积极而有效的行动,并且在行动的过程中,改变或再生产结构,从而最终实现社会的变迁①。纵观几十年来中国舆论监督的发展,我们可以看到,舆论监督开始显示出一些新的结构化特征。主要表现为,出现了大批具有话语意识和实践意识的行动者,他们借助于社会发展所带来的各种规则和资源,将舆论监督日常化和惯例化,并在某种程度上促成了一些制度性关系的初步形成,从而影响了中国舆论监督的发展态势。本文尝试性地借用"结构化理论"中的一系列概念,对中国舆论监督的结构化特征进行初步探讨。

一、舆论监督的两种定义

对于舆论监督的定义,长期以来存在争议,而争议的核心,则在于确认舆论监督的主体。展江曾认为,"舆论监督是指新闻媒介代表公众(公民)对权力运作尤其是权力滥用导致的腐败进行的监督。应当指出,'舆论监督'并不是一个严谨的概念,因为它实际上是媒体监督,所谓代表公众则是一种习惯,并非正式授权和约定。"② 按照王强华等人的解释,舆论有广义、狭义之分。广义的舆论是指通过各种方式传播的众人的议论、意见。而大众媒

---

① 参见【英】安东尼·吉登斯《社会的构成:结构化理论大纲》,李康、李猛译,生活·读书·新知三联书店1998年版,第62-63页。
② 展江:《舆论监督与民主政治》,《中国舆论监督年度报告》,社会科学文献出版社2006年版,前言第2页。

体是当代社会中能产生广泛影响的基本传播方式,因此狭义的舆论就是新闻舆论的简称。所以,"舆论监督是公民通过新闻媒介对国家机关、国家机关工作人员和公众人物的与公共利益有关的事务的批评、建议,是公民言论自由权利的体现,是人民参政议政的一种形式。"[①]

1993年由中国人民大学甘惜分教授主编的《新闻学大辞典》对舆论监督给出了两种定义:(1)公众在了解情况的基础上,通过一定的组织形式和传播媒介,行使法律赋予的监督权利,表达舆论、影响公共决策的一种社会现象。舆论监督的对象是一切社会权力,其重点是权力组织和决策人物,对于前者的监督包括对决策过程的监督和对决策效果的监督;对后者的监督包括对决策人物产生的监督和对决策人物行为的监督。舆论监督是社会民主的重要环节,实行舆论监督是一个制度化的过程。舆论监督制度应保证社会舆论通过一定的立法程序,转化为行政措施。(2)特指新闻媒介对社会不良现象的批评,以及对于政府和政党的批评,促使其修正错误[②]。

这两种定义,常常被看成是对舆论监督的官方话语和民间话语的不同表述。在官方话语中,自十三大以来,党的历次代表大会文件中所提到的舆论监督,都是指新闻媒介的批评性稿件。2004年发布的《党内监督条例(试行)》对舆论监督有专节论述,其中将"舆论监督"明确规定为新闻媒体的工作,把新闻媒体发挥舆论监督作用纳入党内监督的轨道,强调新闻舆论监督必须在"党的领导下","坚持党性原则",遵守有关规定和程序,从而与西方媒体的所谓"第四权"彻底划清了界限。

但是今天,我们已经看到,借助于互联网等新媒体,越来越多的个人,可以不依赖于传统媒体的代表性转达,而是进行个人的直接表达,通过个人化的事实揭露、发表意见和批评批判,有力地推动了舆论监督的发展。

二、具有话语意识和实践意识的监督行动者

吉登斯曾用"agent"一词来表述社会实践中的行动者。按照牛津英语词典(the Oxford English Dictionary)的解释,"agent"是指"行使权力或

---

① 王强华、魏永征主编:《舆论监督与新闻纠纷》,复旦大学出版社2000年版,第27页。
② 甘惜分:《新闻学大辞典》,河南人民出版社1993年版。

造成某些效果的人。"他们的能动性使得他们"可以用不同的方式来行事"①。打个比方说，在改革开放之初，一对农民夫妇进城找活路，但是很快就从城里回来了。邻家夫妇很好奇地问他们为什么回来，他们回答说："城里太难活了，连上厕所都要钱。"结果邻家夫妇过了几天就进城了，干什么去呢？进城找活儿去了，哪怕是去厕所收钱呢。讲这个故事是想说明，规则不仅仅会限制个人行动，而且可能促使人们用不同的方式来行事，以追求行动的有效性。对于具有反思性和能动性的个人来说，规则既有约束性又有使动性，个人行动的有效性取决于行动者对规则的反思和有效利用。

同样道理，随着中国社会的进步，法制的完善，民主权利意识的觉醒和社会表达渠道日渐增多。一方面，我们看到一代以媒体舆论监督为己任的媒体调查记者在成长，另一方面，借助于新媒体赋权和对各种社会资源的利用，越来越多的普通民众得以参与到舆论监督行动中来。著名的调查记者王克勤，不仅以其《中国经济时报》首席记者身份进行职业化的舆论监督报道，而且充分利用博客、微博等新媒体手段，以公民记者的身份揭露黑暗、伸张正义。而在"南京周久耕事件"中，从网民"人肉搜索"其"天价烟"，到其被免去局长职务，前后只用了14天②。在2010年10月发生的江西宜黄事件中，《凤凰周刊》记者邓飞第一次以微博直播的形式进行现场报道，在媒体和网民的共同参与下，最终影响了事态的发展。

实际上我们可以看到，从有良知的记者、公共知识分子，乃至其他专业人士、社会精英到普通网民，越来越多的人积极地利用新媒体赋权和各种社会资源，使舆论监督行动惯常化甚至日常化，使之成为一种制度性实践。我们可以用"agent"一词来称呼他们，因为他们不再是一般意义上的行为人或者"沉默的大多数"和"被动的受众"，而是更具有能动性和反思性，并追求行动的理性化的践行者。在行动中，他们不断强化自身的话语意识和实践意识，并注重行动效果。

三、行动者对规则和资源的充分利用

从社会宏观的角度来看，社会结构是一定的社会组织秩序的形成，然而

---

① 参见【英】安东尼·吉登斯《社会的构成：结构化理论大纲》，李康、李猛译，生活·读书·新知三联书店1998年版，第61页。
② 杜俊飞主编：《沸腾的冰点——2009中国网络舆情报告》，浙江大学出版社2010年版，第5页。

从微观的个体行为者的角度来看，社会结构却具化为限制行动的各种规则。但实际上，规则在限制行动的同时，又成为行动的指引，也就是说，规则兼具限制性和使动性。因此，在吉登斯看来，结构可以概括化为行动者在跨越"空间"和"时间"的"互动情境中"利用的规则和资源。正是通过使用这些规则和资源，行动者在空间和时间中，维持和再生产了结构。

在与舆论监督相关的互联网意见表达中，最主要的是新闻跟帖、论坛发帖、个人博客以及近两年最为流行的微博客表达等几种形式。新闻跟帖的发言人不必通过注册，除发言时显示的 IP 地址外，没有其他明显的身份标示，因此相对于论坛和博客，发言者受身份的限制最小，匿名性最高，便于作者的自我保护。但一般而言，网络跟帖只能针对网站事先提供的新闻议题有感而发，与传统媒体环境下的情况类似，管理员有权通过开放或者关闭网友评论以及删除内容的方式，对新闻跟帖进行管理，因此新闻跟帖要产生舆论影响，很大程度上取决于网络管理员。在 2007 年"黑砖窑"事件中，作为受害人家属之一的辛艳华在求助于传统媒体反响寥寥甚至一无所获的情况下，转而求助于网络。她选用"中原老皮"的网名，没有在自己的家里或单位发帖，而是借用了朋友公司的一台电脑，采用跟帖留言的方式，最初希望发在新华网上，但"因为涉及敏感内容，帖子被拒绝发布"，后来还是以跟帖的形式，顺利在大河网上发布。而这一帖子被管理员置顶，并配发图片，最终掀起了全国舆论关注。

论坛发帖则是更为常见的一种新闻发布和意见表达形式。天涯社区、猫扑网、强国论坛以及其他一些高校和地方社区 BBS 论坛是网络舆论的集散地。网民们可以在论坛中针对自己感兴趣的话题发表主帖或跟帖。一些资深网民会充当意见领袖的角色，他们的帖子往往一经发表就引起论坛社区成员的关注和讨论，是论坛形成热门话题的重要来源。社区论坛具有一定的结构化的群体特征，消息传递快、群体动员广、舆论的强度能很快得到体现，因此受到各方关注。

2009 年 9 月 10 日，上海白领张晖在爱卡上海论坛以 ID "善良的被骗"发帖，讲述自己被闵行区交通执法大队以"非法营运"为名查获，遭扣车与罚款 1 万元的经历。大旗网、天涯论坛在第一时间内推荐了该帖。韩寒的博客以"这一定是造谣"为题转载了这篇帖子，短时间内点击率升至 48 万人次，跟帖达到 6000 多条。上海《东方早报》、上海电视台、《南方都市报》、《京华时报》等纷纷跟进报道。一个月后，河南司机孙中界在遭遇类似张晖的"钓鱼执法"后,激愤之下断指以证清白。此事又使"钓鱼执法"为全国关注。中央和地方各路媒体纷纷报道,《人民日报》发表了评论《钓鱼式执法危害猛于虎》。与此同时,天涯社区设立"钓鱼执法讨论专题",其中主帖《上海又现钓鱼执法,18岁司机愤而断指以示清白!》的阅读量短时间内达34.6万人次,跟帖4200余条。网络声讨与传统媒体的报道形成共鸣,将钓鱼执法推上了社会舆论的风口浪尖。在强大的舆论压力下,上海市浦东新区政府成立包括人大代表、政协委员、律师、媒体代表、社区和企业代表在内的12人联合调查组,最终促使上海市浦东新区政府和闵行区政府分别为发生在本区内的钓鱼执法事件认错,并撤销原有处罚规定。2010年6月7日,上海市出台的新政策,明文禁止钓鱼执法、不正当取证等行为。

私人博客在经历了以木子美为代表的"情色博"和以徐静蕾为代表的"名人博"等热潮后,以意见表达为核心的草根博客和记者博客又渐成趋势。2008年最著名的是《瞭望东方周刊》记者孙春龙在个人博客上发表《致山西省代省长王君一封举报信》,举报山西娄烦山体滑坡事故被瞒报的真相。这个举报最后得到了温家宝总理的批示,事件从而得以彻查。类似的记者博客其实还有许多。"80后"代表韩寒,曾因中途辍学、攻击文化名人而颇受非议,但后来则因其在博客中不断针砭时弊而渐获"公共知识分子"的美称,并入选2010年《时代》全球最具影响力百人榜。除著名人物之外,平民李连德自办的舆论监督网也因"李信事件"而著名。在"李信事件"中,中央电视台《新闻调查》其实是最早介入这一事件采访的媒体,并且掌握李信涉嫌犯罪的所有证据。但是,片子经过了几次审查,最终决定"还是算了"①。李连德自办的中国舆论监督网,自称在逆境中成长,在硝烟中长大。在不断遭遇封杀时,最多的时候每天要转移6个空间,竭尽全力在网络上展开了"游击战"②。

作为一种最新流行的网络传播形式,微博的传播机制与上述几种不尽相同。首先它是移动通讯与互联网的结合,因此传播者可以随时随地发出信息,更快速、更便捷。所以喻国明认为,"微博从技术层面上更趋近于人类信息传播沟通的 Anyone、Anytime、Anywhere、Anyway 的 4A 理想情

---

① 李玉霞:《从"李信事件"看网络舆论监督》,《成都大学学报》(社会科学版)2006年第5期。
② 中国舆论监督网公告,http://blog.cnfol.com/yulun/article/1807487.html

境。"[1] 其次，微博之传不同于传统大众媒体和 Web1.0 式的信息扩散，而是借助于在微博中形成的社会关系网络，通过转发和推荐等机制，进行人际传播。彭兰认为："在迄今为止的网络应用中，在以社会网络为信息传播的基本结构方面，微博表现得最为充分。"[2] 在宜黄事件中，《新世纪周刊》记者刘长发出微博不到一小时，就被转载近千次，当天上午就获得超过 1000 条评论，在被相关部门要求删除之前，已经在网上炸开了锅[3]。第三，微博表达中 140 字的限制，实际却促成了场景性的片段表达、讨论式的关键话题表达以及直白朴素的平民话语表达。

宜黄事件中自焚者家属钟如九在新浪微博中曾这样写道："现在快到四点半的探视时间了，我们要去看看我妈她们现在怎么样了？她们这几天都只能吃一两口东西，身体非常虚弱，不知道我姐醒没？希望老天爷保佑她们平安无事，我也会告诉他们一定要坚持住，外面有很多好心人在关心他们的。"她的文化程度并不高，而此条微博中包含的日常性的话语以及不太符合语法规则的问号，却充分表达出了钟如九焦急无助的心情。就是这样一条简单的微博，就获得了 199 条评论和 140 次转发。微博表达给钟如九这样的平民女子一个难得的信息发布渠道，而网友们的评论和转发，显然也是某种民意的反映。

除新闻跟帖、论坛发帖和私人博客、微博等意见表达形式外，舆论监督的行动者还对其他的网络技术予以充分利用，如"人肉搜索"、如视频"恶搞"和"山寨"等，虽然其中一些做法因侵犯隐私、挑战道德和社会权威等而招致种种批评，但在某种程度上也反映出借助网络技术进行另类意见表达的趋势。2006 年胡戈推出视频短片《一个馒头引发的血案》之后，被冠之以"恶搞"，实际是以各种网络动画、漫画、视频、歌曲等形式进行的另类意见表达渐成趋势，并以 2009 年初的"网络神兽事件"为最典型。有分析者称，这是弱者通过"隐藏文本"所进行的日常抵抗[4]。

对规则和资源的充分利用当然不止限于网络，而是体现在其他各种社会活动中。舆论监督过程中传统媒体与新媒体的议程互动就可以被看成是对媒

---

[1] 喻国明：《微博的影响力》，《国际公关》2010 年第 3 期。
[2] 彭兰：《微博传播机制》[OL].（2010—10—5）[2010—12—15] http://blog.sina.com.cn/s/blog-4a6a28460100mb7j.html.
[3] 邓飞：《微博推动聚焦宜黄"拆迁自焚"》，《网络舆情》2010 年第 81 期。
[4] 王洪喆，《从"草泥马"事件看中国互联网的内容审查、网络文本抵抗与网民亚文化》，2009 两岸三地五校研究生论坛。

体活动的规则和资源的一种利用。比较而言，互联网是一个相对宽松和开放自由的表达平台，在法律和政策的范围内，任何人都可以在网上发布信息和意见。因此在某种意义上，网络舆论可以说是社会舆论的直接反映。相反，传统媒体则是高度体制化的一种存在，由于体制性约束，媒体所反映或表达的舆论往往是获得体制认同的看法和观点，而真正的民众则很难通过传统媒体自由地表达自己对社会问题的看法。这是我们不能不承认的舆论现实。正如董天策和陈映所说，"在我国，网络媒体与传统媒体之间的异质性不仅体现为一种物理性的媒体介质的差异，而且体现为一种社会性的媒体制度的差异。"①

尽管如此，近年来在舆论监督过程中传统媒体与互联网等新媒体的议程互动却已成趋势。按照董天策和陈映的分析，传统媒体与互联网等新媒体的议程互动，既有主流媒体进行媒介间议程设置从而产生"媒介共鸣"的效果，又有议程从包括网络在内的边缘媒体向主流媒体扩散而产生的"溢散效果"。但深入分析议程互动的具体过程就会发现，对于新闻舆论具有重要变革意义的还是网络舆论。一方面，那些传统媒体由于某种原因而未能报道的现实问题，正是在网络舆论的积极推动下才变成了传统媒体与网络媒体的共同议程。另一方面，即使那些从传统媒体流向网络的议程，如果离开了网络舆论的积极推动，也很可能中途夭折。正是依赖网络舆论的积极介入，传统媒体才可能纷纷开展报道与评论，推动事态的积极发展。董天策和陈映认为，"溢散效果""对于当代中国的新闻传播与舆论实践具有十分重要的创新意义或革新意义——让主流媒体卷入敏感问题的报道，不仅扩大了新闻报道面，而且拓宽了传统媒体的言论空间，推动传统媒体更好地反映民心民意。"② 再从近年来《南方都市报》"网眼"报道的实践来看，传统媒体也正在积极主动地充分挖掘网络舆论资源，不断设置舆论话题，推动甚至引领舆论监督的发展③。

除媒介议程互动外，实际上还有对其他社会规则和资源的充分利用。在2007年厦门市民反PX事件中，小区业主先以多种形式向地方媒体、地方

---

① 董天策、陈映：《试论传统媒体与网络媒体的议程互动》，《西南民族大学学报》（人文社科版）2006年第7期。
② 同上书。
③ 参见王星《致敬之年度公众服务："网眼"独家报道揭秘》，《南方周末》2007年12月27日，http：//news.sina.com.cn，及《怎么种出大新闻》，《南方传媒研究》2009年4月22日，http：//media.nfdaily.cn。

政府及国家环保总局等中央机关投诉，但是在地产商和地方政府的双重压力之下，业主维权陷入尴尬。随着《中国经营报》报道全国政协"一号提案"——105位委员提出的"关于厦门PX项目迁址建议的议案"，以著名媒体人连岳为代表的舆论领袖，开始调整舆论的话语框架，变业主维权为保护厦门城市环境和公民权，充分利用个人博客和报纸专栏发表意见，引导社会舆论，借中央媒体批评当地媒体，并通过手机短信发动市民，进行全体市民"六一"和平散步，推动对PX项目重新环评，鼓励公众积极参与协商，最终取得了胜利①。在这长达一年的舆论事件中，我们可以看到，知晓型公众对社会规则和资源的有效利用，促进了规则的转换和资源的重新配置，从而最终改变了事物发展，调节了社会关系。

四、结构性关系的建立和改变

结构化理论认为，社会科学研究的主要领域，既不是个体行动者的经验，也不是任何形式的社会总体的存在，而是在时空向度上得到有序安排的各种社会实践②。在当今中国，以媒体记者、公共知识分子以及普通公民为主体的舆论监督行动，可以被看成是伟大的社会实践。正是通过这些践行者持续不断的努力，在行动中生产和再生产社会结构，社会的进程最终将得到改变。

吉登斯提出："在社会研究里，结构指的是使社会系统中的时空'束集'（bingding）在一起的那些结构化特性，正是这些特性，使得千差万别的时空跨度中存在着相当类似的社会实践，并赋予它们以'系统性'的形式。"③换句话说，社会行动者的日常活动，总是以较大的社会系统的结构性特征为依据，并通过自己的活动，再生产着后者。以语言的使用为例，每个人根据语法进行语言实践活动，同时在实践中再生产语言，最后导致语法的改变。同样道理，个体行为者的行为可以通过大规模的、集体性的日常性实践，而导致结构性关系的建立和改变，并最终导致社会变迁。

舆论监督的概念，是从早期的批评性报道发展而来的。1954年7月中

---

① 黄莉、方堃：《反PX公民运动的话语框架过程分析》，许静：《舆论学概论》，北京大学出版社2009年版，第285—289页。

② 参见【英】安东尼·吉登斯《社会的构成：结构化理论大纲》，李康、李猛译，生活·读书·新知三联书店1998年版，第75页。

③ 同上书。

共中央在《改进报纸工作的决议》中就明确提出,报纸必须开展批评,批评必须在党委的领导下正确地开展。1981年中共中央在《关于当前报刊新闻广播宣传方针的决定》中又提出,各级党委要善于运用报刊开展批评,推动工作。该决定还要求"批评要事先听取党的有关部门的意见和被批评者本人的意见。"① 虽然这些严格的规定随着后来舆论监督的发展而逐步放松甚至被打破,但报纸批评要接受党的领导依然是基本原则。

以党领导下的批评性报道为主的舆论监督所体现出的结构性特征是权力支配型的,舆论监督对后果具有控制力,而且往往体现为行政权力的某种延伸,央视《焦点访谈》就曾经是权力支配型舆论监督的典型代表,其主要依靠的是权威性资源,即对人或行动者产生控制的各类转换能力。

随着市场经济的全面展开和新闻体制改革的逐步深入,靠市场竞争求发展的都市报类媒体不断成长壮大,它们在某种程度上构成了中国舆论监督特别是异地舆论监督的主体,而其舆论监督行为在一定程度上带有资源配置性。配置性资源是指对物体、商品或物质现象产生控制能力,因此更多体现为特定的经济力量之间的博弈,而舆论监督的实现则是大的行为者博弈的结构。在这一时期,一方面,我们看到一大批编辑、记者们顶住压力,知难而上,使我们得以看到比以往更多的舆论监督报道;另一方面,我们也看到越来越多的新闻侵权行为以及涉讼案件的发生,这其中有记者行为失范,但更多的是各种地方势力、部门乃至企业在施加压力。在许多涉讼案的背后,有各种力量的利益之争,媒体成为博弈场。

在新媒体环境下,网络舆论监督已不容忽视。借助于新媒体赋权,民众自觉进行的舆论表达和舆论监督日渐日常化且数量惊人。虽然其中有很多都无法达到改变事物发展的理想结果,甚至有些舆论因为"网络议程与传统媒体议程之间的断裂"②,而无法真正成为社会性舆论。但是这样的舆论表达并非毫无价值,而是实际上体现了一种表意性的结构关系③,即:通过话语和符号体系的建立,对某些现象引发关注,进行解释,阐明意义,其表达在于揭露和启蒙。从实际来看,大量的舆论表达不仅提供了富有意义的符号及符号系统,如"俯卧撑""打酱油""躲猫猫""范跑跑""楼脆脆"和"我爸

---

① 许静:《舆论学概论》,北京大学出版社2009年版,第230页。
② 董天策、陈映:《试论传统媒体与网络媒体的议程互动》,《西南民族大学学报》(人文社科版)2006年第7期。
③ 同上书。

是李刚",而且以各种形式的公开争论,探索如何共享一些看待和理解特定情境下的事物的解释性和规范性的知识框架。

在各类舆论事件中,最值得关注的,是政府由被动到主动,由零星个别到渐成趋势的公开回应行动。比如在 2009 年的"躲猫猫"事件中,云南省委宣传部副部长伍皓,主动公开回应网民意见,组织网民进行调查,引起极大轰动。在上海"钓鱼执法"事件中,当浦东新区城市管理行政执法局发布调查报告遭到强烈批评之后,上海市政府将城管部门排除在外,重组调查组,以顺应民意。在 2010 年 6 月的一次袭警枪击事件中,广州市公安局利用微博实时公开事件进展,争取民众理解。2010 年 9 月,人民网·中国共产党新闻网正式推出"直通中南海——中央领导人和中央机构留言板"。此举不仅仅意味着民意表达渠道的拓宽,让百姓有机会直接向中央反映情况、提出意见和建议,而且意味着为政者关注民生、倾听民声、尊重民意和推动民主政治的态度和行动。

尽管舆论事件仍层出不穷,但是在各种各样的网民行动和官方"应对"中,从对民意表达的关注,公开的信息竞争、策略性的舆论引导,再到积极的对话协商和民主参与,我们可以看到某种话语关系的形成和发展。我们有理由相信,从权力主导型的批评性报道,到资源配置型的都市媒体异地监督,再到今天新媒体环境下舆论监督话语关系的形成和发展,中国式的舆论监督,将有可能通过多方的理性选择和力量博弈,而形成新的合法性结构关系,从而进一步推动中国社会的发展。

中国特色舆情理论研究及学科建设论略

王来华

作为一门新兴社会科学分支学科，舆情研究在理论和实践的不同层次上都体现了当代中国社会科学话语体系的特色。在对舆情概念的解释中，舆情研究既直接参考了这个词语在中国传统话语语境中的历史使用情况，也吸收了重视现代民主发展与尊重民意的现实生活事实；迄今为止，舆情仍主要是流行在中国大陆的一个社会政治概念，对舆情与舆论这个概念和研究范畴的讨论，既考虑到它们之间的分隔，也考虑到它们之间的相互融合，突出了舆情只是作为民众的社会政治态度，指出了它与来自官方、媒体舆论之间的明显差异。这种正常的"切割"是标榜新闻自由的一些发达国家还没有做到的；舆情研究关注民众与国家管理者之间利益联系这一学科研究的本质内容，在理论和实践的不同方面搭建起民众与国家管理者之间的利益诉求沟通"桥梁"，使之成为直接服务于党和政府公共政策等决策服务的政策服务学科，具有明确的社会政治服务对象，也体现出其鲜明的中国特色。

一

舆情这个概念，在笔者 2000 年前后开始着重研究它时，甚至还称不上一个学术性概念，围绕这个词语在以往和当时都没有理论上的系统阐释，只被看作是中国话语中的一个词语而已，相关的词语解释也一般化。如，《新华字典》对舆情的词语解释是"群众的意见和态度"；《辞源》则解释为"民众的意愿"。《辞源》中指出，"舆情"这个概念最早出自南唐诗人李中（大约 920—974 年在世）所作《献乔侍郎》五言长诗中"格论思名士，舆情渴直臣"一句。面对社会现实与舆情学术范畴研究的双重需要，如何在学术意义上定义舆情，从一开始便成为了笔者及研究团队①面临的一个重要任务，是作为一个具有中国特色新兴交叉学科的舆情研究的理论认识起点。

那么，怎么重新定义舆情？首先的一个视角，是先了解舆情这个词语在中国历史上使用的例子，了解其带有中国传统性的基本含义。"舆"字在春秋末期出现，它本指车厢，转意为车。舆与人连用，称为"舆人"，原指造车匠，后指与车有关的那些普通人等，"舆人"因此取得与坐车官吏相对应的各类普通百姓的广泛含义。"舆者，众也"（《左传·僖公二八年》），是当时对"舆"及其延伸使用词语的一个权威性定义。接着，又出现了"舆人之诵""舆人之颂""舆人之谤""舆人之谋"等说法，是对"舆"一词使用的扩展。舆情这个专门词语在中国历史文献中出现得比较晚，不过，《辞源》中的解释并不正确。2005 年，在由笔者主持承担的一项国家社科规划重点项目的研究中，相关学者提出了"舆情"一词最早使用的例子是唐昭宗乾宁四年（公元 897 年）的一个诏书，而不是南唐诗人李中的诗句，并得到了相关文献的证实②。至清代，"舆情"这个词语一直在中国话语中频繁使用，其基本意思也一直比较清晰。在笔者的研究团队中，一位专门研究舆情学说史的学者曾初步整理了清康熙时期舆情一词的使用，指出康熙帝对舆情一词的使用分别涉及到"民众""民众的疾苦""民众的态度"等含义③。这个角度与民声、民心、民情等解释相互通联。对舆情词语的重要使用，也是中国几千年来封建主义"民本"思想的具体体现。

舆情到底是作为一种百姓生活疾苦的话语反映呢，还是作为百姓民生问题再加上相伴的社会政治态度的更广泛内容的话语反映呢？在当代社会生活中，要回答这样的问题，需要从另一个认识视角做出判断，即，在确定了对舆情这个从中国古代语境中传播下来词语的一般性认识后，参考其与相关概念（如民意、舆论等）的联系，对舆情现象做更加明确和富有现代性的学术定义。其中，在此过程中，民意概念的普遍使用和概念解释所产生的借鉴力则更大一些，这让舆情研究的学者们很容易在看到舆情的历史使用情况后，把它与民意的概念解释挂起钩来。这就形成了对现代舆情概念做出学术解释的一个正常的思想脉络。

---

① 指天津社会科学院舆情研究所，1999 年 10 月建所至今，目前有研究人员 12 人，6 人拥有博士学位。
② 王晓晖主编：《舆情信息汇集分析机制研究》，学习出版社 2006 年版，第 1 页。
③ 张文英：《康熙时期对"舆情"的使用及其研究》，《理论界》2010 年第 9 期。

在借鉴现代民意概念的阐释中会发现，尽管从舆论学、社会学、社会心理学、政治学等不同学科去定义民意概念时，大家的意见不完全一致，可是，在有差异的各种定义中，民意概念一般地多被看作或解释为来自公众对社会事务的态度表达，此中包含了：态度表达主体即公众、态度表达对象即社会事务以及要表达的态度本身等三个最基本的东西，它们构成了这个具有一定共识性认识中的不同要素。例如，美国政治学者韩念西（Bernard C. Hennessy）对"民意"一词的定义是：民意是由显著多数的人，对一般重要性的问题，所表达好恶的综合体[1]。这个定义比较简略，学术味道很浓厚。它的要素就包括了显著多数的人（即表达主体）、一般重要的问题（即表达对象）和表达的好恶（要表达内容本身）。这样看，学者们对民意的解释与前述舆情词语的一般性解释很接近。

再深入一些地观察舆情与民意这两个概念之间的关联。在18世纪的法国，卢梭首次提出了公众意见（Opinino publique）的概念。在英语系国家，公众意见（public opinion）一词出现于1781年，这是据《牛津英语大辞典》介绍的英文最早时候。不过，围绕民意的实践活动则开展得更早，在古希腊，雅典的民主政治曾得到过很大的发展，"大多数人意志"作为一种"正义"[2]就曾受到重视。到了20世纪，民意概念的广泛使用以及民意思想的普遍推广，则与民意调查或民意测验的普及密切相关。美国乔治·盖洛普（George Gallup，1901—1984）于1933年开始尝试民意测验后，于1935年10月成立了美国民意测验所（The American Institute of Public Opinion），到20世纪30年代结束时，盖洛普民意测验所已是根深蒂固。随后，以发展民意调查为主要内容的民意理论和民意调查理论一直受到追捧。到了21世纪的今天，更有"协商式"民意调查方法的出现和推广，标志着民意研究的新发展。

西方学者一直以来给民意下定义的具体情况又如何呢？20世纪，被西方社会称为"言必称民意的时代"，尽管实际的情况复杂多变，可是，人们总是把民意的话题与所谓的民主联系起来。对此，有的学者称之为民意"概念的不确定性"或者"民意——概念的吊诡"[3]，并把民意简约地解释为：

---

[1] 王石番：《民意理论与实务》，台湾黎明文化事业股份有限公司1995年版，第13页。
[2] 亚里士多德：《政治学》，商务印书馆1965年版，第312页。（转引自王来华主编《舆情研究概论——理论、方法和现实热点》，天津社会科学院出版社2003年版，第22页）
[3] 魏宏晋：《民意与舆论——解构与反思》，台湾商务印书馆2008年版，第1页。

具有民主政治价值意义的"民意",简单而言就是"公众的意见"(public opinion),也就是较正面的人民群众的集体意见表达。可以说,"民意"乃指对于一个重要的公共议题上,相当数目的一群公民主动发表,并且透过理性思考后的看法[1]。韩念西(Bernard C. Hennessy)在其1965年所著的《民意》一书中,还曾指出,在意见的表达上,字词、口语的、印写的,是表达意见的最普通形式。有时候,手势,如握紧拳头、高举手臂,或来自群众的嘘声,都足以表达愤怒、尊敬、蔑视的态度[2]。现在,也有学者这样地定义民意,"民意是人民对有关自身利益的社会问题所形成的一致意见,体现为人民的精神、愿望和意志的总和,又称民心、公意、公共舆论、公论等,具有坚实的真理性。它分布在一个城市、县区以至全国各个地方,能够被民意测验的量度(60%~70%以上)所证实。"[3] 除了以上这些比较突出的民意概念定义外,还有一些其他西方学者提出过比较明确和影响较大的民意定义,如:民意是政府以外的人们,对全国关心的事物自由公开表达的意见,且这些人要求他们的意见有影响、决定政府行动、人事或结构的权利;民意,乃是团体中的一群个人,在经过思想交流之后,对某一事件所汇集的各种意见;民意指的是政府发现要谨慎注意的许多私人意见,等等[4]。

如果把过去和现在学者们对各类民意概念的解释综合起来,可以发现,大家对民意的概念解释具有以下三个基本相同的特点:第一,是指来自民间或非政府机构的个人、团体和公众的意见,含公开和非公开的意见;第二,阐发意见的对象通常是与提出意见者相关的社会事物、事件和问题等;第三,在意见的阐发方式上具有多种形式。笔者认为,从以上这三个基本相同的特点看,民意概念的解释者们大都坚持了一种比较广义的看法,即民意的内容构成、阐发对象和表现形式等方面都具有相当的广泛性和开放性。显然,这种对民意的广义认识没有清楚地划分其具体范围,因为范围过大而使具体界限变得相对比较模糊,至少是在内容和阐发对象的分类方面没有很清晰的界限,甚至把来自民众在政治方面的重要态度与一般诉求表达混同在一起了。

显然,对民意概念本身以及相关问题的这些了解,给了我们解释舆情概

---

[1] 魏宏晋:《民意与舆论——解构与反思》,台湾商务印书馆2008年版,第9页。
[2] 王石番:《民意理论与实务》,台湾黎明文化事业股份有限公司1995年版,第16页。
[3] 刘建明等:《舆论学概论》,中国传媒大学出版社2009年版,第107页。
[4] 同[2],第7-23页。

念的种种启发,"指点"着我们在对舆情概念作出解释时,努力找寻富有特色的视角和合适的话语。

正是沿着这样的一个基本脉络,在2003年由笔者主编的国内首部专门研究舆情范畴的专著《舆情研究概论——理论、方法和现实热点》对舆情概念的解释是:舆情在狭义上是指在一定的社会空间内,围绕中介性社会事项的发生、发展和变化,作为舆情主体的民众对国家管理者产生和持有的社会政治态度。如果把中间的一些定语省略,舆情就是民众的社会政治态度①。这个定义也考虑到了表达主体、表达对象和表达内容本身,只是对主体、对象和表达的内容作了一些具体的改变,还增加了诸如"社会空间"等环境因素。同时,这个舆情概念的基本解释在界定什么是舆情本身或者"要表达的内容"这一点上,又有着三个较突出的"考虑":一是,考虑如何把要表达的内容本身说得最清楚?二是,考虑要表达的内容中最核心部分是什么?三是,考虑要表达内容本身的"边界"或"范围"在哪里?从"舆情是民众的社会政治态度"这个更为简略的解释看,以上这三点都得到了实现。

到目前为止,已经接受从民意的角度看待现代舆情现象并作出概念解释的学者还是很多的。例如,2007年知名舆论研究学者丁柏铨教授曾撰文指出,"舆情即民意情况,涉及公众对社会生活中各个方面的问题尤其是热点问题的公开意见(外露的部分)或情绪反应(既可能外露又可能不外露的部分)。它是社会脉动和公众情绪的自然而然的流露和体现。"② 丁教授其至评价过笔者曾经提出的舆情作为民众社会政治态度的定义,他说:"这一定义在考察舆情主体与客体关系的基础上,将舆情界定为民众的社会政治态度,从而抓住了舆情内涵的核心部分。但它在强调舆情的主要内容或主要方面时,仅限于民众对国家管理者的社会政治态度层面,似乎有所不妥。"③ 到2013年,丁柏铨教授在阐释舆情存在和发展的规律时,再指出:"作为民意,舆情受到政治、经济、文化等多重因素的共同影响和制约""舆情与社会普遍心理密切相关,有着丰富的社会心理内涵"④。又例如,自从中央有关部门开始大规模开展舆情信息汇集分析工作以来,舆情作为民众社会政治态度的看法也被有关舆情信息工作的广泛接受,并与舆情信息工作的实际密

---

① 王来华主编:《舆情研究概论——理论、方法和现实热点》,天津社会科学院出版社2003年版,第32页。
② 丁柏铨:《略论舆情——兼及它与舆论、新闻的关系》,《新闻记者》2007年第6期。
③ 同上书。
④ 丁柏铨:《自媒体时代的舆论格局与舆情研判》,《天津社会科学》2013年第6期。

切结合起来,"舆情信息工作要在具体或微观工作层面上体察民众情绪,倾听民众呼声,了解民众意愿,及时准确地向国家管理者提供决策依据",①这个基本观点直接与现代舆情解释相互呼应。

概括而言,笔者对舆情现象作出的现代概念解释,没有脱离中国历史上舆情词语使用的本意,同时,又力图从现代民意研究中直接吸收营养,与现代民意的解释建立起一种内在联系,尤其是将舆情与民意概念之间的共同点突出出来,继承了中国传统话语语境中的历史事实和民意研究的相关重要思想,这就为舆情研究形成自身的中国特色奠定了话语语境和思想延续上的坚实基础。由此可见,现代的舆情概念定义,还应该是一个既符合历史情况又符合现代生活情境的解释,体现了相关学者们对现代民生基础上的民声、民心、民情的努力把握,最终形成了一个构建包含舆情理论和实践研究完整一体的舆情学科建设的认识开端,并且,还可以被看作是构建中国民声、民心、民情问题研究富有中国特色的社会科学话语体系的一种积极尝试。

还有一种情况需要提及,由于过去很长时间极"左"思想和行为的不良影响,民意的概念不论是在学术讨论中还是在实际使用方面,都曾受到过直接并严重的阻碍,而同时,舆情在中国历史上出现后,曾经长期使用至今,在中国话语体系中影响很深远,尤其是在互联网特别是新媒体普及后,包括网络舆情等用语在内,舆情概念的使用就更多了起来。到目前,民意概念的使用已经顺畅了很多,在此时,研究者们一直注意对现代舆情解释上的认识"创新",突出舆情概念解释的"新意"。

二

探寻舆情与舆论这两个概念之间的异同,在对舆情范畴开展理论和实践两个方面的研究开始就会遇到。认识舆情与舆论、民意等概念之间的异同点,特别是在舆情与舆论之间做一个合理"切割"与随后的"搭桥",对于舆情研究同样重要,这是深化舆情范畴研究以及最终推动其形成一门新兴交叉学科的重要支点。

笔者曾在几次有关探讨中提及这两个概念之间存在的差别。如在《论网络舆情与舆论之间的相互转换及其影响》一文指出过:对舆论的解释,一般

---

① 王晓晖主编:《舆情信息汇集分析机制研究》,学习出版社2006年版,第13页。

有广义和狭义的定义区分。舆论在广义上是指"公众意见",听起来与民意或舆情相差不多。有不少舆论研究学者从广义上定义舆论概念时,多使用公众的意见、态度和看法等说法,而从狭义的角度定义舆论概念时,一些学者则强调舆论在作为"公众意见"的同时,又强调它是公众的"公开意见"[①]。由此,"公众"和"公开"的含义被结合起来,从而对其基本内容做了范围更小的限定。如有学者直接指出舆论是一种"议论形态"[②],是公众的公开言论,"作为舆论,必须是冲口而出、公开表达的意见。"[③] 针对这种广义与狭义的舆论定义,笔者曾接着指出了舆情与舆论之间的差异,如狭义上的舆情和狭义上的舆论概念相比,具有相对明显的差异,并表现在几个方面。第一,舆情作为民众的意愿,包括了公开和不公开的两个部分,只要是民众所想的,不管他说与不说,都是舆情。在这一点上,它们与舆论的广义认识有些类似,而与其狭义认识有很大不同;第二,舆情作为民众的意愿有自身的社会心理活动构造,是舆情研究的侧重点,而舆论尽管也强调公众意见的社会心理特征,但是,它更多地关注这些意见的传播过程及其后果,这也是舆论研究愈加靠近有关传播学研究的要因之一;第三,舆情是指直接来自民众的"心声",侧重于民众具有的情绪、意见、价值判断和愿望,而舆论则可以被区分为政府部门、媒体(甚至有操纵的情况)和公众等不同类型的舆论,在这一点上,舆情与舆论之间的概念区别就更加明显一些。

特别需要强调,在过去、现在以及今后较长的一段时间内,来自政府部门、媒体等机构的"舆论",一直是整个中国舆论生态中一种比较特殊的生长物,它们与所谓公众舆论理论中原旨性解释的舆论现象之间区别或大或小,而一致或融合起来的难度却可能很大。一个比较明显的例子是"两个舆论场"的说法和讨论。南振中先生"很早就注意到,在当下中国,客观存在两个舆论场。"[④] 一般而言,来自各种社会力量的声音或利益诉求表达具有明显的多元化发展趋势,尤其是在互联网以及移动新媒体广泛普及的基础上,各类社会舆论呈现出百家争鸣的繁荣状态,逐渐形成了不同的"舆论场"。实际上,这种情况其至也会出现在惯于表白自己纯正新闻自由的西方发达社会中,网络上官方的声音也并不会与普通网民的声音完全相同。官方

---

① 王来华:《论网络舆情与舆论的转换及其影响》,《天津社会科学》2008年第4期。
② 徐向红:《现代舆论学》,中国国际广播出版社1991年版,第110页。
③ 同上书,第115页。
④ 人民网舆情监测室:《人民网评:打通"两个舆论场"——善待网民和网络舆论》,2011年7月11日《人民网-观点频道》。

和民间的两个"舆论场"的存在本身是正常的,不完全重叠也是正常的。但是,如果这两个"舆论场"发生较大的偏离,甚至是对立,则既表明民众对国家管理者的社会政治态度出现较大的不认同、不信任状况,或许也表明民间舆论场出现了被操纵的问题,那就不怎么正常了。这个例证本身很好地说明了舆情与舆论之间在互联网时代中会出现更大差异的现实。因此,从以上这三个方面的异同看,舆情与舆论(尤其是狭义定义的舆论)之间是一种既相互不同又相互交叉的关系,就像两个交叉起来的"双钱"一样,交叉或者共通的部分是民众或公众公开表达出来的各类情绪、意见和愿望等。

丁柏铨新近对舆情与舆论之间的区别作出了更丰富的解释。其中,他首先指出了舆情与舆论"两者的主体有差别",舆论的主体是"多元的,公众、新闻传媒乃至官方机构,都可以是舆论的主体,不同的舆论场域是由不同的主体形成的。"①

正是在认识以上这些差异的基础上,我们可以拨云见日般地看到舆情研究的相对独立意义和自身研究特色。就如同如何看待舆情与民意之间的差异一样,假如舆情与舆论变成了一个东西的话,舆情研究也就丧失了它独立存在的意义。当然,舆情研究始终不能离开舆论学研究,尤其在解释一些特殊社会现象时,把它们结合起来,其解释力则更大。例如,在网络舆情的演变过程中,深入审视网络舆情与舆论之间相互转换及其影响的关系,会发现:网络舆情既是网络外社会事项刺激产生的民众社会政治态度并被带到了网络上,也是受网络上传播的中介性社会事项信息刺激而随时产生的民众(主要为所谓"网民")社会政治态度。但是,这两种情况下的舆情在不表达或诉求出来之前,它仍然是舆情而不是舆论。因为,这时候它们还"散落"或"深藏"于网民们心里,有可能是公众意见,但还不是公开意见。当然,网络信息传播的情况下,这两种舆情常常更快速地表达出来,并且迅速转化为真正的公众和"公开"的意见。于是,就实现了舆情向舆论的转化。再进一步看,这种相互转换的不断发生,会产生一种"舆情雪球"效应,形成对决策者的更大的压力和影响。在互联网环境中,"舆情雪球"现象几乎是不可避免的,它是网络舆情与舆论之间反复转换和相互推动的一种直接结果。大量的舆情与舆论之间相互转换现象的发生,表明了这种相互转换已经成为新

---

① 丁柏铨:《自媒体时代的舆论格局与舆情研判》,《天津社会科学》2013年第6期。

媒体时代民意诉求发生和变化的一个带有规律性的现象。[①]而就舆情与舆论学研究之间的关联来看,还有一点值得强调,即舆论范畴的研究者们也重视舆论现象与政治因素的联系,甚至从学科范式的角度要求舆论研究应较多地体现政治方面的东西,从而发挥好舆论研究中"新闻对于民主的重大意义。"[②]尽管这种倡导并没有直接论及舆论因素与民意因素两者之间的关系,也没有把舆情的概念掺和进来,可是,强调包含舆情或民意在内的新闻与民主之间的关系本身,其实是包含了如此的思想考量的。

三

舆情研究要说的"话语",实际上是一门比较典型的政策服务学科的话语,有自己的特殊服务对象。

从舆情作为民众对国家管理者的社会政治态度这个定义角度看,这种以民众作为主体、国家管理者作为客体之间的社会政治态度联系,包含着利益关系,是利益关系促使民众对国家管理者的种种作为做出反应,把他们联系了起来。凭借对民众社会政治态度的直接观察、分析和研判,会发现种种利益联系本身和变动过程中的实际情况。因而,透过对舆情概念解释以及具体的研究操作,能够看出舆情研究对民众与党和政府之间利益联系的高度重视,表明了舆情研究从一开始就力求树立一种所谓"政策服务学科"的学科定位,使舆情研究的中国特色更加鲜明和突出了。

在现实的生活中,舆情总是依靠民众的利益诉求来"塑形"的。诸如住房、医疗、教育、环境等民生问题是否得到了很好解决?征地、拆迁、城管、小区居住环境恶化等具体难题是否得到破解?都会不同程度地"牵连"到具体民众的具体利益诉求。民众有利益诉求,而国家管理者作为民众利益实现过程的"代表者",在职责规定、法律监督和精神指引等各个层面因素的推动下,会尽心尽力地帮助民众实现其合理的利益诉求。这就在民众与国家管理者之间形成了利益联系,并且,这种利益的联系是各类舆情发生和变化的本质。

进一步看,舆情是一种以民众和国家管理者之间对立与依存的利益关系为基础的社会政治态度,是这两者之间利益联系本身复杂性的一种表现。利

---

① 王来华:《"舆情雪球"现象:新媒体对民意诉求的强化》,《理论与现代化》2013年第3期。
② 刘海龙:《中国新闻理论研究的范式危机》,《南京社会科学》2013年第10期。

益联系常常会扮演一致或不一致的种种角色,在一个相对比较长的时期内影响到利益联系的基本状态。因此,这种社会政治态度在本质上始终贯穿了民众与国家管理者之间不断变动的相互利益联系。在政治的范畴中,它们之间的相互利益关系,其主要方面应当并且可以经常性地相互依存,这是一个国家和社会稳定和发展的前提,更是一个国家人民生活幸福、稳定的前提。在任何一个正常的社会中,都会出现这种情况,并需要维持。这种依存关系实际上提出了主客体间要走向"一致""和谐"或"政通人和"的长久目标。

舆情研究正是从民众社会政治态度中发现和研判民众与党和政府之间利益关联的具体变化以及发展趋势,与党和政府的执政本身产生直接和具体的联系。在此方面,一个最好的例证就是舆情研究推动着有关舆情信息工作的不断发展。2004年国家有关部门正式成立了舆情信息工作部门,主要是为党和政府直接提供决策依据,这种依据大都采用宏观和微观角度并存的舆情信息形式,并通过建立"社会舆情汇集分析机制",依靠有关制度保障,对这些舆情信息进行汇集、加工、分析、报送和反馈①。

舆情研究作为一门政策服务学科,其作用直接反映在舆情研究对微观舆情、宏观舆情、网络舆情、现实热点舆情、舆情思想演变等多种问题的高度重视和系统研究上面,这些研究的开展,突出地表明了舆情本身所具有的规律性和舆情研究本身所体现的中国特色。

第一,重视和开展对微观舆情的研究。民众对社会刺激事项背后的党和政府的情绪、认知以及行为倾向一般都会呈现出微观形态。舆情的主体是活生生的民众个人的聚合,诸多个人的社会政治态度聚合在一起后,再"集合"成小社会群体或大社会群体乃至更大社会群体的思想反映及其行为。在这个过程中,心理学意义上的个人性格特征、社会学意义上的社区性格以及各类社会人群具体的社会、文化背景,都会使舆情的表现精彩纷呈或复杂多样。这就是舆情研究中强调的微观性及其重要意义。具体舆情发生后被忽视或看不到,直到它成为影响更大的舆情现象时才会被发现,会使应对者丧失主动和及时应对的时机。笔者较早提出并逐渐深入阐释了有关"舆情危机"现象②,与重视舆情的这种微观性特点的看法直接相关。从"舆情危机"的情况看,舆情的微观性又体现在许多不良舆情现象的发生甚至转化为不良或

---

① 王晓晖主编:《舆情信息汇集分析机制研究》,学习出版社2006年版,第15页。
② 王来华:《政府如何应对"舆情危机"》,《决策》2007年第7期。

恶性社会事件的发端就在基层，与微观层面上的或地方基层党政工作部门的人员忽视、怠慢、推诿和不作为甚至刺激和激化矛盾直接相关。舆情研究抓住其微观研究的认识角度和方法，努力发现和研判倾向性和苗头性的舆情发生，可以为预防和及时应对各类突发性群体事件，维护社会稳定和促进社会和谐，起到积极和直接的作用。

第二，重视和开展对宏观舆情的研究。对宏观舆情的发现和研判，既符合舆情学术研究本身的需要，也符合直接服务于党和政府决策者的需要。那么，什么是舆情研究要重视和开展的宏观舆情现象呢？例如，依照舆情研究对民众这一主体的分析，其结构是由不同社会阶层、大的社会利益群体以及具体不同的生活群体共同构成的①。在一般情况下，这种结构在一个时期内具有相对的稳定性，直接受到一代人、一代人代际稳定变化的制约。不过，在中国经济和社会转型的快速社会变迁中，这种变化的情形会是另外一个样子，集中地表现在社会变迁中各类社会经济组织的分化、分解而造成的不同社会角色和不同利益群体的出现。于是，作为舆情主体的民众常常会出现一些分化的情况，而他们具有的社会政治态度也会因为其背后利益群体的各种影响而发生变化。由于中国社会快速变迁的巨大影响，也在代际之间的舆情主体演变上形成了巨大印记。如从所谓"50后""60后""70后"到现在已经成长起来的"80后"和"90后"这些不同年龄段的作为舆情主体的民众，因为他们经历的教育、就业、婚恋以及社会环境内外各类因素的不同，那么，他们作为舆情主体所持有的社会政治态度也会出现不同甚至很大的差异性。在当前，如何看待和预测"80后"和"90后"这些社会人群随着他们进入社会人口中主要部分时，其基本的或作为一个整体人群的社会政治态度会与他们的前辈有什么主要的差别？并且会对未来的国家管理者以及社会治理过程带来什么影响？都是着眼于认识舆情主体及其变化等社会人口更替对主体（或整体）舆情变化产生影响的更为宏观的研究课题。

第三，重视和开展对网络舆情以及其他热点舆情现象的研究。在网络舆情理论研究方面。例如，网络舆情研究是适应互联网技术和信息传播方式给舆论生态带来的巨大变化应运而生的，随着互联网的迅速普及和影响扩大，舆情研究者们对网络舆情的研究不断加深，特别是随着移动互联网以及微

---

① 王来华主编：《舆情研究概论——理论、方法和现实热点》，天津社会科学院出版社2003年版，第57—64页。

博、微信等新媒体手段的迅速普及,网络舆情对决策带来的约束力和影响力不断增大,已经成为了当前和今后一个时期舆情研究的最为重要的场域之一。从事多年民意研究的知名舆论学者喻国明教授曾指出:微博本质上是一个"个人媒体",是个人向社会喊话、向社会表达的工具,它构成了一个社会场域的围观结构,极大提升了整个社会的信息透明度,实现了意见表达的均衡、多元,建构了对于真相追逐的公共空间。从这个意义上说,微博是促进社会健康平衡发展的一个重要手段①。当然,出于网民自律不足和情绪宣泄等原因,来自微博的声音同样也有不正常的情况。围绕这些情况,不少舆情研究学者开始利用大数据信息汇集分析手段,着重开展所谓微传播方面的舆情分析研究,使网络舆情研究在内容和方法两个方面都得到了深化。在这样的背景下,汇集分析网络舆情信息,对于直接服务于党和政府的大局、大势、大事,对于充分利用互联网发展,培育民众民主和法治素养,推动中国社会发展,均有很大益处。

包括网络舆情在内,对很多现实舆情热点的研究,也都直接体现出舆情研究发挥政策服务学科的特色。随着有关舆情基础理论研究的逐步深入及其所产生的理论指导作用,一些比较深入和富于特色的舆情热点问题研究被带动起来。例如,从舆情理论出发认识群体性突发事件,就是舆情基础理论与实践相结合的一个新的研究视角②。

第四,重视和开展舆情变动规律和舆情学说史的研究。对舆情发生变化规律的研究一直是整个舆情理论和实践研究中的一个核心内容。舆情现象纷纷杂杂,而其发生、变化和结束的具体过程究竟遵循一个什么样的逻辑线索,是了解舆情本身奥秘最具吸引力的地方。其中,在分析舆情结束状态时的规律性内容时,舆情研究曾借鉴过舆论学者们的重要学术观点。知名舆论学者刘建明教授曾提出,"舆论以转换形式走向消灭","舆论转换表现为一种舆论的削弱和另一种舆论的增长,前一种舆论在一定条件下被后一种舆论所替代。"③ 在这个意义上,响应一个刺激性社会事项影响的减退而发生的舆情表达趋弱的情况,与舆论这种转换很相似。不过,作为舆情,它走向结束,更多地先表现为一种"残留",即把一些属于情绪和认知的态度部分残

---

① 参见霍文琦《140 字:一个不可轻忽的虚拟世界》,载《中国社会科学报》2013 年 6 月 7 日。喻国明教授的话,是在接受此次记者采访时说的。
② 陈月生:《群体性突发事件与舆情》,天津社会科学院出版社 2005 年版,第 3、24 页。
③ 刘建明:《社会舆论原理》,华夏出版社 2002 年版,第 148 页。

留在具体民众的心中，在一定的条件下会变成一个新的舆情的组成部分①。在目前，对舆情发生、变化和结束规律的研究正在频繁地出现在对微博舆情的分析中，诸如针对一个网络事件所出现的微博舆情，同样存在着反应初期、高潮和高潮的持续期、可能的反复期和结束期等情况。这些富有针对性探讨网络舆情现象变动规律的观察和研究，有助于透视舆情现象及其内含的复杂因素，对找寻相关工作对策大有裨益。要强调的是，舆情研究作为一门特色鲜明的政策服务学科，其基本定位是在着力探究舆情现象背后的各种发生和变化的规律性内容时，遵循社会科学研究本身的理性和科学性要求，为党和政府工作决策的直接和间接服务，努力把对党和政府工作决策的服务与为民众合理利益诉求的服务有机地统一起来。此外，舆情研究倡导避免"舆情危机"和推动"舆情支持"，是舆情研究在学术性地回答了什么是舆情之后，对这两种舆情的基本社会状态的再区分。其中，舆情支持背后包含的民众与国家管理者之间的依存性和建设性关系，是国家长治久安与民众幸福和谐的基本保证之一。在这个意义上，舆情研究这个新兴的和交叉性的学科，不是可有可无，而是应运而生和恰逢其时，与社会巨大变迁后要解决好各类社会矛盾和促进社会和谐的实际需要极其吻合。

对舆情思想演变和学说史方面的研究，则是完善这个学科本身的一项基础性内容。海外发达社会关于民意研究的学说非常丰富，为中国特色舆情研究提供了学习他人先进和积极学术内容的好机会。与发达社会民意范畴研究中对西方民主和民意思想的探究相仿，在对中国舆情思想演变的研究中，既需要研究舆情概念的使用历史，也需要了解舆情概念使用背后的中国社会政治思想的沿革。在对舆情与"民本"思想相互联系问题的相关研究就是如此。有学者曾指出，"传统中华文化思想里缺乏民主，民意不成为政治主流"，② 这种认识就需要舆情思想沿革的研究者们予以必要关注。了解了这种判断，对于舆情而不是民意概念在中国历史上的"流行"原因，就会有更好的理解。对舆情思想演变历史的研究，还存在着如何探究不同民族、历史和文化之间存在的差异，深入了解和研究这些差异，将会使中国特色的舆情研究具有更加鲜明民族、历史和文化方面的特征，也会使舆情作为一种政策服务学科积淀起更加深厚的历史、民族和文化的底蕴。

---

① 王来华主编：《舆情研究概论——理论、方法和现实热点》，天津社会科学院出版社2003年版，第133页。
② 魏宏晋：《民意与舆论——解构与反思》，台湾商务印书馆2008年版，第2页（导读部分）。

自媒体发展中的表达自由、政府规制及其限度

宋全成

自媒体以其高速、快捷、自主性和个体化，开辟了传播领域的一场革命。尤其是自媒体的表达自由，不仅充分体现了其作为"宪法性法律及人权条约承认和保护的一项基本人权"，而且对于促进现代社会的民主政治发挥着举足轻重的作用。[①] 但缺乏约束、没有边界的绝对表达自由，在自媒体中极易出现隐私侵权、色情、危害公共利益、违反社会道德甚至危及国家安全的现象发生。为此，无论是西方国家，还是中国，作为法治国家都相继出台一系列的法律、法规或管理措施，进行政府规制，以实现对自媒体发展的有效管控。但由于表达自由是一项基本人权，因此，政府是否应对自媒体的表达自由进行规制、如何规制，一直是学术界和法律界争论的重要问题。本文拟从传播社会学和法社会学的双重视角，论述自媒体发展中表达自由的局限性和政府规制的必要性，同时，对极易出现公权力滥用的政府管控和规制提出必要的限制。

一、自媒体：表达自由的局限与政府管控与规制的必要性

表达自由发挥了疏导社会、昌盛文化、捍卫自由、和平亲善、娱乐大众和润滑经济等积极的社会功能[②]，但即使如此，表达自由也是有局限性的、相对的。"表达自由作为一项政治权利与自由，在客观上存在一定界限，即表达自由并不是绝对的，它受一定条件的限制，超过限度则构成表达自由权

[①] 王四新：《限制表达自由的原则》，《北京行政学院学报》2009 年第 3 期。
[②] 甄树青：《论表达自由》，社会科学文献出版社 2000 年版，第 10 页。

利的滥用。"[1] 而绝对的表达自由或表达自由权利的滥用将从如下四个方面危及社会和国家：一是绝对的表达自由将侵犯个人的隐私权和荣誉；二是绝对的表达自由极易触及色情淫秽和暴力，对特定的人群——妇女和儿童产生危害；三是绝对的表达自由将可能对公共利益构成实质性损害；四是绝对的表达自由有可能泄露国家机密从而危及国家安全。正因为如此，世界各国的法律都不承认绝对的表达自由。即使在强调言论自由权利优先于其他权利的美国[2]，也并不承认绝对表达自由权利的存在。正如美国学者米克尔约翰所说："言论自由并不是说，每个人都有一个不可剥夺的权利，可以在他选择的任何时间、任何场所和以任何方式发表言论；大家并不认为任何人可以想说就说，想在什么时候说就在什么时候说，想说什么就说什么，想说谁就说谁，相对谁说就对谁说；任何一个理性社会的存在都会基于常识而否认这种绝对权利的存在"。[3] 正因为如此，世界各主要国家的宪法和国际公约中对表达自由都给予了限制。联邦德国基本法第5条肯定了自由表达、出版自由等是人们具有的基本权利，但"这些权利受一般法律条款、保护青年的法律条款的限制，并受个人荣誉不可侵犯权的限制。"1993年俄罗斯宪法第29条也明确规定，保障每个人的思想和言论自由。但"不许进行激起社会、种族、民族或宗教仇视与敌意的宣传或鼓动，禁止宣传社会、种族、民族、宗教或语言的优越论"。中华人民共和国宪法第51条也明确规定："中华人民共和国公民在行使自由和权利的时候，不得损害国家的、社会的、集体的利益和其他公民的合法的自由和权利。"国际公约——《公民权利和政治权利国际公约》第20条也给予表达自由以这样的限制："（1）任何鼓吹战争的宣传，应以法律加以禁止。（2）任何鼓吹民族、种族或宗教仇恨的主张，构成煽动歧视、敌视或强暴者，应以法律加以禁止。"特别是在缺乏传统传媒时代的事前必须经过记者—编辑—总编辑审查的自媒体时代，表达自由极容易被滥用，因为每个人都可以不加审查和证实地迅速发布、转发和传播信息，由此极有可能造成对他人权利、公共利益、公共健康、社会道德和国家安全的实质性侵害。正是由于这个原因，西方发达国家通过新闻媒体职业道德、

---

[1] 杜庆亚：《论表达自由的限制及其标准》，《法制与社会》2009年第12期（下）。
[2] 齐小力：《论表达自由的保障与限制》，《中国人民公安大学学报》2010年第2期。
[3] 亚历山大·米克尔约翰：《表达自由的法律限度》，侯健译，贵州人民出版社2003年版，第17-18页。

行业自律和行业自治组织章程等形式对自媒体进行规范以外[①]，还通过制定相关法律规范的方式，推动自媒体行为的规范化表达及健康发展。但由于法律的制定和实施，往往需要一个相当长的过程，因此，新的立法跟不上现实社会要求对自媒体中的某些行为进行管控和规制的迫切需求，致使当代自媒体的发展中，由于表达自由的被滥用，侵害他人权利、违背公共道德、扰乱社会秩序和损害公共利益的事件时有发生。在这种背景下，政府通过行政法规、部门规章、规范性文件以及法律等方式，对自媒体的发展进行管控和规制，就成为一种必然的选择。

从政府规制的视角来看，对处于市场竞争状态、缺乏相对明确规制的自媒体行业发展及其主体进行政府规制有其逻辑和现实的必然性。（1）从逻辑层面来看，政府规制是指"为实现某些社会或经济目标，运用法律法规和公共政策对微观经济主体的行为进行规范、限制或激励的行动或措施"。[②] 政府规制理论源于经济学，该理论认为，以私人经济部门为主体的市场自由竞争尽管带来了经济与社会的繁荣，但也同时产生了市场失灵、危及公共利益和社会福利、经济与社会秩序等诸多问题。为此，需要政府进行规制。从20世纪50年代以来的理论发展来看，政府规制理论经历了公共利益规制理论、利益集团规制理论、激励性规制理论和规制框架下的竞争理论四个理论形态。[③] 显然，从自媒体是一种行业的意义上来说，公共利益规制理论更适合作为政府对当下市场竞争状态下的自媒体行业进行规制的理论基础。因为该理论是以市场失灵和公共福利为基础，认为单纯的市场竞争并不能解决一切问题，相反产生了系列危及公共利益的问题，政府作为公共利益的代表需要对市场进行干预和规制，以保证公共利益。（2）从现实的层面来看，基于网络技术和移动终端技术而迅猛发展的自媒体，已逐渐成为文化产业的重要组成部分。但由于自媒体是文化产业的新生业态，缺乏必要的行业规范和政府规章，而且市场竞争激烈，由此诱发了一系列侵害他人合法权益、低俗色情内容泛滥、违背社会道德、损害公共利益等社会问题。显然，单一依靠市场竞争的自媒体自身的行业自律或自我约束是不能解决上述问题的。在这种背景下，就需要政府从坚持法制与秩序、维护公共利益、坚守社会道德、维

---

① 李丹林：《"公共利益""新闻自由"与"IPSO"——英国报刊业监管改革核心问题述评》，《现代传播》2015年第8期。
② 韩中华：《西方政府规制理论的发展及启示》，《常熟理工学院学报》2010年第3期。
③ 张红凤：《西方政府规制理论变迁的内在逻辑及其启示》，《教学与研究》2006年第5期。

护公平和正义的初衷,对自媒体的发展进行规制。由此可见,处于市场竞争的自媒体及其发展,有其政府规制的逻辑和现实的必然性。

二、对自媒体进行政府规制的内容

鉴于表达自由是一项重要的基本人权,而且在现代文明国家中的宪法和国际公约中,都给予充分而优先的保护和约定,因此,对享有充分表达自由权利的自媒体进行政府规制,就必须首先设定政府规制的内容。如果说表达自由的局限性正是政府规制的逻辑起点的话,那么,政府规制的内容同时也就是对自媒体中表达自由的过度滥用而造成的局限性进行纠正。正是在这个意义上,表达自由的过度滥用所造成的局限性的克服,既构成了对自媒体进行政府规制的主要内容,也成为对自媒体进行政府规制的目标。政府对自媒体的规制内容具体体现在如下四个方面:

首先,政府应对自媒体中表达自由的滥用所带来的对他人权益的侵害行为进行规制。在网络技术和自媒体十分发达的今天,由于自媒体的草根化、个性化、圈群化和反主流等特征,尤其是某些自媒体信息的提供者缺乏基本的新闻修养、职业道德和法律法制意识,再加上自媒体的相关信息缺乏传统传播媒体的新闻采访、编辑、发布流程中的严格把关[1],致使一些对涉及他人的合法权益及构成伤害的信息不能有效核实,就在自媒体上快速传播。在自媒体上因表达自由的过度滥用而造成的对他人合法权益的不法侵害主要表现为隐私侵权、名誉侵权和著作权侵权三种形式。鉴于"著作权侵权已有《著作权法》《互联网著作权行政保护办法》《著作权行政处罚实施办法》《信息网络传播权保护条例》等法律法规进行规范,相对比较完善"[2],因此,个人隐私侵权和名誉侵权,是自媒体发展中最常见、却又难以厘定的两类对个人权利的侵害行为,也是政府在自媒体中规制个人权利侵害的主要内容。就个人隐私侵权而言,由于民族文化、传统习惯和政治制度理念的差异,何谓隐私及隐私的内涵和外延在学术界和法律界历来是众说纷纭、莫衷一是。正因为如此,自媒体信息发布者和网络服务提供商极容易将个人隐私信息在网络上发布和传播,由此造成对他人个人隐私的侵权。就名誉侵权而言,更

---

[1] 宋全成:《论自媒体的特征、挑战及其综合管制问题》,《南京社会科学》2015年第3期。
[2] 罗楚湘:《网络空间的表达自由及其限制》,《法学评论》2012年第4期。

是自媒体中最常见的对个人权益的侵权行为。由于自媒体信息的发布和传播无法核实和有效过滤，甚至有些信息的发布者处于主观故意，捏造事实和谎言，致使一些涉及他人名誉的虚假信息在自媒体上传播，由此造成对他人名誉权的侵害。

其次，政府应对自媒体中表达自由的滥用所造成的语言粗俗、淫秽色情和暴力过度进行规制。（1）自媒体中的语言粗俗已成为一种常态。在缺乏传统把关机制的自媒体和网络虚拟世界中，语言粗俗化已经成为网络生态环境的直接产物，面对自媒体和网络世界的瞬息万变，一些人、甚至是受过高等教育的人，也同样试图依靠低俗语言来博取网民的眼球。即使"集美貌与才华于一身"、获得中国互联网推广大使的称号、将自己的第一笔商业广告变现 2200 万捐给母校——中央戏剧学院、以娱乐短视频而大名鼎鼎的网红 papi 酱也不例外。据统计，papi 酱在 2016 年 2 月至 4 月发布的视频中，共爆粗口 57 次，其中"卧槽、滚、贱样"三个词语出现的频次最高，语言粗俗和负面的情绪宣泄，对广大青少年的健康成长产生了不良影响。正因为如此，2016 年 4 月，papi 酱因为视频存在粗口、侮辱性词语，被广电总局勒令整改，papi 酱部分视频也随后下架。（2）淫秽色情和暴力更是容易充斥于自媒体和网络虚拟世界，这也是世界发达和文明国家所面临的媒体融合新时代的重要挑战。在广播电视是主流媒体的传统传媒中，国家对淫秽色情和暴力有着明确的法律规定。例如，2005 年美国连续制定和实施了《广播电视反低俗内容强制法》《淫秽与暴力广播电视内容控制法》等等。由于在广播电视等传统传媒中，有责任明确的把关人，可以对信息的真伪、道德和安全问题进行有效管控，因此，淫秽色情和暴力的内容在广播电视等传统媒体中得以控制。但在网络世界和自媒体中，一方面，已有的传统传媒关于反低俗、淫秽色情和暴力的法律是否适用于网络世界和自媒体已经成为问题，正如布朗斯康所说："过去管制传播传输工具的法律，特别是以邮件、电话、报纸、有线电视及广播电台为模式所发展来的法规，在电子数字化的传播时代将产生法律不适用的窘境。这种现象的出现是因为管制者无法分别上面所传输的信息到底该归哪一种法律、哪一种模式来管。虽然管制者大可以将目前网络上所提供的服务进行分类，譬如，以计算机上的 BBS 或视讯会议来分类，但是这些新的信息服务事实上无法适用于过去所建立的法律管制机制。"① 另一方面，由于自媒体世界，缺乏选择明确的把关人机制，因此，为了博取网民、粉丝的关注和追逐经济利益，一些淫秽色情和暴力的文字、视频和游戏时常存在，挑战着社会道德的底线，毒化着社会风尚。对此单靠自媒体发布者个人的修养和道德水准、或者自媒体发布平台及其行业自律，很难杜绝此类现象的出现。这就需要政府对此进行规制和管控。

再次，政府应对自媒体中表达自由的滥用所造成的对公共利益、社会公德的损害进行规制。何为公共利益？在不同的学科视阈公共利益有着不同的内涵和定义。弗德罗斯认为，公共利益不是个人利益的总和，也不是人类的整体利益，而是一个社会通过个人的合作而产生出来的"事物价值的总和"②。哈耶克认为，"'公共利益'关涉社会每个成员的利益，它在一定程度上往往是作为一个目的性价值出现的，而何谓公共利益的最终目的和价值却难以要求全体社会成员就此达成共识……人们常常错误地认为，所有的集体利益都是该社会的普遍利益；但是在许多情形中，对某些特定群体之集体利益的满足，实是与社会普遍利益相悖离的"。③ 从法哲学的意义上来看，"所谓公共利益，即在一定社会条件下或特定范围内不特定多数主体利益相一致的方面，其中不特定多数主体既可能是全体社会成员，也可能不是全体社会成员，而利益范围既包括经济利益，也包括正义、公平、美德等抽象价值"。④ 就这个意义而言，自媒体中的虚假信息包括虚假产品信息、恶意炒作、不正当竞争、网络诈骗和赌博、不道德的言行等都是有悖公共利益和社会公德的。但由于自媒体中缺乏把关人的角色和机制，而社会公众由于掌握的信息不对称，无法对自媒体上的信息的真实有效性进行核实，也无法对一些有悖社会公德的言行的错误进行及时的纠正，这就需要政府及有关部门从维护社会公共利益和社会公德的角度，对自媒体的相关文字信息、视频和游戏等进行事后监督和把关。尽管自媒体的相关内容的审查无法在发布前和发布中进行，但事后由政府相关部门进行审查和监督却是完全做得到的。这也

---

① A. W. Branscomb, Jurisdictional quandaries for global networks. In L. M. Harasim (ed.), Global Networks: Computers and International Communication. Cambridge: The MIT Press, 1993.
② 【美】博登海默：《法理学》，邓正来译，中国政法大学出版社1998年版，第298页。
③ 【英】哈耶克：《法律、立法与自由》，邓正来等译，中国大百科全书出版社2000年版，第9页。
④ 余少祥：《什么是公共利益——西方法哲学中公共利益概念解析》，《江淮论坛》2010年第2期。

是政府及相关部门义不容辞的责任和义务。正是在这个意义上，我们认为，政府及相关部门可以化身为公共利益和社会公德的代表，对自媒体和网络世界中的那些有悖公共利益和社会公德的言行进行必要的规制，以达到维护正常的社会秩序、社会公平、社会公德和公共利益的目标。

最后，政府应对自媒体中表达自由的滥用所造成的对国家的非传统安全和国家安全利益的危害进行规制。"《关于国家安全、表达自由和信息公开的约翰内斯堡原则》认为，国家安全和表达与信息自由之间有着天然的紧张关系，这是一种实在的和多面体的竞争关系。"[①] 传统安全的核心是军事安全，主要表现为战争及与之相关的军事活动和政治、外交斗争。非传统安全则远远超出了军事领域的范畴，集中在非军事领域，主要包括有网络安全、恐怖主义、极端宗教、种族主义、跨国犯罪、贩运毒品、传染性疾病等。一方面，自媒体和网络世界中影响国家的非传统安全主要分为如下三类：一是网络安全隐患，黑客编制恶意程序代码窃取国家的政治、经济、金融等相关信息，甚至恶意试图控制和干扰相关领域的正常运行；二是极端宗教、种族主义和民族分离势力在自媒体和网络上的传播，或者是利用自媒体和网络宣扬极端宗教思想、种族主义思想和民族分离主义思想；三是利用自媒体传播迅捷、联系便利的特点，从事恐怖主义、贩运毒品、武装走私和跨国犯罪活动的信息传递。进入 21 世纪以来，利用网络和自媒体进行威胁非传统国家安全的活动，日益成为是世界各国所面临的国际性的重大威胁。任何一个国家的政府都不能容许这些非传统安全威胁的肆意发展，而是对此进行规制、防范和打击。另一方面，自媒体和网络世界中的传统国家安全威胁主要是泄露国家机密，尤其是某些涉及军事机密的非法测绘、军事基地的非法拍照和其他涉及军事技术机密的信息在自媒体和网络世界中的传播。这也是政府应给予规制的重要内容。

三、对自媒体进行政府规制的限度

如果说，政府对自媒体和网络空间因为表达自由的滥用而导致他人合法权益、社会道德、公共利益和国家安全利益受到损害，从而需要进行规制的话，那么，政府的规制就是公权力的行使，而世界各国公权力的行使实践表

---

① 朱国斌：《论表达自由的界限》（下），《政法论丛》2011 年第 1 期。

明，公权力更容易被滥用。因此，在自媒体和网络空间内，政府规制这种可能限制公民的表达自由的政府行为，也同样需要设定限度。这也就是说，在自媒体和网络空间的范围内，需要对政府规制设立原则，这些原则将保证政府规制的合法性、正当性和公平性，以防止公权力被滥用。

首先，对自媒体的政府规制涉及宪法所赋予公民的表达自由的权利，因此，政府对自媒体和网络空间的规制首先要符合宪法。众所周知，宪法是一个国家的根本性法律，一方面，它是制定其他国家法律的依据和基础，高于其他普通法，具有最高法律地位和最高法律效力。1982年《中华人民共和国宪法》在序言中明确规定："本宪法以法律的形式确认了中国各族人民奋斗的成果，规定了国家的根本制度和根本任务，是国家的根本法，具有最高的法律效力。"第5条规定："一切法律、行政法规和地方性法规都不得同宪法相抵触。"另一方面，宪法是包括对自媒体的表达自由进行政府规制在内的政府行为的依据。正如习近平总书记所说："全面贯彻实施宪法，是建设社会主义法治国家的首要任务和基础性工作。宪法是国家的根本法，是治国安邦的总章程，具有最高的法律地位、法律权威、法律效力，具有根本性、全局性、稳定性、长期性。任何组织或者个人，都不得有超越宪法和法律的特权。一切违反宪法和法律的行为，都必须予以追究。""公民的基本权利和义务是宪法的核心内容，宪法是每个公民享有权利、履行义务的根本保证……支持国家权力机关、行政机关、审判机关、检察机关依照宪法和法律独立负责、协调一致地开展工作。"[1] 这也就是说，包括政府规制在内的政府行为也必须符合宪法，并且以保障宪法所赋予的公民的基本权利为前提。而表达自由是宪法赋予公民的一项基本权利，因此，对充分享有表达自由权利的自媒体和网络空间进行政府规制，就要求政府和政府行为符合宪法。因为包括自媒体在内的网络空间的政府构建，同样需要不能侵害公民的表达自由等基本权利，这是宪法所保障的公民权利的基本内容，也是宪法精神的价值所在。正如劳伦斯·莱斯格所说，"来自现实空间的宪法应当告诉我们：网络空间的宪法应包含哪些价值。至少，它应竭力制止政府以违背这些价值的方式来构建网络空间。"[2]

---

[1] 新华社：《习近平在纪念现行宪法公布施行30周年大会上的讲话》，中华人民共和国中央人民政府门户网站，http://www.gov.cn/ldhd/2012—12/04/content_2282522.htm，访问日期：2017—09—24。

[2] 【美】劳伦斯·莱斯格：《代码2.0：网络空间中的法律》，李旭、沈伟伟译，清华大学出版社2009年版，第296页。

其次，对自媒体和网络空间的政府规制，涉及宪法保障的公民基本的表达自由权利的限制，因此，政府要依据"可获知""可预见""为防止政府对表达自由的任意干涉提供有效保障"的法律来进行。① 具体而言，(1) 限制表达自由的政府规制行为要符合合法性原则。这一原则要求，无论是在传统媒体，还是在自媒体和网络空间，政府对表达自由进行限制或对表达自由的滥用进行处罚，必须依照法律做出规定或者依照公布的法律来实施。"这里的法律，指的是由享有立法权的机关依据宪法性法律的授权，按照法律规定的程序，依法制定的抽象的、具有普遍约束力的基本法律。既可以指大陆法系国家的议会制定的法律，也可以指英美法系国家的国会、议院制定的成文法及法院在司法实践过程中发展起来的判例法。依据中国《立法法》第 8 条第 5 款的规定，对表达自由的剥夺，只能制定法律。也就是说，只有全国人大及其常委会制定的法律，才能成为剥夺表达自由的依据。也只有全国人大及其常委会，才有权制定剥夺公民表达自由的法律。其他任何机构，如果制定的行政法规、地方性法规等涉嫌直接或间接剥夺公民表达自由权的，公民都有权通过合法途径，要求相关机关予以废除。"② (2) 限制自媒体和网络空间的表达自由的政府规制行为所依据的法律应具有可获知、可预见的特征。所谓法律的可获知性是指"法律必须是已经正式公布的，一般人依据正常的方式，比如查阅图书馆的材料、查阅立法机关的网站等方式，可以获知限制表达自由的法律的具体规定或法律的具体条文。可以获知意味着政府限制表达自由的法律不能是秘而不宣的，也不能是常人通过正常的途径无法获得的"。所谓法律的可预见性是指"法律用语在表达上具有准确性，具有正常智力的普通人或通过律师等专业人士，能够理解限制表达自由的法律的具体含义。在美国最高法院的判决中，有限制言论的法律不能过宽或模糊的要求。不能过宽是指法律限制的对象必须明确具体，不能被执法者用来扩大打击面或扩大受限制的表达范围。而不能模糊则要求法律的用语必须准确，以避免在适用时产生歧义，给司法机关或政府部门打压特定的言论或表达留下可乘之机"。③ (3) "为防止任意干涉提供有效保障"是指授予政府机关进行规制的法律的自由裁量权的范围有着明确的边界，政府规制的行使方式是明确且阳光透明的，以此来防止来自政府的、完全以行政规定或含混的法定授权

---

① 张志铭：《欧洲人权法院判例法中的表达自由》，《外国法译评》2000 年第 4 期。
② 王四新：《限制表达自由的原则》，《北京行政学院学报》2009 年第 3 期。
③ 同上书。

为依据的任意干涉。① 实际上，政府公权力的非法律授权或者含糊不清的授权，更容易造成公权力的滥用，更容易构成对公民表达自由权利的侵害。

再次，对自媒体和网络空间的表达自由的政府规制，必须是民主社会所必需的、真正符合公共利益的目的性，并经得起相关法院的审查。由于对自媒体和网络空间进行政府规制涉及个人或机构的表达自由权的受限问题，这就要求政府，要给对自媒体和网络空间的限制表达自由的政府规制寻找民主社会所必需的、符合公共利益的根据。美国著名学者罗纳德·德沃金认为："一个负责任的政府必须准备证明它所做的任何事情的正当性，特别是当他限制公民权利的时候。但是，一般情况下，即使是对于一个限制自由的行为，如果认为这个行为是为了增加哲学家们所称的公共利益，即它将给全社会带来的利益大于所带来的损害，这个证明就是很充分了。"② 但何为公共利益，在不同的国家和地区，由于社会、经济、宗教、文化传统和历史的差异，往往有较大的不确定性。在不同的研究领域，例如在广播电视等传统媒体领域，公共利益甚至有其特有的内涵。③ 特别是事关社会秩序、公共道德、公共健康和公共安全的时候，往往关涉部分族群或部分人群的合法权益受到限制，例如欧洲伊斯兰族群的表达自由，在美国"911 恐怖袭击"以后，就受到欧洲部分国家的限制。另外，公共道德在不同的国家、族群和历史时期，也有着极大的不确定性。正如欧洲人权法院的司法判决中所指出的那样："在各签约国的国内法中不可能发现统一的欧洲道德概念。它们各自法律所采取的有关道德要求的观点也因时、因地而变，特别是在我们这个时代，由于观念的迅速而深远的演变已成为一种特征，就更是如此。"④ 因此，政府对自由表达的规制所援引的公共利益的依据，需要法律意义上的严格充分，要经得起人权法院的审查。这就意味着，"政府必须合理、谨慎和诚信地行使其限制表达自由的权力，不应以微不足道的政府或社会利益为借口，对自我实现和社会发展具有重要价值的表达自由进行限制"。⑤

最后，政府应给予因规制而表达自由受到限制或处罚的个人和机构（网

---

① 张志铭：《欧洲人权法院判例法中的表达自由》，《外国法译评》2000 年第 4 期。
② 【美】罗纳德·德沃金：《认真对待权利》，信春鹰等译，中国大百科全书出版社 1998 年版，第 252 页。
③ 李丹林：《媒介融合时代传媒管制问题的思考——基于"公共利益"原则的分析》，《现代传播》2012 年第 5 期。
④ 欧洲人权法院的司法判例，The Sunday Times 案判决，para，第 48 页，转引自张志铭《欧洲人权法院判例法中的表达自由》，《外国法译评》2000 年第 4 期。
⑤ 王四新：《限制表达自由的原则》，《北京行政学院学报》2009 年第 3 期。

络服务提供商）以申诉的制度和申诉机制安排。在现代民主国家，政府及有关部门依据有关法律法规和部门管理文件对自媒体和网络空间中的个人或机构做出表达自由受限或处罚的决定，是一种公权力行使的政府行为，个人或机构有申诉的权利，政府也有相应的制度和机制安排。这也就是说，应该建立和完善相关的行政复议、行政诉讼制度以及司法审查制度，这样才能够真正对政府在规制过程的越界越权行为给予有效的约束和制止。同时，在一些地区还有相关超越主权国家的国际性的司法援助机制。作为表达自由受限或处罚的个人或机构如果接受了政府的决定，则政府的决定立即生效。如果表达自由受限或处罚的个人或机构不接受政府的决定，则可以给予一定的时限，允许其向作出表达自由受限或处罚的政府部门进行行政复议。政府部门中复议受理部门在一定的时期内，对表达自由受限或处罚的行政复议进行审查，并作出裁决。如果表达自由受限或处罚的个人和机构依然不服复议裁决，则依照相关的法律，表达自由受限或处罚的个人和机构可以依法向法院提起诉讼。在欧洲国家，如果国内法院依然维持了政府部门的关于限制表达自由和处罚的决定，则表达自由受限和被处罚的个人和机构还可以向欧洲人权法院进行申诉。如果欧洲人权法院经过公开审理，作出判决，则该判决为终审裁决，成员国政府和表达自由受限和处罚的个人和机构必须执行，欧洲委员会部长委员会负责监督。需要说明的是，欧洲人权法院十分重视公民的表达自由权利，严格审查政府行为的正当性，这里所谓的正当性，一方面是指对表达自由权的干涉的政府行为是否为民主社会所必需。"对于'必需'这一标准，不能加以绝对地适用，而要估量不同因素。这些因素包括所涉及的权利的性质，干涉的程度即是否与所追求的合法目的成比例，公共利益的性质及其在所涉案件情形下要求保护的程度。"[1] 另一方面，是否违反了欧洲人权公约。这就要求政府行为的辩护需要极强的说服力。欧洲人权法院的目标就是"审查这样的辩护是否具有说服力，以确保干涉符合民主社会的真正利益，而不只是伪装了的政治上的便宜行事"。[2] 由此可见，欧洲人权法院对关涉公民的表达自由限制和处罚的成员国的政府行为十分谨慎，这在一定的意义上，就是为了维护公民表达自由的基本权利。欧洲国家和欧洲人权

---

[1] Council of Europe (ed.), Digest of Strasbourg case-law relating to the European Convention on Human Rights. Vol. 3, p. 471。

[2] Council of Europe (ed.), The exceptions to article 8 to 11 of the European Convention on Human Rights, 1997, p. 14.

法院的诉讼制度和司法救助机制安排，对于限制公民表达自由权利的政府干涉行为设置了严格的门槛，对于维护公民的表达自由权利发挥了重要作用。我国政府在对自媒体和网络空间进行政府规制时，可以借鉴欧洲国家的成功经验，在维护公民表达自由权利的同时，推动自媒体及其产业的健康发展。

四、简要结论

作为公民的一项基本人权的表达自由，是自媒体得以迅速发展的重要推动因素，也是促进民主政治的利器。但缺乏边界和控制的表达自由在自媒体和网络空间也会带来侵害他人合法权益、色情与暴力、违反社会道德、危害公共利益甚至是危及国家安全的负面效应。因此，政府对自媒体和网络空间的表达自由做出规制是十分必要的。但政府规制的内容需要十分明确，而且要有清晰的边界。由于对自媒体和网络空间的政府规制关涉公民的表达自由权利，因此，政府需要格外谨慎。"虽然表达自由的权利是一个在紧急情况下可得减损的权利，考虑暂停此权利的任何国家应当记住表达自由对民主的运作以及保障其他基本人权的重要性，以及不歧视的原则。"[①] 如果说，对自媒体和网络空间的表达自由需要设定限度的话，那么，政府对自媒体和网络空间的规制和表达自由的管控，也同样需要设定限度，以防止政府规制对公民表达自由权利的侵袭。这些限度是，对自媒体和网络空间的政府规制需要符合宪法和宪法精神、有明确的法律为依据、符合公共利益和国家安全利益、为民主社会所必需，并经得起法院的审查，同时有一定的申诉制度和机制安排，以便审查政府的规制是否正当和合法，更好地维护公民的表达自由权利。只有这样，政府规制行为才能逐渐步入法制之路，我国的自媒体及其产业才能走上健康的发展轨道。

[①] 陈力丹：《中国—欧盟学者共同探讨表达自由的法律与实践》，《国际新闻界》2005年第4期。

媒介学与媒介文化

媒介融合：概念、动因及利弊

丁柏铨

上 篇

作为传播业界的一种引人注目的实践，媒介融合随新媒体对本文中使用的概念作如下说明：(1)"媒介"和"媒体"概念交替出现。意指具体的新闻传播机构时用"媒体"概念，意指同介质的集合性的媒体时用"媒介"概念，意指互联网或手机时用约定俗成的称谓"新媒体"。(2)在"新闻工作者""新闻从业者"和"记者"三个概念大致都可使用的情况下，统一使用"新闻从业者"这一概念。的兴盛而出现，是世界上多个国家所共有的现象。当今中国与世界发达国家之间在新媒体方面的差距，较之在历史上、在传统媒介发展过程中存在过的差距要小。虽然媒介融合的实践由西方率先进行，此概念由西方学者先行提出，但是媒介融合的现实在中国业已存在，并且逐渐形成了蔚为大观之势。在当下，中国的媒介融合正处于"现在进行时态"。

一、对媒介融合概念及内涵的理解

就媒介融合的概念，此前的相关研究者提出了许多很有道理而又不尽相同的见解，颇能给人以启发。

美国新闻学会媒介研究中心主任 Andrew Nachison，将媒介融合界定为"印刷的、音频的、视频的、互动性数字媒体组织之间的战略的、操作的、文化的联盟"。[①] 这一"联盟"，当是纸质媒介、广播媒介、电视媒介和网络媒介等共同形成之盟。而三个修饰语，则分别涉及了"联盟"的三个层面。

---

① 参见蔡雯《新闻传播的变化融合了什么》，《中国记者》2005 第 9 期。

"战略的"——"联盟"所涉的宏观谋略层面;"操作的"——"联盟"所涉的具体业务层面;"文化的"——"联盟"所涉的深厚底蕴层面。这一界定体现出一定的深刻性和独特性。

与 Andrew Nachison 有所不同,美国西北大学李奇·高登教授对"媒介融合"的类型进行了探讨、划分,经常被学者们提起的是其"五种融合"说:(1)所有权融合。大型传媒集团拥有不同类型的媒介,实现不同类型媒介之间新闻资源与内容共享。(2)策略性融合。指所有权不同的媒介之间合作共享。(3)结构性融合。这种融合同新闻采集与分配方式有关,如美国《奥兰多哨兵报》雇用一个团队制作多媒体的新闻产品,能够在不同类型媒介平台上进行传播。(4)信息采集融合。当今的信息采集技术与传播技术完全能够保证新闻从业者以多媒体融合的新闻技能完成新闻信息采集。(5)新闻表达融合。主要指记者和编辑综合运用多媒体的、与公众互动的工具与技能完成对新闻事实的表达。① 李奇·高登对于"媒介融合"的理解和解释是较为周全和合理的。媒介融合确实不应当仅是媒介形态和媒介业务的融合,其内涵要比以上两种融合丰富得多。

国内有学者这样界说"媒介融合"概念:"'媒介融合'的概念应该包括狭义和广义两种,狭义的概念是指将不同的媒介形态'融合'在一起,产生'质变',形成一种新的媒介形态,如电子杂志、博客新闻等等;而广义的'媒介融合'则范围广阔,包括一切媒介及其有关要素的结合、汇聚甚至融合,不仅包括媒介形态的融合,还包括媒介功能、传播手段、所有权、组织结构等要素的融合。广义的'媒介聚合'是一个从低级到高级逐渐发展的过程,狭义的'媒介聚合'则是发展的最高阶段。"② 笔者并不反对将"媒介融合"的概念分为狭义和广义两种,相反认为这样处理是可行的,在学理上也是站得住的。然而,上述文字中有三处不妥:其一,将"媒介融合"随意置换成"媒介聚合",不妥。对同一对象,前后表述不一。前面所说"广义的'媒介融合'",到后面成了"广义的'媒介聚合'";前面所说"狭义的'媒介融合'",到后面成了"狭义的'媒介聚合'"。这不可取。其二,关于发展过程的说法,不妥。"广义的'媒介聚合'是一个从低级到高级逐渐发

---

① 参见张谦、梅雨婷《传播业将迎来新的重组历程——对美国媒介融合观察所作的预判》,http://www.shsby.com/baohai/201103/t20110308_759178.htm。
② 陈浩文:《再论"媒介融合"(Media Convergence)》,http://www.zijin.net/news/journalism1/2008—1—11/n08111430612H23IE6CDEG1.shtml。

展的过程,狭义的'媒介聚合'则是发展的最高阶段",此说有待斟酌。诚然,任何事物都有自己的发展过程。广义的"媒介融合"所指称的事物可以也应该是"从低级到高级逐渐发展的过程"。这是一个正确的命题。但狭义的"媒介融合"(即此位论者所说"将不同的媒介形态'融合'在一起",产生'质变',形成一种新的媒介形态),又何尝不是"从低级到高级逐渐发展的过程"呢?其三,把狭义"媒介融合"说成是广义"媒介融合""发展的最高阶段",不妥。按这位研究者的阐释,狭义的"媒介融合"概念所指代事物,是在媒介融合过程中经"质变"形成的如电子杂志、博客新闻等那样的新的媒介形态。"电子杂志、博客新闻"怎么就成了媒介融合过程中"发展的最高阶段"了呢?对此,笔者提出两点质疑。质疑一:"电子杂志、博客新闻等等"是否确为媒介融合过程中"发展的最高阶段"?质疑二:将它们称为"发展的最高阶段",是不是意味着它们已经成为终极、以后不会再有更高的发展阶段?据此,笔者认为:将狭义的"媒介融合"理解和解释成媒介融合发展过程中的最高阶段,是存在一定偏颇的。

彭兰在阐发中国的媒介融合进程时谈及对此的理解:"不管人们存在多少疑惑,多少担忧,中国媒体已经开始驶向媒介融合这一轨道","2009年,一些主流媒体陆续开始大规模跨媒体业务拓展,更是反映了整个中国媒体对媒介融合这个方向的一种共识。从质疑、犹豫,到开始行动,中国媒体迈出了媒介融合进程中的实质性一步。但是这只是媒介融合时代的第一阶段,也可以看作'圈地运动'阶段,而下一步,则要以传媒与用户关系再造为目标,来实现媒体的'产品革命',以获得全新的市场空间。进一步,媒体需要认识到信息终端技术带来的变革,通过对信息终端的选择与运用,来找到媒介融合时代新的产业杠杆上的支点。这个三部曲,是媒介融合日益深化的三个阶段。"[①] 应当说,以上文字是以中国的媒介融合为考察对象所作的发展阶段分析,而并不是对"媒介融合"概念的严格界定;然而它对于人们理解和把握中国的媒介融合概念与实践还是颇具启迪意义的。在彭兰看来,中国的媒介融合,不能仅是"大规模跨媒体业务拓展"(这只能是初始阶段即"圈地运动"阶段)。紧接着,应该有"产品革命"阶段和"找到媒介融合时代新的产业杠杆上的支点"的阶段。中国的完整意义上的媒介融合实践和对

---

① 彭兰:《媒介融合三步曲解析》,http://media.ifeng.com/school/special/weibodexinxichuanbojizhifenxi/xiangguanguandian/detail_2011_01/13/4264906_0.shtml。

此实践所作的理论概括，不应当仅仅停留于"大规模跨媒体业务拓展"。

笔者认为，媒介融合是由新媒体及其他相关因素所促成的媒介间在诸多方面的相交融的状态。这种状态是前所未有的。在中国现有的国情条件下，媒介所有权的融合，常常涉及非常复杂的因素，是否融合、与谁融合、何时融合、如何融合、在多大程度上融合，并不是由媒体负责人和一般的新闻从业者所能自主决定的，因此不在本文的讨论范围之内。有鉴于此，可以将媒介融合理解成以下三个层面上的融合：

一是物质层面的融合。即工具层面的融合。媒介作为传播信息和观念的工具，得益于新媒体技术的发展，其功能相交融、被打通，"你"中有"我"、"我"中有"你"。报纸网络版、电子报自不必说，网络电视、网络广播也是如此。"电视可以在网络上同步视频直播，也可以在播出后随时点播收看；传统广播也与互联网结合，出现了网络广播。网络广播有两种形态：一是广播节目的在线直播和点播；二是专门的网络电台"。[1] 你说它是电视吧，然而它又不是通常所见的电视，而是和网络联姻、受众可以随时掌握收看的主动权和对线性传播的特点有所突破的电视；你说它是广播吧，然而它又不是原先意义上的广播，而是借助于网络可以把声音传得更远的广播。物质（工具）层面的融合，这是媒介融合的基础，也是媒介融合中的一项相当重要的实质性内容。

二是操作层面的融合。即业务（包括传播业务和经营业务）层面的融合。这种融合，基于前一种融合，或者说在相当程度上是由前一种融合决定的。没有物质（工具）层面上的融合，就不会有对工具加以操作的新闻业务层面上的融合，也就不会有利用工具进行赢利运作的媒介经营层面上的融合。媒介融合要求新闻从业者，掌握为不同媒介做报道所必须掌握的、与以往为单一媒介和特定媒体供稿时有所不同的操作技能，能撰稿、能摄影、能摄像、能编辑（根据不同媒介的要求而胜任愉快地进行编辑），通文字、通声频、通视频、通网络。几乎是无所不能，而不是只具备其中的一样技能。这是媒介融合时代的新闻从业者与先前的新闻从业者呈现出很大不同的地方。在这种情况下，与新闻实践的需要相对接的新闻教育，就不能不考虑来自新闻业界的很高的呼声。媒介融合还要求：媒体在进行经营时，要在机构设置、资本运营、具体操作等方面，按媒介融合的要求而有所整合、进行联

---

[1] 申启武、褚俊杰：《媒介融合背景下广播的发展趋势》，《传媒》2011年第6期。

动,而不是像以往那样各自独立运营。

三是理念层面的融合。即意识层面的融合。在被现在的人们称为传统媒体的时代,不同的媒介之间疆界分明、互不交融,既没有必要、也没有可能实行媒介融合。与此相对应,人们对媒介及媒介之间关系的理解相对比较刻板,体现出思维空间封闭和狭窄的特点。这是与当时的时代特点相一致的,也是与媒介形态的实际情况是相吻合的。在今天,在媒介融合实践先行的情况下,业界人士和学界人士对此实践从观念层面作出了积极回应,从而形成了对其基本面的如下共识:(1)在现实生活中,由于新媒体技术和其他诸多因素共同发挥了作用,媒介之间确实出现了融合的趋势;(2)这一趋势,对于媒介形态确实发生了极其深刻的影响,或改变了原有的媒介形态,或催生了新的媒介形态;(3)在此情势下,确实需要媒体负责人、新闻从业者作出多方面的调整和努力,以与此相适应;(4)同任何事物都有客观规律一样,媒介融合也有其规律,确实需要从规律性方面对媒介融合进行探讨、认识和把握。以上有关媒介融合的理念,体现出两种融合:中国原有媒介发展理论观点中依然具有生命力的部分与新的媒介发展理论观点的融合,中国媒介理论观点与西方媒介理论观点的融合。关于媒介融合的同样体现了融合特征的正确理念,是在媒介融合实践的基础上形成的,又反过来推动着媒介融合实践的健康发展。

媒介融合是一个系统工程。媒介融合的实践创新和理论创新呼唤相应制度(规制)的创新。倘若缺失制度(规制)创新,则对媒介包括媒介融合的管理难以做到行之有效。在媒体的内部管理中,要建立有利于实行媒介融合的各项制度。例如,在鼓励新闻从业者达到一专多能方面形成相应的激励机制,将媒体建设成学习型媒体的机制;对原先的制度加以调整,例如修订与媒介融合不相适应的绩效考核制度,等等——以与媒介融合的大势相匹配。在对媒体从外部所作的管理中,调整与媒介融合不相适应的某些管理规制,从实际出发制定新的管理制度。关于媒介融合的合理的制度(规制),是正确、先进的媒介融合理念的体现,为媒介融合的实践提供了强有力的保障。

二、关于媒介融合的动因

有学者从媒介发展史着眼就媒介融合分析说:"就媒介历史的发展而言,

'其形态的变化，通常是由于可感知的需要、竞争和政治的压力，以及社会和技术革新的复杂作用引起的'。基于这一原理，媒介融合也是源自传媒产业对原有技术、规制、市场要素的不断创新，并呈现出'媒介融合肇始于技术创新，加速于制度创新，深化于市场创新，最终表现为产品创新'的逻辑特征。"① 不妨作这样的理解："可感知的需要""竞争和政治的压力"以及"社会和技术革新"，是媒介发展的动因。

在新媒体技术迅猛发展的当下，媒介融合是大趋势，其出现、其发展自有必然性。在中国，媒介融合的发展动因主要有：

其一，政治因素。政治力量对媒介发展的正面作用或负面作用都是毋庸置疑的。政治生态则是媒介发展的重要制约因素。改革开放以来相对宽松的政治环境，是中国媒介融合得以试水并蓬勃发展的不可或缺的条件。

其二，经济因素。商业利益对于媒体而言常常体现出不容低估的驱动作用，市场竞争于媒体具有无可回避的逼迫作用，受众的消费需求对媒体有着某种刺激作用。上述三种作用，对媒介融合都构成了助推之力。在市场上，媒体惟其是经营主体，经营的优劣与其生存和发展状况直接挂钩，它们方才具有媒介融合的不竭动力和积极性。市场竞争使哪一家媒体对媒介融合趋势都不敢视而不见，因为这是一个关系到本媒体在未来能否立足、何以安身立命的重大问题。受众的消费需求，在相当程度上影响着媒体的生存发展；满足是受众的消费需求，是传媒产品价值实现的重要路径和最后环节。受众有着突破时空限制、方便快捷接收信息的内在要求，这正好是媒介融合的动力所在。

其三，文化因素。此前已有的文化积淀，是媒介融合的深厚底蕴。外来文化包括媒介融合实践与理论的影响以及中西文化的交融，是中国媒介融合的直接推动力。在对外开放的大背景下，中国的媒介发展得以融入世界媒介发展的洪流之中，得以与世界上的媒介融合实践大致同步地发展。

其四，技术因素。当然可以将此归入广义的文化之中，但它在对媒介发展体现出重要作用的过程中，也还是有其特别的涵义。在这里，主要是指以数字化技术为基础、以互联网为代表的传播高科技。它成为媒介融合这样一种媒介发展的重要动因之一，当然是没有疑义的。技术的因素，不仅以媒介融合必不可少的支撑性条件的面目出现，而且直接参与构成了媒介融合的现

---

① 朱天、彭泌溢：《试论媒介融合中的"加减之道"——时代华纳与美国在线"世纪婚姻"终结对我国"三网融合"的启示》，http://media.people.com.cn/GB/22114/49489/225937/15069304.html。

有局面。媒介融合是由多种因素所形成的合力推动的，离开了其他相应条件，媒介融合未必成为令人叹为观止的现实，或未必成为汹涌澎湃的大潮。但是，人们也不可忽视这样一点，即：传播技术的因素在整个过程中发挥了至关重要的作用。舍此，媒介融合就绝无可能。

下　篇

人们对于媒介融合的态度各异。持提倡、支持态度的不在少数；但有的研究者则旗帜鲜明地加以反对。新闻传播学者张立伟一次在接受专访时说："我是反对媒介融合的，我认为以后媒介主题应该分化，而不应该是融合"①。他提出："我理解的媒介融合，用个比方，就是带橡皮的铅笔。你愿意用大字眼，说那是录入数据与消除数据的媒介融合，也行，它也成功了。但是，迄今为止，绝大多数铅笔不带橡皮，绝大多数橡皮也不带铅笔。手机报、网络电视、电子杂志或电子书，它们会成功的，特定时刻还会特别成功，如突发事件报道、奥运会、世界杯报道……但再次强调不能从单独事件找通则，通则是融合媒介不会成为主流！主流是新老媒体各走各的路，各自发挥服务大众与服务小众的特长，手机报等融合媒介现在是、将来也是边缘产品，就像带橡皮的铅笔。"② 笔者对张立伟在媒介融合问题上的基本观点，并不完全赞同；但认为他提出的媒介"分化"观不无道理。

笔者认为，媒介融合体现了传播技术的巨大进步和业界传播理念的适时更新。传播技术的巨大进步推动了不同媒介之间的交融和融合，推动了媒介形态的出新，推动了新闻传播理念和实践的创新。对媒介融合，不宜一概否定或反对。但媒介融合带来的，并非一概都是利（当然也并非一概都是弊）。那末，媒介融合究竟带来了哪些利、又带来了哪些弊、如何兴利避弊呢？这是亟待深入探讨也值得深入探讨的问题。

一、细析媒介融合之利

毋庸讳言，较之传统媒介各自独立、自成一体、无法融合的传播格局和

---

① 见《社科院张立伟：反对媒介融合 细分才是趋势》，http://cd.qq.com/a/20100111/003249.htm。
② 张立伟：《媒介融合：犹如带橡皮的铅笔》，《新闻记者》2010年第8期。

媒介形态，媒介融合体现出它的诸多优长。

首先，媒介融合使各种媒介都有所获益、如虎添翼。"尺有所短，寸有所长。"各种媒介都有其特长与特短。特定媒介在与网络实行了一定程度的融合以后，各自的固有之短消失或减少了，固有之长得到了彰显或张扬。报纸媒介得益于网络，使受众在具备上网条件的情况下，可以不受时间、空间的限制，在线阅读相应的报纸，调阅过往报纸的电子版，从而突破了以往阅读纸媒所遭遇的时空阻隔。电视媒介得益于网络，使受众能在移动的状态中收看节目，这无异于扩大了受众收看电视节目的空间范围。广播媒介得益于网络，不仅保持了听众在移动中收听的固有优势，而且可以使广播延伸到网络所到的任何地方，极大地拓展了广播的传播范围。先前人们有过在新媒体时代广播媒介已经或正在式微的担忧。现在看来，媒介融合并没有使中国的广播陷于绝境，广播的"随身听""宜而爽""万家乐"等功能依然存在[①]；随着与网络的深度融合，广播"活"得比以前更好，其前景并不暗淡。

其次，媒介融合使新的媒介形态随之产生。原先的单一媒介形态如不改变，将与当今绚丽多彩的社会生活不相适应，与媒体之间激烈的市场竞争态势不相适应，与受众的多元文化需求和现代生活方式不相适应。相当多的一部分人，在阅读报纸、收听收看广播电视之外，还喜欢或者说更喜欢通过手机阅读新闻；在政治环境相对宽松的情况下，数量众多的人除了在现实空间中交谈、交流之外，还喜欢或者说更喜欢通过博客、微博客和论坛等在虚拟空间中披露信息和发表意见。媒介融合暗合了人们在社会生活中表现出来的深层次心理需求。由于媒介融合的缘故，当下的媒介形态较之以往的媒介形态更趋丰富。这有利于多彩的社会生活的真实表达。网上视频是网络与电视的结合体，是通过网络传播的本该由电视台传播的节目；手机原先的功能是通话和传递短信，现在还被用来作为终端接收新闻信息，从而成为新的媒介形态；博客、微博客等，也与新的媒介形态有关。如果不是媒介融合，受众就只能恒久地使用四大媒介，而无法享用除此以外的新的媒介形态。

再次，媒介融合使新闻从业者的能量得到更大程度的释放。新闻从业者的能量有显能量和潜能量之分。在全部媒体皆为传统媒体的时代，新闻从业者所释放的仅是显能量甚或只是其中的一部分，而潜能量则并没有得到释放。这是因为，媒介形态相对单一，与此对应的操作也相对简单，新闻从业

---

① 参见丁柏铨《深度解读广播优长》，《视听界》2009年第1期。

者仅仅释放显能量已经能够满足媒体对他们的要求。一般而言，潜能量是需要在外力的逼迫之下开发或凭借内在自觉开发方能释放出来的能量。对于新闻从业者而言，由于以媒介融合为主要内容和因此而引起的外部环境条件相应的急遽变动，使媒体不乘势而变就不能满足受众的有所变化和提升的消费需求，就不能在与同行的激烈竞争中胜出，新闻工作者个人就无以体现自己的竞争优势甚至难以安身立命。这时，应媒介融合之需开发自己的潜能量就成为新闻从业者的唯一选择。

最后，媒介融合使媒体创新和新闻创新的空间有所拓展。媒介融合拓展了媒体创新的空间。《南方都市报》总编辑曹轲曾说："在管理机制上，全媒体是为制度创新预设了可能性，为向现代企业转型提供了空间；在新闻生产上，全媒体是信息整合的具体方式、报道形态，以多媒体素材集成报道；在传播渠道上，全媒体是向各种平台终端强力渗透南都的产品和品质，汇聚新一代受众群；在商业模式上，全媒体是完善对传统媒体广告之外的市场布局。全媒体平台提供多媒体产品，通过电视、广播、互联网、手机、户外电子公告牌等等多渠道分销这些产品，从而满足用户个性化需求，实现用户价值。"① 从表面上看，曹轲论述的是全媒体，然而其实际着眼点是媒介融合。在媒介融合的大势之下，无论是在管理机制方面，还是在新闻生产、传播渠道和商业模式方面，都既有来自外部的创新要求，又有媒体内部人士所作出的创新举动。与此同时，媒介融合还拓展了新闻创新的空间。媒介融合本身意味着变动、变化，是孕育新闻创新的沃土。做新闻，如果完全恪守传统的套路而不思有所改进，就会失去受众、失去市场、失去媒体影响力，从而最终失去媒体和新闻从业者自身的存在价值。现在的实际情况是：媒介融合，给媒体和新闻从业者带来了创新的契机，扩大了创新的空间。一些前所未有的新闻理念和表现手段，即萌发和诞生于媒介融合的实践之中。受众由此而感受到了新的新闻理念、新的媒介形态、新的新闻样式。

综上所述，对于媒介融合所带来的利，是不应该低估的。

二、研讨媒介融合之弊

公允地说，媒介融合既有利也有弊。其弊主要有：

---

① 转引自闵大洪博客：《媒体融合带给我们什么?》，http://blog.voc.com.cn/blog-showone_type_blog_id_637036_p_1.html。

（一）新闻从业者的业务精专不被强调

在媒介融合的浪潮中，人们较多听到的是记者应当如何全能，不全能就找不到自己的位置，就可能被淘汰。媒介融合的一项公认的内容，是同一个记者能够驾轻就熟地就相同的报道题材为不同的媒介供稿。有研究者指出："2002年开始，美国首次出现了'背包记者'，他们同时为报纸、电视、网络、广播等媒体提供内容，包括文字、图片、音频、视频等。国内的烟台日报报业集团为每位记者配备了笔记本电脑、照相机、摄像机、智能手机，记者可以同时为手机报、电子报、纸媒、网站和户外视屏提供内容。"① 从媒体拼抢新闻时效的角度看，这样做是有一定意义的。既然媒介之间已经融合了，那末记者被要求成为全能记者、十八般武艺样样精通，也在情理之中。

但是，笔者不能不注意、不能不指出这样一个问题：上述做法以牺牲新闻从业者业务的精专为代价，其实并不值得提倡。

媒介融合并不意味着不同媒介的特质就此消解。而从术业有专攻的角度看，长于文字的记者未必强于在图片、音频、视频、网络等方面有所专攻的记者。即便刻意训练，也未必就能改变这样一种状况。笔者的见解是：提倡和鼓励新闻从业者一专多能（"多能"的前提是"一专"），这是合理的，同时也是可行的；但是，倘若要求他们样样精通，这对于大多数新闻工作者而言是不现实的，结果可能是样样不精通。掌握同时为各种不同介质的媒体供稿的基本技能是需要的，不过媒体在正常情况下应当并不要求记者这样做（特殊情况下则另当别论）。

再则，关于同一题材，受众屡屡见到的是同一记者所撰写或制作的见诸不同媒介的新闻作品，这并不一定就是好事。进而言之，同时兼顾向异质媒介提供同题材的报道内容和报道文本，使新闻从业者的时间和精力不是花在题材的开掘和报道的深化上，而是放在进行适当改造从而为不同介质的媒体供稿上。同一题材由同一制作者在同样的认知层面上被反复使用，必然增加报道的雷同程度。这只能是媒体节约新闻产品生产成本、增加盈利之策，然而并不是促进记者深挖题材、增加报道深度的新闻精品生产之举。

（二）新闻从业者的个性特点趋于弱化

新闻并不是不需要报道者个性特点的行业；恰恰相反，举凡做得好的新闻都充分体现了报道者鲜明的个性特点和个人风格。这里所说的个性特点和

---

① 王亮：《反观媒介融合的负效应》，《新闻实践》2010年第9期。

个人风格，不仅体现在写作中，而且体现在采访中；不仅体现在对报道对象的理解和表现上，而且体现在对事实的评判和评判方式上。

从总体上说，国内的相当一部分同质媒体原本就缺乏足够明显的可区分性，新闻从业者的个性尚比较模糊。在这种情况下，强调媒介融合，是不是会使特定主体本来就并不多的个性成分进一步被溶解、稀释？这并不是杞人忧天。在实际操作的层面，强调媒介融合，一个直接的结果是新闻报道较多体现了共性，而个性则有所缺失。在媒介融合的大潮中，媒体及从业者不宜随大流，不宜舍却自己的个性特点，而应当在某些方面保持独立思考、特立独行的品格，刻意另辟蹊径，用彰显个性特点的方法来回应媒介融合。

（三）对传播活动的人文底蕴有所忽视

在媒介融合的浪潮中，业内人士和学界人士较多强调的，是传播技术的革命所带来的媒介变革。正视传播技术的作用并作出恰当的回应，这是理所应当的。然而过分强调传播技术的作用，以致对技术层面的注重超过对人文层面的注重，则是不可取的。这种传播，将是冷冰冰的和了无生趣的。传播技术的革命性的成果，只有在承载了相应的人文内容的情况下才具有意义或更有意义。与人文内容无缘的传播技术和传播技术的革命性变革，则毫无意义。但从现有的情况看，业界和学界人士在谈到媒介融合时，对融合中应有的人文底蕴往往强调得不够。

人类的传播活动其实是不乏人文底蕴的。媒体所进行的传播，是人类传播活动中的重要构成部分。媒体不仅传播事实、传播信息，而且还传播体现丰厚人文内容的观念，并用人文精神解读事实和信息，从而体现出对人的生命的尊重，对人生价值的尊重，对人的全面发展的尊重，对人类创造的优秀文化的尊重，传播对报道对象和受众的深刻的人文关怀。正如俞吾金所言："人文关怀是对人的生存状况的关注、对人的尊严与符合人性的生活条件的肯定和对人类的解放与自由的追求。"[①] 事实证明：在灾难性事件报道中体现人文关怀，这方面的要求尤高。

进一步说，在媒介融合条件下做新闻，不仅应当周到地考虑必须采用哪些与此相适应的方式方法、技术手段，而且应当深入地探讨报道对象在人文底蕴方面有了哪些新的变化以及应当如何实事求是和恰到好处地表现这种变化。正是在这一方面，新闻从业者的人文精神将得到充分凸现，专业精神也

---

① 俞金吾：《人文关怀：马克思哲学的另一个维度》，2001年2月6日《光明日报》。

可以大有用武之地。

在媒介融合的过程中,"草根"是新媒体技术的直接受益者,得以越过壁垒参与信息和观念的大范围传播。这是不是表明"草根"所进行的传播,天然地包含人文底蕴因而对人文无须特别强调呢?有人以汶川地震为例,分析说:"草根民众在此次灾难中,借助网络技术、手机技术的快速发展,通过手机拍摄、网络社区的讨论交流(QQ、百度贴吧、新浪博客等)等方式,也得以倾力参与。受灾者的痛苦、现场抢救的感人场景,也得以全方位地展现在大众面前。而正是大量充满爱心、热心的民众借助新媒体参与报道、传播,使得这一事件体现了更多的人文关怀,才使这一灾难性事件得以迅捷地被全国人民、甚至是国外友人所瞩目,并带来更大范围的积极参与。"[①] 在大难大灾中,"草根"运用新媒体在传播信息和发表意见时确实体现出了感人至深的人文关怀,许多媒体在这方面也有相当不错的表现。但这只是问题的一个方面。问题的另一方面是:新媒体的使用者包括新闻从业者并不因使用了新媒体而整齐划一地更多表现出对他人的人文关怀。一份题为《新媒体的22条中国军规》的文本写道:"新媒体人不认为当今中国人的心态是他们的弊端,相反他们的最大市场在于他们正好对应了他们的德行:阿Q、看客、中庸、大多数的沉默、囫囵吞枣、贪新厌旧、盲从(或作赶时髦)、小买卖的投机……这些都恰恰与新媒体的气质系出同宗。"[②] 以上表述未必十分准确,但所提及的"心态""德行""气质"是确有其本的。而这些"心态""德行""气质",与人文、人文关怀格格不入甚至背道而驰。在现实生活中,一部分人使用新媒体发布信息和进行评论,热衷于充当"看客",对"偷窥"别人隐私津津乐道,在别人遇到麻烦时幸灾乐祸,等等——这些现象颇为常见。因此,在媒介融合的大潮中倡导传播人文关怀,是一件亟待引起高度重视的大事情。

(四)媒体在激烈的市场竞争中发生错位

媒介融合,使市场上原本就存在的激烈的同质媒体竞争和异质媒体竞争,增加了新的内容或改变了原有的方式。在媒介融合的情势下,媒体应当如何参与市场竞争和在竞争中取胜?不是说在纸质媒体之外,你有声频,我也要一定要有声频;你有视频,我也一定要有视频——这才是参与市场竞争

---

① 《新媒体展人文关怀 将加速媒体融合》,http://business.sohu.com/20081104/n260432964.shtml。
② 令狐磊:《新媒体的22条中国军规》,《新周刊》2006年第15期。

和在竞争中取胜。过于强调在拥有新的媒介形态方面进行竞争，这或许是媒体在市场竞争中的一种误识和错位。

蔡雯在《媒介融合趋势下如何实现内容重整与报道创新》一文中指出："对于传媒而言，基于不同终端载体的介质和特点，进行一体化的内容框架设计，并且使其相互之间建立联系，既能使资源得到充分共享，又实现了内容产品的差异性和优势互补，可以有效地架构产品链，形成'长尾'效应，对于扩大媒介的市场份额、增强竞争力无疑具有重要意义。而对于社会而言，内容重整实际上是以更强大的内容生产平台完成了新闻采集的'融合'，同时又以多种终端载体实现了内容产品的'分流'，为受众提供更多的选择，从而更好地满足社会对信息与服务的需求，同时也减少了媒介的重复生产与资源浪费。"[①]

内容重整无疑要求媒体及从业者在新闻采集方面有所"融合"，但是终端载体则必须实现内容产品的"分流"。在同一个范畴内，一些方面的"融合"与另一些方面的"分流"，形成了相反相成的关系。这才是正确意义上的媒介融合。正是在这一点上，张立伟所持的"媒介主题应该分化，而不应该是融合"的观点，发人深省，有着积极的意义。如果新闻采集"融合"了，而内容产品又不"分流"，那么，也就意味着报道的无差异、无个性。内容重整和报道创新，这才是媒介融合条件下媒体正确的市场竞争之道。

三、如何兴其利避其弊

（一）理性认识媒介融合

对媒介融合的正确的理性认识，是兴利避弊的逻辑起点。传播业界中人无疑要有正确的理性认识，业外人士中的新闻传播学者在研究和论及媒介融合时，也须有正确的理性认识。正确的理性认识涉及如下内容：（1）媒介融合"是什么"。这一命题包括涵义、边界、类别、实质等内容。对媒介融合不宜作过于狭隘的理解，如不能只是将它理解成媒介形态之间的融合和媒体业务之间的融合；也不宜作过于绝对的理解，如不能因太过强调媒介融合而排斥媒介的细化和细分。（2）媒介融合"何以如此"。对媒介融合的原因有

---

① 蔡雯：《媒介融合趋势下如何实现内容重整与报道创新》，http://news.hunantv.com/x/f/20090812/279003.html。

所探寻并有正确的理解，这有利于在更高层次上了解和认识媒介融合。(3)媒介融合"如何发展"。媒介融合有规律可循。正确描述其发展轨迹，不懈探索并把握其发展规律，方能使对媒介融合的认识逐渐达到自觉的境界。

（二）理性应对媒介融合

新闻业界和新闻学界人士均须理性应对媒介融合。前者更多是实践层面上的应对，后者更多是理论层面上的应对。媒介融合使传播业出现了变局，波及各个层次、诸多方面。"世易时移。"在今天，无论是做新闻（从事新闻业务工作）还是教新闻（从事新闻教育工作），"纹丝不动"或者基本不变都是绝不可取的；而应当以变应变，在变中有不变，在不变中有变。不变的是对受众的尊重和忠诚，对传播规律的尊重和遵循。媒体因受众而存在，受众决定着媒体的存在价值。如果离开了对受众的尊重和忠诚，媒介融合就只能是媒体及从业者谋生手段的变化。媒体所作传播有其客观规律。虽说媒介融合使原有的传媒格局、媒介形态发生了极大变化，但是从深层次上说它也仍然是有规律的。如果违背了规律，那么某些所谓的媒介融合就可能付出昂贵的代价而又经不起历史的检验。

（三）理性参与媒介融合

理性参与媒介融合，是指新闻业界人士和新闻教育界人士作出恰当的行为选择。笔者认为，作为媒体中人，提高媒介融合的理论自觉和提高媒介融合的实际能力，同样重要、并行不悖。新闻从业者确实须对自己提出如笔者在前文所述的"一专多能"的要求并且切实付诸实施，而不能只钻一样、其他样样不懂。新闻教育界人士则要感受到来自新闻实践的压力。王君超说："媒介融合也向当前的新闻教育提出了挑战。当前主流的新闻传播教育课程，仍是传统的媒体'分割教育'，不利于媒介融合形势下的通用型人才培养，亟须因应新闻传播变化的实际，改造或新开与媒介融合相关的理论、业务和技术方面的课程，以契合时代的需要。"[①] 这是一个很大、很有意义的题目，笔者拟另行撰文进行探讨。

---

① 王君超：《"全媒体"时代，报网融合大发展》，《媒体时代》2011年第3期。

媒介专业操守：能够建立理论框架吗？
——基于伦理与道德分殊的一种尝试

展 江

一、道德、伦理与大众传播职业

（一）"头上的星空和内心的道德法则"

做好人、做善事，是先辈对后人的告诫。有价值的人生是道德的人生。苏格拉底说："每天探讨德性以及相关的问题，对于人来说是一种至高之善，没有经受这种考察的人生是没有价值的人生。"康德说："有两种东西，我们愈时常、愈反复加以思索，它们就给人心灌注了时时在翻新、有加无已的赞叹和敬畏：头上的星空和内心的道德法则。"[①]

德育，伴随着一个人所受教育的全过程；任何社会都不会拒斥道德包装。没有哪个统治者、圣人贤者和教育家不提倡道德。关于什么是道德，什么是伦理，两者之间的联系和区别如何，国内学界的意见并不一致。况且，伦理学作为哲学的一个分支，从古希腊就形成了体系；而在西方语言中，最常见的与道德、伦理相关的概念如何与中文对应，彼此之间是什么样的关系，也是众说纷纭。一种典型的观点是，道德和伦理在现代是同义词，可以互换。

（二）伦理与道德的区分

笔者认为，对"伦理"和"道德"做一区分很重要。有鉴于此，本文借鉴一本美国教科书的界定和划界方法来理解道德和伦理。"伦理"（ethics）是建立在某些得到普遍接受的准则上的理性过程。而"道德"（morals）是

[①] 康德：《实践理性批判》。

宗教领域的用语，往往表现为各种戒律及其形成的道德体系。①

《摩西十诫》是犹太教与基督教传统中共有的道德体系，犹太教学者将贯穿在《圣经·旧约》中的这些规则研究加以扩充，形成了一部关于犹太人生活、宗教、道德的1400页口传律法集《塔木德经》。②《摩西十诫》第一条：除了耶和华以外，不可有别的上帝。第二条：禁止拜偶像。第三条：不可妄称上帝的名。第四条：遵守安息日。第五条：孝敬父母。第六条：不可杀人。第七条：不可奸淫。第八条：不可偷盗。第九条：不可做假见证陷害人。第十条：不可作非分之贪恋。

犹太教和基督教认为，十条诫命的前四条是神和人立的约，事关信仰上帝这个总纲：尽心、尽性、尽意、尽力地爱上帝，后六条是人和人之间立的约，核心是爱人如己。基督教承认，那些归向上帝的人也不能完全守住这些诫命，因为就是最圣洁的人，在律法面前也只是一个小小的起步；但他们既然因信称义，就被基督的爱激励，不仅照着这些诫命，也照着上帝的一切诫命开始生活，一生一世竭力追求，忘记背后，努力面前，向着标竿直跑。③

（三）从诫命到道德世界：消极义务与积极义务

《摩西十诫》实际上是十条诫命。"诫"就是上帝所禁止的；"命"就是上帝的命令。也就是说：上帝让你去做的，你就去做；上帝不让你去做的，你就不要做，这就是诫命。十条诫命中只有第四条和第五条是"命"，其他八条都是"诫"（戒律）。

在康德的道德世界中有两类义务。严格义务一般是消极的：不谋杀，不失信，不撒谎。善意义务更积极一些：帮助他人，发展某人的才能，表示感激，等等。哲学家们一般认为，严格义务（例如不伤害人）比善意义务（例如帮助他人）更具有道德上的强制性。

社会公德应当体现消极义务与积极义务的平衡。一般而言，消极义务是底线性质的基本义务，人人必须遵守。底线实际上是一种类似于禁忌的基础

---

① 【美】菲利普·帕特森、李·威尔金斯：《媒介伦理学》，李青藜译，中国人民大学出版社2006年版，第2页。
② 佛教的八正道提供了类似的道德框架。八正道意指达到佛教最高理想境地（涅槃）的八种方法和途径：（1）正见。正确的见解，亦即坚持佛教四谛（苦、集、灭、道）的真理；（2）正思维。又称正志，即根据四谛的真理进行思维、分别；（3）正语。即说话要符合佛陀的教导，不说妄语、绮语、恶口、两舌等违背佛陀教导的话；（4）正业。正确的行为。一切行为都要符合佛陀的教导，不作杀生、偷盗、邪淫等恶行；（5）正命。过符合佛陀教导的正当生活；（6）正方便。又称正精进，即毫不懈怠地修行佛法，以达到涅槃的理想境地；（7）正念。念念不忘四谛真理；（8）正定。专心致志地修习佛教禅定，于内心静观四谛真理，以进入清净无漏的境界。
③ http://www.jidunet.cn/content/200704/043021F2007.html。

生活秩序，这种基础生活秩序往往是由道德信念、成文或不成文的规则、非正式的或正式的基础秩序混合在一起构成的。比如"不许杀人放火""货真价实、童叟无欺"，应该说这是一种维系社会正常运行的"最低道德保障"，底线失守是一种很深刻的社会危机①；而积极义务则是一部分人承担的义务，它塑造高尚人格，但是许多人做不到。过于强调道德中的积极义务，制定高不可攀的道德标准，制造"道德理想国"，往往导致极权统治；或者没有人去参照执行，导致"规而不约"，从而失去操作性。

（四）伦理困境与现实选择

但是，现实世界远远不像学童背诵人生格言和宗教诫命那样简单。一个道德体系中的多个因素（诫命）有可能相互冲突，这时伦理就开始起作用了。大哲学家康德200多年前描述了一个典型的伦理困境：当一个持枪男人来到你家门前，问另一个人在哪里（正藏在你家壁橱里），因为他想杀了他，你应该怎么做？你是撒谎，还是说实话？犹太教与基督教共有的道德体系认为杀戮和撒谎都是不对的。但是，你必须痛苦地在二者之间做出选择。

与其说伦理解决的是对与错的矛盾，不如说解决的是价值观之间的矛盾，并决定如何在二者之间做出取舍。伦理学意味着：（1）学习在善与恶、合乎道德的正义行为与非正义行为之间做出理性的抉择。（2）运用理性对若干个可能都合乎道德的正义抉择进行区分，挑选出其中更加合乎道德的。②

（五）职业道德与职业伦理

一个社会职业要得到公众的认可和尊重，就必须遵循一般的和这个职业特殊的道德诫命和伦理原则。所谓"职业道德和伦理"大体包括工作观（人为什么要工作？）及专业规范两部分，这也是中国传统伦理道德中较欠缺的一部分。从《圣经》的观点来看，工作有三重意义：发展自我、服务社会及服侍上帝。在人欲横流的商业社会，职业道德和伦理格外重要。

我们可以发现，一部成熟的职业道德与伦理规范，通常是以消极义务为主的。积极义务主要体现在概述性的"工作观"，尤其注重发展自我和服务社会这两点，但绝不是规定什么"圣人"标准，因为它要求从业者做一个达到一般道德标准的合格公民，而不是助人为乐的善人。从业者必须完成专业技术性强的本职工作，而本职工作不能等同于乐善好施，甚至要排除业外人士的干扰。

---

① 孙立平：《守卫底线：转型社会生活的基础秩序》，社会科学文献出版社2007年版。
② 【美】菲利普·帕特森、李·威尔金斯：《媒介伦理学》，李青藜译，中国人民大学出版社2006年版，第3页。

（六）大众传播职业道德与职业伦理

在古希腊，伦理学的原初意义是关于幸福或美好生活的学问，幸福是伦理学研究的出发点和归宿，是伦理学要解决的问题。但是与这种一般性的理解不同，大众传播职业道德与职业伦理试图解决的经常是问题、恐慌、不安、批评、抱怨、投诉、愤怒、抗议、抵制等大众传播业者不愿看到的反应。一旦新闻伦理抉择发生错误，受众的反应既迅速又苛刻。

大众传播职业道德就是大众传播工作者和媒介机构自身，遵循体现普遍性的社会公德（工作观）和体现特殊性的专业标准（专业规范），对其职业行为进行的自我约束和自我管理。大众传播职业伦理就是大众传播工作者和媒介机构在大众传播职业道德体系中的诸个因素（道德诫命）发生冲突时的理性抉择原则。

新闻职业道德和伦理是大众传播职业道德与职业伦理的核心。是决定新闻应该如何采集、制作、报道和编辑的行为准则。对于新闻工作者来说，能够解释自己的伦理选择很重要，因为他们在报道一则新闻的过程中要与消息来源打交道、处理与同事的关系，最后还要面对公众，所以可能要同时做出几个互不相关的伦理抉择。所有专业人士都会不时犯一些伦理过失，但是惟有新闻工作者有勇气、或者说不得不将这些过失公诸于众。

二、可运用的伦理学理论和原则

古希腊以降，哲学家们一直在努力总结一套准则或指南以指导伦理选择。显然，在大部分伦理困境面前，我们都需要一些原则来指导和帮助自己在相互冲突的意见中做出抉择。

（一）中庸之道、绝对命令和功利主义

1. 亚里士多德的中庸之道

（1）讲学于公元前 4 世纪的亚里士多德认为，幸福，也就是"良善的生活"，是人类最高的善。亚里士多德从良善的生活这个观念出发，提出行为的道德基础是人和人的行为，而不是特殊的规则。他的伦理体系催生了今天被称为美德伦理学的思想。亚里士多德认为，美德存在于两个极端之间。

亚里士多德的中庸之道

不可接受的行为	可接受的行为	不可接受的行为
怯懦………………	勇敢………………	蛮勇

（2）例证：两个人看到有人落水。如果一个目击者不会游泳，但是跑得很快，那么他想跳下水救人就是蛮干，同样，他如果什么也不做就是怯懦。对于他来说，做勇敢的事可能就是跑去求救。另一方面，如果第二个目击者是一个游泳健将，她尝试救人就不是蛮干；实际上，对她来说，不下水救人是怯懦。在这个例子里，两个目击者的行为都是勇敢的，只是方式完全不同罢了。

2. 康德的绝对命令

（1）概述：康德的绝对命令声言，一个人的行为应当基于这个前提：即一个人做出的选择能够成为普遍规律。此外，他还提出博爱和仁慈应当是行为的目的，而不应当仅仅是手段。康德将这两个准则称为"绝对"命令，意味着对它们的要求不能屈从于条件因素。很多读者都会看出康德的绝对命令和《圣经》中金箴的相同之处：待人如待己。二者对于责任的关注非常相似。如前所述，康德认为，一个行为只有出于责任，在道德上才是正当的。

（2）例证：根据康德的思想，检验一个行为是否道德要看它是否具有普遍性——即它是否适用于每一个人。例如，康德会坚持，有道德的人驾车的速度和风格适合于在用一条高速公路上驾车的任何一个人。按照康德的绝对命令，新闻工作者不能要求什么特权，例如为了获取新闻而撒谎或侵犯隐私的权利。如果认真对待康德的观点，它就会在你做出某些伦理抉择的时候提醒你放弃什么——真实、隐私等等。

3. 英国的功利主义

（1）概述：功利主义最初是英国哲学家、经济学家杰里米·边沁创立的。在19世纪，约翰·斯图尔特·密尔将它引入伦理讨论：行为的结果是决定行为是否道德的重要因素。按照功利主义的观点，为了更多人的利益而伤害一个人可以被视为是道德的。功利主义经常被简化为"为最大多数人谋求最大幸福（利、善）"的道德哲学或"两利相权取其重、两害相权取其轻"的处世经验。密尔主张，快乐和不痛苦是道德的唯一内在目的。他进而认为，一个行为的正确在于它对普遍快乐做出贡献的比例，一个行为的错误在于它对普遍的不快乐或痛苦发挥的作用的比例。密尔承认，同一个行为可以让一些人快乐，但造成另一些人的痛苦。他坚持应对两类后果进行同时评估，这个行动后果难测，但却迫使相互竞争的涉利各方对各自提出的要求进行讨论。因此，功利主义理论可能赞成某些行为，又可能反对一些特殊举动。

（2）例证一：一位电视制片人可能会想，一则调查性报道虽然会伤害调查对象，但却能增加普遍的福利。诈骗和欺瞒可以得到曝光，普遍的社会问题得以昭示天下。如果获取信息的手段是合乎道德的，那么抱着为社会提供更广泛的善的希望而进行的调查性报道就是正当的，从伦理上来说是正当的，即便是其结果可能伤害到正被报纸或广播电视报道的那些个人，因为相对于它给某些个人带来的痛苦而言，它为人类的幸福做出的贡献更大。

（3）例证二：功利主义会指出，在当代，广告提供了大量人们需要的产品和服务信息。广告往往有娱乐性，而且它为我们喜爱的大众传媒提供了经济支持。当然，有时广告的品位可能很差，可能令人不快，有时还会提供虚假或误导信息。在平衡对社会的善和对社会的害时，功利主义很可能会总结说，虽然广告实践是合乎道德的，但是有些行为形式——儿童产品广告、某些特别商品如酒类广告——应当受到规范。

4. 小结

亚里士多德创立的中庸之道关注行为者，康德的绝对命令关注行为，而密尔的功利主义哲学关注结果。①

从亚里士多德到密尔：伦理学焦点的变化

哲学家	观点	普遍的理解	强调
亚里士多德	中庸之道	美德存在于两个极端之间	行为者
康德	绝对命令	（1）你的选择可以成为普遍规律	行为
		（2）将博爱、仁慈视为结果，而不仅仅是手段	
密尔	实用原则	行为正确与否是由它对理想的结果所作的贡献决定的	结果

但是，三种理论各有其局限性：中庸之道是不容易找到的；康德的绝对命令难以避免形式主义；功利主义是务实的，相对运用较广，但是对善的计算走向极端就会导致伦理全面停滞，因为涉利各方都有看上去同样强烈的要求，在这些要求中进行取舍绝非易事。因此三种理论，尤其是绝对命令和功利主义的综合运用有助于我们在深陷道德困境时作出伦理抉择。

（二）人道主义伦理五原则

---

① 【美】菲利普·帕特森、李·威尔金斯：《媒介伦理学》，李青藜译，中国人民大学出版社2006年版，第7-11页。

美国伦理学家雅克·保罗·蒂洛（1928—2006）提出人道主义伦理学的五条原则：生命价值原则；善良（正当）原则；公正（公平）原则；说实话或诚实原则；个人自由原则。他说，在这些原则知指导下，任何道德体系都能发挥作用。这些原则相当广泛地关注一切人及其道德待遇。一般来说，这些原则将优先于其他一切道德考量。因此，这五条原则"可以作为一切道德体系的基本架构"。①

1. 生命价值原则

对这一原则，蒂洛喜欢"人应尊重生命，也应接受死亡"这种表达方式。"因为从经验上说，没有活着的人便没有任何道德。"他还认为，这一原则也是其他四原则的前提，"因为没有人的生命，便不可能有什么善或恶，公正或不公正，诚实或不诚实，自由或不自由。"

2. 善良（正当）原则

蒂洛认为，善良原则的正当性在于，如果有人认为人们不必努力做好事、避免或制止坏事，那他便自外于道德了。由于这个问题是超道德的并且不可能在道德内部得到解答，因而善良原则显然就是任何道德体系的一条根本原则。在分析这一原则的内涵时，他说，现实中，善良或正当原则要求人们努力做到三条：（1）扬善抑恶做好事（善行）。（2）不造成损害不做坏事（防恶）。（3）制止坏事防止损害（防恶）。

3. 公正（公平）原则

在蒂洛看来，这条原则实质上关心的是如何在公平合理的基础上对好处和坏处进行分配。它主张，在人们中间分配好处和坏处时，每个人都应该公平公正地对待他人。人应当做好人，做善事，但这还不够，还要努力分配由此得到的好处。中国伦理学大家周辅成教授也多次强调这一原则之于中国的现实价值："新世纪的伦理学，不能只是'爱人之学'、'利他之学'，还应当成为'社会公正之学'"，因为"一个没有社会公正的社会，比一个没有仁爱、没有理性的社会更为冷酷、黑暗和可怕。"②

4. 说实话或诚实原则

蒂洛认为，这一原则"几乎是公正或公平原则的推论"，但"它本身就是极为重要的，有权利成为一条独立原则"。"如果任何道德体系的参与者，

---

① 【美】雅克·蒂洛、基思·克拉斯曼：《伦理学与生活》（第9版），程立显、刘建等译，世界图书出版公司2008年版，第160-161页。

② 同上书，第466页。

不能断定别人是否说实话,那么,这个道德体系怎能起作用呢?""一切道德都有赖于人们所达成的协议,如果不能确定人们会诚实地真诚地对待协议,这些协议又怎能达成或维持下去呢?因此看起来说实话与诚实是道德的重要而基本的柱石。"

5. 个人自由原则

最后一条是个人自由原则或平等原则,有时也叫自主原则。这个原则主张,人们作为具有独特差异性的个人,在前四条架构内,必须拥有选择自己道德修养的方式方法的自由。蒂洛坦陈,他之所以最后才提出这一原则,就是为了使人懂得个人的道德自由受到其他四条原则的制约,只有在不严重妨碍别人的条件下才是正确的。①

三、大众传播道德和伦理分析——以《职业新闻工作者协会伦理规约》为例

美国职业新闻工作者协会是美国历史最悠久的代表新闻工作者的专业组织,它成立于1909年,拥有300个分会,会员人数超过9000人。我们以1996年版《职业新闻工作者协会伦理规约》②(下简称《伦理规约》)包含的职业道德"诫命"和职业伦理原则为例来分析。《伦理规约》中译文全文1547个汉字(其中标题13字),分为5个部分,依次为:前言(126字);探究与报道事实真相(687字);将伤害最小化(345字);独立行事(236字);可被问责(140字)。

(一)职业道德部分

1. 积极义务:(4条)

《伦理规约》从篇幅来说是最小的,只是第一部分"前言"的126个字,它概述了新闻职业的工作观:

A. 职业新闻工作者协会的成员相信,公众启蒙是正义的前奏和民主的基础。

B. 新闻工作者的责任是探究事实真相以及就事件和议题提供公正而全

---

① 【美】雅克·蒂洛、基思·克拉斯曼:《伦理学与生活》(第9版),程立显、刘建等译,世界图书出版公司2008年版,第148-153页。
② 参见【美】梅尔文·门彻《新闻报道与写作》,展江主译,华夏出版社2003年版,第753-756页。译文略有改动。

面的报道，进而实现上述目标。

C. 来自所有媒介和专业的有良知的记者努力全面而诚实地为公众利益服务。

D. 职业廉正是新闻工作者公信力的基石。

2. 消极义务："应该如何做"和"不能做"

职业道德规范的主体部分是详尽的消极义务，包括后面的4各部分，共1421字。这种消极义务又可分为体现技术性要求的肯定性表述（"应该如何做"）、体现职业道德底线的否定性表述（"不能做"）以及既有肯定性表述又有否定性表述的三部分，其中否定性表述部分通常是自律的重点。

(1) 消极义务（一）：否定性表述（10条）

A. 防止标题、新闻贴士和推销材料、图片、录像、录音、图表、同期声、引语失实。它们不能背离语境而过于简化或夸大事件。

B. 杜绝扭曲新闻图片或录像的内容。为了提高技术清晰度而强化形象是允许的。使用蒙太奇或图片说明需注明。

C. 不得再现或导演新闻事件，以避免误导。如果为了讲述故事而有必要重现，必须加以说明。

D. 杜绝抄袭剽窃。

E. 避免就种族、性别、年龄、宗教、族裔、地理、性取向、残障、体貌或社会地位形成刻板成见。

F. 避免利益冲突，无论这种冲突是真实的或是感知的。

G. 摆脱各种可能危及诚实或损害公信力的社团或活动。

H. 拒绝礼品、优惠、酬金、免费旅行和特殊待遇，回避在社区组织中的第二职业、政治涉入、公职和服务，如果它们危及新闻工作者的诚实的话。

I. 拒绝偏袒广告商和特殊利益集团，抵制它们影响新闻报道的压力。

J. 警惕那些为获得好处或金钱而提供信息的消息来源；避免出价购买新闻。

(2) 消极义务（二）：肯定性表述（11条）

A. 努力找到新闻报道对象，向他们提供回应对其不当行为的指陈的机会。

B. 只要有可能，就交代消息来源的身份。公众有权就消息来源的可靠性获得尽可能多的信息。

C. 人胆地讲述关于人类经验的多样性和重要性的故事，即便这种作法不受欢迎。

D. 认识到以下特殊责任：确保公众事务公开处理，政府记录公开审查。

E. 对那些可能受到新闻报道负面影响的人表示同情。在对待儿童和无经验的消息来源或报道对象时，具有特殊的敏感性。

F. 认识到采集和报道信息可能会造成伤害和不适。追寻新闻不是傲慢无礼的许可证。

G. 在正式发出指控之前，明智地使用犯罪嫌疑人这一称谓。

H. 澄清与解释新闻报道，与公众就新闻工作者的行为展开对话。

I. 鼓励公众诉说对新闻媒介的不满。

J. 承认错误，并及时改正。

K. 揭露新闻工作者和新闻媒介不合伦理的行为。

(3) 消极义务（三）：肯定性表述＋否定性表述（5条）

A. 审视自身的文化价值观，避免将这些价值观强加于人。

B. 区分观点鼓吹与新闻报道。分析与评论应标明，以避免歪曲事实或语境。

C. 区分新闻与广告，警惕模糊二者界限的混合物。

D. 根据所有的消息来源来检验信息的准确性，以谨慎行事来避免因疏忽而导致的差错。绝对不允许蓄意的歪曲。

E. 表现良好的品味。避免迎合耸人听闻的猎奇癖。

（二）职业伦理原则部分（9条）

职业伦理原则是记者在遇到职业道德因素互相冲突时如何做出新闻抉择的指导原则。《伦理规约》主要涉及的是暗访偷拍能否进行、如何保护隐私权、如何保护特殊群体、如何保护消息来源、如何防止媒体不当干预司法的问题。

A. 避免暗中进行的或其他鬼鬼祟祟的信息采集方式，除非传统的公开方法不能产生对公众来说至关重要的信息。对这些方式的运用应当作为报道的一部分加以解释。（暗访偷拍）

B. 在允诺匿名之前，一律要质疑消息来源的动机。说明为获取信息而做出任何承诺的附带条件。信守诺言。（消息来源保护）

C. 在寻求和使用那些遭到悲剧或哀痛打击的人的访问记和照片时谨慎行事。（特殊人群保护）

D. 在交代青少年犯罪嫌疑人或性犯罪受害者的身份时谨慎从事。(特殊人群保护)

E. 支持观点的公开交流，即便他们发现的观点是相互抵触的。(观点自由市场)

F. 给无发言权者以发言权；官方的和非官方的消息来源具有同等效用。(消息来源平等)

G. 认识到与公共官员和其他努力寻求权力、影响力或注意力的人相比，私人有更大的权利控制关于自身的信息。只有压倒一切的公共需要才能证明侵犯个人隐私的正当性。(普通人的隐私权与知情权)

H. 在犯罪嫌疑人的公正审判权与公众的获知权之间进行平衡。(媒体审判)

I. 既以高标准要求别人，也以同样的高标准要求自己。(黄金律)

四、违反新闻职业道德和伦理的表现

在20世纪初以来的一百多年里，由于大众传播的迅猛发展，出现了更多的伦理难题。在大众传媒十分强大的今天，人们将许多事件称为"媒体驱动"的，受众对事件的体认常常被媒体的有关报道所框定、所扭曲。事实上，许多国家的媒体面临公信力持续下降的信任危机。我们以《伦理规约》为参照，考察一下各国的，尤其是中国的情况，加以对照和分析。

(一)《伦理规约》的覆盖面

根据陈力丹教授的归纳，目前国内新闻界普遍存在的违反职业规范的现象有16种①，它们分别对应于《伦理规约》中的某一种或几种义务：

1. 编辑部与经营部混岗，造成"有偿新闻"泛滥，收取"红包"司空见惯。——消极义务（一）H、消极义务（三）C。

2. 广告版与新闻版混淆（直接）。——消极义务（三）C

3. 新闻栏目拉企业赞助。——消极义务（三）C

4. 受贿无闻。——消极义务（一）F、G、I

5. 假新闻。——消极义务（一）A、消极义务（三）D的极端形式

6. 制造"假事件"。——消极义务（一）C

---

① 陈力丹：《新闻理论十讲》，复旦大学出版社2008年版，第257-280页。

7. 免费接受被采访方的各种好处。——消极义务（一）H

8. 侵犯自然人的隐私。——职业伦理原则 A、G

9. 侵犯当事者的著作权。——消极义务（一）D

10. "媒介审判"。——消极义务（二）G、职业伦理原则 H

11. 介入式隐性采访和偷拍偷录。——职业伦理原则 A

12. 拒绝更正与答辩。——消极义务（二）J

13. 恶炒明星绯闻和犯罪新闻。——消极义务（三）E

14. 无人性的冷漠新闻。——消极义务（一）E、消极义务（二）E、F

15. 直接展现暴力、血腥、灾难、痛苦的照片或画面。——消极义务（二）C、E、F

16. 虚假广告和庸俗广告（不在《伦理规约》规范之列）

不难看出，陈力丹教授的相当细致的归纳，也只对应了《伦理规约》中的一小部分义务。总体而言目前在中国和国际上愈发严重的新闻职业道德和伦理问题，实际上还要复杂多样。《伦理规约》是一个很好的参照标准：如果是新闻道德问题，也就是诚命问题，那是比较容易识别和批评的。相形之下，中华全国新闻工作者协会（全国记协）制订的《中国新闻工作者职业道德准则》就显得粗糙而落伍了①。但如果是新闻伦理问题，则往往需要运用伦理学理论和方法加以讨论和分析，而且经常是众说纷纭。但是这种探讨本身，对于大众传播界非常有益。

---

① 其主要症结在于：（1）伦理和道德问题没有区分；（2）在伦理和道德问题上，将政治的、社会的和职业的伦理和道德问题混为一谈。（3）伦理和道德标准设置偏高。

新传播技术革命与网络空间结构再平衡

张涛甫

社会的维系和发展离不开信息；信息的生产与传播依靠信息技术的支撑。关于技术与社会关系，存在两种截然对立的观点：一种是技术决定论，另一种是社会决定论。技术决定论认为：技术发展是内生动力的唯一结果而不被其他因素所影响，塑造社会来适应技术模式。① 在技术决定论者眼里，技术是撬动社会的杠杆。在技术这种自变量面前，社会则成了因变量。他们认为，技术逻辑可以改造社会逻辑。信息技术对社会的改变更是如此，特别是新传播技术的崛起，有力声援了技术决定论者的论点。新的传播技术已经开辟了一个新时代，即信息社会，它完全不同于过去的社会秩序。如克里斯托弗·梅（Christopher May）所言，很多阐述都认定某些技术"内嵌特殊规则"。互联网内嵌着自由、共同体、平等、利他主义和民主等价值。也有人声称：互联网内嵌着社会控制、纪律和等级。技术形式具有与生俱来的特征，而这些特征是人类无法干预的。还有人主张：技术与生俱来的特征能够用来预测未来的社会、经济与政治变迁。②

但是，社会决定论持论则相反。他们认为，技术是中立工具，非技术动力——如社会阶层、政治权力，甚至是个人性格——对它们的设计与控制具有独立影响。最流行的社会决定论观点则是：社会能够塑造技术。以互联网为例，互联网没有特别之处或新颖之处，通过先前存在的社会与政治变迁就能够理解其影响。如果技术被假定为没有任何特殊之处，只需要考虑催生技术的社会力量——权力斗争与有影响力的团体、阶层、个人和制度，它们启动并随后塑造了技术变迁。③ 在社会决定论者看来，与社会力量比较起来，技术不足以颠覆社会逻辑。理由是：社会可以驯化技术。在社会这个巨型

---

① 安德鲁·查德威克：《互联网政治学》，华夏出版社 2010 年版，第 22-23 页。
② 同上书。
③ 同上书。

"车床"里,哪怕是再锐利的技术,也能被驯服成"绕指柔"。

其实,过度强调技术对社会的决定性作用,或过度强调社会的决定性作用,皆有"深刻的片面性",不符合真实社会语境中的技术处境。辩证地看,技术与社会的关系当是:谁也决定不了谁,谁也离不开谁。技术具有先天的政治性,但它的政治性是政治环境决定的。技术具有政治秉性,同时在政治背景中发挥其功用。① 当然,在不同技术与社会语境中,技术对社会影响可能是不一样的。特别是在关键时刻,即技术发生颠覆性变革之时,技术释放出惊人的革命性能量,从而推动社会发生质的飞跃。诸如文字、印刷术、电话、电报、广播、电视、互联网技术的问世,刷新了人类传播的新格局。特别是新媒体技术对人类社会的影响,极为深广。与此前历次技术革命比起来,以互联网为代表的新媒体技术,对人类社会的冲击是空前的。有学者认为,互联网是继文字、印刷术、电报之后人类的第四次传播革命。新传播革命本质上是传播革命资源的泛社会化和传播权力全民化,以"去中心—再中心"为基本特征。② 这种新传播技术革命,颠覆了此前传播权力为少数人垄断,即为精英垄断的传播格局,带来大众传播政治的崛起。

一、新传播技术革命与网络社会空间

新传播技术带来的革命性影响创造了新的社会空间:网络社会空间。这种网络社会空间颠覆了传统意义上的时间与空间关系。此前,在时间维度上,空间是被赋予了确定的边界和内涵。互联网空间与现实空间不同,它超越了对物理坐标的依附,重新界定了空间概念。有学者认为,将网络空间看成一个特别的"地方",它有与真实世界不同的结构、规则以及行为方式。互联网是一个高度自我管理的网络世界。互联网的边界和界线,不是地理上的。③ 卡斯特认为:互联网制造了"流动空间"。在与所有历史变革一样,一个新的社会结构的出现是与对我们的存在、空间和时间的物质基础进行重新定义相联系的。与以前的形式共存的同时,时间与空间出现的两种社会形式是以网络社会为特征的。它们是流动的空间和永恒的时间。流动空间是指在不接触的情况下,同时发生之社会实践在技术和组织上的可能性。网络社

---

① 安德鲁·查德威克:《互联网政治学》,华夏出版社 2010 年版,第 24-25 页。
② 李良荣、郑雯:《论新传播革命》,《现代传播》2012 年第 4 期。
③ 同①,第 309 页。

会中大多数支配性功能（金融市场、跨国生产网络、媒体网络、全球管理的网络化形式、全球的社会运动）都是围绕流动空间进行组织的。但流动空间不是没有固定位置的。它由节点和网络组成；也就是说，它是由电子推动通信网络连接而成的地方，通过它，信息流才能流通和交互，以此保证共享时间在这样的空间中得到执行①。网络化让我们可以把不同空间和地点连接起来，时间方面的确没有发生什么变化，但在体验空间上却发生了很大的变化。②

网络社会绝非传统意义上社会空间的延伸。传统社会空间的经由长期的社会建构和塑型，被赋予了相对稳定的社会秩序，特别是经由权力的编织，传统社会空间固化成不平等的金字塔式的层级结构。在这种结构中，不同位置的权力赋值往往是不同的，低层级的空间结构顺从于高层级的空间结构。在空间结构中，往往是不能没有"中心"的。在传统社会空间中，中心与边缘之间边界是明确的，彼此之间的秩序是不容颠覆的。在这个空间结构中，不同的社会主体被赋予各自的空间意义，被锚定在确定的空间位置上。同样，社会主体也被编织成不同功能的组织形态，置于社会空间中，也被赋予确定的社会意义和功能。这种相对固化的社会空间，就会产生相对固定的社会关系和空间秩序，流动相对困难。即便在现代社会中，以细化的职业分工和窄化的专业分化为标志的社会分化，将日趋复杂化的社会关系确定为科层式的社会网络。这种网络结构不是扁平型的，而是金字塔型的结构。在层次分明、关系明确的传统社会空间中，每一个社会主体皆内嵌在社会网络中，难以游离于社会控制。

以互联网为代表的传播技术在传统空间之外，开辟了广袤的新空间，它在传统意义上的领土、领海、领空、太空等空间概念之外，辟出了第五空间：即网络空间。以新传播技术为支撑的网络空间，其空间逻辑不同于传统社会空间逻辑。在网络空间中，传统意义上权力中心和空间中心被重新改写。互联网表现出的技术活性消除传统中介形式，催生社会活力，颠覆传统权力结构，改变了传统封闭、科层化的传播权力结构。新媒介技术影响政治的最重要的表现在于，其使边缘组织克服了资源的限制和其他更严重的障碍

---

① 纽曼尔·卡斯特：《网络社会：跨文化的视角》，社会科学文献出版社 2009 年版，第 40-41 页。
② 斯蒂芬·格瑟帕特：《新媒体带来更大的公共空间吗？》，《社会科学报》2014 年 12 月 11 日。

从而取得政治权力。① 新媒体赋权使曾经那些远在传播权力之外的"沉默的大多数"获得了空前的权力。"弱者的权力"不再是无声的反抗,而是有声的抗争。在线下社会得不到的自由和权力,即会转向网络空间寻找替代性补偿。线下社会空间得不到的诉求,转身走向网络空间,借助网络可以得到声扬。作为现实社会空间的反叛,网络空间本能崇尚自由主义。这种自由主义取向可从约翰·佩里·巴洛那篇著名的《网络空间的独立宣言》得以体现:我代表未来要求你们不要管我们。在我们这里,你们不受欢迎。在我们这里,你们也没有统治的权力。我向你们宣告,我们这里有着自由本身一直宣示的最大自主权。我宣布,我们正在建设的全球社会空间,将独立于你们想对我们进行的专制统治。你们没有道德权利来统治我们,也没有任何可以让我们真正害怕的统治手段。我们正在创建一个没有任何特权或偏见的世界,人人可以进入,而不必考虑种族、出身、经济权力、军事力量或出生地。我们正在创建一个任何人在任何地点都可以表达想法的世界,不管多么稀奇古怪,都不用害怕被强迫噤声或整齐划一。② 巴洛这种对网络空间的宣示带有典型的乌托邦色彩,网络空间若想逍遥于现实世界的羁绊、控制还是困难的。不过,有一不争的事实,即是与现实社会空间比起来,网络空间具有空前的自由度,成为一个远离于现实社会控制的"飞地"。正因乎此,海量的社会主体聚集于网络空间,并被赋予新的身份:网民。作为网络"新大陆"的新移民,在网络规则尚未成型之前,网民们在开掘网络空间之时,时常伴有犯禁的快意,"流动的空间"被蜂拥而至的新移民们瓜分豆剖,形成新的活动区间,并被赋予新的意义和规则。

随着信息化浪潮深入发展,世界各国对互联网的依赖程度日臻加深,信息网络的国际政治效能在全球政治、经济、军事和文化领域日益凸显,争夺网络空间优势成为国际政治权力竞争的重要内容,国际政治权力博弈已经涉足"第五空间",网络空间"一超多强"的国际政治权力格局初见端倪。各国以国家利益为核心,以网络安全为目标,围绕网络空间国际政治权力展开了激烈的博弈。③ 互联网来自于西方发达国家,这些国家在技术上占据显著的优势,技术差距的背后,尾随的是利益政治。学者万俊人认为,谁掌握最

---

① 布鲁斯·宾伯:《信息与美国民主:技术在政治权力演化中的作用》,科学出版社 2011 年版,第 225 页。
② 安德鲁·查德威克:《互联网政治学》,华夏出版社 2010 年版,第 41-42 页。
③ 刘勃然、黄凤志:《网络空间国际政治权力博弈问题探析》,《社会主义研究》2012 年第 3 期。

先进的技术,谁就对这个世界拥有更多的话语权和操控权,其中最重要的是政治操控。值得担心的是技术的拥有者成为技术世界的主人,而那些技术落伍者有可能变成技术世界的奴隶。① 那些拥有技术优势的国家,一旦占领技术制高点,也就掌握了网络空间政治主导权以及网络传播空间的话语权。互联网被国家行为体使用,它就不仅仅是技术工具,也成为一种国际政治工具,即追求国家权力和国家利益的工具,也就具有了"非中性"作用。这种"非中性"作用既可以是现有霸权国家通过信息技术领先和网络空间战略先行提升自身的国家实力,从而维持既有的权力地位;也可以作为其对外行为的重要手段,对他国进行政治渗透,最终实现政治重塑的战略意图。② 以美国为代表的西方发达国家,一开始就掌握了开发网络空间的主动权。他们捷足先登,操控了网络割据的优先权。就以互联网域名争夺来说,互联网名称与数字地址分配机构在创建初级就存在深度政治化背景。在一些批评者眼里,互联网名称与数字地址分配机构作为一个负责管理根服务的新的国际性组织,其合法性在一开始就被玷污了。③

美国作为现实社会的霸权国家,也将其霸道延伸至网络空间。有学者发现,美国作为互联网概念、关键技术与核心设备的发源地和最大的软硬件资源占有国,其网络安全战略经历了保护关键基础设施安全、监视控制特定内容信息流动、准备跨界行动以积极防御直至形塑全球网络空间信息内容的演进过程。冷战结束以来,特别是奥巴马政府时期,随着美国整体实力的压倒性优势持续减弱,美国在网络安全领域的相对战略优势更加凸显,技术创新与网络安全对于美国国家利益的重要性更加凸显,网络安全问题在美国国家安全战略整体框架中的重要性日益呈现上升趋势。④ 互联网空间并非是一片自由的净土,更不是民主的圣地,而是充满赤裸裸的利益政治。网络空间的"巴尔干化",已成为摆在全球社会面前的严峻难题。在国际政治领域,互联网作为国际政治延伸的新领域,其原先的权力结构遭到了颠覆。但是,此前存在强者逻辑并没有被改写,以美国为代表的西方发达国家,凭借其先得的技术优势,在互联网空间中先下手为强,抢占了空间政治的话语权和游戏规则的定义权,致使互联网空间政治结构处于失衡状态。

---

① 《新媒体带来更大的公共空间吗?》,《社会科学报》2014年12月11日。
② 郑志龙、余丽:《互联网在国际政治中的"非中性"作用》,《政治学研究》2012年第4期。
③ 安德鲁·查德威克:《互联网政治学》,华夏出版社2010年版,第334页。
④ 沈逸:《美国国家网络安全战略的演进及实践》,《美国研究》2013年第3期。

二、互联网对中国空间政治的冲击

互联网在中国的扩散过程极具戏剧性。对于当代中国而言，互联网是一个结构性的变量。从国家与社会的关系结构来看，中国具有特殊的国家/社会关系结构：强国家——弱社会模式。在这种模式下，国家与社会力量是不对等的。在强国家力量的控制之下，社会力量的主体性空间甚为狭小。国家垄断了几乎所有资源，其中包括政治资源、经济资源、文化象征资源等等。相比之下，社会所控制的资源甚为有限。后来，改革开放在相当程度上松动了上述国家与社会关系结构，社会力量渐渐复苏。但渐进式的改革并没有从根本上打破强国家——弱社会模式。在这种不平衡的社会结构中，国家力量控制了中国空间政治的权力。

互联网由外部闯入，颠覆了中国传统意义上的权力平衡。互联网的发展无疑推进了政治民主化、现代化的进程，但它也对国家观念及体制，特别是国家主权观念及其必然衍生出的基本国家职能产生了一定的冲击，主要表现为国家对个人的控制力、国家的司法能力、国家的税收管辖权、国家在国际关系中的主体地位、国家的安全能力遭到削弱和挑战。[1] 有学者认为，作为一个公共空间，可以借助它制造一定的压力，以使政治者、立法者通过立法来保证公共空间不至于为某些权力所垄断。特别是被公共空间驱逐的人，或者他们没有经济的权力，或者存在某些缺陷不能使用媒体，更应该把他们融入进来。[2] 在中国这个的强国家——弱社会的国度，互联网的突然介入打破了空间政治的系统平衡。再者，互联网进入中国，正值中国市场化改革快速推进的关口，互联网遭遇中国社会转型，所释放的叠加效应，对中国构成的影响是革命性的。在互联网在中国崛起之前，政治权力控制了传播权力，中国的政治权力结构与传播权力结构是基本一致的。执政党操控了媒体资源，决定传媒改革的路径，控制着中国传播权力。以互联网为代表的新媒体的兴起，颠覆了中国既有的传播格局。这一深刻变化源自于新媒体所释放出的巨大活性。与传统媒体比较，新媒体具有惊人的破茧能量，它能摆脱来自于社会制度和资本的控制，打破既存的权力秩序。新媒体技术革命本质上是传播

---

[1] 周光辉、周笑梅：《互联网对国家的冲击与国家的回应》，《政治学研究》2001年第2期。
[2] 斯蒂芬·格瑟帕特：《新媒体带来更大的公共空间吗？》，《社会科学报》2014年12月11日。

革命资源的泛社会化和传播权力全民化。这场新传播革命具有"去中心—再中心"的特征。所谓"去中心化",指互联网技术本质上是以个人为中心的传播技术,具有天然的反中心取向。这一次传播革命本质上是传播资源的泛社会化和传播权力的全民化,通过解构国家对传播权力的垄断,使传播力量由国家转移到社会,从而削弱国家在信息、技术和意识形态上的主导地位,因而,它所带来的不是国家组织和治理能力的强化,相反,是对国家组织和治理能力的严重挑战。所谓"再中心化",指随着信息发布门槛的持续降低,网络空间的信息供给量迅速超过了单一个体独立自主处理信息的能力。在如此浩瀚的信息浪潮中,公民开始委托新人,通过"意见领袖"筛选信息、研判事实、进行新一轮的"中心建构"。同时,互联网打破了传统社会中自上而下的科层制组织结构,通过网络重构行动中心、话语中心、舆论中心。[1] 即是说,互联网为中国社会开辟了新的权力空间和表达空间。原先受制于传统权力格局和传播权力格局的社会力量和声音,纷纷逃逸到互联网空间,寻求替代性补偿。于是,互联网在中国获得了失速扩张。互联网在中国遭遇技术、市场、社会力量的三轮驱动,在第五空间内开疆辟土,野蛮生长,对中国既有的治理结构,形成了前所未有的挑战。互联网正在迅速解构与建构着中国社会生活网络的主要框架,成为社会生活领域中最重要的权力来源。多样化的传播主体之间在跨越时空中所形成的复杂关系,对权力宰制中心的分化、转移、传播已成为权力的主要来源,传播在一种不稳定、不确定的过程中,导致权力与权利的不稳定性,这对习惯于统一、秩序化的权力管理方式提出了挑战。[2]

在国际政治方面,在网络空间中,中国同样面对严峻的挑战。网络空间已成为许多国家政治、经济和国防安全的关注重点。美国 2010 年《四年防务评估报告》,将"有效遂行网络空间作战"规定为美军"六大关键任务之一"。2009 年,英国推出其首份《网络安全战略》,指出网络空间几乎涉及所有安全挑战,应将网络安全战略纳入国家安全战略整体框架。2011 年,德国政府通过了"德国网络安全战略",核心内容是成立一个国家网络防御中心。"德国网络安全战略"旨在加强保护德国关键的基础设施、信息技术

---

[1] 李良荣、郑雯:《论新传播革命》,《现代传播》2012 年第 4 期。
[2] 师曾志、胡泳等:《新媒介赋权及意义互联网的兴起》,社会科学文献出版社 2014 年版,第 4 页。

系统免受网络攻击,并在欧洲和全球开展有效合作。[①] 有学者发现,2009—2011年的一系列事件表明,美国逐渐转变了其原有的以防御为主要特征的网络空间战略,转而发展并初步完善了一套以"互联网自由"为核心概念,以"控制——塑造"为基本特征的进攻型互联网自由战略。借由监控网络空间信息流动,实现对于全球网络空间的塑造,以期形成有利于美国的网络空间环境,争夺、树立并确保美国在网络空间的领导地位。[②] 美国主动扮演互联网空间议程定义者角色,介入他国乃至地区性的互联网政治。美国时任国务卿希拉里·克林顿2011年2月15日在乔治·华盛顿大学发表有关"网络自由"问题的演讲,她大谈"网络自由"对中东和世界其他国家的"重要性"。在演讲中,希拉里10次提及埃及、7次提及伊朗,对比互联网在两国的骚乱中发挥的作用。她在演讲中4次提及中国,并对中国互联网自由问题进行指责。对此,中国虽然作出及时的反应,但在国际互联网空间,中国的声音尚显孤立。这与美国精心设计的"进攻型互联网自由战略"不无关系。面对以美国主导的互联网自由意识形态,中国在这方面的战略设计存在:反应滞后,缺乏长远战略眼光,流于表态式反对的弱点。中国式的表态政治,反而容易陷入西方发达国家精心设计的去国家化的互联网自由意识形态的陷阱,从而给中国的网络空间管理带来诸多被动,也会让国家利益蒙受损失。

三、网络空间结构再平衡

新传播技术引发的革命性效应,带来的治理难题是全球性的。对于当代中国而言,网络空间治理的挑战则更为严峻。虽然说,网络空间已经打破了国内政治与国际政治的壁垒,但是传统意义上的权力逻辑并没有根本改变。只不过,突然间横生出一个"第五空间",打破了传统权力逻辑控场的局面,改变了原先网络空间结构。当下中国网络空间结构面临着双重失衡的严峻挑战:一是局域空间的结构性失衡问题,即中国语境内网络空间结构的失衡。新媒介赋权颠覆了曾被固化的现实空间结构,让空间流动起来,也让板结的权力结构出现松动。结果是,非中心的力量在网络空间中"野蛮生长",强劲冲击了既有空间结构。二是广域空间的结构性失衡问题,即全球互联网空

[①] 李莉:《战略博弈新空间》,《世界知识》2011年第24期。
[②] 沈逸:《应对进攻型互联网自由战略的挑战》,《世界经济与政治》2012年第2期。

间结构失衡。主要表现为，互联网空间的出现并没有改变原先失衡的国际政治权力和利益格局；相反，在某种程度上，还进一步加固了国际政治中的霸权逻辑。一些西方发达国家将现实权力之手伸向虚拟空间，掌控了互联网空间的话语权和规则定义权。当下中国也在努力，尝试在以下两个层面，谋求网络空间的主动权。

1. 国内网络空间结构再平衡

新媒介技术活性赋予网络空间以新的活力，这种新活力对传统权力格局和传播格局构成强劲的冲击。新传播技术具有强大的破茧力量。当1.0版技术的活性被来自于外部的管控力量驯服之际，2.0版技术又横空出世，新一代传播技术，能突破其身外的束缚，开拓出新的网络空间。当2.0版技术活性衰退之时，3.0版传播技术则又破茧而出，释放出巨大的能量。随着移动互联时代的到来，新媒介技术的活性空前扩张，流动的网络空间很难被驯服，从而给网络空间带来了巨大的不确定性。

但是，新传播技术的解放冲动，在强大的规训力量面前，遭遇相当程度的遏制。管理者借助法律手段、行政手段以及技术手段，编织了一个巨型的、严丝合缝的网络规制防护网，从而将技术驯服在社会控制的范围之内。近年来，新媒体管理者加大了管控力度，多管齐下，以"打通两大舆论场"的名义，加大了对互联网民间舆论场的治理。有研究者发现，2011年之后出现了一个分水岭，政务微博等主流话语开始大规模进入网络舆论场，官方舆论场和民间舆论场逐渐融合，整个互联网舆论生态进入调整时期。此前，舆论场内部共识度与其对政府的认同度负相关，即舆论越是质疑和批评政府，就越是团结；但2011年之后变为正相关，即各舆论场越是质疑和批评政府，其内部争议就越多，而在对政府进行积极评价时则更显得团结一致。[①] 2014年中国舆论场的变化相当明显，由互联网大V为舆论设置话题、甚至引导网民好恶的情况大规模消退，主流价值观重新在网上变得枝繁叶茂。历史将证明这是一次积极的转折。[②] 中国舆论场的这种"国进民退"现象，在很大程度上与管控力度的升级不无关系。特别是2013年下半年展开打击网络大V行动，秦火火、立二拆四、薛蛮子等网络大V相继倒下，网络"意见领袖"在网络空间中呼风唤雨的势头得以遏制，网络民间舆论"流

[①] 祝华新：《2014："两个舆论场"共识度增强》，http://news.xinhuanet.com/politics/2014—12/25/c_1113781054.htm

[②] 社评：《2014，互联网舆论场的转折年》，《环球时报》2014年12月27日。

动性过剩"也显著改观。当下中国网络空间中的力量对比发生逆转，原先由民间舆论控场的格局被改写，官方舆论场的力量强势反弹，其原先的被动局面得以转变。但是，中国网络空间力量结构的这种逆转带有一定的不确定性。还很难说，现有的结构已趋于一种新的平衡。

2. 国际网络空间结构再平衡

网络空间的严重失衡问题更为突出。当前网络空间全球治理处于一种国际无政府状态，面临着国家网络主权与多元治理主体之间、"网络发达国家"与"网络发展中国家"之间以及网络霸权国与网络大国之间等一系列矛盾冲突的严峻挑战。① 有研究者认为，与网络自由主义者所设想的"去国家化"的网络政治模式相反，"再主权化"成为网络空间国际政治发展的新态势。这一趋势是国内和国际两个层面的网络政治互动的共同产物：一方面，国家权威通过建立和完善网络监管的法律和制度体系，明确了主权在网络空间的管辖范围和方式，将虚拟空间中的社会行为和行为主体重新纳入主权的内部性之中；另一方面，国家行为体通过对外发展网络空间攻防、制定网络安全战略，从而确立其在网络安全中的主体地位。"再主权化"的发展给国际网络治理机制带来了深远影响。② 中国作为竞争日剧的网络空间里的一个后起之国，为了更好地实现、维护和拓展自身的国家利益，亟须从理念、制度和技术等几个层面加紧探索参与网络空间全球治理的中国路径。③ 中国开始主动介入，在网络空间宣示"主权"。2011 年 9 月 12 日，中国、俄罗斯等向联合国提交"信息安全国际行为准则"文件，并呼吁各国在联合国框架内就此展开进一步讨论，以尽早建立规范各国在信息和网络空间行为的国际准则和规则。这可以看作是新兴大国试图超越霸权国家的传统安全观念，力求实践全球化时代网络安全治理的一种新选择。然而，美国并不愿意接受这种新的提议。2012 年 12 月，当 150 个国家在阿联酋的迪拜就国际电信联盟管理国际网络空间的条约进行多边会谈时，美国毫不犹豫地拒绝了 ITU 取代 ICAN 管理互联网的任何提议。④ 但美国的霸权意志难以在网络空间上畅行无阻。其实，除了少数国家愿意跟着美国走，多数国家都从自身主权立场出

---

① 檀有志：《网络框架全球治理：国际情势与中国路径》，《世界经济与政治》2013 年第 12 期。
② 刘杨钺、杨一心：《网络空间"再主权化"与国际网络治理的未来》，《国际论坛》2013 年第 6 期。
③ 同①。
④ 沈逸：《世界需建立对等合作网络新秩序》，《社会观察》2013 年第 3 期。

发，寻求新的网络空间诉求的表达。尤其是新兴国家在网络空间中的声音变得更为清晰。于是，围绕国际网络空间规则，多种声音均在强调自身存在，共识一直难产。有研究者认为，全球性的互联网治理理应依赖于崭新的、以全球网络社区为中心的体系而不是传统的民族国家。这是人类面临的一个关键性挑战：它并不仅仅关乎信息自由，而是关乎我们是否能够生活在同一个互联网、同一个国际社区和同一种团结所有人并令所有人得益的共同知识之中。为了实现这样的目标，最好的方式是让国家政府退后一步，以便协调和整合各自的不同，积极促进公民社会和企业在全球治理、合作与沟通中发挥作用。[①] 但是，在目前"巴尔干化"的网络空间中，要让国家主体退出网络空间，从而换得网络世界的海晏河清，还是显得理想化了。全球网络空间治理，这是人类社会面临的新难题。它不仅考验人类的智慧，更考验人类的价值极限。网络空间结构的再平衡，显然不是少数大国或某个"帝国"即可主宰了。这需要共同体成员在共同认可的规则基础上，协同参与全球性的网络空间治理。

---

① 胡泳：《信息、主权与世界的新主人》，《读书》2011年第5期。

连接城乡：作为中介的城市传播

谢 静

传播革命引发关系革命。在传播技术层出不穷、传播关系不断重造的今天，我们如何理解城市与乡村之间的关系？当关系转变，既往关于城市与乡村的想象是否还具有现实性？

有关城市的定义总是与乡村相对立。人们通常依据特定的要素及其组合来区分城市与乡村，比如沃思（L. Worth）从人口数、居民密度和异质性来界定城市①，以显示与乡村不同的城市生活模式；索鲁金（A. Sorokin）和齐默尔曼（C. Zimmerman）根据职业、环境、地域社会规模、人口密度、人口的异/同质性、社会分化/分层、流动性、互动方式类型等八个指标对城市社会和乡村社会进行区分②。这些要素及其组合形塑了样貌差异明显的地理景观以及物质与人的外观，从而最终把有关城市与乡村的想象定型于空间之上：城市与乡村成为盛放有关要素的空间，城乡差别表现为空间区隔。然而，当空间日益被媒介的力量所征服，物质、人口和符号的流动越来越多地跨越城乡界限，生活方式与文化特质在更加变动不居的空间重新分配与组合，如此定义城市和乡村是否还有意义？所谓"城市性"与"乡村性"将如何与空间重新关联？

其实，众多有关乡村的研究早已否认乡村的封闭性和自足性，展现了城乡互联、复杂交融的关系，也提示了打破城乡二分法的必要性。费孝通先生以研究乡土社会著称，是后世有关中国乡土性研究的滥觞。不过，费孝通也曾明确写道："这就对我过去的方法指出了不足之处了。对中国农村的调查不能限于农村，因为在经济上它是城乡网络的基础，离开了上层的结构就不

---

① 路易·沃思：《作为一种生活方式的都市主义》，载汪民安等主编《城市文化读本》，北京大学出版社 2008 年版，第 142—154 页。
② 参见陈映芳《城市中国的逻辑》，生活·读书·新知三联书店 2012 年版。

容易看清它的面貌。"① 这也成为他 20 世纪 80 年代开始小城镇研究的原因之一。美国著名人类学家芮德菲尔德（R. Redfield）提出不能局限于乡村"小传统"、而要从社会"大传统"入手的主张，如今已经成为乡村研究的基本共识，更加深刻地体现了关系视角的价值。芮德菲尔德认为："既然农民社会只不过是附属于一个大社会的'一半'，因此农民的文化就只能是个'半个文化'"。这就意味着，农民文化为了延续自身必须不断从外界输入文化思想，农民文化也是"一种多元复合而成的文化"。为此他呼吁，不能只是局限于"小传统"中的群体，而是要从整体文明的角度，从"大传统"出发，研究大小传统之间的互动。② 这种"大传统"的主张，实质上就是要把乡村推出封闭的想象之门，将其置于城乡关系中加以考察。

芮德菲尔德还曾提出"城乡连续统"概念，依据特定地域社会包含农村性要素和城市性要素的程度进行多级划分（而非城乡二元对立），这是一个有益的启示。不过，我们需要继续追问的是，这些要素"比例"在一个地方总是固定不变的吗？现实显然不是如此，恰恰相反，地域社会的变迁似乎越来越快，在一些人感叹乡土传统消亡的同时，有人发现城市社会结构也发生了巨变，城市越来越成为世界体系的一部分，变成流动空间③。大量涌现的"城中村""村中城"等"中间景观"显示，在一个空间中，多种元素的混搭能够制造出完全不同的地理与社会景观。种种新现象表明，依据要素或组合比例来理解城市与乡村的观念，已然捉襟见肘，我们需要重新思考城市与乡村。确切地说，需要从流动、连接、关系的视角来重新审视城市与乡村，而非割裂、静止地看待二者。透过流动关系视角，我们将发现，城市与乡村已然共同存在于一个流动的网络之中；它们分布在不同的位置，而传播方式和传播技术的变化，不停地调整着网络节点间的关系形态，因而也就形塑了不同的城乡意象。

以往的城市传播、乡村传播，大多被置于城乡分隔或对立的空间场景中，被理解为"在城市中""在乡村中"的传播。本文试图打破这种隔离主义的城乡观，从流动关系视角出发，重新审视传播中的城乡关联，并为建立城乡新型关系提出传播学的主张。首先，本文摒弃城乡对立的观念，将城市

---

① 费孝通：《学术自述与反思》，生活·读书·新知三联书店 1996 年版，第 35 页。
② 【美】罗伯特·芮德菲尔德：《农民社会与文化：人类学对文明的一种阐释》，王莹译，中国社会科学出版社 2013 年版，第 93-95 页。
③ 【美】曼纽尔·卡斯特：《网络社会的崛起》，夏铸九、王志弘等译，社会科学文献出版社 2006 年版。

与乡村置于一个流动的传播网络之中，考察中外城乡关系网络的历史变迁；然后聚焦于传播媒介与传播方式，从传播变化来理解城市、乡村及其关系的嬗变。最后，借助于各种要素混搭的"中间景观"进一步分析城市传播的中介作用，探讨具有媒介性质的城市和中间景观，如何可能通过传播过程促进城乡连接。在本文看来，城市传播并非是在"与乡村对立的城市"中的传播，而是一种新的传播形态，它体现了城市作为汇聚、并置、交流之所的特点。更确切地说，城市传播已然超越了空间界限，在一个更为开放、流动的网络中建构或者解构关系，是与当今社会、技术形式更为契合的传播方式。

一、传播网络中的城市与乡村

城乡隔离的观念，拉扯出一连串的非此即彼的对比性意象，比如现代与传统、开放与闭塞，或者人造与自然、冷漠与温情等等，这些充满价值判断的二元话语使得城乡关系日趋意识形态化，掩盖了城乡连接与沟通的多样性。

无论是夸赞城市的先进、文明，还是批评它远离自然、抛弃传统，背后都有一个共同的假设：城市和乡村处于一个线性进化的单一进程之中，即先有乡村后有城市；而褒贬不一的话语则体现了人们对于取代与被取代关系的兴奋或忧虑。然而，中西方城市史研究表明，这样的进化史观并不确切。斯波义信认为，我国商、周、春秋、战国时期就是"都市国家时代"，城与城之间并没有乡村地带相连，此时的城与乡都是聚落形式，只是大小不同而已。直到战国时期，大规模的农地开拓和山地利用才开始出现；而春秋末期到前汉时代，金属货币的出现，导致以大、中都市为中心的货币经济产生，城与乡的点对面和对立关系才逐步形成。但是，在宋代之后，无数"市镇"在"乡村"中出现，而传统的城乡二元结构却并没有在官方治理体系中得以突破，没有发展出"城-镇-乡"的三元结构，在一定程度上影响了更具有连接性的"市"（商业）的发展。即便如此，仰仗各种媒介，城乡之间得以持续连接，比如大量在农村保留原籍、在市镇和都市安家的知识分子和官吏，实际上发挥了沟通城乡的作用。[①] 有趣的是，新石器时代土耳其古城卡塔胡攸的历史也表明，城市的出现早于农业革命。与传统的农业发展促使城市出

---

① 【日】斯波义信：《中国都市史》，布和译，北京大学出版社2013年版，第12页

现的观念不同，这个由狩猎-采集者和商品交换者创造的城市，不仅早于农业时代，而且可能是农产品产生剩余的必要条件，因而是城市促进了农业的产生和发展而不是相反。苏贾（E. W. Soja）由此提出了"城市在前"的观点，"将村镇联合体这一城市聚集的催化剂视为一个不可或缺的基础，不仅是农业发展的基础，而且是农村、乡村生活、田园主义、大规模灌溉系统、文字、阶级和国家出现的基础。"① 卡塔胡攸的经验能否推广有赖于更多的考古发现，但它至少表明，城市与乡村之间不仅不是单一的从乡村到城市的进化关系，也不是简单的乡村哺育城市的关系。从中国和土耳其古代社会的历史来看，城乡之间的复杂关联和相互影响源远流长，远非简单的二元对立或价值标签能够概括。

需要进一步指出的是，我们关注的城乡传播网络，不仅局限于城市与乡村之间，还应当包括城市之间的网络。也就是说，城市的发展不仅构造了城乡网络，更构造了城市网络，并将城乡网络纳入其中。乡村之间当然也存在着沟通网络，但是正是城市网络将更大范围的人们联系起来，形成了多样、复杂的环球世界，众多乡村网络在其间得以安置、发展。霍恩伯格（P. M. Hohenberg）和利斯（L. Lees）在研究欧洲都市形成时指出，有两种城市体系共同发生作用：中心地体系和城市网络体系。在中心地体系中，城市是周边腹地的中心，包括市场中心或管理中心。但是，这种模式不能解释那些位于区域边缘、充当门户或入口的城市兴起，也不能解释远距离贸易所起的作用。因此，他们提出了网络体系的观点，在这一体系中，城市是"中心、节点、枢纽、前哨和中继站"，更多地承担了中介作用。"中心地体系的根基在于土地及其耕种者的稳定性"，而"网络体系体现了可流动财富和普遍性思想灵活多变的优势"。从文化角度来看，中心地体系表现为直向演化，而网络体系为异质演化。更重要的是，双重体系体现了城乡之间不同的关系模式：前者将传统乡村经济和社会作为城市化进程基础，而后者凸显了"引起乡村变革的潜在城市动力以及欧洲体系或网络中区域位置的重要性"。② 欧洲经验表明，更大范围的城市传播网络有利于异质文化的生成，也激励并带动乡村的发展。

---

① 爱德华·W. 苏贾：《城市在前：城市化渊源的再梳理》，载【英】加里·布里奇、【英】索菲·沃森编《城市概论》，漓江出版社2015年版，第28-37页。
② 保罗·M. 霍恩伯格、林恩·霍伦·利斯：《都市欧洲的形成》，阮岳湘译，商务印书馆2009年版，第62、68-69、71页。

由城市之间的连线构成的网络,将越来越多的地域网罗进来,直至形成世界性网络。按照麦克尼尔(McNeill)父子的研究,我们远古的祖先就已经在群体内部和群体之间进行交往,当时的传播网络虽然非常松散、非常遥远,但却是"人类交往的一个世界性网络"。大约12000年前的农业发明之后,更为稳定和具有地方性的小规模网络发展起来,到了6000年前左右,它们演变为各种都市网络,"这类网络是以各个城市同其农业或牧业的腹地的联系以及各个城市之间的联系为根基的";500年前,海路大通,世界各个都市网络被连接成一个唯一的世界性网络;而到了160年前电报发明,世界网络开始电子化,从此几乎所有人都被卷入合作与竞争的巨大漩涡①。毫无疑问,这样的世界性网络包括了城市,也包括了乡村。随着网络的日趋细密、复杂,无论是城市还是乡村,作为网络中的节点,它们都或紧或松地加入到世界性网络之中。

用卡斯特的话说,网络的关键特征就是"没有中心性,只有节点性"②,厄里(J. Urry)的阐释更明确:"各节点通过更多地吸收信息并更有效地处理这些信息来增强自己在网络中的地位;而如果它们的表现不佳,其他关节点则会把它们的任务接过来。……从这个意义上说,重要节点并不是网络中心点,而是网络中起转换作用的关节点,这些'转换者'遵从网络运行逻辑,而不是命令逻辑。"③ 可以想见,根据其位置和连接的节点的数量和强度,城市显然是城乡网络中较大的节点,它们居于更加关键的位置,能够对更为广泛的地域产生影响;但从本质上说,城市与乡村并没有命令关系——命令逻辑只存在于科层权力体系之中。

当然,自古以来,城乡之间的连接与沟通都不是自由而任意的,必然受到政治、经济、文化等多种因素的影响。人们高高筑起城墙,将一部分人和物的流通加以阻断,这些人和物被认为会对城市居民带来危害,比如猛兽和敌人。但是,更多的时候,空间阻隔以及更多的隐性城墙是为了保护城市居民尤其是其管理者的既得利益,包括其社会地位和经济财产。因此,在漫长的历史长河中,城乡传播网络呈现出不公正的流动状况,居于城市的统治者把持、操纵着网络流动的方向与内容,因而城市似乎占据了网络中的霸权地

---

① 【美】约翰·R. 麦克尼尔、威廉·H. 麦克尼尔:《人类之网:鸟瞰世界历史》,王晋新等译,北京大学出版社2011年版,第2页。
② 【美】曼纽尔·卡斯特:《信息时代的城市文化》,载汪民安等主编《城市文化读本》,北京大学出版社2008年版,第374-364页。
③ 约翰·厄里:《全球复杂性》,李冠福译,北京师范大学出版社2009年版,第12页。

位。然而，这种观点忽视了城市内部同样存在的不平等现象，简单地将空间位置与社会公正性相联系，是一种懒惰而危险的方法。正如卡斯特所告诫的，不能直接建立"文化内容与空间位置之间纯粹的经验联系"①，空间位置也不与道德价值直接相关。

剥去城乡话语中诸种意识形态因素，还原城乡之间复杂关联、紧密交织的关系形态，尤其是正确理解城市在城乡网络中的枢纽作用，对于引导当前的城市化进程以及新农村建设，都具有重要的意义。

二、媒介化的城乡关系

在城乡关系的影响因素中，人们较少关注传播的技术与媒介，而传播媒介和信息方式②对于社会形态的影响已在其他领域日益成为共识。我们可以认定，正是传播媒介的支持或限制，参与形塑了城乡网络的形态。首先，城市与乡村相对分隔的状态和不同的文化形式在很大程度上反映了传播媒介与传播方式的限制作用。其次，不同的传播媒介支持形成了不同的城乡网络形式。最后，城市独特的传播网络构成，使其本身成为一种媒介，连接了城乡及其更大的网络。

城市从本质上说是一种"交流系统"③，也就是说，城市与传播同构。单从人口数量或产业性质，不足以界定城市，因为一方面难以指定相关数量的客观标准，另一方面，大量人口和商业聚集本身又是另一过程的表现或产物，这一过程即传播。玛西（D. Massey）、艾伦（J. Allen）和派尔（S. Pile）认为应当从两方面认识城市：第一，"城市是特别密集的社会互动之所在，充满难以计数的社会并置"；第二，"城市是彻底开放的：城市是会遇的地方，是社会关系之地理形势的焦点"。④ 传播互动所形成的会遇、并置，造就了城市开放性、异质性的特征。在对比大城市与小城市时，齐美尔（G. Simmel）指出："生活的量直接转化成了质和特点。小城市的生活基本

---

① 【美】曼纽尔·卡斯特：《城市的意识形态》，载载汪民安等主编《城市文化读本》，北京大学出版社 2008 年版，第 278-287 页。
② 【美】马克·波斯特：《信息方式——后结构主义与社会语境》，范静晔译，商务印书馆 2000 年版，第 13 页。
③ 【美】曼纽尔·卡斯特：《信息时代的城市文化》，载汪民安等主编《城市文化读本》北京大学出版社 2008 年版，第 374-364 页。
④ 【英】朵琳·玛西、约翰·艾伦、史提夫·派尔：《城市世界》，王志弘等译，群学出版有限公司 2009 年版，第 2 页。

上局限于自身的范围,由本身的范围所决定。而大城市的精神生活犹如荡漾开去的水波,涉及国家民族的或者国际的广泛范围,这对大城市来说是有决定性意义的。"也就是说,大城市与小城市或乡村的差别并不是体现在它们所占据的地理范围上,而是传播范围的差距:"大城市最重要的本质在于超越其自然界限的作用"①。具体地说,城市的这种作用就是"交往转动中心"②,或者如德国媒体理论家基特勒(F. Kittler)所说,城市本身就是媒介③。正是城市本身层层叠加和广泛延伸的各种网络,使其具有了媒介的性质。

乡村作为一种"地缘共同体",与大城市基于陌生人的交往关系不同,人们比邻而居,共同生活,相互熟悉,形成了"默认一致":"默认一致是建立在相互间密切的认识之上"。④ 由于传播互动局限于特定范围之内,乡村的同质性更大;虽然它们也与外界和城市进行交流、互动,但是这种交流互动的范围和频率都远低于城市。当然,这种区分也不是绝对的,在城市中,也存在着不同形式的共同体,比如行业协会、宗教团体等。中国近代城市中的同乡会,现代的城中村,都在很大程度上体现出与乡村共同体类似的特征:同质性高,内部交流频繁,外部交流相对较少。不过,与乡村共同体不同的是,城市的共同生活迫使共同体之间交流、互动,因而具有更多的开放性;而且,这些城市中的共同体本身往往又成为一种媒介,在城市生活中发挥更大的作用⑤,亦即形成超出其直接交往范围之外的影响。

如此从传播范围和形式来区别城市与乡村,仍嫌粗略,因为不同历史时期的城市与乡村都具有不同的特点。古希腊的城市更多地显示出共同体的特征,相对而言,现代城市具有更为明显的分裂性⑥。而当前的乡村,各种城市文化得到广泛传播,也极大地改变了所谓的"乡土性"。因此,传播媒介的变化,不仅影响着城市和乡村的传播形式,而且影响着相互之间的关系。从麦克尼尔父子所描述的五重世界性网络可以看到,传播技术的发展在网络

---

① 【德】格奥尔格·齐美尔:《大城市与精神生活》,载《桥与门——齐美尔随笔集》,涯鸿、宇声等译,三联书店上海分店 1991 年版,第 258-279 页。
② 【德】格奥尔格·齐美尔:《社会是如何可能的:齐美尔社会学文选》,林荣远编译,广西师范大学出版社,第 304 页。
③ 【德】弗里德里希·A. 基特勒,《城市,一种媒介》,载周宪、陶东风主编《文化研究》(第 13 辑),社会科学文献出版社 2013 年版,第 255-268 页。
④ 【德】斐迪南·滕尼斯:《共同体与社会》,商务印书馆 1999 年版,第 72 页。
⑤ 有关同乡会在城市生活中的作用参见【美】顾德曼《家乡、城市和国家——上海的区域网络和认同,1853—1937》,宋钻友译,上海古籍出版社 2004 年版。
⑥ 约翰·瑞奈·肖特:《三种城市话语》,载【英】加里·布里奇、【英】索菲·沃森编《城市概论》,漓江出版社 2015 年版,第 19-27 页。

的形成和扩散过程中具有至关重要的作用。

传播系统包括交通网络和信息网络①。交通工具及其路网系统在空间关系中的作用尤为重要，传统的传播研究往往不予关注，但是，如齐美尔所说，正是"由于交通把城市变为一个这样的转动中心，因此交往的真正的意义才正在形成"。②从依靠双脚的行走，到借助马匹、车船，直至机械设备，城市与乡村之间的网络形态深刻地烙下了交通媒介的痕迹，体现了媒介变化带来的革命性影响。在考察中国农村的市场和社会结构时，施坚雅（G. W. Skinner）提出了"基层市场社区"概念，将其作为一个中间社会结构加以考察，因为"农民的实际社会区域的边界不是由他所住村庄的狭窄的范围决定，而是由他的基础市场区域的边界决定"。这个基础市场区域即步行可及范围，平均在 50 平方公里左右。③ 靠着双脚这样最为原始的媒介，农民将自己挂在更大的城乡网络之上。从全国范围来看，古代城市网络的形成则有赖于更为快捷的水路运输。根据斯波义信的研究，"交通特别是河流交通，进一步说是水系本身几乎促成了有史以来中国的定居点及聚落（不论行政都市还是自然都市）的发展。这种交通培育都市的规律性应比其他国家更为突出。"④ 美国著名都市芝加哥的成长则反映了现代交通的作用：它在运输网络中的核心地位，对轮船、铁路等交通工具的灵活转换，以及通讯资源的掌握（由于电报线傍着铁道架设，居于铁路网中心的芝加哥同时也集中了大量的资讯），"芝加哥成为许多种连结的中枢：有延伸到城市之外的连结；也有在城市内将人群聚在一起的连结。透过这些连结的延展与集中，芝加哥整合了（也整合于）周边乡野，以及其他城市的人群"。⑤

信息系统对于跨越空间的连接作用业已得到充分关注。信息媒介从其诞生时起，就努力超越时间与空间的界限，实现远距、异步的连接。根据伊尼斯（H. A. Innis）的分析，古代中国因为采用了更适合广泛传递的空间性媒介——纸张，所以较早实现了帝国的大一统⑥。在近代欧洲，小说书本和

---

① 【英】雷蒙·威廉斯：《乡村与城市》，韩子满、徐珊珊译，北京：商务印书馆 2013 年版。
② 【德】格奥尔格·齐美尔：《社会是如何可能的：齐美尔社会学文选》，林荣远编译，广西师范大学出版社，第 304-305 页。
③ 【美】施坚雅：《中国农村的市场和社会结构》，史建云、徐秀丽译，中国社会科学出版社 1998 年版，第 40-44 页。
④ 【日】斯波义信：《中国都市史》，布和译，北京大学出版社 2013 年版，第 69 页。
⑤ 【英】史提夫·派尔：《城市是什么？》，载【英】朵琳·玛西、约翰·艾伦、史提夫·派尔主编：《城市世界》，王志弘等译，群学出版有限公司 2009 年，第 26 页。
⑥ 【加】哈罗德·伊尼斯：《传播的偏向》，何道宽译，中国人民大学出版社 2003 年版。

报纸的作用，为构建"想象共同体"创造了基础①。不过，作为有形物质的纸质媒介依然需要交通媒介的传播，因此范围有限。中国古代的邸报主要依靠官方设置的驿站实现远距传递，同时受限于阅读能力，主要读者限于贵族和士绅阶级②。因此，报纸、书本等信息媒介主要连接了城市网络，而与最为基层的乡村的联系，仍然有赖于人际传播，即活动于乡村、中间市场以及城市中的地方精英③。即使在当代社会，报纸在乡村的发行依然受到诸多影响，经常发生滞后的现象，人际传播网络仍然发挥重要作用。电子媒介能够将城市与乡村更为紧密地联系起来，甚至把整个地球变成村落（地球村）。乡村传播研究的一个重要议题即关注现代媒介（主要指电视、互联网、手机等）对于乡村生活的影响④。一方面，肯定现代媒介对于乡村现代化的作用；另一方面，有些研究则担忧现代媒介所传递的现代文化（主要是城市文化）对乡村社会关系、文化传统的破坏⑤。由于大众媒介的中心性和单向性，信息传递不可避免地出现系统性偏向，偏向于有能力和权力掌控这些媒介的势力，这些势力多居于城市，因而大众媒介时代的城乡网络亦呈现出不均衡、不平等的状况。

其实，媒介对于城市生活的影响也是深刻的，麦奎尔（S. McQuire）甚至创造出"媒体城市"一词来"凸显媒介技术在当代城市空间的动态生产中的作用"。⑥ 新的数字和网络技术，几乎使得城市本身也面临消解的危机。卡斯特的"全球城市"概念反映了网络环境中都市形式与连结方式的变化："这个全球城市不是纽约或伦敦，它是一个地域城市，是一个通过将许多不同地区连在一个准同步合作的网络中，准同步将过程、人、建筑，以及零碎的地区集中在一个展开合作的全球空间中。全球城市不是一个城市，而是一种新的空间形式，是一种流动空间，是信息时代的特点。"⑦ 如此说来，作

---

① 【美】本尼迪克特·安德森：《想象的共同体：民族主义的起源与散布》，吴叡人译，上海人民出版社 2003 年版。
② 林语堂：《中国新闻舆论史》，王海、何洪亮主译，中国人民大学出版社 2008 年版。
③ 参见斯波义信有关中国士绅的论述（《中国都市史》）。也参见芮德菲尔德有关玛雅、印度乡村的研究（《农民社会与文化》）。
④ 沙垚：《乡村文化传播》，《新闻与传播研究》2015 年第 12 期。
⑤ 如【美】柯克·约翰逊《电视与乡村社会变迁》，展明辉、张金玺译，中国人民大学出版社 2005 年版；郭建斌《电视下乡：社会转型期大众传媒与少数民族社区——独龙江个案的民族志阐释》，复旦大学 2003 年博士论文。
⑥ 【澳】斯科特·麦奎尔：《媒体城市：媒体、建筑与都市空间》，邵文实译，江苏教育出版社 2013 年版，前言第 1 页。
⑦ 【美】曼纽尔·卡斯特：《信息时代的城市文化》，载汪民安等主编《城市文化读本》，北京大学出版社 2008 年版，第 374-364 页。

为物质空间和文化形式的城市本身是否面临消亡？答案当然是否定的，因为城市空间的聚集作用仍然十分重要，但是当今城市的确已经巨变，只有把流动空间和地方空间之间的合作当作"城市生活、整个社会在新的技术范式中具有的一个基本特征"，我们才能重新认识在当前新的媒介环境中的城市现实。如是反观乡村，刻舟求剑式的追寻乡土性、本真性是否仍旧可能？是否必要？

三、城市传播与中间景观

如果说乡村还是一种空间和文化形式，乡土性还意味着某种传统和稳定，那么城市已无法单纯用固定空间或文化本质来进行界定，因为其汇聚、并置、开放、异质的特性，根本就是反本质主义的。城市是一种交流系统，同时又是一种媒介，这是城市发挥超出其自然界限之外作用的基础和表现，也就是说，城市既是不同于乡村的一种生活方式，又是联系城市和乡村的一种中介机制。从这一意义上说，城市传播并不是一种与乡村传播对照的传播形式，它兼有共识与共处①，实体与虚体，再现与仿拟②，在一定程度上甚至包涵了部分被认定的乡村传播，比如新技术在乡村的传播、城市文化在乡村的传播，因为这些技术与文化的传播，归根结底是现代性的传播，它不是自给自足的，不可避免地发端于城市——如历史学者葛兆光所说："现代化就是城市化"③。而在芮德菲尔德看来，农民其实只是"既往的文明在乡村这一个社会领域里的体现"④。因此，城市传播也不是在城市里或者关于城市的传播，它同时是城乡网络得以确立的核心过程，即经由城市传播而建立城乡连结。当城市和文明都在不断扩延的时代里，如果农民依旧不迁不移、不进不退，那就只有僵死在一个地方。所以，农村和农民都需要改变。问题是如何变？在本文看来，乡村的发展不可能脱离城市而自我完善，也不能完全被城市"化去"，而是需要尽可能吸收"大传统"，链接上城乡网络，在更

---

① 与共识的一致性不同，共处强调既尊重他异性，又承认共同原则。【法】多米尼克·吴尔敦：《信息不等于传播》，中国传媒大学出版社2012年版。
② 孙玮：《重构"传播"：基于城市研究的分析》，载黄旦主编《城市传播：基于中国城市的历史与现实》，上海交通大学出版社2015年版。
③ 葛兆光：《哪里的城市，为什么东亚，人们如何生活？——代序》，载复旦大学文史研究院编《都市繁华？一千五百年来的东亚城市生活史》，中华书局2010年版。
④ 【美】罗伯特·芮德菲尔德：《农民社会与文化：人类学对文明的一种阐释》，王莹译，中国社会科学出版社2013年版，第43页。

为广阔的关系中协商自己的价值、安置自身,努力成为参与流通、甚至影响周围的节点。

不妨看一个实例:上海郊县有一个农场,老板是新加坡商人,员工有来自城市的白领,也有就地转化的农民。有趣的是,虽然号称农场,其员工却大多被称为工人。农场种菜、养猪,同时加入了多种高科技"养料",并且由三位高薪聘请的博士坐镇指导。不过,农场除了养猪能够稍许盈利以外,有机蔬菜仍未赚钱;农场更大的收入来自新型旅游业(包括科普教育)。这个小小的农场,在农业生产之外,接入了远远超过传统乡村所能容纳的元素:工业标准化、生态保护、健康生活、科学技术与普及教育、另类自然体验等等。只有农场中不时飘过的猪粪臊气和到处飞舞的苍蝇,还提醒着访客:这是乡村。就其所在空间而言,这个农场也依然是行政版图中的乡村——但它还是那个想象中与城市截然相对的乡村吗?它以工业的、科学的方式,将过去单纯的农业空间转化为农业+教育+旅游的多重复合空间,从而脱离了原本意义的乡村。其实,那种自然、田园的景观,已经充满了城市色彩——是依据城里人所想象的田园主义而量身定做的。

这种空间就是段义孚所谓的"中间景观",是农民逃避贫困、城里人逃避钢筋水泥的一个中介。段义孚从逃避主义来理解中间景观,将其看作是"处于人造大都市与大自然这两个端点之间"的"人类栖息地的典范"。[1] 在笔者看来,如此农场作为双重逃避的中间景观,是城市与乡村试图超越现状的努力,它们共同加入了文明的新进程。更重要的是,作为中间景观,这个农场卷入了更为密集、庞大的交流系统,成为全球流动体系的一个小节点,汇聚了越来越多的要素,包括所谓城市要素和乡村要素,并且通过各种媒介加速流动:便捷的高速公路和运输工具带来游客、送走有机蔬菜和猪肉,书本、报章传播科学知识,各种组织媒介规训着微观时空,大众媒介和社交媒介制造并分享生态文化……作为中间景观,这个新农场本身成为一个交流之所,一个媒介。从这一意义上说,它已经深深卷入了城市传播的洪流。

类似的中间景观在当前的"新农村建设"中不计其数。比如浙江的文村,是一个有着400多年历史的古村落,风景优美,保留了一批明清和民国民居。但是年久失修的老房子并不宜居,有些已经人去楼空。政府改造的方式是部分房屋回购改建,部分新建;无论是改建还是新建都力图与传统风格

---

[1] 【美】段义孚:《逃避主义》,周尚意等译,河北教育出版社2005年版,第21、29页。

一致。为此,中国美院建筑学院院长王澍参与设计,使文村新中有旧、旧中有新,成为旅游观光佳处①。新建筑不仅植入了最新的科技元素和文化理念,也带来了外部的资本和人流,使古村以"传统"的面貌与城乡网络挂钩,把自己变成一个流通之地。此处传统之所以要打上引号,是因为它事实上已经不是回到过去,而是被中介、改造了的"新传统"。

无论是上海郊县的农场,还是浙江文村,都显得有些特殊,相对于中国庞大的乡村社会,依然只是冰山一角;还有大量的乡村继续破败,一些乡村被改造,却面目全非,丢失了传统却又没有找到新的方向。不过,从这些特殊的案例我们可以看到,乡村发展需要更多地与城乡网络连接,将自己与广阔的城市传播之流挂上钩。这种挂钩不是要取消乡村自己的独特性,而是在传统与变迁中创造出更多的中间景观,使自己也成为一个引起转动的媒介。在这一过程中,城市毫无疑问需要发挥更大的作用,因为在城乡网络中,城市是主导力量。但是中间景观的创造,最终是传播的产物,即汇聚、流动、变迁,正如在面对全球化的过程中,城市在流动空间和地方空间之间寻求平衡与合作,创造出全球城市的中间景观。

从中间景观讨论城市传播,有助于克服城市淹没农村的可能性问题。如果说大众媒介的单向性传播可能造成城市文化对于乡村社会的侵略与破坏,那么当前网络传播的兴起,为去中心化、双向的城乡传播提供了新的条件,上述农场、文村,都有大量使用新型网络和社交媒体的经验,助其建立多向度的关系网络。而且,中间景观的创造,也充分显示了传播作为中介过程所发挥的作用:作为中介的传播不仅产生新的连接,也改变连接双方——对于城市生活来说,这未必不是一种新的延伸和重组:借助新农场、新农村,人们重新界定了城市与自然的关系和连接方式。从中间景观看出去的城市传播,不是与乡村传播对立的一种传播形式,相反,它致力于打破城乡二元性,实现更加丰富、多样的连接和关系构造。作为中介的城市传播,同时也更新了传统的传播观念,为我们重新理解传播的实质和价值提供了新的场域。

---

① 参见相关网站文章《富阳文村建成全省美丽宜居村庄样板》,"杭州网"(http://z.hangzhou.com.cn/2015/lsqs/content/2015—08/14/content_5883283.htm,2016年8月10日下载);《竹林深处有人家:富阳洞桥镇文村美丽宜居村见闻》,"浙江在线"(http://gotrip.zjol.com.cn/system/2015/06/27/020714419.shtml,2016年8月10日下载)

微信成瘾：社交幻化与自我迷失

蒋建国

从 2011 年以来，微信作为社交媒体迅速崛起，目前全国至少有 6 亿个微信用户，且数量在持续攀升，微信已超越微博成为最受欢迎的社交方式，作为微时代最具有代表性的圈子文化，微信所创造的"朋友圈"，在很大程度上改变了"微博迷"们的社交和生活方式。尤其是对于一些年轻网民而言，如果有一天离开微信，简直是一种严重的心理恐慌。显然，以微信为代表的"微时代"，极大地改变了人际交往的时空概念、文化氛围和心理方式，它所创造的新型社交文化，在很大程度上革新了身体、情感、话语与文化的概念内涵，体现出"微文化"的巨大影响。对于微信社交的自由、平等、随性和开放的优势，已经被不断地放大且形成了巨大的营销效应。但是，关于微信成瘾所导致的社交幻化和自我迷失问题，却鲜有专文进行深入探讨。本文将微信成瘾视为网瘾的一种表现方式，以微信社交功能作为研究的重心，探讨微信成瘾所产生的负面影响。

一、微信社交：交流并非意味沟通

按照字面的理解，微信是通过简短的文字进行交流的"信"，是私信、短信功能的扩张，它延伸了互联网的诸多互动与交往功能。随着 web3.0 时代的来临，网络本身已经成为"社交图谱"。[①] 尤其是多媒体交流方式的发展，使微信交流充满了文字、图片、视频的丰富想象。而微信聊天对外部设立界限，使其圈子文化限定在"朋友"的范围之内，让参与者有心理上的安全感和信任感。但是，作为 Web3.0 时代的时髦交往方式，微信既是一种"圈子文化"，又是网络亚文化的重要源头。它虽然属于私人交流方式，

[①] 【美】安德鲁·基恩：《数字眩晕》，郑友栋等译，安徽人民出版社 2013 年版，第 41 页。

却是网络世界中的一种"亚媒介"。其朋友圈可以随时携带各类信息进入"内群"中,微信圈所展开的交流和讨论,仍然与网络公共领域有着千丝万缕的联系。

微信的"写作"与手写时代的书信有着根本的区别。书信首先是由于地理空间的存在而产生的双方交流,所谓"烽火连三月、家书抵万金",表达了手写文字区别于复制文化的情感效应。"写信"与"读信"是在特定的情感空间里进行的仪式化"场域",手写的书信是书写者的叙述、思想与情感的交织,是对特定对象一种空间上的倾诉,并通过书信旅行时间上的差异期待对方的回应与交流,"我"和"他者"在书信交流中存在着情感互动与依恋。字里行间表现了对人物、事件和生活世界的勾连,具有文本的完整性、逻辑性和想像力。而对于"读信人"而言,读信犹如"读人",远在千里可感知友人过去的思想和生活踪迹。因此,书信和眼泪一直是感情的一种凭证,而见字如见人、睹物思人仿佛也就具有了更充分的理由。[①] 这种时空的回响和情感的互动是书信作为私人交往方式的魅力所在,也是体现手写文本的思想性、逻辑性和生命力所在。

但是,微信虽然在形式上继承了书信的交流功能,却与书信的情感沟通功能有较大差异。首先,微信是一种集体意义上的圈子文化,缺乏对个人的专注和投入。对于那些建立微信圈的用户而言,尽管他们可以通过电话号码、QQ群、群聊号、公众号和社区寻找合适的交往对象。这看起来似乎有较大的交往选择性,但是,从实践层面上,一般人经常联系和交往的圈子不会超过一百五十人,而大多数微信号加入的朋友远超过这一数量。由于一般手机用户存储的联系人达数百乃至数千人之多,似乎每个人都抽象成为一个手机号码。对于手机中许多"陌生的熟悉人"的微信邀请,按照许多微信用户的经验,从礼貌的角度考虑,一般不会轻易拒绝。因此,微信号所连结的朋友圈,并非传统意义上的"朋友",而是交往意义上的"熟悉人",有些甚至是仅知其名而不知何时见过的"过客"。一位报社老总谈到不设微信号的原因时就很坦率地说,他手机上有近 8000 个手机号码,许多手机号是工作和业务上的"保持者",如果建立微信圈,对于那些突然撞入的"发言者",如果不回信不太礼貌,而回信又"无话可说"。这在一定程度上说明了微信朋友圈与现实的社交圈有着较大的差异。微信圈并非完全基于信任而建立的

---

① 赵勇:《大众媒介与文化变迁》,北京大学出版社 2010 年版,第 189 页。

小众社交圈，圈中的"陌生面孔"也并非个别现象。微信圈将社交圈子进行符号编码和再度链接，并没有强调交往的个人属性。相比较而言，"微博是社交化的媒体，而微信是媒体化的社交。"① 尽管微信与微博的公共交往有较大差异，但微信仍然是虚拟交往世界中的一个中介和连接点，其点对点、点对多的互动交流方式，与书信用信封限定单一的联系对象有着很大的差别。从这个层面上看，微信的多元交往方式虽然便捷，也具有"强联系"的社交功能，却难以体现对某个交往对象的专注和情感归属。

其次，微信交往是一种"有限度"和"碎片化"的交流，缺乏完整的文本意义。在网络所建构的"片断主义社会"中，微信具有网络文化"涣散"的一般特征。从表面上看，微信用户可以打破时空的局限，随时随地联系朋友圈的任何人。但是，根据大多数微信用户的经验，微信聊天存在着"选择性交往"的问题。对于数百乃至上千的"朋友"，如果平时缺乏联系，突然向对方发信，无论从意愿上还是在情感上，都缺乏"交往动力"。而即便是偶尔与多年未联系的朋友在线聊天，也会由于"话语贫乏"而难以持续。因此，对于许多微信用户而言，"聊天"并非是随意找人，而需要考虑对方的"回应度"。而进入微信聊天环节之后，互动就显得特别重要。然而，与书信互动由于时空差距而存在思考与记忆的环节不同，微信的即时化互动则是"随意"的交流。由于双方并没有为了聊天而准备充足的"主题思想"，微信聊天往往是"漫不经心"或者"三心二意"的。对于聊天者而言，文字的输入并非是完整的思想表达，而是某种即时性思绪的电子书写。双方在交流时很难集中精力讨论某一主题，往往会随意性地转移话题。当一个问题还没有来得及回应，另外一个问题又会凸显，这种杂乱的信息碎片让双方难以深入交流，更难以形成深度的情感体验。而由于片段性的输入和漂移，聊天的文字往往缺乏逻辑关联和系统思维。这种漫不经心的互动很难实现情感上的交融和交往上的"凝视"，加上双方的身心状态和网络情境的差异，许多话题并非出于真实情感的流露，很多情况下往往是"逃避"式的回应。"交流的无奈"是微信交流普遍存在的问题，而这些随意性的文字更是一些碎片化的信息杂烩，很难形成一个完整的文本。对于"聊过即走"的用户而言，"聊天"仅仅就是"聊聊"而已，那些杂乱的聊天记录根本毋须保留和记忆，聊天内容很快成为瞬间即逝的信息符号，难以在聊天者的思想世界产生深刻的

---

① 张颐武：《"四跨"与"三改"："微生活"新论》，《探索与争鸣》2014年第7期。

影响。在主题的不断转移中，许多聊天者甚至是在"向微信说话"而已。

再次，微信朋友圈的"分享链接"制造了"共享文化"的虚假繁荣，并消解了微信的互动沟通价值。微信区别于一般网络社交工具的重要功能就是朋友圈的信息共享。微信用户利用朋友圈建立的各种链接，能及时了解圈子内外各种信息，可以说，每个"分享链接"就是一个超级文本。而每个文本则建构一个具体的"事件"，让阅读者能够获得新的信息消费通道。然而，由于每个微信用户面对的是一个庞大的网络数据库，而圈子里的朋友们将"分享链接"作为主体性存在的重要方式。如果说有些朋友由于种种原因存在"聊天"的困境，而向自己的朋友圈发表信息则享有充分的权力与自由。这些漂移的链接拥有无法计算的即时性指令，信息可以在数亿用户之间通过各种链接进行复制和传播，任意"转发"是任何微信用户轻点手机界面即可完成的事情。而用户利用微信平台的自我展演，则实现了"微时代"人人都是主角的技术跨越。"我"与"他者"都可以随意到朋友圈任意发表言论，展示自己的生活世界，即时性的文字、图片、视频成为书写网络人生的基本方式。如果说"我微信、故我在"是一种新媒体生活方式，那么，"我链接、故我在"则成为微信自我表达的重要动力。而每个链接所具备的评论功能，则为每条信息发布者提供了获得赞赏的机会。在信息"链接"组成的圈子共享文化中，"赞"与"不赞"尽管是阅读者的自由，但是被信息充塞却是无奈的选择。尽管用户也可以遮蔽某些不受欢迎的"闯入者"，但是，却难以逃离朋友圈提供的信息杂烩。当我们进入自己的微信朋友圈之后，情感沟通功能已极大退化，而不自主的浏览却让我们无法"全身而退"。

二、微信成瘾与社交幻化

据《指尖上的网民》在 2014 年的最新统计，中国网民中，20%的人每天查看 100 次手机；23%的人生活必需品没有手机会心慌；34%的人起床第一件事看微信。① 所谓"早上不起床，起床就微信；微信到天黑，天黑又微信"。这一网络流行语，反映了当下微信热所导致的微信成瘾状况。微信成瘾是网瘾的一种类型，具有网瘾的一般特征。但是，由于微信作为社交媒体

---

① 《〈指尖上的网民〉——2014 移动互联网用户行为分析》，http://www.iydnews.com/2323.html。

的特殊属性，微信成瘾则更多地表现为"社交成瘾"，或者说陷于虚拟社交而不能自拔。与传统的 SNS 社交方式不一样，微信用户拥有真实的身份，对于每个参与者而言，这种身份符号在网络世界的真实存在，对微信用户的网络交往具有一定的规约性。但是，由于微信强调圈子交往的"小社群主义"，这就在一定程度上改变了现实社交的双向性互动模式，尤其是微信聊天群的广泛存在，极大地增强了集体社交的功能。因此，微信对"熟悉人社会"的强调，在一定程度上提高了用户对圈子文化的归属感。也就是社会心理学上指出的"内群认同"，个体能够在内群认同中获得"自我利益"[1]。这种虚拟的群体交往也折射出现实生活中"集体文化"的缺失，随着生活节奏的加快和工作、学习压力的加大，许多人为生计而奔波，社交圈子日益狭窄，生活方式也极为单调，很少与同事、朋友进行深度交流，对于许多深处焦虑和孤独的人而言，打开手机，虽然能找到无数个号码，却难找出几个合适的倾诉对象。这种现实社交的狭窄和无奈，让许多人以"屌丝""宅男宅女"自嘲。而微信则从技术上改变现实社交的时空问题，试图让用户随时随地抵达他的交往世界。但是，微信本质上仍然属于网络虚拟交往，并且带有"符号社交"的基本特征。当用户过度依赖这种虚拟化交往之后，就会陷于"他者世界"而茫然邀游。

  首先，微信成瘾是对社交价值的一种消解。交往是人的社会化的必然需求，也是人性的本质体现。在现实生活中，被社会接受、"被他人喜欢"之所以具有如此巨大的力量，是因为它们可以阻止孤独感的迫近。[2] 朋友是体现自我价值并获得社会赞赏的基本对象。所谓"人以群分，物以类聚"，就是强调人的社会归属感。对于一个正常的人而言，没有朋友就意味被孤立，很难获得无私帮助和精神安抚。因此，获得赞美和认可是正常人的社交动机。但是，微信将现实社交转移到网络空间，试图以"符号社交"代替"现实交往"，以此实现人的交往需求，这在很大程度上消解了现实社交的专注和情感价值。在现实社交中，双方需要用眼神和身体语言表达情感，需要身体与思想的高度统一，需要从内心表达真实的想法。但是，微信社交则体现身份符号与交往情境的矛盾，用户试图联系一个朋友，这个"他者"的交往

---

[1] 【澳】迈克尔·A. 豪格、【英】多米尼亚·阿布拉姆斯：《社会认同过程》，高明华译，中国人民大学出版社 2011 年版，第 66 页。
[2] 【美】罗洛·梅：《人的自我寻求》，郭本禹、方红译，中国人民大学出版社 2008 年版，第 19 页。

状态却是不确定的,他也许在工作、也许在应酬,也许根本无心交流。在这样的背景下,他的网络表达就是一种没有边际的交流应对。而微信成瘾者如果经常寻找交流对象,遇到这种"无聊应对"的概率就更高。其结果是,"我"经常叩问"他者","他者"却在进行"无聊"式应对,双方无法进行深度互动,更难以达到情感和思想交流的目的。微信成瘾者打开了一个朋友圈子,却没有开打一个心灵世界。尽管他可以不断地点击不同的朋友符码,但是,交往心理和生活节奏的不同步,极大地影响到微信对话的质量和效果。尤其是对于圈子中存在的大量"陌生的朋友",会对对方的频繁打扰而心存不安,应付式的交流也只好用"呵呵"体来表述。

其次,微信成瘾会导致"公共价值"的消解。微信强调朋友圈的信息共享,创造了一对多、多对多的信息分享方式,这显然有利于用户分享圈子文化的诸多红利。尤其是一些朋友发来的具有独特性、思想性的文章,会给用户诸多启迪和思考。但是,微信成瘾者则陷入了"信息消费主义"的泥潭,他们花费大量的时间和精力关注朋友圈,力图不放过任何一条新的链接。然而,他们是"浏览"而并非"阅读",他们并不在乎链接的文本价值,而是以"我看过"作为一种"文化资本"。这种漫无目的的消费倾向,导致了他们对朋友圈的"信号"极度敏感,一旦有提醒的标识他们立即投入到浏览的情境之中。事实上,朋友圈提供的分享,除了少部分体现朋友旅游、居家、工作的"生活现状"之外,大部分是转发的时政、育儿、养生、保健、娱乐、杂谈之类的信息,重复率很高,是一种典型的"复制文化"。尤其是所谓的修身养性的文章,初看几条尚有收获,但每天接触到大量所谓的"感悟"之后,其文本的思想性已经被稀释甚至消解。此类所谓的"心灵鸡汤"很难具有教化意义,与诸多其他杂乱的信息一样,仅仅是被浏览的对象而已。即便这样,微信成瘾者却对朋友圈的链接心向往之,每天花费大量时间沉浸在缥缈的信息杂烩之中。他们没有预设观看的目的,"浏览"已经成为一种生活方式。与一般的上网浏览新闻网页情形不同,由于这些链接经过朋友们的"推荐",他们从心理上认同"圈子"所带来的信息,而他们进入这样的一个信息共享环节,似乎能够找到一种"社群主义"的存在感。然而,只要认真分析一下各类链接的内容,就不难发现许多信息不但重复,而且已广为传播,甚至许多朋友圈的链接文本具有较多的雷同,尤其是朋友圈的相互转发,使任何一条信息在极短的时间内快速地流传于无数个朋友圈。由此可见,朋友圈的信息具有很高的复制性、随意性、混杂性,很难体现朋友圈

"共享文化"的个性。

微信成瘾者每天不断浏览大量的"转发文本",在一定程度上形成了虚假的消费需求。他们不知道自己需要读什么,不理解朋友链接的目的是什么,也很少有时间对各种链接进行"点赞"。过度信息分享往往让他们轻松离岸,却无法找到上岸的通道。他们是漫无目的的游荡者,在朋友圈制造的信息杂烩中看到的是"无心之果"。频繁的浏览并不能带来心智的提升、精神的愉悦、身体的放松。相反,浏览越是频繁,他们就越感到焦虑。由于过渡地沉溺于一个小圈子信息,他们往往对朋友圈的文化共享和互补功能缺乏应有的认识,对他们而言,谁在转发,谁被转发的意义并不重要。因为复制和粘贴是通用的工具,到朋友圈里并不是看"朋友",而是看热闹。对于微信成瘾者而言,不断更新圈子里的各种分享信息,比思考信息的价值要重要得多。随着无数链接和垃圾信息的大量累积,朋友圈里的朋友意识逐步淡化,信息共享与互动的价值也逐步消解。

最后,微信成瘾会导致群体交往的失语。从理论上看,微信所提倡的圈子文化与现实生活中的圈子有一定的耦合,但是现实社交重在实际联系,需要双方的身体在场。比如聚会、谈心、互访等等,往往需要双方投入一定的时间和情感,更需要尊重对方才能达到交流的目的。但是,微信创造的群体交往方式,却在一定程度上改变了现实社交的规则,尤其是在"议程设置"上,微信用户的社交往往以"我"为主,"他者"是不确定的多数,"户主"所建构的朋友圈,在交流中处于主动的地位。对于圈子中的朋友,用户拥有选择的自由。而微信成瘾者片面追求这种自由,试图在以自己为中心的社群文化中始终把握话语主导权。在一对一的交往中,也许朋友圈里的个体会根据情境进行选择性对话。但是,微信成瘾者往往会对积极回应者较为关注,并"及时跟进",不断制造"话题"要求对方回应,这在一定程度上制造了"交往暴力","他者"的被动应对即便是心不在焉,也会因此付出大量时间和精力。在现实生活中,如果朋友之间性情不合,便会以各种理由避免见面。但是在微信交往中,"我"把握了交往主动权。对于那些微信上瘾者而言,话题并不重要,重要的是朋友要"冒泡",要有人不断来"接茬"。这就造成了微信交往的自我中心主义。然而,这种中心主义并非以"舆论领袖"为标识。由于朋友圈的人缺乏话题关顾,微信成瘾者如何说、说了什么,在一对一的交往中,往往不被圈子里的人所发现,所以,朋友圈的人被视为随意挑选的"陪聊对象",而并非真正意义上的情感互动。虽然朋友圈有无数个体，但对于微信成瘾者而言，他就是"主人"，无数被加入到圈子里的朋友，处于被支配的地位。这显然脱离了社群文化的本质，更谈不上民主协商的精神。

微信聊天群与QQ群有类同之处，但看起来似乎更为紧密，以同学、师门、小团体、同乡等为社群符号的各种聊天群，使群体参与变得便捷和多元。由于这些聊天群设立了40人的上限，以此限制参与者的数量和范围。但是，它仍然属于小型的公共文化圈，并为核心成员的多元互动和信息共享提供了一个新的平台。然而，在现实的操作过程中，由于许多微信成瘾者对"群聊"极度偏爱，往往利用这一公共平台来体现"与众不同"，经常在群里发表各种意见，提供各种链接，引发各种议题，意图主导小群体的话语权。对于许多群聊者而言，加入一个新的群体，并非要屈从某个意见领袖，而是寻求新的集体交往方式和群体归属感。但微信成瘾者则将群聊作为个人展演的舞台，根本不顾忌群聊成员的感受，任意闯入群中发表各种奇谈怪论，并要求群里的"亲"们及时回应，体现了明显的话语霸权和自我中心主义。这就让许多参与者被"边缘化"，无法进行平等对话和交流。有些成员由此而中断此类群聊，不再在此类群里出现。而微信成瘾者似乎不顾忌"他者"的观感，仍然不断地挑逗其他人回应，并利用各种机会在不同的群现身，试图自己强化在群体中的地位。然而，随着此类话语暴力的不断蔓延，许多微信群已逐步丧失了群体交往的功能，参与者不断减少，微时代的"微民主"在现实运作中，受到了微信成瘾者话语霸权的挑战，并导致"小社群主义"的话语危机。

三、微信上瘾与自我迷失

微信是以单个用户为中心而建立的社交圈，其目的是利用网络平台实现社交方式的便捷化和多元化，但其社交关系建立在现实朋友圈之上，没有平时的社会交往，网络社交也就没有人脉基础。然而，过度微信不仅使现实交往的频率和动机大为降低，也会使用户陷于盲目的虚拟社交怪圈而无法节制，这种虚拟的社交上瘾行为，不仅没有有效地提高社交活动的质量和效果，反而使社交主体的作用和价值不断地被淡化，形成了"我微信，我茫然"的社交焦虑与恐慌。

首先，微信成瘾者的过度展演导致"表演崩溃"。在现实社交中，向朋友倾诉是一种交往行为的正常方式。而对于微信成瘾者而言，他始终将自己当成朋友圈的主角，以自我展演作为主体性存在方式，将微信圈视为自我展示的舞台。因此，他们频繁地进行聊天与转发，并不是为了与圈中朋友沟通与交流，而是为了获得更多的评论和赞美，以此体现自我价值，他们甚至将微信作为全景式的个人博物馆和剧院，"期待着他的观众们认真对待自己在他们面前所建立起来的表演印象"①，他们努力展示自己的生活世界，不放过任何可能"公示"的机会，一回朋友聚餐的美食，一条小狗的新装，一次旅行的小插曲，一幅自家孩子的小画作，等等日常的见闻和琐事，都成为微信圈里的通用性展示话题，尤其是裸露身体已经成为日常的表演。有时，为了获得"点赞"，这些主动的话题发起者还自设竞猜题目，比如，你知道照片上的景观是哪里？照片上的人是谁？此类故弄玄虚的设问，就是要等着朋友圈的赞美。有些80后"小清新"们还将自己旅行、睡觉、吃饭的图片发在微信圈里，急迫地进行设问。对于这些过度自恋的展演者而言，我"微"故我真，我"秀"故我在。一切深度皆丧失，唯有造成神经短路、思想锈蚀的"秀逗"，才是唯一可以确定的感觉。② 然而，此类表演秀却很少得到回应和赞美，偶尔被点赞的朋友也许是睡在下铺的室友。狂发各种图片已成为上瘾者的流行偏好，而在微信中暴露隐私也屡见不鲜，尤其是身体展演的方式层出不穷，"无节操"式的暴露甚至成为获得关注度的手段。表演者将身体作为展演的道具，关于身体的审美已演变为肉体的暴露。尽管如此，微信成瘾者却难以获得"芙蓉姐姐""天仙妹妹"之类网络红人的知名度，甚至连几个"点赞"都难以呈现。此类自我暴露式的展演，根本没有区分前台和后台的关系，将自我进行透明化的放大，却在费尽心机之后，茫然而不知自己身在何处。陷入越展演、越寂寞、越焦虑的困境。

其次，微信成瘾者沉醉于圈子消费而导致自我"缺位"。由于微信可以通过多种方式添加朋友，偶尔的扫一扫、摇一摇便会新增不少新朋友。这固然有利于增加"偶然性相遇"的机缘，也可以扩大微信圈的信息来源和交流途径。但是，微信毕竟是以个人为中心的社会化媒体，它一方面可以使用户融入"微时代"的信息潮流之中，但另一方面却需要用户进入网络联系的节点之中，成为虚拟世界的一个客体。因此，它是主我与客我、主体与客体、

---

① 【美】欧文·戈夫曼：《日常生活中的自我呈现》，冯钢译，北京大学出版社2008年版，第15页。
② 韩琛：《"微/伪/萎托邦"：自由的幻象》，《探索与争鸣》2014年第7期。

祛魅与魅惑的杂糅。理性的用户应该适度地运用微信进行社交与信息共享，一旦微信成瘾则导致自我迷失和消费迷乱。由于过度关注自我，微信成瘾者往往会不断观看"朋友"的表现，一个议题、一张图片、一段视频，虽然是日常生活的小插曲，但许多微信成瘾者却视为生活的仪式，迫不及待地发起议题，有时实在没有人回应，便只好自问自答。这种博名的心理，势必导致微信成瘾者不断追逐新的话题，如果自己缺乏表演的话题，便需要通过转发提升自身的影响力。因此，他们便不断地刷新朋友圈的链接，寻找合适的文本进行转发，并急切等待下一个点赞。所以，许多微信成瘾者本身便成为信息复制的媒介。"不转发、就会死"，他们认为，从朋友圈发来的单个文本具有"观赏"价值，每条转发的信息都会对其朋友圈有用，因此，他们极度紧张地浏览各种链接，对于"心灵鸡汤"和煽情话题尤为看重，不断"分享到朋友圈"，并自以为在为朋友提供精神食粮。显然，此类具有无数通道的超级链接，并非为某个微信用户的专利，微信信息的高度重复性已表明许多转发不仅没有意义，还极大了影响了其他朋友圈的阅读质量，造成信息过剩和视觉疲劳。因此，微信成瘾者多度地进行信息消费，并利用信息的无成本消费让渡，使圈子文化充满着大量无聊、无用和重复的信息。而许多"转发"不仅没有促进其他读者的价值认同，反而因为此类复制文本的泛滥而对转发者感到厌恶。从这个层面上看，过度消费和转发朋友圈的信息，尤其是不加分辨地转发各种谣言，极大地损害了微信的公信力，导致微信圈的散发式个体被迫进行混浊的信息接受和再消费，这不仅没有提高转发者的知名度和美誉度，反而导致许多用户"设置朋友圈权限"，不愿接受这些狂热转发者泛滥的链接。因此，对于微信成瘾者而言，他们沉醉于圈子信息的自我制造和重复传播，造成"不见树木、不见森林"的双输结果。既没有有效地提高自身的影响力，也没有为圈子文化作出应有的贡献。

再次，微信成瘾者的虚拟化生存导致现实自我的社交焦虑。"我微信、故我在"，微信上瘾者已经在网络上构筑了一个新的虚拟交往世界，他们已经成为网络多面人，无论身在何处，只有看微信就才能确定"我是谁"。人们常常调侃"世界最遥远的距离是，我在你身边，而你却在玩手机"，现在玩手机已经演变为"玩微信"。现实当中的"我们"，由于有了微信的存在，即便是见到久违的朋友，也缺乏交流与沟通的欲望，手机和微信似乎成为人体的器官，许多人通过浏览微信来表达主体存在。即便是多年不见的同学聚会，大家相见无语，却在对着微信傻笑，人机对话似乎远比面对面交流有意思。在日常生活中，朋友见面也越来越疏于交流，甚至连一个正视对方的眼神都难以见到，更难以深度沟通。但是，在虚拟的空间里，微信成瘾者却自愿展示隐私，毫无顾忌。现实的社交焦虑和虚拟的社交狂欢形成鲜明的对比。多重而矛盾的自我在两个世界中游走，使"我"的身体、思想产生分裂。在虚拟的交往世界中，心与身，灵与肉是分离的，对于微信成瘾者而言，上线便是一种游走的方式，如何说、说什么都不重要，对话本身就是一种生活方式，他观看微信，犹如检阅一座虚拟的剧院，只要有足够的观众即可。他需要热闹，需要打发时光，需要自我消遣。至于他为何而来，交谈有何价值，则不要进行意义的建构。这种交流很难体现人的"自反性"价值，是自我导向与他人导向的矛盾性结合。但是，情感、记忆是人性的基本标识，微信成瘾者的社交泛化却很难体现真情、专注和关怀，这就导致虚拟社交的无意义漂移，交往双方都很难通过对话建立互信、增进感情。沉溺于微信交往的成瘾者拥有了一个看似庞大的圈子，一旦"下线"，却找不到几个可以谈话的朋友。相反，"越微信，越疏远"似乎是一些现实社交的写照。

　　如果网络精神的本质是为了促进人的全面发展和技术文明的进步，微信作为网络的有机组成部分，至少应该是促进朋友之间的交流与信任。如果微信成瘾者由于过度微信而导致自己的孤立、茫然和无助，那此类微信社交就异化为身体的枷锁和自我的牢笼，现实中的朋友圈就会不断远离生活世界。这显然违背了人性的本真和社交活动的原初意义。由此可见，正确地使用微信，不仅是健康生活方式的需要，更是提升网络文明和促进人的全面发展的需要。

国际传播与国家形象构建

新阶段推动中国国际传播能力建设的理性思考

姜 飞

新闻传播学领域一个持续性的核心命题是传播效果研究,尤其以美国传播学派为代表。自20世纪早期广播诞生以及40年代电视的发明与广泛应用,引发包括社会学、心理学、文学等来自社会各个传统领域对于大众传播媒介和现象影响的深入研究,围绕传媒和传播研究形成几个大的视角,英国为代表的文化研究学派、欧洲大陆德国为代表的法兰克福批判学派、美国为代表的以传播效果研究为核心的美国传播学派,占据了20世纪传媒和传播研究思想和学术地图的大部分。

在上述学术地图中,中国的传播学研究自20世纪70年代末自美国引进中国,历经三次浪潮现在正在走向属于自己的学科的春天,一个重大标志就是来自政府方面对于传播领域的关注和投入(姜飞,2012),尤其是自2000年以来中国政府提出文化走出去,2004年提出中国传媒走出去,2008年开启中国国际传播能力建设第一期工程(2008—2013),使得传播领域的效果研究愈加引发重视,尤其是国际传播的效果研究更是重中之重。

当下,中国政府推动的国际传播能力建设工程正在朝向第二期(2014—2019)深入发展。相关的一些国际调查和学术研究已经初步展示国际传播工程的传播效果,基本的形势判断依然是多年来一贯的口径:"西强我弱"的格局会继续保持,国际话语权的争夺依然继续。

但是,综合多方面因素我们看到,中国国际传播能力建设现在正进入一个转型通道,虽然总体上依然可以维持上述格局判断,但一系列的现象已经逐步清晰呈现出新的特点,比如:国际传播能力建设在财政资金方面的持续投入与国际性议程设置能力的提升二者之间的张力空间不断缩小;中国国内经济形势的发展已经推动着中国国际地位的提升;包括信息传播新技术

(ICTs）以及国际金融领域、军事领域、公共外交等新举措为中国国际传播能力建设提供新的生产力等。

现在的问题是，就像穿越海底隧道，这样的转型通道会持续多久？究竟什么战略设计，什么类型的媒体或媒介组合，什么样的重大事件会成为转型的突破口，成为压倒骆驼的最后一根稻草？综合成一个核心问题：新形势下中国国际传播能力建设如何再上台阶，切实致效，实现当下西强我弱格局的破局并在一个新的高台上持续前行？

这或许是一个基本的学术判断，或者仅仅是一种研究假设。本文拟从学理层面分析国际传播致效的路径，分析当前中国国际传播新形势和基本特点，进而就中国国际传播形势如何破局提出理性的分析和主张，供国际传播理论研究学者和实践业者商榷。

1942年，传播学先驱拉扎斯菲尔德（Paul Lazarsfeld）在《广播加诸公众舆论的效果》（The Effects of Radio on Public Opinion）中提出了提高传播效果的三个"有效条件"，并在1948年被改造为简明扼要的三个概念，即"垄断（Monopolization）、渠道（Canalization）和补充（Supplementation）"（伊莱休·卡茨，约翰·杜伦·彼得斯，泰玛·利比斯，艾薇儿·奥尔洛夫，2011，p. 28）。

这三大条件是拉扎斯菲尔德和默顿（Merton）对媒介如何对公众产生强大影响力的条件的界定。"在垄断的情况下，几乎没有任何力量可以阻止大众传媒中价值观、政策或公共形象的扩散，换言之，即反宣传的缺失（Lazarsfeld, 1942, pp. 74-76; Merton, 1946, pp. 171-172）；渠道意味着宣传只有为既存态度与价值观提供传播路径，才能取得最佳效果，宣传很难催生全新的行为模式或引发彻底的改变（Lazarsfeld, 1942, pp. 70-73）；补充是一种简略说法，该观点认为媒介只有与面对面的交流相辅相成、互为补充，才能取得最佳效果（Lazarsfeld, 1942, pp. 73-74）。"（伊莱休·卡茨，约翰·杜伦·彼得斯，泰玛·利比斯，艾薇儿·奥尔洛夫，2011，p. 28）

这三个传播致效的条件，曾经是有效传播美国以及同盟国声音历经战争检验的经验之谈，思考当下中国的问题亦可资借鉴。从传播的视角来反思中国国际传播能力建设工程和中国传媒走出去的十年，推动能力提高进而进入一个相对微妙转型期的工作，朝向传播格局破局需要思考三个方面的问题：即"超越垄断、渠道建设和有机补充"。

一、超越"垄断"——积极构建世界传媒、传播新秩序

之所以说是"超越垄断",是因为在国际传播领域,中国长期以来一直是"被垄断",走出去的中国传媒远未达到某种垄断或者朝向垄断。在旧的国际传媒和传播秩序已经带来国际范围内全面反思的时候,超越既往的垄断模式和思维,摸索出中国国际传播致效的思路,首当其冲的还是从突破和超越垄断开始——既有反垄断的意思,更是超越垄断思维,建构新的国际传媒和传播新秩序。

大众传媒实践和研究迄今已经有的一个共识是,信息已经不能被看作是单纯的"消除不确定性"功能的信息;同样,传播也无法被简单化为信息的流动过程。大众传媒也从来没有想到,人类历史上第一个记者是一个奴隶,如今发展成了"将军":媒介化的社会、媒介化的政治和国际关系已经既成事实。一句话,作为文明要素的传媒如今已经通过产业化和社会化的漫长过程,跻身文化发展地图,甚至在一些时点上决定着文化变迁的发展方向和进程——《第三次世界大战:信息心理战》一书中所描述的苏联如何被"传媒联合国军"所瓦解的运命足以证明这个道理(B. A. 利西奇金 & Л. A. 谢列平,2003)。于是,世界范围内呼唤构建一个合理的世界传播秩序,就由传媒领域学者发起,并较多地聚集于传媒和传播政策调试。

关于构建国际传播新秩序,最早的讨论是 20 世纪 70 年代提出的"世界信息传播新秩序"(NWICO, New World Information and Communication Order)的概念,试图以之来反制由发达国家及其跨国媒介集团建构的全球传播秩序,建立一种民主、公平、均衡、平等的信息交流和文化传播体系。这样的理念贯穿着一些个人——包括芬兰传播学者诺顿斯登(Kaarle Nordenstreng)在内的一大批学者的努力,也贯穿着国际组织的努力——20 世纪 80 年代,联合国教科文组织曾发布《多种声音,一个世界》,并制订了"1985—1989 年建立 NWICO 的中期计划"。可见,建立世界传媒新秩序的愿景在一定范围内赢得支持,但由于一些国家的反对,NWICO 并没有成为现实。

用拉扎斯菲尔德和默顿的思想理性分析国际传播领域,传媒秩序不是单纯的"西方"笼统概念可以涵盖的,对于"垄断"的认识要清晰,对于超越垄断的努力要区别对待。传媒秩序从来是政治秩序的副产品,是经济秩序的延伸。美国埃默里父子写作的《美国新闻史》提到,"新闻事业的扩张是国

家精神的反映"（埃德温·埃默里 & 迈克尔·埃默里，1982，p. 129），那么，传媒事业的过度扩张也必然引发相应的国际反应。没有孤立的传媒秩序，就像没有虚浮的、脱离人体的"皮毛"。传媒是在商业利益和新闻价值之间找平衡，在媒体使命和文化责任之间走钢丝，在国家利益与世界趋势之间寻方向。事实上，旧的传媒秩序可以视为美国为首的西方跨国传播体系和跨国传媒集团的综合作用。其中，从传播渠道来说，基本上是美国和英国的垄断。但是，旧秩序还体现在另外一个层面，就是除了渠道垄断之外，更重要的是基于这样的渠道传播的内容，是西方价值观、政策和西方文化在话语权上的垄断，这是旧的传媒秩序的实质。

因此，在突破美国和英国传播渠道垄断的旧秩序的道路上，中国实际上并不孤独，包括法国、意大利等其他西方国家也处于"被垄断"的地位，有诸多例子可以看出，除了中国之外的其他西方国家也在为构建世界传播新秩序的做出努力。根据《参考消息》2005年3月22日第3版题为"法国向美国发起'文化反击'"的报道称，法国前总统雅克·希拉克（Jacques Chirac）发誓对美国的文化统治发起一场"反攻"。他试图争取英国、德国和西班牙政府的支持，拟耗资数百万欧元，将整个欧洲文学作品搬上网络。希拉克这么做，主要是针对如下消息：美国因特网搜索引擎提供商Google公司计划将目前收藏在英语世界五大图书馆中的大约1500万册图书和文献搬上网。巴黎的文化部门认识到，"盎格鲁-撒克逊人"的世界图书馆梦想即将取得重大突破。这使他们惴惴不安，从而再次引发了这样的担心：法国的语言和思想有朝一日将被削弱。另外，加拿大政府对本国文化产业提供津贴以避免成为美国第51个州、德国的"净化德语"等行动（姜飞，2005）都从国家层面上反射着部分西方国家对当前国际传媒秩序的忧虑和为重建新秩序所做的努力。

中国的问题关键是在话语权的建设上。虽然法国、德国等在传媒秩序和市场分割上与美国和英国存在反垄断的博弈，但是，在话语权的相对一致性上，这些西方国家彼此文化价值观的认同较高，中国的力量是相对薄弱的。

二、"渠道"重生——官方和民间从产业化视角的共同努力

从产业的视角来看旧的传播秩序，概括起来分为上中下游。世界范围内传媒产业上游的特征是：第一，规模庞大。包括人员、覆盖地区、节目制作

和播出能力；第二，产业垄断。媒体的经营和运营高居产业顶端，创新和创收能力强大，资金雄厚，富可敌国；第三，影响巨大。从本领域来看，信息的传播具有毋庸置疑的品牌效应，超出传媒产业领域之外，具有强大的信息渗透能力、知识生产能力、舆论引导能力、文化建构能力。上游的传媒业，因为其背后的利益集团与国家品牌血肉相连，在某种程度上已经等同于国家喉舌，其影响波及全国乃至全世界。上游产业的代表是美国时代华纳、新闻集团、维亚康母、德国贝塔斯曼等。

处于中游地位的传媒特点是：第一，本国或本地区产业规模最大；第二，本专业性领域具有话语权；第三，影响力和传播覆盖面有限。在某种程度上类同于局部国家和地区、产业喉舌。根据学者的归纳，处于中游的传媒集团归纳起来有63家，其中，北美洲20家（美国17家，加拿大3家），欧洲24家（全部位于西欧），亚洲和澳洲15家（日本6家，中国3家，印度2家，其余是韩国、澳大利亚、菲律宾和泰国），绝大多数（53家）次重量级的国际传播媒体集团皆属美、日、英、法、德等13个发达国家（王雪野，2011）。

传媒业的下游，包括了几乎所有的发展中国家，如星光点点散布在世界各个国家和地区的角落，他们的特征在某种程度上等同于中游传媒，但都几乎无法跨越国界和地区边界，停留在一种社区传播的层面，影响范围极小，从上游传媒业来看几乎可以忽略不计。

综上，我们看到中国传媒在世界传媒业的位置：第一，厕身中游，但绝非砥柱。在近80个世界级的传媒集团中，中国仅有3个；第二，信息提供匮乏且被动。目前全球五个人之中至少有一名是华人，但全球信息量只有4%来自华文媒体，远不及四大英文通讯社所占的八成；互联网上90%以上的内容都是英语，近些年中文的内容才开始上升，由以前不足5%已经达到12%，但还远远不够。

从国际传播"渠道"建设角度来看，不单单限于跨越国界，设立站点，派出记者，因为这些行为组合本身就被贴上意识形态的标签；经过一段时间的发酵，再演绎出文化殖民主义的意思，乃至文化和文化产业的倾销，与西方如出一辙的作为，不仅不利于我们长远的传播，而且这些也都是西方熟悉的套路，自然也容易落入对方的掌控。

更现实可行的路径是与西方传媒集团进行合作。当2004年中国政府提出中国媒体走出去战略之后，以往我们如何应对海外传媒的思路转向如何拓展国际传媒市场的时候，那些走向国际的中国传媒正在经历的，与当年我们如何应对海外传媒，如何确保我们的文化和舆论不受影响的思考以及采取的对策大多似曾相识。

"渠道重生"至少包含三个维度的含义。

第一，中国官方传媒走出去设立分支电视台或者记者站、外派记者等。自 2004 年中国政府提出传媒走出去以后，这项工作进展相对顺利。中国推出了英文版环球时报，注资美国熊猫电视台，国际广播电台用 44 种语言在全球设立 100 多家分支机构，新华社创办新华视频等，开始多语种、全媒体、立体性进军国际传媒市场。

第二，除了上述官方的传播渠道，民营媒体业将扮演重要的角色。近些年来，中国民营资本在国际传媒市场的拓展包括：(1) 2005 年 10 月，金华邮电工程安装有限公司（"金邮"）买下吉尔吉斯斯坦广电部在德隆电视台的股份，金华市邮电工程安装公司还与新疆维吾尔自治区广电厅达成协议，由新疆方面提供中央台和新疆台的优秀节目以及影视作品，输送到吉尔吉斯斯坦共和国播放，并且得到吉国许可，在不违反该国法律政策和不危害该国安全的前提下，自办视频广告节目和转播我国优秀电视节目。德隆电视台在吉国业务范围包括微波有线电视网、固定电话系统，从苏联解体后独立出来的吉尔吉斯斯坦等中亚五国，通信业务落后国内 10 年以上，目前仍大量使用脉冲拨号电话和黑白电视机[①]。(2) 2005 年底，中国商人在阿联酋开通"亚洲商务卫视"，（简称 AABTV），并上星开播，成为中国人在中东地区控股经营的首个私营商务电视台，也是中国唯一一家面向中东传播中国信息的专业商务电视台[②]。用阿拉伯语和英语 24 小时不间断地向 20 多个阿拉伯国家播送节目，主要介绍中国文化、旅游和商品，发布中国商务资讯，推介中国产品和品牌，收视人口约达 4 亿。(3) 2009 年 3 月美国洛杉矶首个中文早间直播新闻电视节目开播。日前，据美国亚裔媒体集团旗下的"洛城十八台"负责人介绍，该电视台将从 3 月 2 日开始正式推出一档全新的早间新闻节目"洛城活力早餐"，每周一至每周五早上 6 点至 8 点直播，与主流英文晨间新闻节目播出时间一致[③]。(4) 2009 年 8 月，温州籍商人、西京集团董事长叶茂西收购英国一家名为 PROPELLER（中文译名为螺旋桨）的卫

[①] 方令航：《浙江民企投资海外传媒 金融危机下走得稳》，浙江都市网新闻中心，http://jinhua.zj.com/detail/1128682.html。

[②] 来源：杭州日报，作者：记者邓国芳，何欣，陈欣文，2008 年 05 月 08 日 http://www.hangzhou.com.cn/20080505/ca1493949.htm。

[③] 《海外传媒》2009 年第 3 期。

电视台,将借这家电视台,在英国传播中国的文化和历史。除此之外,中国的经济发展和产品品牌亦是重要内容①。(5) 2009 年 7 月,中国内地民营资本的第一家电视台在美国诞生——松联国际传媒和天星传媒联合购得美国洛杉矶天下卫视华语电视台。(姜飞,2011a)

第三,非媒体性传播渠道。充分认识"渠道"的渠道性——即,任何渠道的目的是要确保信息的畅通,渠道的价值在于过程和内容而非渠道本身。以既有的"渠道",包括西方的渠道,加之 made in China 来构建立体传播体系,由此开始推动文化深层意识的转型,比如高铁注入中国标准,显示了中国参与全球化的决心与能力,进而提升了中国在国际公共外交领域的发言权,成为一个硬实力提升基础上有效支撑软实力拓展的显性案例。2014 年以来,中国企业已经在海外斩获近 1300 亿的铁路项目单。② 与此同时,当公共外交从理念到实践层面逐渐深化和拓展,"高铁外交"也被认为是继乒乓外交、熊猫外交、奥运外交之后的新外交形式。BBC 即将中国高铁称为"中国商业名片"。③ 中国高铁也在国际传播顶层设计下成为公共外交的新名片(姜飞,闫然,2015)。

三、有效"补充"——"文化他者"视野下的跨文化传播思路

国际传播能力是国家实力特定基础上战略想象的产物,是一个国家综合运用各种渠道、手段向"文化他者"有效传播国家政治制度、价值观以及文化,构造国内和国际文化认同的能力。

国际传播的"有效补充"是实现国际传播从官方、媒体向目标受众的"最后一公里"。由此界定来看所谓"补充",认为媒介只有与面对面的交流相辅相成、互为补充,才能取得最佳效果。从学理层面来看,国际传播能力建设的补充手段归根到底是汇聚到个体层面的跨文化传播。国家和机构层面的顶层设计和渠道建设,最终效果检验还是落实到对于个体的影响程度上。

---

① 《乐见中国企业并购海外传媒》,《中华工商时报》2009 年 7 月 27 日。
② 数据来源:新浪网:《我国企业今年在海外斩获近 1300 亿元铁路大单》,2014 年 11 月 6 日,引用时间:2014 年 11 月 23 日,http://news.sina.com.cn/c/2014—11—06/025031100989.shtml。
③ China's railway dream. BBC. 15 Jul 2014. http://www.traveldaily.cn/article/81826.html

反之，在中国国际传播建设工程的第二期，将能力建设的视角转移到对于文化他者的深度影响力上，或可成为国际传播形势破局的起点。

跨文化传播研究领域的研究对象是"文化他者"，特指的是大写的Other，不是小写的other。小写的cultural other一般指的是同种/均质文化背景（种族）中的另外一个人；而大写的cultural Other特指来自其他文化背景（种族）中的作为该种文化代表的主体，也可能是一个人——比如在中国大学课堂中的来自非洲的黑人学生，他/她在看待其他中国学生的时候以及中国学生看待他/她的时候，都是在一种跨文化视角和文化总体概念下互相看待；也可能是一个组织——比如跨国公司，也可能是一个国家/地区——比如不同国家的外交家（姜飞，2015）。

运用跨文化传播的思路，将出发点和落脚点聚焦于文化他者，既可以规避将大写的Cultural Other当作小写的other，用国内宣传的思路指导国际传播；又可以有深刻的文化自觉意识，在具体的国际传播实践中，对内容注入渠道推送出去过程中，贯穿着跨文化意识，对于关涉国际传播全部链条进行跨文化的编码和解码，将国际传播的最后一公里用跨文化传播的理论和思想进行充分指导。重点体现在对以下几个方面关系的重新认识。

第一，重新认识国际传播和跨文化传播的含义。

"国际传播"跨越的是国家和地区的边界，借助的媒介一般是大众媒体，朝向虚拟的、广义的"受众"，实现的是国家或国家利益集团在国际范围内的特定利益目标。跨文化传播（intercultural communication）是以文化和传播为双焦点，以"文化他者"为研究对象，综合运用文化研究和传播学领域的思想成果，研究文化在人、组织、机构、国家等层面的传播过程和规律，同时研究这样的文化传播过程中大众传播媒介的基础性和调解性作用，进行新的文化主体的生产并在此基础上进行新的知识生产，探讨如何实现不同文化之间的理解、合作、共存、共荣的可能与机制的一门交叉学科（姜飞，2007）。简而言之，"跨文化传播"跨越的是文化的边界——人作为文化的代表和结晶，借助的不仅仅是大众媒体，还有诸多的日常媒介，朝向的是一个个鲜活的文化个体，实现的目标中也包含"国家或国家利益集团在国际范围内的特定利益目标"，但其影响的深远程度和综合效应更大。

而跨越文化边界的跨文化传播，需要思考，从传播内容来看，包括政治制度、价值观、意识形态以及文化；从传播渠道来看，包括外交、公共外交、商业往来、旅游、博物、访问、教育（留学）、产品（made in china）、媒体等等。从传播对象来说，是文化他者，即来自不同于本国/地区文化受众群体，既包括通过物理边界分的不同国家和地区的民众（包含在外国/地区生活、停留超过一定时间的中国人），也包括通过精神性区分的不同文化背景的民众（包含在中国国内的外国人）。在这样的受众群体划分中，中国台湾、香港和澳门的受众群体也在国际传播能力建设的范围之内，但是其特殊的地理和文化、历史背景需要区别对待，专门立项研究。

第二，重新认识文化话语权和话语霸权的关系。

话语的权力在国内语境下表现为"领导权"。意大利共产党在思考革命斗争失败的教训时，葛兰西使用"领导权"（hegemony）的语境是国内政治斗争，是工人阶级通过议会政治夺取权利的思维模式，在西方马克思主义思想序列中，其价值在于用议会政治取代暴力革命的思想转化。

但是，近些年来话语的权力被应用于国际传播语境，简化为国际话语权的争夺。这样做的起点或者逻辑前提是，作为跻身于世界舞台的中国是被当作一个平等交流的对象，或者是在重大国际事务中不可忽视、不可小觑、不可侮辱的一个伙伴，更进一步说，世界传媒秩序是有公平公正可言的。在此基础上，原本特指国内政治权力再平衡的话语战略才可以在国际性大社区（Global Community）语境下发挥作用——比如G7成员国之间的协调和平衡。但回顾国际传播的历史，国际传播的垄断局面下，当我们想当然地将自己当作伙伴打算在国际传播餐桌前坐下的时候，餐桌上原来的食客似乎根本就没有与中国分享的意愿。从现实来看，中国尴尬地站立着，脸红争吵也无济于事。因为有个前提似乎是被我们忽视了：即话语权作为话语引导能力在国内使用的语境，当跨国、跨文化使用的时候，更多表现的是"霸权"（hegemony的另外一个翻译），是垄断，排他性垄断。

因此，从理论上来看，获取话语领导权的前提是国际传播必须处于战略平衡状态，也就是说，西方垄断被有效缓解和战略制衡机制发挥作用；再进一步说，在国际传播致效期待下，中国被切实当作伙伴的开始——是反垄断，更是超越垄断，是西方话语霸权的消解和我们话语权增长的博弈过程。

随着中国经济实力的崛起，绝对性地改变着国际传播实力平衡格局；在国际传播领域，中国也不失时机地另起炉灶——国际传播一期工程从硬件和机构建设上打下了传播的基础架构，"一带一路"的构想从传播学视角来看，尤其从国际传播视角来看，本质上也应该视为新型传播结构的建设工程，为此后50年国际传播秩序的改变，为中国周边安全的发展环境打下扎实的基础。

因此，从国际形势分析来看，我们正处于获致这样的一个微妙平衡的转折点的前夜，即前面所说的转型通道。也就是说，此前国际传播能力建设的大量、持续投入的效果正在逐步走出黎明前的黑暗，谁也无法预测压在骆驼身上的最后一根稻草是什么，同样，谁也不知道骆驼何时轰然倒下。

第三，重新认识语言培训和跨文化培训的关系。

基于服务中国远洋运输集团和华为等企业的经验，美国安可顾问有限公司创始人 Margery Kraus 认为，中国投资者可能不常犯商业错误，但是却更容易犯文化错误，因为无论做事还是在解释事情的时候，多数时候中国企业不是依照当地文化，而是从国内经验出发，这样就会产生理解鸿沟。因此，"如何与人相处，如何与社区相处，如何面对当地的文化……需要花费和财务问题同等的精力。"（江玮，2013）

中国文化中的实用主义观念很浓厚，无论是企业还是国家外派人员，更加重视的是语言培训。包括孔子学院外派教师，即使有比较长时间的培训，但其主导师资力量还是不同的语言系教师，其基本的逻辑是，如果一个人学会了用英语交谈，他就能进行跨国传播了。但问题是，这样的国际传播有效性如何？综合出现的问题集中体现在，中国严重依赖言语传播以至从事国际传播的人群成为很难让人理解的人群——因其严重匮乏跨文化培训。

实际上，有效的国际传播，是在跨文化传播理论指导下的传播，而跨文化视角下的国际传播，绝非单纯依靠语言这一类媒介，其他还包括非言语行为、价值观或者价值取向、政治修辞、翻译等。而跨文化培训历来是被西方视为整合多元文化社会冲突，实现主流价值观和社会意识规制，实现有效跨文化传播的手段。美国、加拿大、德国、荷兰为中心，北欧五国都有各自相对完整的跨文化培训体系，彼此的培训目标也各自针对国家和社会形势有所区别。比较有代表性的培训机构包括荷兰的跨文化合作研究所（Institute for Research on Intercultural Cooperation）、加拿大不列颠哥伦比亚大学的跨文化中心（CIC-UBC）、美国俄勒冈州波特兰跨文化研究院（the Intercultural Communication Institute in Portland, Oregon）等。

从拉扎斯菲尔德等人有关传播致效"补充"视角来看，将文化培训作为国际传播意识转型和传播效果的有效延伸和补充，打破跨文化语言障碍，以人际传播、社交网络建设作为起点，将跨文化传播作为思想和理论指导，国际传播互为辅助，以文化促传播，回避政治经济，多提人文，将可有效提升国际传播能力。

随着越来越多的外国人进入中国，随着越来越多的中国人走向世界，如何在他们自动调试文化差异的过程中，调适文化冲突的形式，搭建文化理解的平台，通过系统有效的跨文化培训，消除一些文化差异、文化误解，为避免可能的文化摩擦未雨绸缪；派出经过跨文化培训的中国记者，不仅仅是将国际新闻带到中国来，更重要的是要将中国文化、中国信息带/传出去，对于来华外国人和外国记者的培训亦然，都合理合法地朝向中国国际传播能力的提升。

结 语

近五年来，中国的国际传播形势出现一些新现象，构成当下国际传播能力建设不可忽视的语境。比如：随着对外汉语教学的推广，更多的外国人能够阅读和接受中文信息。一个基本的事实是，后退五年，驻华使馆以及经济代表等，能够讲中文的很少。现在几乎全部都能讲比较熟练的中文；其次，中国的数字化传播的国际拓展，比如阿里巴巴在美国的上市，以及国内互联网金融业的勃兴，一方面在西方占据主导的新兴传媒业领域有了中国的声音，另一方面也为国内传媒发展和整合补充了方向感。第三，传统媒体数字化转型以及新一轮的传媒融合趋势，主流传统媒体已经在逐步跨越文化边界，初步具有走向国际的基础架构和能力。

信息传播科技（ICTs）领域，在移动、即时、通信三大特征推动下，传播渠道的立体化和全球化早已漫过传统物理边界管控的思维。中国移动、中国联通，乃至阿里巴巴、腾讯、百度这些被界定为"平台"的企业，在大数据思维下因为掌握着核心的信息和渠道，已经实质性地颠覆了既往传播学所建构和被建构的"媒体"（media）和传播概念。同时，既往支撑国际传播垄断局面的传播渠道已经从媒体转向了一般性的媒介（medium）（姜飞，2011b），而包括手机在内的媒介终端在"互联网＋"的思路，已经无法用"垄断"的思维和手法所覆盖，渠道的延伸也实现了多元和无远弗届。在这种情势下，以往作为国际传播"补充"的一些思路和做法甚至从替补队员变成主力队员——即本文提出的从国际传播范式向跨文化传播范式转型，突破国际传播效果"最后一公里"，或可视为中国国际传播致效的现实思考。

【参考文献】

［1］B. A. 利西奇金、л. A. 谢列平：《第三次世界大战——信息心理战》，徐倡

翰等译，社会科学文献出版社2003年版。

［2］Lazarsfeld, P. F., The Effects of Radio on Public Opinion. In D. Waples (Ed.), Print, Radion and Film in a Democracy, Chicago: University of Chicago Press, 1942, pp. 66-78.

［3］Merton, R. K., Mass Persuation: The Social Psychology of a War Bond Drive. New York: Harper, 1946.

［4］王雪野：《新媒体发展与国际传媒秩序重构》，《今传媒》2011年第4期。

［5］伊莱休·卡茨、约翰·杜伦·彼得斯、泰玛·利比斯、艾薇儿·奥尔洛夫：《媒介研究经典文本解读》，北京大学出版社2011年版。

［6］江玮：《中国企业在美国的最大挑战是如何更好地被理解》，《21世纪经济报道》2013年11月18日。

［7］姜飞：《从学术前沿回到学理基础——跨文化传播研究对象初探》，《新闻与传播研究》2007年第3期。

［8］姜飞：《如何从跨文化传播视野观察中国传媒市场的博弈并提高中国对外传播的有效性》，姜加林、于运全：《构建现代国际传播体系——全国第一届对外传播理论研讨会论文选》，中国国际出版集团外文出版社2011年版。

［9］姜飞：《从媒体（media）转向媒介（medium）：建构传播研究内生话语系统》，《新闻与传播研究》2011年第4期。

［10］姜飞：《中国传播研究的三次浪潮——纪念施拉姆访华三十周年暨后施拉姆时代中国的传播研究》，《新闻与传播研究》2012年第4期。

［11］姜飞：《走进跨文化传播研究的密林》，姜飞《中国跨文化传播研究年刊》，中国社科出版社2015年版。

［12］姜飞：《海外传媒在中国》，中国文联出版社2005年版。

［13］姜飞、闫然：《中国高铁：公共外交的新名片》，赵启正、雷蔚真：《中国公共外交蓝皮书》，社科文献出版社2015年版。

［14］埃德温·埃默里、迈克尔·埃默里：《美国新闻史》，苏金琥等译，新华出版社1982年版。

跨文化传播学中文化适应研究的路径与问题

李加莉　单　波

一、引言

随着全球信息传播技术的突飞猛进，人类社会相互依存的紧密关系使得跨文化传播成为了历史巨轮的轴心，于是文化间的互动扮演了引导、批判、甚至抗拒人类社会变迁的角色。文化适应（acculturation）是文化变迁的主要形式之一，它指"由个体组成，且具有不同文化的两个群体之间，发生持续的、直接的文化接触，导致一方或双方原有文化模式发生变化的现象。"[①] 如果说文化濡化（enculturation）是第一文化获得的过程，那么文化适应（acculturation）则是与他文化的融合过程，是文化间相互影响、相互改变的过程。认识到文化内部和文化间发生的变化为跨文化对话开辟了可能性。跨文化传播研究的核心问题是我们与他者如何交流，而文化适应则探究我们在与他者的交流中所发生的"变化"（change）以及这些变化的前因和后果。变化是其中的关键词，它既是过程也是结果，其复杂性成为了文化适应研究的原动力。

在当今全球化语境下，国家间、民族间的政治、经济、文化交往日益密切，人口的全球流动正在加速，人们的跨文化交往日益频繁。除了跨国的人口迁移，随着急速推进的现代化、工业化和城市化进程，在各社会内部不同种族和文化群体等亚文化间的流动迁徙也日益频繁。在与异文化的接触、碰撞中，跨文化交往者或群体为了适应社会环境承受了前所未有的压力和挑战，导致诸如个体情绪的焦虑、文化身份的混乱、文化信仰的阙失、价值判

[①] Redfield, R, R Linton, and M. J. Herskovits. 1936. Memorandum on the study of acculturation, American Anthropologist, 38 (1): 149-152. 在汉译人类学著作中，该概念一般被翻译为"文化涵化"，与文化濡化（enculturation）相对，但在跨文化传播领域通常被译为"文化适应"。

断的失据等文化不适应，继而在群体和社会文化层面产生一系列影响。

于是，文化适应研究成为了跨文化传播学研究中最引人瞩目的理论景观之一。该领域最著名的期刊《国际跨文化交往杂志》(International Journal of Intercultural Relations) 从 2001 年至 2011 年间所刊发的 599 篇文章中，涉及文化适应问题的文章高达 176 篇，占总篇数近 1/3 的比例。文化适应研究无疑成为了当今国外跨文化传播学界最关注的主题之一。在国内，有关文化适应的论文在 21 世纪初才见之于期刊杂志，目前这一主题并没有成为热点，国内的跨文化传播研究以文化和语言为主，对中国对外传播以及国家形象的跨文化传播特别关注。国内的文化适应研究者（陈慧、车宏生 2003；余伟、郑刚 2005；杨军红 2005；孙乐芩等 2009；孙丽璐、郑勇 2010；安然等，2011；等等逐步引入了国外相关的理论，并在学科一隅进行了一些富有成效的实证和理论研究，以期改善一部分群体的文化适应问题。但他们大多视角单一，缺乏对文化适应理论系统的梳理和反思。由于跨文化传播学是一门新兴的交叉学科，相关的文化适应研究在心理学、传播学和人类学等不同层面展开，它们关注的重点不一，研究和分析的方法各异，这使得文化适应理论体系呈现出纷繁复杂、让人困惑的景象。在此，本文试图梳理心理学、传播学和人类学等不同层面文化适应研究的脉络，并在其不同的研究理路中探求不同学科间文化适应研究的联系与分歧。

二、文化适应研究的心理学路径

1880 年美国移民事务局的鲍威尔（J. W. Powell）创造出"文化适应"（acculturation）一词。20 世纪初的心理学者开始关注土著和移民少数裔的心理、精神健康和犯罪状况，他们认为这些群体无知愚昧、卫生健康状况差，通过心理进化和现代化进程可以缓解他们的病症使其同化到主流社会中来。但是，在心理学的实际研究和测量中，学者们（Chief, 1940; Campisi, 1947; etc.）较早发现同化并不是文化适应的唯一结果，而是有同化（assimilation）、融合（integration）、抗拒（rejection）三种后果。[1] 在理论上，格拉夫斯（Graves，1967）首先提出了"心理上的文化适应"（psychologi-

---

[1] 转引自 Rudmin, F. W. 2003. Field Notes from the Quest for the First Use of "Acculturation". Cross-Cultural Psychology Bulletin 37 (4): 24-31.

cal acculturation) 这一概念，他也认为文化适应并不总是单方向的同化，这一过程会产生反作用力导致交往双方行为的变化。①

贝利（Berry，1980）根据种族文化群体在两个维度上的取向——保持传统文化和身份的倾向性和与其他文化群体交往的倾向性，区分出四种不同的文化适应策略：整合（integration），同化（assimilation），分离（separation），和边缘化（marginalization）。② 在贝利研究的基础上，布尔里等（Bourhis etc.，1997）提出了交互式文化适应模式（the Interactive Acculturation Model），他们认为文化适应是国家政策影响下，双方文化适应取向共同作用的结果。东道国主流群体与少数裔的文化适应策略并不总是一致的，当他们抱有相同的文化适应取向时，相互关系最为和谐。③

近年来，纳瓦斯等提出了（Navas etc.，2005）"相对文化适应扩展模型" RAEM（Relative Acculturation Extended Model），他们认为在不同的社会文化领域，存在不同的态度与策略，应区分文化的"硬核"（如价值观、社会家庭规范、荣誉观、两性关系等）和"外围"（如工作或消费理念等），在他们那里，文化适应是切合实际的一种选择，个体可能在一些领域采取分离的策略，而在另一些领域采取同化等不同的适应策略。④

心理学家们逐渐构建了该领域文化适应研究的框架，确立了研究的对象、维度和影响因素。山姆和贝利（Sam & Berry，2006）合著的《剑桥文化适应心理学手册》的出版标志着文化适应心理学（acculturation psychology）学术和专业方向的确立。他们把文化适应研究的对象分为两类：一类是定居者（sedentary），包括种族文化群体（ethnocultural groups）和土著民族（indigenous peoples）；另一类是移居者（migrant），包括长期移居者（如移民和难民）和短期移居者（旅居者和寻求庇护者）。旅居者又（sojourners）包括跨国商务和技术人士、军事人员、外交人员以及留学生和旅游者等。⑤ 但在实际研究中，他们更关注后者——移居者（migrant），而忽

---

① Graves, T. 1967. Psychological Acculturation in a Tri-ethnic Community. South-Western Journal of Anthropology 23 (4): 337-350.
② Berry, J. W. 1980. Acculturation as varieties as adaptation. Acculturation: theory, models and findings. Boulder: Westview.
③ Bourhis, R., L. Moise, S. Perreault, & S. Senecal. 1997. Towards an Interactive Acculturation Model. International Journal of Psychology 32 (6): 369-386.
④ Navas, M. et al. 2005. Relative Acculturation Extended Model: New Contribution with Regard to the Study of Acculturation. International Journal of Intercultural Relations 29 (1): 21-37.
⑤ Sam, D. L and J. W. Berry. 2006. The Cambridge Handbook of Acculturation Psychology. Cambridge: Cambridge University Press.

略了非西方世界的土著居民和种族文化群体。

心理学层面的文化适应研究主要关注个人层面的变化,即在文化接触之后个体在情感(affective)、行为(behavioral)和认知上(cognitive)的变化,它们被称为文化适应研究的ABC。贝利(Berry,2006)则把这些变化总结为行为上的转变、文化适应压力(acculturative stress)以及精神病理状况的产生。[1] 文化适应心理学研究的基本框架包括了群体变量(出身社会的影响,群体适应经历和客居社会的影响)和个体变量(适应前的影响因素,适应过程中的影响因素)。(如图1)所有这些因素影响了个体的认知和对问题的评估,进而影响了他们心理上的文化适应以及他们长期的适应状况。[2] 心理学者在世界范围内对具有异质文化的地区和种族进行了大量的实证研究,文化适应在这一领域的理论和实践研究得到了蓬勃的发展。

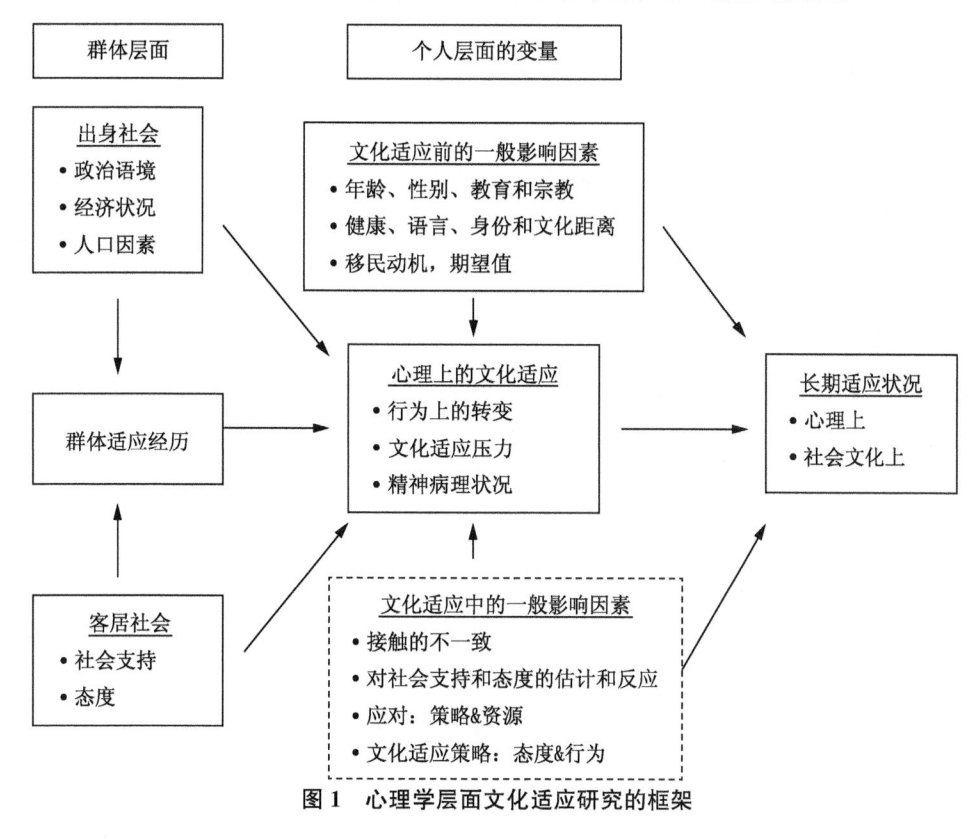

图1 心理学层面文化适应研究的框架

---

[1] Berry, J. W. 2006. Stress perspective on acculturation. The Cambridge Handbook of Acculturation Psychology, ed. by D. L Sam and J. W. Berry. Cambridge: Cambridge University Press, 43-44. 文化适应压力(acculturative stress)内涵相当于文化休克(culture shock),这是心理学者的用词偏好。其他语言学、传播学领域更多地使用文化休克一词。

[2] Sam, D. L and J. W. Berry. 2006. The Cambridge Handbook of Acculturation Psychology. Cambridge: Cambridge University Press.

心理学者认为人类有着相同的心理过程和能力，他们想探求人类的心理共性，并试图在不同文化的语境下来比较人类行为。一直以来，心理学领域的文化适应研究崇尚科学主义的、实证主义的研究方法。但是，影响文化适应过程的变量很多，存在复杂的交互作用，任何交互作用或变量都可能影响和制约最后的结果，这使得量化研究的验证过程变得非常复杂。而且心理学领域的文化适应研究一直被测量问题所困扰，大量新的量表层出不穷，设计方案不一。另外，文化适应量表必需考察文化，但是文化如何被测量，是否存在普遍适用的社会文化适应量表都是问题。文化适应心理学运用的量化比较的方法受到一些学者的质疑，他们认为不存在普遍的文化适应过程，文化适应状况在政治、经济、文化的他者化作用下非常脆弱，所以他们在方法论和认识论上提出了尖锐的批评。①

三、文化适应研究的传播学路径

心理学研究者们发现、诊断出个体在文化适应过程中承受的压力并试图找出这些心理变化的前因和后果，然而文化适应问题仅仅停留在个体层面是难以解决的，于是传播学者们从另一个角度开出了药方，试图从传播互动关系中找到对策。因为文化适应是二次的社会化过程，而传播是社会生活的基本形式。个体在这一过程中的认知、情感、态度和行为方面的变化与他们的人际社会交往息息相关，而传播是人际关系赖以成立和发展的机制。从这个角度来看，文化适应就是个体进入不熟悉的异文化环境，跟当地社会的个人、群体或者组织互动的过程，是他们的身份和认同重新调整、定位的过程，也是他们传播网络重新建构的过程。于是传播者们开辟了另一条研究文化适应现象的路径，通过研究移居者和东道国文化之间的交流和传播为文化适应问题找到解决方案。

跨文化传播学是一门以"实用"为导向的学科，其奠基者爱德华·霍尔是文化人类学博士，他的贡献在于把文化的概念从人类学宏观分析的角度转移到对文化表征的微观分析和比较上来，并将文化的概念延伸到传播领域，这个延伸使得跨文化传播学与人类学分家并转向了量化为主的研究方法，因为在霍尔那里文化是由文化元素、集合与模式构成的层级系统，可以成为被

---

① 李加莉、单波：《文化适应心理学研究的脉络与新走向》，《理论月刊》2012年第6期。

分析的变量并通过培训、学习掌握来促进跨文化交流。古迪昆斯特和金洋咏（William B. Gudykunst & Young Yun Kim）沿袭了霍尔的"文化学习"的理路，他们试图通过有效的传播来学习新文化以应对文化适应压力所带来的文化休克问题。

古迪昆斯特和金洋咏复活和拓展了社会学家西美尔的"陌生人"概念，在他们那里，陌生人的概念变得宽泛，它是指进入一个相对未知和不熟悉环境的人，他来自不同的群体，为系统内的人所不了解。那么，所有的跨文化交流者都是"陌生人"，都会遭遇文化适应的问题。但实际研究中上他们所侧重考查的是跨国移居者（移民和旅居者等等），这也成为了跨文化传播学研究的重点对象。他们把跨文化传播看作是与陌生人交际的过程，在新的环境中旅居者和移民与他者进行交流学会去适应，其融合程度依赖于与东道国文化社会的互动，个人文化适应的状况取决于与东道国社会成员交流的数量和特性。

1988年，古迪昆斯特和海默尔（Gudykunst & Hammer）提出适应的焦虑与不确定性管理理论（Anxiety/uncertainty Management Theory of Adjustment）。[1] 他们认为旅居者（sojourners）就是进入新文化环境的陌生人。当他对不了解东道国国民的态度、情感、信仰和价值观时，就会产生不确定性。当他与东道国国民交流时，由于认知上的不确定、行为上的不知所措，就会引起紧张不安和焦虑，导致文化休克。为了适应他文化，陌生人必需进行有效的传播，管理其焦虑和不确定性，使其介于最小和最大限度之间。对焦虑进行管理需要陌生人准确地预测和解释东道国国民的行为。为此，旅居者必须留心（become mindful）通过学习来掌握有关的语言文化知识，注意到文化异同，重新学会交往与沟通的技巧与规则以适应新环境。

古迪昆斯特进而试图找出个体、群体和社会文化层面的不同因素和焦虑/不确定性管理之间的关系。他认为有八个变量影响了焦虑与不确定管理：自我概念（self-concept），与东道主互动的动机（motivation to interact with hosts），对东道主的回应（reactions to hosts），对东道主的社会分类（social categorization of hosts），情境过程（situational process），与东道主的联系（connections with hosts）、伦理上的互动（ethical interactions）以及

---

[1] Gudykunst, W. B and M. R. Hammer. 1988. Strangers and hosts: An uncertainty reduction based theory of intercultural adaptation. Cross-cultural adaptation. ed. by Y. Y. Kim & W. B. Gudykunst. Newbury Park, CA: Sage.

东道国文化条件（conditions in host culture）。① 它涵盖了个体、人际、群体和社会文化层面的不同因素，这些变量对不确定性和焦虑直接产生影响，而认知上的不确定性和情感上的焦虑则作为基本原因和核心变量对跨文化适应（intercultural adjustment）的结果产生直接影响。

在古氏的理论体系中焦虑和不确定性这一心理因素被放在了决定文化适应状况的首要位置，并试图从传播关系的研究中去管理这一影响因素。在他看来：所有的跨文化交流者都是陌生人，都存在跨文化适应问题；只要管理了不确定性/焦虑就达至了有效的传播，也就解决了文化适应问题。但其实文化适应问题远非只是解决焦虑和不确定性的问题，所以他的跨文化适应的理论构架值得商榷。另外，不同层面的八个变量之间显得零散，没有构建起相互关联的知识体系和有机的体系。

金洋咏（Kim, 2001）则提出了跨文化适应与传播整合理论（Integrative Theory of Communication and Cross-cultural Adaptation），她认为人类有内在的适应能力，个人对社会环境的适应是通过传播实现。适应包括文化学习（acculturation）和文化卸化（deculturation）两种形式，而人际传播和大众传媒消费是文化学习过程中最显著的形式。② 它为个体提供了能认识他们所处的新环境的基本方法。她认为在新的文化环境里与当地居民的人际交流能够促进文化适应，另外对东道国大众媒体使用的增加能够增强文化适应。

陌生人的跨文化经历并非一帆风顺，而是一个螺旋式的"紧张—适应—成长"（stress-adaptation-growth）的动态过程。文化适应是通过个人传播和社会传播实现的。这一过程中，个体心理层面的变化反映在认知、情感和行为三方面，金洋咏称之为跨文化适应中的"个人传播"（personal communication）或"人内传播"（intrapersonal communication）。而社会传播（social communication）包括有两种方式：人际传播（interpersonal communication）和大众传播（mass communication）。人际传播的核心被她构想为"与东道国的交往能力"（host communication competence），随着与东道国的交往能力的提高，个体能更准确、有效地参与到东道国的文化之中，与东

---

① Gudykunst, W. B. 2005. An anxiety/uncertainty management (AUM) theory of 'strangers' intercultural adjustment. Theorizing about Intercultural Communication, ed. by W. B. Gudykunst. Thousand Oaks: Sage Publications.

② Kim, Y. Y. 2001. Becoming Intercultural: An Integrative Theory of Communication and Cross-cultural Adaptation. Thousand Oaks: Sage Publications. 金洋咏在书中把"acculturation"一词的内涵缩小了很多，指的是"对第二文化的学习"。

道国的交往能力反映了个体的适应状况，缺乏这种能力就会导致各种传播失误和交际失败。

在金洋咏那里，适应既不是自变量也不是因变量，而是一个整体。在她的体系里影响文化适应的核心因素是：与东道国的交往能力（host communication competence），它受到与东道国的传播活动，与本群族的传播活动，东道国的大环境以及个人性情特质（predisposition）的影响。①（如图2）旅居者通过个人传播和社会传播，随着交流的逐渐适应和深入，容忍度和开明程度得到锻炼，最后形成多元文化的理念，最终实现跨文化的转变。新的跨文化人整合了不同的文化视角在——自我/他者，个体化和普遍化——的相互作用中形成，他们超越了种族中心主义，是人类发展的一种可行的模式。

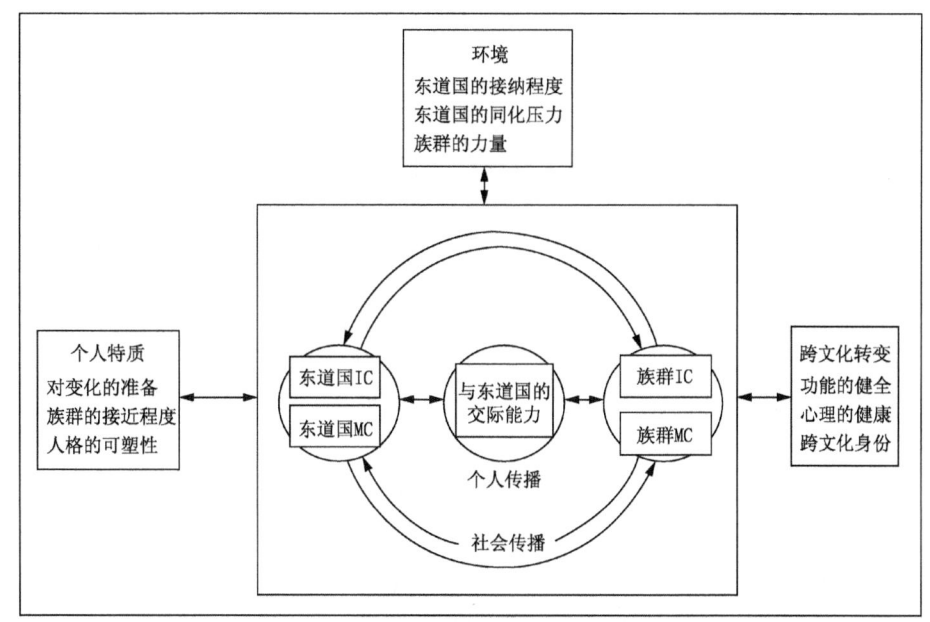

图 2 金洋咏的跨文化适应结构模型

注：IC= interpersonal communication（人际传播）；MC= mass communication（大众传播）

在金洋咏的理论体系中，影响文化适应的因素在六个不同维度（环境、个人特质、与东道国的交流、与本群族交流、与东道国的交际能力、跨文化转变）展开，每个维度的因素都直接或间接地促进或阻碍跨文化适应进程，在影响其他维度的同时又受其他层面的因素的影响。各个层面以及相关因素之间的互动关系构成了跨文化适应理论的结构模型。金洋咏的理论比较全

---

① 原图详见 Kim, Y. Y. 2007. Adapting to an unfamiliar culture, Cross-culturral and intercultural communication, ed. by W. B. Gudykunst. 上海外语教育出版社，第251页。

面，它以开放系统的原则为基线，全面地分析了陌生人在新文化环境中经历的外在与内在的转变。紧张——适应——成长的动态平衡与发展之间的张力成为了跨文化适应的根本动力。金氏的跨文化适应模型涵盖了传播的不同层面，而且对于各个层面间的相互联系也提出了较为合理而令人信服的诠释。但是她忽略了这样一个事实：文化适应状况在政治经济、社会文化的他者化裹挟之下，已延伸到复杂的社会矛盾与权力分配之中，这不是传播行为本身能解决的问题。

四、文化适应研究的人类学路径

跨文化传播学领域的文化适应研究者（包括心理学者和传播学者）主要采用了量化分析的方法考察个人、群体和社会文化因素对文化适应产生的影响。而人类学者则让自己成为"陌生人"融入到他文化的内部，在参与式观察中获得文化交流的特殊体验，在日常生活中理解文化的感知与冲突；把通过"深描"（thick description）所获得的对文化结构与历史的理解同人的态度、兴趣、气质、移情作用等心理因素结合起来，形成对文化与传播行为的关系的整体理解。[①] 人类学典型的研究方法是田野调查（fieldwork）和民族志访谈，通过细致的参与性观察、访谈、日常交往和互动抓住文化的实在，它更细腻地呈现了文化以及社会语境下的文化适应现象。虽然看起来跨文化传播学研究和人类学渐行渐远，但它们之间的学术渊源（特别是文化适应的理论渊源）不容忽视。

文化适应的经典定义来自于人类学家雷德菲尔德等人，并沿用至今。最早进行文化适应研究的人类学者，关注到文化变迁中文化适应的重要作用。在他们那里，文化变迁包括创新、传播、文化遗失和文化适应（acculturation）。人类学家感兴趣的问题是：相互接触的两个或多个群体发生了怎样的变化，在社会和生态上产生了怎样的结果？他们想要考察文化交往过程对群体的文化价值观产生的变化和由此所引起社会文化变迁以及社会结构、政治经济制度、亲属制度、宗教制度等方面的变化。[②]

最初的人类学家努力为殖民管理者提供对原住民文化更好地理解，把所

[①] 单波：《跨文化传播研究的心理学路径》，《湖北大学学报》2008年第3期。
[②] 【美】罗伯特·F. 墨菲：《文化与社会人类学引论》，王卓君译，商务印书馆2009年版，第260-262页。

谓的未开化民族作为对象进行研究，它基本限于一种进化图式和特定媒介的传播史。后来人类学家又试图帮助原住民留存自己的文化抵抗外来的威胁。哈维兰（2006）看到，在人类历史中使用武力或威胁使用武力是文化适应中的一个因素。[1] 大范围的传播是由于政治上具有优势的群体的竞争、实用主义动机，有时是出于胁迫所造成的。在绝大部分情形中，文化净流（net flow）的方向总是由强者流向弱者，通常这些种族群体被主流文化改造并同化。但同时他们也发现文化适应有三个可能的后果：接受（acceptance），即同化到另一个群体中；适应（adaptation），即融合了两种文化；反作用（reaction），即抵抗运动。

人类学家观察到，在实力悬殊的背景下，文化适应的过程没用多久使得初民文化寿终正寝。随后人类学者的视线从初民社会转向了复杂社会。对"农民社会"的研究发现：如同初民社会，农民们也被深深卷入世界市场经济和现代国家的政治轨道之中，正丧失其半自主的地位，农夫的桃花源被高速公路和机场划得支离破碎，大众传播加强了文化的渗透。城市已扩展到农村，而乡民也进入城市。20世纪40年代后，人类学家开始关注城市中的农村移民，城乡关系。

就研究对象而言，传统上人类学者更关注定居者（种族群体、土著居民）。一直以来，人类学研究文化适应的旨趣更多的在于考察现代化和西方文化对原住民、少数裔种族群体、农民社会、非西方民族的影响，关注边缘的、生存受到威胁的文化群体，以记录和保护文化多样性为使命。西方主流社会本身很长时间以来并没有列入民族志考察的对象之中。在当今全球化的语境中，跨国移民越来越多地进入了人类学家的研究视野，并把他们纳入了20世纪60年代晚期兴起的族群性（ethnicity）研究和身份政治学研究的一部分。[2]

随着后现代理论的兴起，最早从事研究文化适应现象的人类学者逐渐淡出了该领域。对于人类学者而言，文化适应研究的前提是给不同的文化划出边界，这意味着存在一些具体的、可辨识的、独特的文化，这种观念为当代人类学者所抗拒。他们关注文化变迁的过程而不是具体的文化，以探求文化混杂的边界；他们停止了把文化本质化、笼统归纳的做法，更多地在语境中考察文化规则的模糊性，并把"文化"视作个体在当地社会中的过往体验

---

[1] 【美】威廉·A. 哈维兰：《文化人类学》，瞿铁鹏、张珏译，上海社会科学出版社2006年版，第487页。
[2] 20世纪60年代以来，"族群"这一术语很大程度上取代了过去"部落"一词。

(lived experience) 而不是群体的所有物。① 所以，如今以文化适应（acculturation）为关键词搜索国外人类学杂志，相关论文寥寥。

　　人类学者越来越少地使用这一术语，但他们从未停止相关的族群（ethnic groups）和族群性（ethnicity）研究，并且做了大量的高质量的深入而细致的考察，并把它植入社会政治、经济、文化的具体语境之中。族群的文化适应状况反映了他们社会政治、经济发展的需要。我们感（we-feeling）的强烈程度与种族群体会给它的成员提供什么相关。族群或族裔身份是用来发动群体成员关注自己社会经济地位相关议题的重要手段之一。种族内聚力和我们感实际上是通过社会和政治过程被创造出来的，特别是在为稀缺资源而展开的竞争中。②

　　人类学家看到了少数族群和多数族群间权力的不平等和不对称关系。③多数民族与少数民族的关系的大多数情况都展示了一种对种族隔离、同化和整合的结合作用。在个体水平上，同化很可能发生，即使主要的趋势可能是种族隔离或整合。他们之间的关系很难回避一种对权力和权力差异的分析，于是少数族群可以视为客观存在但在政治上没有统治权的种族群体。多数民族不仅拥有政治权力而且通常控制了重要的经济部分，更重要的是，它通常决定了社会生活中的话语方式，界定了与生活、职业相关的文化框架。

　　人类学者的文化适应研究有着自己的道德关怀，他们惯于做边缘化的社会考察并利用这种边缘性向权力中心发出诘问。在他们看来，跨文化传播学的兴起是冷战所带来的"国家文化"研究的结果，并与当代政治权威产生共鸣。社会学家汉内兹（Ulf Hannerz）甚至把跨文化传播学诙谐地称为"预防文化休克的产业"（culture shock prevention industry）。跨文化传播研究者编写内容丰富的文化手册，因为他们需要拓展市场，为从事跨国贸易、市场开发以及教育工作的客户提供培训，提出建议。这种以实用性为导向的研究意味着，我们了解另一种文化的目的是为了与该文化群体做贸易或在政治和意识形态上更好地施以控制。尽管跨文化传播学者制定的文化手册可以为文化适应者提供一些有用的信息，但一旦跨国集团代表的是新的权力精英，

---

　　① 李加莉、单波：《文化适应心理学研究的脉络与新走向》，《理论月刊》2012 年第 6 期。
　　② Cohen, A. 1985. The Symbolic Construction of Community. London: Routledge.
　　③ 【挪威】托马斯·许兰德·埃里克森：《小地方，大论题——社会文化人类学导论》，董薇译，商务印书馆 2008 年版，第 376 页。

这些书无疑就成为了他们新的控制手段的标志。①

五、结语

文化适应已不仅仅是个体、人际或群体层面的问题，而是与政治经济、社会文化紧密相连，已将其触角延伸至变化无穷的社会文化矛盾与冲突之中。个体在与他者的隔离和联系之间试图找到正确的平衡点释放他的创造性潜能，同时社会也在逐渐演变，寻求一种能平衡所有文化群体的利益和需求的机制让他们充分、平等地参与到公共生活之中，成功的文化适应需要在个体、人际和群体层面探求原因，但更需要广阔的社会机制的支持。

另外，随着信息技术迅猛发展和快速的城市化进程，远距离的文化接触和渗透给文化适应研究带来了新的挑战，文化的边界已变得模糊，文化变得越来越混杂。在很多情形中，个体和群体的文化适应背景不仅仅牵涉到"我们"和"他们"这两种不同文化，而是同时涉及多种文化背景，那么文化适应研究需要考察影响文化的更多因素，发展出更复杂的理论框架。

目前跨文化传播领域的文化适应研究重点考察了移居者的文化适应状况，忽略了非西方世界的土著和种族文化群体，而后者一直是人类学文化适应研究者主要的兴趣点。文化适应过程中发生的变化既是静态的变化的结果，也是动态的、历时的变化过程，所以在研究中对两者的考察都十分重要。量化研究揭示的是静态的横截面的特征，而质性研究（如民族志方法）更能揭示其动态性和细致的变化。文化适应是一个连续的、不断建构的过程，质性研究将在其中扮演重要角色。跨文化传播学作为一门融合人类学、社会学、心理学和传播学等的新兴学科，在文化适应研究上与其他学科展开对话非常必要。惟有广阔的视野、多样化的研究方法和丰富的知识体系，才能使跨文化传播领域的文化适应研究更有生命力。

---

① 【美】迈克尔·赫兹菲尔德：《人类学：文化和社会领域中的理论实践》，刘珩、石毅、李昌银译，华夏出版社2009版，第167页。

帝国、天下与大同：中国对外传播的历史检视与未来想象

张 磊 胡正荣

随着中国经济实力和国际地位的不断提升，包括对外传播能力在内的文化软实力建设已经成为中国国家战略的重中之重。2006 年，《国家"十一五"时期文化发展规划纲要》中明确提出了文化"走出去"战略，中国媒体在海外开办分支机构、国家形象宣传片在纽约时代广场播映、孔子学院纷纷设立、电影等文化产品销往世界各地、文化与教育交流活动频繁展开，都是这一战略的具体实践。

然而，这一战略蕴含双重挑战。首先，文化与媒体"走出去"并不是一帆风顺的。笔者接触的一名来自非洲的留学生直言不讳地说："中国如果想得到非洲的认可，必须证明自己与西方殖民者有区别。"汪晖（2012）曾经指出，中国在非洲做了很多事情，但非洲人最大的困惑是："不清楚中国在非洲、在世界上希望建立一种怎样的秩序，中国人到底要干什么，追求的是什么？"其次，如果纯然强调"走出去"，却忽视思想逻辑的探索，未免易于陷入国力较量的陷阱，成为传统国际竞争的新一轮翻版。

本文认为，中国的文化与媒体走出去带来了对外传播的新景象，也必须面对不断的新挑战，它必须得提供一种关于世界秩序与全球图景的理论想象。本文通过对中国对外传播核心逻辑的历史梳理与检视，首先反思当前民族国家竞争中延续的"帝国"或曰帝国主义逻辑，其次回顾中国的历史资源，从"天下"体系的角度进行观察，最后从近代思想中寻求"大同"思想的可靠性与解释力，从而探讨中国对外传播的新理念。

一、"帝国"逻辑与帝国主义

帝国，从字面意义上来说，是以帝制为政体的国家组织形式；就历史脉

络和学术史而言，这个概念早已超越它的字面意义。从前者来看，世界各地对帝国都不陌生。古罗马帝国、拜占庭帝国、奥斯曼帝国、金帐汗国都曾盛极一时"，在中国，即使在嬴政始称皇帝之前，已经开始了"普天之下莫非王土"的政体实践，直至清朝被民国取代方告终结。这种"前现代"的帝国具有两个重要特征：第一，权力集中在皇帝（及其同位者）手中；第二，始终存在一种对疆域和领土的渴望。因此，彼此征伐是帝国对外的基本方式。地理疆域恰恰也提供了屏障，形成了数个文明中心，东方和西方的认识论基础也由此形成，另有广泛的领土与人口（非洲、拉丁美洲、大洋洲）则遗落在世界体系边缘。

在世界范围内，帝国成为一个现代概念并建立一种国际秩序逻辑，是与资本主义、殖民主义和民族意识的兴起彼此勾连的。资本急欲扩张，占有新的土地商品和劳动力商品，殖民便成为必经之路。18 至 19 世纪的大英帝国是典型一例，它建立了横跨澳大利亚、中国香港、印度、非洲、英伦三岛、美洲的"日不落帝国"。由此延展出的现代"帝国"概念具有三个特征：权力集中在少数族群和阶层手中；领土疆界跨越了民族界限；存在帝国内的不平等乃至殖民。现代帝国，表面上是古代帝国的延续，但实际上是资本主义在全球殖民的产物。

为了跨越地理屏障，广义的"互通"（communication），包括交通与传播，都不断创新出工具与系统，打破了时间与空间的双重限制，成为现代帝国的基础设施。1845 年，英国政府颁布法令规定了铁路的标准轨距为 4 英尺 8.5 英寸，形成了一种国际标准；格林威治标准时间成为世界标准时间；英语成为国际商务与政治中的最重要通用语言之一。"车同轨、书同文"方能"行同伦"，近代殖民者与秦始皇在这一点上达成了一致。赵月枝（2011：144）曾经举例说："事实上，一个曾统治澳大利亚的英国殖民总督就把电报叫做'伟大的帝国维系力量'，而当 1932 年 BBC 建立最早的海外广播时，这一机构官方名称就是'帝国服务'（Empire Service）。"詹姆斯·凯利（1992）则详细论述了电报如何为交易系统带来变化，成为资本投机与牟利的新工具，建立统一的价格体系，而"价格体系的传播是努力开拓殖民地的一部分"。电报将资本盈利点从时间转换为空间，也将运输与通讯分离，这使得资本控制更辽阔疆域成为可能。

恰恰是殖民主义的有力武器，带来了它的激烈反应物：民族主义，以及民族国家的兴起。18 世纪末至 19 世纪初，在北美和拉美，由于殖民地与宗主国之间的不平等，独立建国的呼声渐起，并建立了一系列非帝制的共和国。按照本尼迪克特·安德森（1983）的观点，这是现代民族国家和民族主义的起源。直至一战之后，基本上所有王朝（帝国）都落下帷幕或退居幕后，民族国家成为现代国际政治的单元。他认为，民族是一个"想象的共同体"，它之所以在某一个社会有机体中形成，首先需要认识论的变化，即时间观念从神谕式时间转向横向的历史；其次，"资本主义、印刷科技与人类语言宿命的多样性这三者的重合"促使基于某一世俗语言的共同体形成。

虽然民族国家在20世纪初替代了帝国成为国际政治的主体，但帝国的逻辑并未断绝。一部分新建立的民族国家延续了古老帝国的"帝国主义"，而另一部分新兴的殖民地解放潮流带来的民族国家则成为帝国主义的附庸或对抗者。少数欧洲国家在全世界建立了霸权，这种全球体系蕴含了不平等与边缘化，即使国家与国家之间的权力此消彼长，但竞争与较量、干涉或同化、领土占有或经济控制等普遍存在。这种逻辑是资本主义"自由竞争"与社会达尔文主义"优胜劣汰"思想在世界体系中的变种，也是"同质而空洞的时间"碾压过全球文明之后的产物。列宁（1917）由此将"帝国主义"视为资本主义的垄断阶段，认为金融资本的全球垄断是其最核心特征。

实际上，帝国主义仍在当今世界阴魂未散，因此欧洲批判传播研究的新领军人物克里斯廷·富克斯认为列宁的理论远未过时。2008年美国次贷危机引发全球金融危机，便展示了资本的当代面貌：全球渗透、高度垄断，且建立了不平等的金融依附关系。大卫·哈维（2003）曾引用乔万尼·阿瑞吉作出剖析，他认为帝国的权力有领土逻辑与资本逻辑两种，两者之一占据某段历史的主导地位。二战瓦解了领土的占有，但重建了资本经济的依附体系，造就了"新帝国主义"（也是新自由主义带来的变种）。

在哈特和内格里合著的《帝国》（2000）一书中，则提出了一种去中心化的全球帝国系统，以美国、部分超国家组织和金融垄断资本为顶端，建立了世界统治体系。这种帝国所建立的秩序与"全球化"不谋而合，也印证了对它的一种批判，即这种全球化实质上是一种"美国化"的版本。自2001年"9·11"事件之后，美国借反恐之机再次确立全球霸权，一方面直接动用军事力量捍卫以自己为核心的"全球秩序"，另一方面也影响了世界性的舆论风向标。然而，当代美国霸权已经不简单是帝国时代的武力征伐，而是以文化为先行军。好莱坞电影、跨国媒介集团、互联网巨鳄、畅销商品，无不在有意无意地扮演资本扩张的急先锋和价值输出的主力军，小约瑟夫·奈的所谓"软实力",仍然在遵循帝国主义逻辑。

这正是众多左翼学者所着力批判的"文化帝国主义"或"媒介帝国主义"。赫伯特·席勒在《大众传播与美利坚帝国》(1969)中指出:"大众传播目前已经成为正在浮现的美帝国的支柱。'美国制造'的讯息在全球传播,发挥着作为美国国家权力以及扩张主义的神经中枢的作用。"(席勒,2006,p. 142)

总之,帝国逻辑或曰帝国主义仍然是当前世界体系的主导性内容,传播、媒介与文化成为了新的阵地。正如赵月枝(2011,pp. 143-144)所言:

> 尽管世界传播的现代形式的兴起带来了世界大同的乌托邦想象,这个过程却一直是作为一种社会经济体系的西方殖民主义和资本主义向全球扩张过程的基本组成部分(Mattelart,2000)。……现在,在经过了一段民族解放运动和后殖民民族国家崛起的中间过程以后,世界秩序有可能被归入一个新的帝国——一个再也没有了"外部"的存在。因为所有的地域都已被纳入了帝国逻辑,它就没有了边界,世界政治经济权力也不能像殖民时代那样,将"外部"纳入殖民目标。

二、历史中国的天下体系

近三百年间的西方历史形成较为清晰的脉络,即"帝国-民族国家"的国际政治体系中蕴含着帝国逻辑的脉络。但是,中国的历史为这种帝国分析带来了挑战:历史上的中国是否是一个典型意义上的帝国,充满了领土渴望与外部、内部的殖民?中国又是在何种意义上成为(或者不成为)一个"民族国家"的?中国是否建立了一个有别于西方的国族传统?在此基础上,古代中国的对外传播存在哪些有别于现代国际传播的理念与实践?

这些问题并不容易回答。"中国"并非一个固定不变的概念。它涵盖了复杂的区域性和文化族群,在漫长的时代不断增长与收缩,变换文明的外貌,也在各种叙事中沉淀与隐藏。而站在任何一个时间点回顾"历史",实际上都是在重建历史。

梁启超在《中国史叙论》中将中国分为上世史、中世史、近世史三个阶段:上世史即"自皇帝以迄秦统一",中世史即"自秦统一至清代乾隆",近世史为"自乾隆末年以至于今日"。他的划分标准是基于中国与世界的不同关系，这三个阶段分别体现了中国之中国、亚洲之中国和世界之中国。用葛兆光（2011）的话来说，在前两个阶段是"以自我为中心的想象时代"，第三个阶段则是"一面镜子的时代"，即以西方为镜鉴。

在上世史中，只有中国，而没有世界，甚至"中国"概念也并非一个独立的国家，而是一个区域。无论是考古学的器物研究，还是语言学的文字起源分析，都发现"中国"这个词含义众多，可指中原、京师、朝廷等（洪成玉，2006；杨怀源，2009；等），它常指九州之地，与华夏、中华、神州等同义，与之相对的，是"四海"或"四夷"。《尔雅·释地》说："九夷、八狄、七戎、六蛮，谓之四海。"东夷、西戎、南蛮、北狄是对于中原地区之外族群的称谓，它们最大的特征是"未开化"，即所谓"化外之民"。然而这并不意味着夷狄与华夏就绝无交集，也不意味着九州之内就是铁板一块。当时华夏之人并无"世界"的意识，"自我"与"他者"界限模糊，也谈不上有明确的国族观念。《论语·颜渊》说："四海之内，皆兄弟也。"《礼记·大学》说："古之欲明德于天下者，先治其国；欲治其国者，先齐其家；欲齐其家者，先修其身……身修而后家齐，家齐而后国治，国治而后天下平。"用费孝通的"差序格局"来理解最为恰当，"身—家—国—天下"构成了一个序列，按照文化的亲疏远近对不同族群进行排列，构成了一个同心圆的结构。这是一个带有政治性的结构，但更是一个文化的结构。最终的理想就是孔子所说的"天下大同"。

既然这一时期"天下无外"，那么现代意义上的"对外传播"或"国际传播"也就无从谈起。在春秋或战国的各诸侯国，自然有交流、沟通、宣传与说服，有外交辞令，有民间交往，但它并没有那么强的竞争性和差异性，而是在同一类文化内部的信息流通。《史记》中所记录的李斯《谏逐客令》颇能展示当时的情形。秦国所招纳的各国士人，有来自宋、晋、魏等邻国者，也有来自于西戎等中原之外者。李斯以宝物、美色和音乐为譬喻，其中谈及郑国、卫国之乐在秦国的流行，侧面展示了文化交往的普遍性。最后，他归结到一点："王者不却众庶，故能明其德。是以地无四方，民无异国，四时充美，鬼神降福，此五帝三王之所以无敌也。"换言之，国与国、中原与四夷之间的差异并非泾渭分明，关键是要"明德"，才能承运成为"天子"。总之，春秋战国期间，诸侯国之间的传播与交往颇为频繁，且呈融合之势，只是存在文化共同体内部的政治斗争。

到了中世史，即秦统一六国之后，"天下"既获得拓展，也发生了变化。

以同心圆的框架来进行由内而外的观察，可以发现"中国"作为一个共同体概念其边界越来越清晰。秦朝修筑长城，与北方游牧民族隔离，建立了一个象征性的边界；宋朝与辽、金、西夏等划定边疆；明朝更是将长城加固，退守地理屏障之内。北部、西北、西部、西南各有政权并起，屡有更迭，伴随着与中原王朝彼此国力消长，或羁縻、或朝贡、或征战、或贸易，甚至外部族群入主中原。朝鲜半岛、日本、暹罗、琉球等处于中华文明圈更外缘的位置。14—15世纪朝鲜王朝与明朝的关系被认为是典型的朝贡关系，进一步形成了东亚文明共同体。（郑容和，2006）更远方的印度、波斯乃至欧洲则通过间断的交流与持续的想象双重渠道被纳入中国人的天下认识之中。

"想象"对于理解这一漫长历史阶段期间中国的"天下"观念是非常重要的。中国认为自己居于"天下之中"，也拥有最高的礼仪与文化，因此"怀柔远人""羁縻不绝"成为基本策略，外邦来朝贡即可，无需建立直接统治。葛兆光（2011）通过分析中国古代建构异域想象的三种资源（神话传说、职贡图和旅行记），剖析了这种想象的形成及其实质，并通过对地图的分析描绘了这一观念世界。他同时也指出，唐朝中叶之后这种想象不断受到挑战，尤其在宋代发生了剧烈转变。

这一转变相当重要，这使得传统中国的华夷观念和朝贡体制，在观念史上，由实际的策略转为想象的秩序，从真正制度上的居高临下，变成想象世界中的自我安慰；在政治史上，过去那种傲慢的天朝大国态度，变成了实际的对等外交方略；在思想史上，士大夫知识阶层关于天下、中国与四夷的观念主流，也从普天之下莫非王土的天下主义，转化为自我想象的民族主义。

想象是由传播所建构的。宋代之前的对外传播较为开放，如汉代张骞出使西域、唐代玄奘西游取经、鉴真东渡传道，既有官方色彩的传播活动，也有民间意义的文化往来，既涉及外交，又以文化与宗教活动为主。更广泛的贸易、移民、和亲乃至征战，都促进了此类传播，如李颀诗云"年年战骨埋荒外，空见蒲桃入汉家"。到了宋代，由于中原王朝与周边诸国建立了对等的敌国关系，直接的文化传播大受限制。宋代皇帝屡下禁令，除了九经书疏外，不得将各种书籍（尤其是论及时事的书籍）带入与辽国的交易市场。（刘浦江，2006）如元丰元年，皇帝下诏："诸榷场除九经疏外，若卖余书与北客，及诸人私卖与化外人书者，并徒三年，引致者减一等，皆配邻州本城，情重者配千里。许人告捕，给赏。著为令。"高丽人、交趾人也都获得了跟辽人同类的待遇。即便如此，文化的交流依然连绵不绝。吕思勉说：

"文化是有传播的性质的,而其传播的路线,往往甚为迂曲。"

清朝是另外一个剧烈的转型期。满人入关之后,更改衣冠象征着对传统中原文化的改造,引发了东亚文化共同体和朝贡体系的进一步崩溃,而西方力量更是彻底打破了中国的"天下想象",将这一古老传统从它的固有时间与空间观念中剥离出来,纳入到现代资本主义的国际体系之中。这也就进入到近世史的"世界之中国"阶段。东方与西方、传统与现代构成了中国现代性问题的基本层面。

总之,中国历史传统建立了一种与现代帝国逻辑不一样的国际秩序,或者国际秩序想象。我们试着回答本节一开始提出的问题。

第一,历史上的"中国"采取帝制,但它并非一个现代意义上的扩张型帝国。如前所述,中国曾经有漫长的帝制传统,也有对外拓殖的冲动(吴文藻语),但它与资本驱动的现代帝国有着本质差异。

第二,如果说欧洲乃至一战后殖民地独立带来的民族国家的确是一种资本主义的新兴事物,那么中国早已在宋代就确立了较为明确的民族意识。如果说西方民族国家是"想象的共同体",那么中国的想象似乎有更悠久的历史和更坚实的基础。如果说前者是政治性的,那么中国则是文化性的共同体。

第三,这也导致了历史中国对于"国际关系"(姑且用这一概念)的想象与西方有着根本性差异,其中最为核心的就是"天下观念"与"朝贡体系"。中国与周边附属国建立的文明共同体,既不是对等的国际外交,也不是纯粹的帝国治理或殖民体系(茹莹、宫玉振,2009)。郑容和(2006)指出:"朝贡体系虽然是以中国为中心的国际秩序,但其维持并非依靠中国单方面的强制或施惠,而是根据各自的利害关系来参与其中并依赖各周边国家的共同努力。"

第四,历史中国的对外传播不是文化帝国主义的头脑控制,也不单纯是文化软实力的吸引,而是一种文化的波状扩散,其中有来往,有同化,有抵制,有融合。它对周边地区的影响,像是容器中水满之后的"溢出"效应。

19世纪西方列强来至东亚,将中国从"东亚之中国"拉入了"世界",这也带来中国新一轮民族国家的建设,以及参与国际秩序的行为调整。然而,历史中国留下了丰富的思想资源,与现代性思想与实践相连,可能带来更具想象力的国际秩序理念。

三、天下大同：重新想象世界

"救亡"是中国近代的重要主题。由天朝大国沦为落后挨打的国家，由天下的中心变为欲求立于世界民族之林而不可得，这种巨大的反差促使中国近代的思想者与行动者不断寻求新的道路。从维新运动、洋务运动到共和革命、社会主义革命，一个突出的特点即借用西方来返照自身，重新为中国设立"他者"。但中国人对于世界秩序的想象也从未抛弃历史传统，而是将其与现代思想流派融合进行理论推演。

维新变法的代表人物康有为、梁启超也是中国传统知识分子向现代转型的代表。1901—1902 年，康有为流亡海外，在国外写下了《大同书》，借用孔子的"天下为公"的"大同"思想，按照公羊三世（据乱世、升平世、太平世）的框架勾勒了一个未来的乌托邦，甚至提出要消除国界，合为一个大同世界："去国而世界合一之体……于是时，无邦国，无帝王，人人相亲，人人平等，天下为公，是谓大同。此联合之太平世之制也。"其持论广涉古今中外上下五千年，美则美矣，但康的思想建立于儒家"内圣外王"范式，又颇受社会达尔文主义影响，以至于提出要按照优胜劣汰法则，由"文明国"灭"野蛮国"，就未免是一种"庸俗的历史进化论"了（李泽厚，1955）。正如毛泽东所指出："康有为写了'大同书'，他没有也不可能找到一条到达大同的路。"与之类似，梁启超也论及"世界主义的国家"，提倡"不能知有国家，不知有世界。我们是要托庇在这个国家底下，将国内各个人的天赋能力尽量发挥，向世界人类全体文明大大的有所贡献。将来各国的趋势都是如此"，但同样是流于空想。

革命者孙中山虽然与维新派道路不同，但对孔子之"天下大同"概念的偏爱却并无二致。他曾经多次在演讲和文章中提及这一概念，由此构成了其建国思想的核心之一。例如，1924 年《三民主义》的演讲中指出要"用固有的道德和平做基础，去统一世界，成一个大同之治"。他的大同世界构想是与"民族、民权、民生"三民主义密切相关的，实现了民族平等、人人平等、贫富均等，也就是在实现大同社会。他的思想将资产阶级共和民主观、儒家传统道德甚至社会主义融为一炉，体现了一种调和性，但也隐隐透出民族主义情绪。1921 年 12 月，他在对军队的演讲中说："预料此次革命成功后，将我祖宗数千年遗留之宝藏，次第开发，所有人民之衣、食、住、行四大需要，国家皆有一定之经营，为公众谋幸福。至于此时，幼者有所教，壮者有所用，老者有所养，孔子之理想的大同世界，真能实现，造成庄严华丽之新中华民国，且将驾欧美而上之。"（转引自黄明同，2006）

若言"天下大同"是理想国，那它与另一个"理想国"——共产主义——在很大层面上可以达成一致。1946年6月30日，毛泽东发表了《论人民民主专政》，也谈及"大同"："对于工人阶级、劳动人民和共产党，则不是什么被推翻的问题，而是努力工作，创设条件，使阶级、国家权力和政党很自然地归于消灭，使人类进到大同境域。"他认为康有为并没有找到真正的大同之路，唯有"经过人民共和国到达社会主义和共产主义，到达阶级的消灭和世界的大同"。这在国内要求实行社会主义革命与改造，而在国外则是"联合世界上以平等待我的民族和各国人民，共同奋斗"。新中国成立后，天安门城楼上挂的标语最终定为"中华人民共和国万岁"和"世界人民大团结万岁"，就体现了社会主义国家的国际秩序观。它一直渗透在中国的核心方针与外交策略中，从"共产主义理想"到"和谐社会""中国梦"的构想，都隐含着社会主义的大同理想。而中国用来解决香港与澳门问题的"一国两制"独特设计，蕴含着"天下理念"的延续，超越了民族国家的基本框架，也为朝鲜半岛等地区的冲突解决提供了启发。（郑容和，2006）

当然，这种"天下合一"的观念并非中国独有，从奥勒留、康德到乌尔里希·贝克，从古希腊的"理想国"到印度的"世界一家"等，均有类似论述。从某种意义上来说，"大同"与"世界主义"（cosmopolitanism）有着殊途同归之处。然而，中国特有的历史传统可以为当代国际政治提供独特的思想资源和替代性的实践。

中国当代思想界近年来多有理论反思。赵汀阳（2003，2005）的"天下体系"理论指出，"天下"最重要的一层含义即是伦理学/政治学意义，指向一种世界一家的理想，设想了超越国家的政治单位，也提供了不同于民族/国家的价值尺度。王铭铭（2012）则回到吴文藻和费孝通关于中华民族的论述，通过中华民族独特性的切入，提出"超越新战国"之说。费孝通（2000）所提出的"各美其美，美人之美，美美与共，天下大同"含有"和而不同"的基本原则，值得成为一条国际新秩序的纲领性原则。

这就为中国的对外传播提供了新的想象力。举例而言，前新华社社长李从军（2011）在美国《华尔街日报》上发表题为《构建世界传媒新秩序》的文章，强调"在相互依存的当代世界，人类共同体的确需要一种更加文明的信息传播规则和秩序。"提出建立一种媒体交流与协商的机制,称之为"媒体联合国",就具有超越民族国家的设计。

四、结语

当代中国的对外传播,具有战略需求的必要性,关于其策略、途径、技巧、效果的讨论已然汗牛充栋。然而,一种根本性的世界秩序想象可能为其提供更深厚的根基。"帝国-民族国家"的基本架构作为主流值得反思,其中隐藏的帝国主义争霸逻辑必须为世界战乱与纷争承担重要责任,而历史中国的"天下大同"有潜力提供一种替代性的世界想象。

在社会普罗大众的话语体系中,"中国崛起"经常被与历史上的"汉唐盛世"相提并论。然而世易时移,当前世界政治、经济和文化体系已经与千年前大相径庭,中国崛起的思想资源也远远不止是古代社会逻辑所揭示的那么简单。如何"通三统"(甘阳,2007),在思想资源整合之基础上寻找中国自立于世界民族之林的核心逻辑,就是中国寻找"道路自信"的题中应有之意。而中国对外传播的思想逻辑,也可以从中得到启示。

【参考文献】

[1]【英】本尼迪克特·安德森:《想象的共同体:民族主义的起源和散布》,吴叡人译,上海世纪出版集团2005年版。

[2] 费孝通:《百年中国社会变迁与全球化过程中的"文化自觉"》,《厦门大学学报》2000年第4期。

[3] 甘阳:《通三统》,三联书店2007年版。

[4] 葛兆光:《宅兹中国》,中华书局2011年版。

[5]【美】麦克尔·哈特、【意】安东尼奥·奈格里:《帝国》,杨建国、范一亭译,凤凰出版传媒集团2008年版。

[6] 洪成玉:《中国及其别称考源》,《汉字文化》2006年第1期。

[7] 黄明同:《孙中山大同社会建设蓝图及其启示》,《广东社会科学》2006年第5期。

[8] 康有为:《大同书》,上海古籍出版社2005年版。

[9]【美】詹姆斯·凯利:《时间、空间和电报》,载戴维·克劳利、保罗·海尔编《传播的历史》,董璐、何道宽、王树国译,北京大学出版社2011年版。

[10] Li Congjun 2011. Toward A New World Media Orde. *The Wall Street Journal*,

2011—06—01.

[11] 李泽厚：《论康有为的"大同书"》，《文史哲》1955年第2期。

[12] 梁启超：《中国史叙论》，《饮冰室合集》第一册，中华书局1989年版。

[13] 刘浦江：《文化的边界——两宋与辽金之间的书禁及书籍流通》，张希清主编《10-13世纪中国文化的碰撞与融合》，上海人民出版社2006年11月。

[14] 吕思勉：《吕思勉讲中国历史》，武汉出版社2012年版。

[15] 毛泽东：《论人民民主专政》，《毛泽东选集》第4卷，人民出版社1991年版，第1468-1482页。

[16] 茹莹、宫玉振：《东亚朝贡体系的文化内涵——与西方殖民体系的比较》，《滨州学院学报》2009年第2期。

[17] 汪晖：《"21世纪中国文化的困境与出路"论坛发言》，《文化纵横》2012年10月，第22页。

[18] 王铭铭：《超越"新战国"》，三联书店2012年版。

[19] 吴文藻：《边政学发凡》，王铭铭《超越"新战国"》，三联书店2012年版。

[20]【美】赫伯特·席勒：《大众传播与美利坚帝国》，刘晓红译，上海译文出版社2006年版。

[21] 杨怀源：《再说"中国"》，《辞书研究》2009年第3期。

[22] 赵汀阳：《天下体系：世界制度哲学导论》，中国人民大学出版社2011年版。

[23] 赵汀阳：《"天下体系"：帝国是世界制度》，《世界哲学》2003年第5期。

[24] 赵月枝：《传播与社会：政治经济与文化分析》，中国传媒大学出版社2011年版。

[25]【韩】郑容和：《从周边视角来看朝贡关系——朝鲜王朝对朝贡体系的认识和利用》，《国际政治研究》2006年第1期。

国家形象建构：作为表征意指实践的"文化循环"

刘丹凌

20世纪西方哲学和社会科学的"语言学转向"和"文化转向"把认识论意义上的表征概念拓展为泛文化实践意义上的表征概念。斯图尔特·霍尔认为，"表征是某一文化的众成员间意义产生和交换过程中的一个必要组成部分，它的确包括语言的、各种记号的及代表和表述事物的诸形象的使用"①；约翰·费斯克将表征（representation）视为"制造符号以代表其意义的过程与产物"②。从客体形象到媒介形象，再到认知形象，国家形象的建构是复杂的表征意指实践过程，是纷乱的初级"源像"演化为典型的抽象形象之过程。

一、构成主义：理解国家形象建构的基本途径

在霍尔看来，经由语言③表征意义的运作有三种阐释途径：一是反映论途径，这种阐释认为意义本身就存在于现实世界的客体、人、观念或事件当中，语言犹如一面镜子，只是映照出它们"本来"的意义、"真实"的意义。按照这种理路，国家形象的客体状态，亦即其物质的、自然的属性决定着国家的总体构造和意义生成，可以简单地概括为：国家的客体形象决定其媒介形象和认知形象，国家的媒介形象和认知形象是其实体形象意义的描摹和表

---

① 【英】斯图尔特·霍尔编：《表征——文化表象与意指实践》，徐亮、陆兴华译，商务印书馆2003年版，第28页。
② 【美】约翰·费斯克：《关键概念：传播与文化研究辞典》，李彬译，新华出版社2004年版，第241页。
③ 斯图尔特·霍尔在这里是在宽泛的意义上使用"语言"一词，将语言视作符号系统，包括声响、形象、书写语言、绘画、照片等等。

达。这显然是一种机械的唯物反映论。事实上，语言符号与它们所指的事物并不能完全对等，尽管某些符号可能与它们所表征的客体在外表和质感上具有某些相似性，尤其是视觉符号；但是，语言符号和现实客体之间不是简单的反映、模仿，或是一对一指称关系，语言符号可以意指的范围远远超出了现实世界本身，包括想像、虚构和观念的世界。同时，现实世界自身也难以呈现出某种超越物质层面的观念和情感等，因此意义生成并不是客体自身意义被发现的简单线性过程。

国家形象本身即是一个复杂的概念，它并不是单一的、明确的、固定的、不可改变的某种形状或概貌。单就国家的客体形象而言，它包含物质与精神的双重内涵——一方面，疆域、人口、物产，以及在此基础上形成的经济、军事、科技等实际成果呈现为它的物质样态；另一方面，国家及公民的行为特征、社会政治及经济制度、民族性格、历史传承、风俗习惯、文化艺术、价值理念等呈现为它的精神样貌。因此，从"源像"开始，国家形象就不具有清晰、明确的内涵和外延，而始终处于一种多面相、多内容、多形式和多变化的混沌状态之中，更毋宁说国家的媒介形象和认知形象了。总之，国家形象既不是单纯的具象存在，也不是单纯的抽象精神，是具象与抽象的综合体。它的意义和价值需要一系列概念的组织、集束、安排、整合，以及在它们之间建立复杂联系来共同形构，而无法通过"源像"的自我阐明来实现。

二是意向性途径，这种阐释认为，说者、作者通过语言把他们的独特意义强加给人们，也就是说，语言符号包含着信息发出者赋予它们的特定意义。这无疑切中了表征的一重要害——表征的过程也是意见、观念形成、传播和接受的过程。如果按照这种途径来推论，那么国家形象的意义生成很大程度上取决于其媒介形象的塑造者对它的赋意。显然，这种阐释的缺陷在于将意义的来源绝对化、单一化，因为表达者并非符码意义的唯一或独特来源，个体的意向、观念必须进入语言的规则、信码和惯例当中才能被共享和理解。并且，意义的最终生成还取决于信息接受者、语境等多重因素。所以，尽管国家媒介形象的塑造者、表达者之主观赋意影响着国家形象的意义生成，但它不是唯一的决定因素。

三是构成主义途径，这种阐释认为事物本身和语言的个别使用者均不能确定语言的意义。事物并不呈现明晰的意义，而是"我们"构建了意义，这个意义缔构过程借重的是各种表征系统，即各种概念和符号。这也是人文社会科学"文化转向"最大的理论贡献:与其说意义是被"发现"的,不如说意义是生产的,或者说是"建构"的。构成主义并不否定物质世界的存在,但是他们认为传递意义的不是物质世界,而是我们用来表征各种概念的语言系统等等。正是社会的行动者们使用他们文化的、语言的各种概念系统以及其他表征系统去建构意义,使世界富有意义并向他人传递有关这个世界的丰富意义。① 换句话来说,"表征"实际上已经进入了"物"的建构过程,"在形成各种社会问题和历史事件方面,其重要性不亚于经济和物质'基础',它已不再单纯是事件发生以后对世界的反映。"②

这为我们理解国家形象建构提供了新的视域——国家形象的意义生成是一个复杂的表征意指实践过程,即杜盖伊、霍尔所谓"文化的循环"③ 的一种具体表现形式,它既是形象、状态、样貌的表达与接受之过程,亦是意义的输出和意义的解读之过程,涉及概念、观念,更涉及情感、情绪、态度、意愿和归属感,等等;其核心是意义的生产、意义的传播、意义的解读和接受,以及意义的情感态度和行为反应等一系列过程之综合;其影响不仅在于对公众头脑和心理的作用,还在于组织和规范社会实践,从而产生实际的社会后果。在"文化的循环"的动态链条当中,意义的输出和生成错综复杂,存在于不同的节点,其中最重要的一环是传媒节点:"意义还通过种种不同的传媒生产出来,尤其是目前,通过复杂的技术,通过现代大众传媒这种全球通讯手段生产出来,这使得意义以历史上从未有过的规模和速度在不同文化之间循环起来……"④ 尤其对于国家形象而言,其意义缔造更依赖于媒介表征——公众主要通过媒介信息、媒介形象来认知和理解国家形象,并完成认知意义上的国家形象构建。媒介如何抒写、如何表达、如何通过媒介语言体现出某些"意味"和"内涵",即媒介如何通过"表征系统"为受众提供国家形象的认知和解释符码以及框架,将影响公众对国家形象的阐释、想象和赋意。

二、表征链:国家形象的意义生成

国家形象的建构不是单一表征运作的结果,而是一系列表征意指实践的

---

① 【英】斯图尔特·霍尔编:《表征——文化表象与意指实践》,徐亮、陆兴华译,商务印书馆2003年版,第24-26页。
② 同上书,导言第6页。
③ 同上书,导言第1页。
④ 同上书,导言第3页。

过程，是国家形象表征链聚合并实现意义表达和认同的过程。索绪尔的"聚合链"思想可以为我们分析国家形象的表征链提供帮助。作为符号学的奠基人，索绪尔有两个重要的发现：一是语言符号的任意性——"能指和所指的联系是任意的"①，也就是说，符号的物质形象与它所指称的意义之间没有必然联系；二是符号意义的关联性，语言符号的意义既不是由现实事物或经验决定的，也不是由符号本身决定的，而是由符号"聚合链"来决定的。具有意义关联性的符号群集形成了符号"聚合链"，某一符号的确切意义取决于它在这个链条上的位置，以及它与其他符号的关系。在一个句子中，"聚合链"上的符号可以相互替换，虽然替换后句子的具体内容有所改变，但语言的功能与结构关系不会改变。②

国家形象表征链不是理性规约的产物，而是社会文化实践的形构，是表征符码在反复使用和阐释过程中逐渐形成的意义互涉和功能关联：正是人们惯例性的使用符码（对符码的选择、替换、理解）以及使用者对符码意义的固定反映等③，最终形成意义相对明确、固定的表征链。同一国家形象表征链上的符码本身是形态各异的，但它们相互关联、相互指涉、相互印证，共同作用于特定国家形象意义的生产。比如，京剧、汉字、丝绸、武术、孔子学院、兵马俑等等符码可以聚合为一条特定的国家形象表征链，彰显中国作为文明古国的形象内涵。

作为一种特殊的"文化循环"形式和表征意指实践过程，国家形象表征链的构成特征有三：

首先，具有代表性的表征符码构成了国家形象的"表征链"。符码的代表性主要源自符码的普遍性。"普遍的东西是属于每个人的东西"④，那些被广泛接受、能引起普遍联想的表征符码被挑选作为国家形象的典型符码，其普遍性价值在于这些符码浓缩了意识形态观念、时代主题、文化习惯和公众期待等，比如，中国龙、汉字、长城对人们所具有的普遍性意义，它们代表

---

① 【瑞士】费尔迪南·德·索绪尔：《普通语言学教程》，高名凯译，商务印书馆1985年，第160页。
② 同上书，第176页。
③ 费斯克认为："惯例是符号的社会维度。它是使用者之间对符号恰当使用和反应的一种协定。如果没有社会惯例的维度，那么符号就仅仅是私人的，不能同于传播。"【美】约翰·费斯克：《传播研究导论：过程与符号》（第二版），许静译，北京大学出版社2008年版，第48页。
④ 【美】朱迪斯·巴特勒、【英】欧内斯特·拉克劳、【斯洛文尼亚】斯拉沃热·齐泽克：《偶然性、霸权和普遍性——关于左派的当代对话》，胡大平、高信奇、蒋桂琴、童伟译，江苏人民出版社2004年版，第7页。

着中国悠久的历史、绵延的文化，已获得社会个体和集体的普遍接受。

普遍性越高的表征符码，代表性越强，越处于国家形象表征链中的突出位置，被采用的次数越频繁、范围越广泛。比如希望工程的形象代表"大眼睛"女孩苏明娟。1991年5月，中国青年报摄影记者解海龙到安徽金寨县采访，张湾小学7岁的苏明娟进入他的镜头，照片以"我要读书"为题刊发。照片中的苏明娟手握铅笔、大大的眼睛直视前方，流露出强烈而炽热的渴望，这种渴望是贫困地区少年儿童对知识的渴望，对学校教育的渴望，也是身处改革开放浪潮中的中国人对美好未来的渴望，对理想生活的渴望。因此，苏明娟和她眼神中的渴望就不再限于个体诉求，而是代表了一种普遍性的中国渴望。"大眼睛"照片就此成为中国希望工程的宣传形象，广为流传。其实，中国希望工程的形象代言人还有"大鼻涕"胡善辉（流着鼻涕大声朗读的山村小学生）以及"小光头"张天义（一双忧伤又无奈的眼睛，从安徽来到无锡的农民工孩子），他们的形象也曾被广泛传播，但是影响却远不及"大眼睛"苏明娟。对比这三幅照片，可以发现，后两张照片只是单纯展现了贫困地区乡村孩子上学的艰辛，而"大眼睛"女孩形象表达的不只是读书的艰难，还有渴望，而她的渴望唤起的不只是理解和同情，更多是共鸣。因此，相比"大鼻涕""小光头"，"大眼睛"具有更高的普遍性。

不同时期或者不同的发展阶段，都会出现类似"大眼睛"这样的代表性表征符码，而一个符码成为代表性符码，是该符码不断"普遍化"的过程。我们可以借助中国高铁形象来说明这一问题。2008年4月，中国开通第一条真正意义上的高铁，在媒体报道中高铁代表着一种新的交通工具。不久，中国高铁遍地开花、连贯东西，从2013年开始，中国政府多次向国外推介中国高铁技术，高铁形象逐渐成为中国经济发展形象的新符码。2014年1月10日，中国第1000列高速动车组出厂，《人民日报》在一版重要位置刊发新闻照片[1]；2014年1月18日，《人民日报》在一版版心位置用大幅图片报道"中国承建土耳其高铁项目收官"[2]；2014年2月3日，纽约时报广场的电子大屏幕播放了中国高铁广告。截至2015年，中央电视台官网，有关中国高铁的视频新闻达1000余条，中国高铁成为彰显中国发展成就的典型形象符码。中国高铁从最初含义单一的交通工具符码，逐步演变为中国经济

---

[1] 宋学春：《中国第1000列高速动车组出厂》，载《人民日报》2014年1月10日。
[2] 陆娅楠：《高铁"走出去"交出首份成绩单——中国承建土耳其高铁项目收官》，载《人民日报》2014年1月18日。

发展的符码，进而演变为快速发展的中国形象之表征。

其次，国家形象"表征链"的定型化亦是国家形象类型化的过程。国家形象表征的定型化，使得人们更容易把握、理解和记忆国家形象。在不同的媒介表达及公众认知中，存在不同类型的国家形象。就中国而言，至少我们可以发现主流政治视域中的"责任大国形象"、平民生活视域中的"草根中国形象"、精英文化视域中的"文化中国形象"、边缘文化视域中的"异样中国形象"、消费文化视域中的"俗中国形象"等不同类型的国家形象。这些类型化的国家形象正是某些国家形象表征链定型化的结果。理查德·戴尔认为："一种类型就是任何一种简单的、生动的、记得住的、易于捕获的和广为认可的个性化，在其中少数特征被预设，而且变化或'发展'被减少到最小程度。"[1] 定型化其实质就是将少数"简单的、生动的、记得住的、易于捕获的和广为认可的"表征链定型固化的过程，生产一种阐释"框架"，使之成为具有稳定性和持久性的意义载体。按照霍尔对"定型化"特征的理解，国家形象表征链的定型化至少包含两个要点：

其一，国家形象表征链的定型化是简化、提炼"差异"，并使"差异"固定化的过程。这里所说的"差异"，也就是事物的特殊性，是一事物区别于其他事物的基本属性。正是"差异"让事物成其为自身，并且，"差异"越鲜明，事物越易于辨识。这个使"差异"固定化的过程包括三个环节：首先，特定国家形象表征链中那些鲜明、生动、易于记忆和捕捉的表征符码不断"标出"自身，获得广泛的传播和普泛的接受，比如图腾、国旗、文物、名人脸庞、自然风光、人文景观等等；其次，在反复的呈现、使用、阐释和再阐释过程中，这些特定国家形象表征链中的符码沉淀了相对稳定的象征性主题，比如政治、经济、文化、历史等等——中国画、汉字、编钟、青铜器、飞天等表征符码就沉淀了有关中国历史和文化的主题；再次，特定国家形象表征链所指涉的象征性主题被抽象和简化为最能彰显其本质特征的意义内核，比如民主的政治制度、发达的经济、璀璨的文化、悠久的历史等等。国家形象表征链的简化和差异化有助于特定国家形象意义的表达和接受。《中国国家形象宣传片》由于想表达的要素太多，致使内容过于庞杂、不精

---

[1] 【英】斯图尔特·霍尔编：《表征——文化表象与意指实践》，徐亮、陆兴华译，商务印书馆 2003 年版，第 260 页。

炼，效果不尽人意。① 其中"人物篇"想通过中国各领域的名人来展现中国的"了不起"，然而50多位表情各异的中国名人不断闪现，反而给受众一种压迫感；在"角度篇"中，由于设置主题太多、内容太繁复，难于给受众留下深刻印象。而商务部在欧美投放的《中国制造宣传片》（2009年）采取了与《中国国家形象宣传片》不同的手法，它对繁复的内容不断简化、提炼，最后通过建构五组意义相似的生活画面集中表现"携手中国制造"这一主题，收到了较好的传播效果。

其二，国家形象表征链的定型化是通过"排他性"实践建立类型边界的过程。表征链定型化的实质在于通过对表征符码的价值评判，保留适合的并排除不适合的表征符码。这一边界的划分实际上就是建立起符码的分界线，分清哪些符码"可采用""不宜采用"或"坚决不能用"，哪些是"正常"和"不正常"，哪些是"可涉及"和"禁止涉及"，等等。这些分界线相当于给符码贴上"保留"或"排除"的标签，虽然一些符码被"排除"，却保证了维持社会正常交流的"符号秩序"。这些分界线作为硬性的操作规则，实际上体现了一种意识形态的效果。比如在主流政治视域国家形象的塑造中，《人民日报》是非常特殊的媒体机构，作为政党的"喉舌"，它对选择什么样的影像和话语，有着非常严格的标准，包括选择哪些照片上一版、哪些放大处理、哪些信息该突显或删除等，其符码分界线经过层层设计体现了主流政治意识形态的诉求。而消费文化视域中的"俗中国形象"塑造过程中，我们看到那些豪华住宅、摩登都市、奢侈宴会、华丽外表总是被彰显、放大；肮脏的城市街道、衣衫不整的行人、简陋的棚户区等影像被彻底排除了，契合了庸俗、享乐的消费主义价值观。

再次，国家形象表征链是"历史性"符码和"当下性"符码的复杂聚合。根据产生时间的差异，可以简单地将国家形象的表征符码区分为"历史性"符码和"当下性"符码，前者主要指那些产生于过去、于当下仍有意义的表征符码；后者指产生于当下的新表征符码。"当下性"这一概念来自于特伦斯·霍克斯（Terence Hawkes）等学者在批评实践中倡导的"批判性

---

① 《中国国家形象宣传片·人物篇》在纽约时报大型电子屏播出后，研究人员调查发现，效果并不理想，对中国持好感的美国人从29%上升至36%，上升7个百分点；而对中国持负面看法者，则上升了10个百分点，达到51%。"很多人说，看了这个广告很紧张，第一个想法是：中国人来了，而且来了这么多。"孔璞：《商务部在欧美投放"中国制造"广告》，载《新京报》2011年11月16日。

当下论"①。"一切历史都是当代史","当下"是过去和将来的汇聚点,"当下论扎根于此时此地,同此时此地有着紧密的联系。它主动寻找,可以突出和利用这种联系,以之为第一原则。"② 特定国家形象表征链的符码不全是"当下性"符码,因为,"当下性"符码由于其"新鲜"性可能导致理解和传播的困难;但也不全是"历史性"符码,因为,国家形象的表征链不是固定不变的,而是变化更迭的。所以,国家形象表征链是"历史性"符码和"当下性"符码的聚合。

一方面,"当下性"符码是国家形象表征链的重要组构。"当下性"符码常常被注入特定国家形象的表征链中,由于其"新鲜性""时代性",它们更容易引起人们的关注和共鸣,刺激人们的联想和认同;"历史性"符码可能在时代的变迁中丧失原有的"象征活力"和"联想刺激力",或者在反复的使用中让人们产生审美疲劳抑或麻木感,从而被排挤到表征链的边缘位置,甚至被覆盖、替代。但是,新符码也可能在反复的使用中消耗掉其"当下价值",从而丧失它在表征链中的优势地位。自徐海峰取得第一枚奥运金牌,体育明星就成为中国体育强国形象"表征链"中不断延展的符码。2013 年,获得世界网球冠军的李娜也进入这一表征链条,成为中国体育强国形象的重要符码。从 2013 年 1 月至 2014 年 7 月,李娜的照片四次出现在《人民日报》一版。很显然,李娜的媒介形象取代了其他体育明星占据了表征链的重要位置。

另一方面,"历史性"符码也常常在新的时代语境中被赋予"当下"含义。具体的情况有二:一是对"历史性"符码进行"当下性"改写。对国家形象表征符码的改写是一次新的创造,它不是彻底再造一个新形象,而是通过局部的修改发挥符码新的意识形态功能③。2010 年上海世博会的中国展馆设置了动态版的《清明上河图》,1068 名普通市民构成了一幅场面巨大、鲜活的市井生活画面,有吃喝的商贩、唱号子的船户,还有酒楼上的舣筹交错……这是对《清明上河图》进行的一次"当下性"改写,它再现了中国昔日的繁荣以及人们的和谐生活,更寓意了中国当下的繁荣与昌盛。龙亦是中

---

① 【英】彼得·巴里:《理论入门:文学文化理论导论》,杨建国译,南京大学出版社 2014 年版,第 288 页。
② 同上书,第 291 页。
③ 杜赞奇对中国关帝形象的历史性变迁的分析,阐述了"复刻"这一形象所发挥的文化政治效果。参见【美】杜赞奇《历史意识与国族认同:杜赞奇读本》,陈仲丹译,世纪出版集团、上海人民出版社 2013 年版,第 12-13 页。

国形象的典型表征符码，《时代周刊》等西方媒体曾经多次调用和修改龙的形象，表达他们对中国的新认识和新态度，比如凶悍的龙、红色的龙。二是"历史性"符码在当下社会语境中的调用。"历史性"表征符码为人们理解、建构国家形象提供了文化视野，对"当下性"符码的阐释不能脱离"历史性"符码，正如伽达默尔的阐释学所告诉我们的，先前的观念是理解后来观念的基础。比如，在塑造近代灾难深重的中国形象中，甲午海战的影像一再被调用，历史的再现不是为了再诉说，而是为理解当下奠定基础。在众多文化记忆中，"历史性"表征符码作为"延续的场景"不断发挥这一基础性作用。

三、国家形象的表征与意识形态的勾连

国家形象的建构也是一个意识形态中介表征符码生产意义的过程，费斯克把表征视为"将一种抽象的意识形态概念纳入具体形式（也就是说，不同的能指）的过程"①。按照雷蒙·威廉斯的分析，意识形态有三种主要用法：一是某一特定阶级或群体的信仰体系；二是虚假的信仰体系——错误的思想或者错误的意识——与真正的或者科学的知识相冲突；三是意义和思想产生的一般过程。② 在费斯克看来，这三种用法并不必然矛盾，而是有如中国的锦盒套，用法一套在用法二之中，用法二套在用法三之中。③ 也就是说，宽泛来讲，意识形态可以被描述为意义的社会生产。而意义的社会生产也是国家形象建构的核心要义，因为国家形象首先是作为一种政治范例起作用的，它既是社会个体与群体关于国家观念、价值的表达与认知，亦是他们对于社会现实的理解与评判，关系着社会共同体的建构与维系。那么，国家形象的建构是一个怎样的意识形态运作过程呢？

一方面，国家形象表征符码赋予特定意识形态具体的形式，由此来支持它所蕴含的迷思及价值观并使其公共化。比如影像文本中广袤的土地、壮丽的山河、现代化的生产流水线、摩登的城市、新农村等表征符码将作为"大国"的中国形象展示得淋漓尽致，其背后隐含的是主流政治视域中关于"发

---

① 【美】约翰·费斯克等编撰：《关键概念：传播与文化研究辞典》（第二版），李彬译注，新华出版社2004年版，第241页。
② 【美】约翰·费斯克：《过程与符号：传播研究导论》（第二版），许静译，北京大学出版社2008年版，第138页。
③ 同上书，第138-139页。

展了的中国"的自豪感和使命感。国家形象表征符码的意识形态内涵有三种呈现方式。一是直接表达，这是主流政治媒体惯用的方式，即一种"宣传型"国家形象表征符码，比如有关"中国梦"和"社会主义核心价值观"的公益宣传。二是意识形态"化妆"为一种文化价值，巧妙植入国家形象的表征，意识形态观念无声地"编码"于媒介文本，可以视之为"普遍型"国家形象表征符码。这是典型的"隐性国家形象"策略，为增强国家形象的说服力、吸引力，媒体通常采取这一方式塑造国家形象。三是意识形态以一种更为隐晦的方式"镶嵌"或粘附于国家形象表征符码中，相当于一种"艺术型"国家形象表征符码。詹姆斯·罗尔视之为"潜意识的劝导"，是一种"低于意识层面的暗示"①，"我们在全然不知，或未能以一种理性的方式保护自己的情况下，就被这些信息所影响"②。一些精英文化抑或边缘文化常常通过这种"潜意识"的方式塑造国家形象。弗雷德里克·詹姆逊透过电影《大鲨鱼》讨论了"美国形象"的问题，他指出，影片所投射的人物关系"可以从社会和政治上具体加以说明，把它作为法律和秩序与新的跨国公司的技术统治联盟的寓言：这种联盟一定要强化，不仅通过它幻想的对误以为是鲨鱼威胁的胜利，而且首先通过一种不可或缺的前提，即取消那种更传统的旧美国形象，在新的权力体制运行之前彻底把它清除出历史意识和社会记忆。"③

另一方面，国家形象表征符码在相互的勾连和印证中发挥文化认同功能。也就是说，它们使文化成员通过接受共同的迷思和价值观来确认其身份和位置，更确切地说，基于文化成员对特定国家形象表征符码及其隐含意和迷思的使用、接受和回应，意识形态将他们建构为特定视域中的特定成员。阿尔都塞把意识形态视为一种物质性的实践，其重要作用在于建立"共识"，"所有意识形态的结构——以一个独一的绝对主体的名义把个人传唤为主体——都是反射的，即镜像的结构；而且还是一种双重反射的结构：这种镜像复制是构成意识形态的基本要素，并且保障着意识形态发挥功能。这意味着所有意识形态都有一个中心，意味着绝对主体占据着这个独一无二的中心位

---

① 【美】詹姆斯·罗尔：《媒介、传播、文化——一个全球性的途径》，董洪川译，商务印书馆2005年版，第42页。
② 同上书。
③ 【美】弗雷德里克·詹姆逊：《可见的签名》，王逢振、余莉、陈静译，南京大学出版社2012年版，第35页。

置，并围绕这个中心，用双重镜像关系把无数个体传唤为主体。"① 国家形象的表征实际上是围绕"意识形态中心"形成的符码体系及其意指过程，无论是国家形象的塑造者还是接受者，在对这些符码的运用过程中，不断被意识形态所塑造，无形中生产着"社会认同"。正如费斯克所言："通过运用符号，我们保持了意识形态并赋予其生命，但同时我们也被意识形态、被我们对意识形态符号的反应所塑造。符号在使迷思和价值公共化的同时，也使它们能发挥文化认同的功能。"②

---

① 【法】阿尔都塞：《哲学与政治——阿尔都塞读本》（下），陈越译，吉林人民出版社2011年版，第311页。
② 【美】约翰·费斯克：《过程与符号：传播研究导论》（第二版），许静译，北京大学出版社2008年版，第143页。

新闻传播学研究方法

"民族志"与"网络民族志":变与不变

郭建斌 张 薇

引言:形形色色的"民族志"

即便是从科学的民族志的诞生开始算起,在近一百年时间里,民族志已经走出了人类学学科①范围,被很多人文社会学科采纳,如语言学、教育学、艺术学、经济学、法学、政治学、历史学、新闻传播学等等。在此借用的过程中,由于学科的不同,大多以"××民族志"来命名。早期的民族志,并无学科的界限,如有的学者所说的:"先有民族志很久了才有人类学"(高丙中,2006)。此后,民族志几乎成了人类学的学科标志。与此同时,民族志在人类学中得到了有效的发展,人类学对于民族志,做出了较为彻底的反思。在这个过程中,又产生了不同类型的民族志。早期的民族志是用文字来记录和表达的,随着影像记录技术的出现,民族志的记录和呈现也出现了新的方式。在互联网出现之前,民族志研究者关注的是现实的社区;20世纪90年代,随着互联网的日益普及,出现了大量新的社区形态——线上社区,民族志的思路又被运用到网络社区中,由此出现了一种新的民族志形态——"网络民族志"(netnography)。民族志之所以能遍地开花,一方面表明,民族志对于很多人文社会学科而言具有普适性意义,也就是说民族志除了具备方法意义之外,还具有方法论的意义;另一方面也说明,虽然民族志在人类学中得到了最为有效的发展,但是,正如大卫·费特曼所说的——"文化是应用最广的民族志概念"(大卫·费特曼,2007:14),这也就是说,任何涉及文化的研究,均有可能涉及民族志的方法和理念。因此,民族志也

---

① 在中国大陆,人类学并未取得独立的学科地位,近年来,不少国内人类学研究者正在为之鼓与呼,具体可参见周大鸣、高丙中、范可等《将人类学作为一级学科进行建设——2016年中国人类学学科建设座谈会纪实》,《广西民族大学学报》(哲学社会科学版)2016年第4期,等。

并非人类学的专利。

在一百多年前,民族志或许只是一株山间的野花,但是这株花被移植到花园里种植之后,经过百年的发展,已经变成了一个姹紫嫣红、风情万种的大花园。即便在方法层面,虽然在所有的民族志研究中均有一些共享的操作理念,但是在具体操作中,又有很多的不同。并且,由于学科间的差异,不同学科的研究问题指向,又不尽相同。因此,本文无法对所有的民族志形态进行一一详述。此外,对于民族志的反思,人类学学者已经做了很多努力,今天人类学界对于民族志的理解,已经不仅仅是马林诺夫斯基那个时代所讲的民族志。虽然人类学界对于民族志自身的反思未必能很好地被其他借鉴民族志方法的学科有效地吸收,其他学科在使用民族志时或许也做出过一些有益的思考,但是,本文也无力去在这方面有新的建树。本文主要的聚焦点是一种新的民族志形态——网络民族志。在我们看来,要讲清楚这个问题,无法不顾及既往的民族志,因此,在本文中,我们希望把网络民族志放到一个较为完整的民族志知识谱系中来考察。换句话说,如果不理解民族志,很难说清楚网络民族志。

因此,本文想讨论的问题,可以简要归纳如下:民族志到底是什么?各种各样的民族志之间到底又是怎样的一种关系结构?初学者对民族志可能存在怎样的误解?作为一种新的民族志形态,网络民族志又是什么?网络民族志和民族志是否就是完全不同的?人们对网络民族志又可能存在怎样的误解?在此基础上,我们想进一步追问的是:较之民族志,网络民族志到底在哪些方面发生了变化?哪些并没有变化?继而,在超越方法的层面上,网络民族志可以做什么、能够做什么?

一、关于"民族志"

在最宽泛意义上,对于民族志的理解,不外乎是这样三个层面:一种方法(或研究策略),一种文本类型,一种研究取向。[①] 通常,人们对于民族志的理解,主要是指第一个层面,即作为方法(或策略)的民族志。使用民

[①] 关于研究取向的说法,源自2007年潘忠党教授的一次讲课记录:"民族志作为一种研究取向,它究竟有什么特点?它是一种研究方法,但又不仅仅是一种研究方法,因为,作为一种研究方法,它跟一定的理论取向不可分割……民族志的研究方法跟理论是无法分开的,所以在讲民族志方法时,我倾向于把它作为一种研究取向来讲,同时也讲理论。"(详见郭建斌主编《文化适应与传播》,云南大学出版社2007年版,第1页)

族志方法所生产出的文本，也称为民族志，这是第二层含义。至于第三层含义所说的研究取向，借用美国人类学学者格尔兹（Clifford Geertz）的话来说，即是一种"深描"（或是一种意义的阐释）。所谓"深描"，同样借用格尔兹的解释，"是揭示使我们的研究对象的活动和有关社会话语'言说'具有意义的那些概念结构；建构一个分析系统，借助这样一种分析系统，那些结构的一般性特征以及属于那些结构的本质特点，将凸显出来，与其他人类行为的决定因素形成对照"。(格尔兹，1999：31）与此同时，格尔兹把他所说的作为"深描"的民族志的特色概括为三个方面："它是阐释性的；它所阐释的对象是社会话语流；这种阐释在于努力从一去不复返的场合抢救这种话语的'言说'，把它固定在阅读形式中。"(格尔兹，1999：23）

在为《写文化——民族志的诗学与政治学》一书所写的译序中，高丙中把民族志的发展划分为三个时代："第一个时代的民族志是自发性、随意性和业余性的。"20世纪20年代，随着马林诺夫斯基一系列"民族志"作品的问世，"科学的民族志"得以确立，"科学的民族志必须做到搜集资料的主体与理论研究的主体的合一。这二者在发生学的分离或者分工，经过许多年的努力，终于由马林诺夫斯基在自己的身上首次完美地达到合一"。"民族志发展的第三个时代是从反思以'科学'自我期许的人类学家的知识生产过程开始萌发的"，其中一个标志性的作品是1977年出版的拉比诺的《摩洛哥田野作业的反思》。此后"相继出版的杜蒙的《头人与我》（Dumont 1978)、克拉潘扎诺的《图哈密》（Crapanzano 1980)、德怀尔的《摩洛哥对话》（Dwyer 1982)都在尝试怎样在民族志中把调查对象写成主体、行动者。"到1980年代中期，随着《写文化》（1986）一书的问世，"民族志的主-客体单向关系的科学定位受到强烈的质疑，反思的、多声音的、多地点的、主-客体多向关系的民族志具有了实验的正当性"。（高丙中，2006)

以上是从认知层面及其发展脉络对民族志做出了一个最为简要的说明。这只是民族志构成的诸多面向中的两个维度，除此之外，如前所述，民族志在不同学科中的运用，也产生了各种各样的民族志。为了更好地理解民族志的知识谱系，我们尝试用下面这样一个图（图1）来进行具体说明。

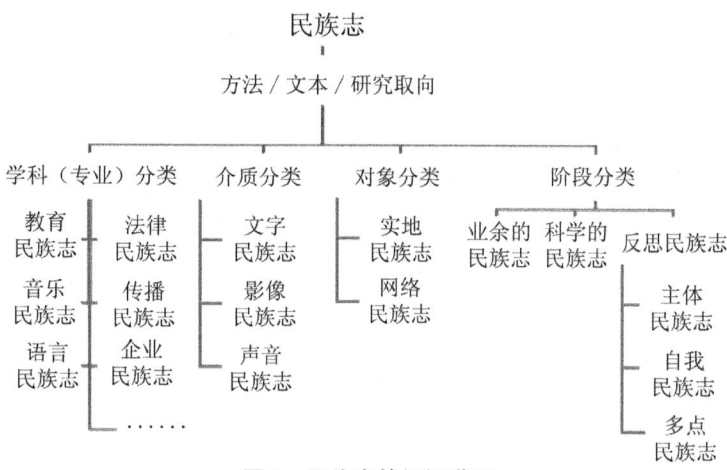

```
                            民族志
                            │
                        方法/文本/研究取向
        ┌───────────┬───────────┬───────────┬───────────┐
    学科(专业)分类   介质分类      对象分类      阶段分类
    ┌────┬────┐   ┌────┐      ┌────┐    ┌────┬────┐
    教育  法律   文字      实地    业余的  科学的  反思民族志
    民族志 民族志  民族志     民族志   民族志  民族志
    音乐  传播   影像      网络              主体
    民族志 民族志  民族志     民族志             民族志
    语言  企业   声音                       自我
    民族志 民族志  民族志                      民族志
         ……                              多点
                                         民族志
```

图 1　民族志的知识谱系

在以上民族志的知识谱系中，我们无法把所有民族志的具体类型完整地列举出来，但是通过这样一个图示，我们觉得亦可为纷繁复杂的民族志理出一个头绪。为了弥补图示可能带来的不足，做两点说明：

第一，当下对于民族志的理解，从发展阶段来看，肯定已经超越了"业余民族志"阶段，但也未必，比如说有些民族志的新闻作品，或许还停留在这个阶段。在"反思民族志"日益被人们接纳的同时，"科学的民族志"并未完全"退场"。

第二，学科（专业）、介质、对象三大类民族志，相互之间不是割裂的，而是有很多交叉的。比如说介质分类和学科（专业）分类之间，无论是哪个学科（专业）的民族志，既可以用文字的方式，也可以用影像的方式，甚至有些还可能是用声音的方式，比如说在"音乐民族志"中；在对象和学科（专业）之间，无论是哪个学科（专业）的民族志，既可能是针对"现实社区"，也可能是针对"网络社区"。

在长期的民族志研究实践中，我们感觉到不少初学者对于民族志的理解还存在一些问题，针对经常碰到的问题，也做两点说明：

第一，"民族志"不仅是研究民族。民族志是从英文 ethnography 翻译而来，如果把"ethno"仅仅理解为"民族"，虽然不能说是完全是错误的，但也是极为片面的。正如王铭铭在讨论民族志时指出的：

就多数经典民族志呈现的面貌看，尽管有将民族志视作"民族研究"的基本方法者，但民族志研究单元一般超脱于"民族"，其描绘的物质、社会和精神世界，是"ethnos（民族）"的真正含义，指与近代西方"个人"不同的其他"人的观念"（王铭铭，2015）。

张小军也认为，"ethno-"在中文中译为"民族"实际上是不恰当的，比较贴切的译法应该是"文化群"，因此他建议英文 ethnography 的直接翻译应该是"不同文化群的志"（张小军，2007）。

基于以上的理解，我们就不能把"民族志"的研究对象仅仅限于民族或是少数民族，而是"不同的文化群"，甚至是"人"（包含了他者和自我）。

第二，田野调查不等于民族志。在方法层面上来说，我们时常把田野调查和民族志简单地划上等号，民族志研究肯定要做田野调查，但是并非做田野调查就是民族志。简单地说，民族志是一种更加严格的田野调查。这里所说的严格，一方面是田野工作的时间，另一方面是指理解与表达。先说时间，在既往人类学基于传统农业社会的民族志研究，对田野调查时间的要求通常是一年，这样便于了解传统农业社会一个完整的轮回。虽然现在的民族志研究已经不仅限于传统农业社会，但是对于田野调查的时间，同样有较为严格的要求。如大卫·费特曼所说的："理想状态的参与观察，是民族志学者在社区工作和生活 6 个月至 1 年或更长的时间"，并且，要"学习当地语言，反复地观察行为习惯。"（大卫·费特曼，2007：28）因此，为期一两周的田野调查，不能称为民族志研究。再来说另一个方面——理解与表达（这实在是一种迫不得已的说法）。就理解而言，马林诺夫斯基的"文化持有者的内部眼界"（the native's point of view）的观点同样具有重要的启发意义，也就是说，要充分理解当地人的思路，学会用他们的眼光来看世界。就表达而言，民族志文本不仅仅是故事，它需要有理论，通俗地说，民族志文本所讲述的故事是一种"理论故事"。

二、关于"网络民族志"

在图 1 中，根据研究对象的不同，我们区分出实地民族志和网络民族志，前者指的是互联网出现之前的民族志，那时的民族志研究通常是面对面的，所有的研究对象均是实体性的存在（包括社区或人群等）。随着互联网的出现，这一情况发生了改变，大量"网络社区"（或是"线上社区"）的涌现，为民族志研究带来的新的对象，因此，"网络民族志"应运而生。或许正因为这是一种新的现象，在具体名称上，也有各种各样的说法，如"虚拟民族志"（virtual ethnography）、"赛博民族志"（cyber ethnography）、"在线民族志"（online ethnography）、"数字民族志"（digital ethnography）等等（卜玉梅，2012；任珏，2014；张娜，2015），不一而足。

这样一种对于"线上社区"的民族志研究，从方法层面上来看，自然与"实地民族志"有差别。如同我们在本文前面所说到的民族志的三层含义，其中有一个就是方法层面的。对于方法意义上的网络民族志，罗伯特·V.库兹奈特（Robert V. Kuzinets）在《如何研究网络人群和社区：网络民族志方法实践指导》（Ethnography：Doing Ethnographic Research Online）（后文中简称《网络民族志方法》）一书中进行了较为详尽的讨论。他从方法层面给网络民族志做了这样的界定："一种专门的民族志方法，应用于当前以计算机为中介（computer-mediated）的社会世界中可能发生的一切事情。"（库兹奈特，2016：2）

应该说，库兹奈特这样一个从方法层面对网络民族志所造的界定并不具体，但是他随后对此做出了更为具体的说明——"网络民族志是基于线上田野工作的参与观察"（库兹奈特，2016：71）。并且，他给网络民族志研究的流程画了这样一个图示（库兹奈特，2016：73）：

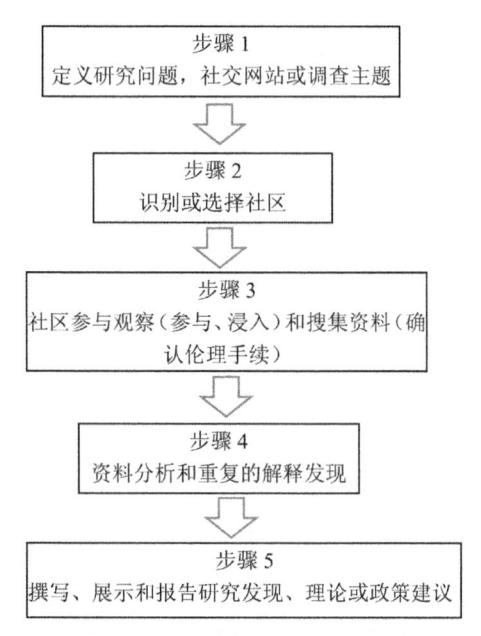

```
步骤1
定义研究问题，社交网站或调查主题
    ↓
步骤2
识别或选择社区
    ↓
步骤3
社区参与观察（参与、浸入）和搜集资料（确认伦理手续）
    ↓
步骤4
资料分析和重复的解释发现
    ↓
步骤5
撰写、展示和报告研究发现、理论或政策建议
```

图2 网络民族志研究项目的简要流程（库兹奈特，2016：73）

在这个关于网络民族志研究的流程图中，我们同样看不出网络民族志这样一种特殊的方法和"实地民族志"到底有着怎样的不同。如果说这个图示和一般意义上的质化研究有何不同，这就是"参与观察"，而这种方法，是在马林诺夫斯基开创"科学的民族志"开始就已经确立的。因此，在我们看来，所谓网络民族志，它与实地民族志最大的差别在于研究对象的特殊性，

这一点，也是库兹奈特在《网络民族志方法》一书中所强调的。在该书的前两章中，他就对"线上文化与社区""理解线上文化"等问题进行了不厌其烦的讨论，而本书中的核心问题——网络民族志方法，他只在该书的第四章做了一个同样是十分简单的说明，其他部分，严格说起来，其实也是"实地民族志"中常用的方法。

以上说明，并非是要否定"网络民族志"的方法意义，和库兹奈特等网络民族志的倡导者、实践者一样，我们也认为认识和理解线上文化和社区是十分重要的，同时，这样一种理解，完全可以借用人类学的"民族志"方法，并且由于网络社区（或文化）与线下社区（或文化）是有区别的，因此在对于网络文化（或社区）的"民族志"研究中在具体的方法实践上会存在一些差别，这才是网络民族志方法最为重要的问题。与此同时，"线上社区（或文化）"仅仅是人类文化（社会）的一个组成部分，因此，"网络民族志"并不能完全替代"实地民族志"。

在这里，我们同样想对两个在讨论"网络民族志"时可能产生误解的问题进行说明：

1. 通过网络进行研究不等于网络民族志。在写作这篇论文的这一点时，本文的一个作者通过微信了解到他曾经田野工作中的报告人已经离开家乡在去外地打工的路上。凭借发达的现代通讯手段，我们时常会向我们在"现实民族志"研究中的一些报告人打听情况。凡此种种，都不能称为是"网络民族志"。在这种情况下，网络只是我们获取信息的工具，在民族志发展史上，最早自然是用笔记录的，后来有了录音、录像设备，又有了电话、手机、互联网等通讯方式，工具的差别自然会导致民族志呈现方式的差别，但是在目前的民族志分类中，尚无从工具的角度进行分类的。

2. 网络民族志就是对"线上世界"的研究。在关于网络民族志的相关讨论中，有学者认为"除了在网络虚拟田野中进行参与观察和利用网络媒介进行访谈之外，理论上还应开展网下的观察和访谈"（卜玉梅，2012），但是在我们看来，这或许是对网络民族志的误解。因为网络民族志本来面对的就是"线上世界"（或网络社区），就网络民族志而言，它的对象只应限于"线上世界"。如果把对"实现世界"的"参与观察"也纳入，那可以说是同时使用了"网络民族志"和"现实民族志"两种方法，而不是说网络民族志的研究一定要从"线上"延伸到"线下"。比如说，在"线上世界"中一个时常愤愤不平的人，在"线下世界"中，至少从给你的感受来看，他很可能是温文尔雅的。由于"线上世界"的特殊性，有些人或许会在"线上世界"里呈现出另一个"自我"，这个"自我"，有时与"线下世界"中"自我"有很大差别。在我们看来，这正是"线上世界"的特殊性所在，它可以丰富我们对某个观察对象的认识。虽然我们也认同对于自我的完整考察应该把以上两种"自我"统一起来，但是，从方法的角度来说，正确的理解是涉及了网络民族志和现实民族志两种方法，网络民族志观察"线上世界"的自我，现实民族志观察"线下世界"的自我。两种方法完全可以整合，而不是说从一个"世界"延伸到另一个"世界"。在具体做法上可以延伸，但是在方法层面，则无法延伸。或者说，做法的延伸意味着方法上的变化。也正因如此，我们谨慎地建议"网络民族志"研究的结论，其解释力仅限于"线上世界"中。

三、变与不变

关于民族志和网络民族志的差别，库兹奈特在《网络民族志方法》一书中也做了一个简要的总结，主要有三个方面：（1）进入方式不同，"参与""观察"的意味也不同；（2）收集和分析资料的方式不同，"记录田野笔记"的意义也有巨大差异；（3）"面对面田野工作的伦理步骤很少（如果有的话）可以被简单地转译到线上媒体中来"。（库兹奈特，2016：6）

对此，如同我们前面图示中所讲到的，由于"现实民族志"和"网络民族志"所面对的对象有极大的差别，在具体的操作层面上，我们认可库兹奈特所说的那些不同。做"现实民族志"的研究，研究者有时需要到很远的地方，即便是研究你身边的社区或群体，这些社区或群体与研究者在空间上的差别是显然存在的，但是由于网络本身跨越时空的特点，从事网络民族志研究，研究者和研究对象同处于一个时空中，甚至跨越空间也可以进行对话，比如说东半球的人和西半球的人可以在一个网络社区中进行对话，这对于"现实民族志"而言，是无法克服的障碍，一定得是面对面的。"网络民族志"中所说的"在线观察"，看到的主要是符号（包括文字、表情等），而并非具体的人的形象，即便双方能够听懂各自的语言，至少也没有口音或方言的差异。进行"实地民族志"研究，在访谈时需要记录或是录音，在"网络民族志"的研究中，这样一些话语流，在交流过程中自动地被记录下来。关于田野笔记的书写，由于在观察过程中就把相关的资料保存下来，因此在写田野笔记时，无需再去重复那些刚刚看到的东西，而主要是一些反思性的文字。讲述这两者差别的清单还可以无限地罗列下去。由于对象不同，工作方式不同，在具体的操作层面上的差别肯定是存在的。但是，过度地强调这样一些操作层面的差别，其意义又在哪里？

在我们看来，对于"网络民族志"研究，即便在一般性的方法层面而言，与"现实民族志"并无根本区别。也正因如此，我们甚至认为，"现实民族志"中的某些基本要求，有必要在"网络民族志"中再次强调。

有学者对一般意义上的民族志的资料收集方法进行了归纳，有如下几点：

1. 长时间的田野调查；
2. 参与观察；
3. 访谈；
4. 收集人工制品。（钟碧兰等，2012）

在这四条中，除了最后一条是"网络民族志"中难以实现的，其余三条，在"网络民族志"中同样需要强调。我们在前面讲过民族志和田野调查的区别，民族志田野工作的时间至少需要6个月，对于"网络民族志"，对于某个线上社区的观察，在时间上似乎也不能打折扣。如果田野时间太短，如同前面所说的，你可以说是一种网络田野调查，而不能称为"网络民族志"。关于参与观察，作为一般意义上民族志的核心，在"网络民族志"中同样需要强调。周永明教授在世纪之交对中国互联网进行研究时，就在线参与观察，他这样写道：

首先，在互联网上，活动的发生和信息的流动持续不断，没有任何人类学家能对网络空间进行24小时马不停蹄的参与观察。我的办法是对几个相关的网络论坛做间隔观察，并且特别关注意义重大的历史事件（如2000年3月的台湾地区选举，2001年4月中美军机相撞，以及2001年的"9·11"事件）。只要身体和时间安排许可，就大强度连续数个小时跟踪国人在网上的反应。其次，由于无时无刻都有不计其数的论坛在网络空间里共存，为了能覆盖中国网络的诸多面相，我必须持续不断地在不同网络论坛中进进出出，使得面对的素材愈加多样和海量。（周永明，2013：21）

在做"网络民族志"时，访谈也是一种十分重要的手段。对此，库兹奈特在他的书里也讲到了——"进行纯粹的、观察的网络民族志是可能的，但是我们建议，把参与观察与（线上或线下）访谈结合在一起。"（库兹奈特，2016：54）并且，库兹奈特叶认可布鲁克曼的观点——"线上访谈价值有限"（转引自库兹奈特，2016：54）。就我们的理解，这样的线下访谈，虽然是在"线下世界"中进行的，也会涉及研究对象在"线下世界"的一些情况，但是这种线下访谈的目的在于更好地理解"线上世界"，这和我们在前面所说的网络民族志就是对"线上世界"的研究并不矛盾。

四、在超越方法的层面上

民族志这样一种在人类学中得到了最好发展的方法继而被很多学科借用，其意义不仅限于方法层面。正如马尔库塞和费彻尔所说的，以民族志为基础的文化人类学具有"文化批评"的意义，由基于民族志的文化人类学所引出的某些反思，对于整个人文学科来说，或许均有意义。① 因此，在这里，我们想在超越方法的层面上来对民族志与网络民族志做一点简要讨论。

在前文中我们已经说过，所谓"现实民族志"和"网络民族志"的最大区别，在于面对的对象变了。"现实民族志"的对象是现实的、具体的社区，而"网络民族志"的对象是网络（或线上）社区。

这里所说的"线上社区"，与霍华德·莱茵戈尔德（Howard Reingold）所说的"虚拟社区"的意义是基本相同的，霍华德·莱茵戈尔德曾对虚拟社区做出如下界定："从网络兴起的社会集合体，足够多的人进行……足够长时间的公共讨论，伴有充分的人类情感，在赛博空间（cyberspace）形成个人关系网络。"（转引自库兹奈特，2016：10）

霍华德对"虚拟社区"的讨论，同样可以借用于对"线上社区"的理解。在我们看来，一个"线上社区"应该具备以下条件：

1. 社会集合体。所谓"线上社区"，是由于网络的兴起而产生的社会集合体。因而，"它（网络民族志）的分析层次是'中观'层次，不是个体微观层次，也不是整个社会系统的宏观层次，而是介于两者之间的小群体。"（转引自库兹奈特，2016：10）

2. 足够多的人。库兹奈特假定最少要有 20 人，人类学家罗宾·邓巴（Robin Dunbar）的建议是 150—200 人（转引自库兹奈特，2016：11）。

---

① 详见乔治·E. 马库斯、米开尔·M. J. 费彻尔《作为文化批评的人类学：一个人文学科的实验时代》，王铭铭、蓝达居译，三联书店 1998 年版。

3. 足够长时间。霍华德在这里并未对时间做出具体的规定，但是其所表达的意思是"虚拟社区"里要有足够多的人在一个较长的时间段内进行公共讨论。

4. 公共讨论。在我们看来，这一点对于理解"网络社区"至关重要。并且这样一种公共讨论还要满足上述两个方面——足够多的人、足够长的时间。因此，从这个意义上来说，比如说微信上的一个家族群，严格说起来不能算是"线上社区"。一个微信公众号，也不能算是"网络社区"。

5. 个人关系网络。从理论上来讲，所有同处一个"线上社区"的每个人之间均是有联系的，但是从实际情况来看，尤其是在一些人数较多的"线上社区"里，各个人之间的关系又是有差别的。总的来说，在"线上社区"中的个人关系，借用格兰诺维特（Mark Granovetter）的说法，主要是一种"弱连接"（Weak Ties）（Mark Granovetter，1983），即便在"线上社区"中人和人之间"伴有充分的人类情感"。虽然"弱连接"不如"强连接"那么的坚固，却有着极快的、可能具有低成本和高效能的传播效率。

在茫茫的网际空间中，具备"线上社区"意义的，其实只是少数。从具体的形态上来看，"线上社区"和"线下社区"存在较大差别，或者说"线上社区"是一种新的社区形态。因此，"网络民族志"的研究，除了要满足"线上社区"的一些基本条件之外，更要从这样一种新的社区形态中发现新的研究问题，进而进行新的理论探讨。

在前面我们已经讲到过，当下的民族志研究，已经进入了一个"反思"阶段，因此，对于"网络民族志"的研究，也需要与时俱进。比如说由于网络的"虚拟性"，使得网络研究的真实性常常受到质疑。正如任珏在一篇关于"网络民族志"的文章中写道的：

> 由于学者们网络研究的早期阶段对于"虚拟社区"的想象①，更使得网络民族志的真实性频频受到质疑。网络民族志所搜集的资料，包括被研究者的身份资料都会因为互联网的"虚拟社区"特征被打上问号。（任珏，2014）

在我们看来，这样一种质疑并没有太大意义。类似的问题，在民族志中曾经也讨论过，但是，这样的问题至少在"反思民族志"中似乎已经不是问题。如果在"网络民族志"的讨论中还纠缠于这样的问题，是不是有些过于

---

① 此处作者原来有注释。引者注。

落伍了？

那么，在超越方法的层面上，"网络民族志"又该去探讨一些什么样的有价值的问题呢？这个问题的涉及面太广，绝非三言两语能够讲清楚。让我们还是回到库兹奈特的相关讨论来做具体说明。库兹奈特在《网络民族志方法》一书的最后一章也讲到了"思考网络民族志的理论新发展"这样一个话题。库兹奈特的学科背景是市场研究，因此他的讨论，主要是围绕他的专业领域来进行的。在讨论网络民族志的理论新发展时，他讲到了"公共的—商业的关系"，这个问题当然不是他的首创，但是他认为：这种"公共的—商业的关系"领域及其张力、对话、吊诡、妥协，以及构成它们的持续不断的发展，似乎在线上社区范围内愈演愈烈（库兹奈特，2016：211）。继而，库兹奈特进行了这样的追问：社区利益止于何处，公司利益又始于何处？这样的追问，在我们看来是十分深刻的，同时，这样的问题也是"网络民族志"可能在理论上做出新的回答的问题。就网络的实质来说，整个互联网世界几乎均是由不同的商业公司控制的，这一点和"线下社区"有较大差别。很多互联网商业公司也一再宣称要维护社会公共利益，但是这样一种宣称，通常是以商业利益为前提的。在中国，互联网三巨头 BAT 就是最好的代表。再有，在所谓的"网络社会"中，权力和资本结合之后所产生的"权贵"，同样会对社会公共利益带来极大的威胁。

上述几个方面，均是超越具体的方法层面来做的讨论。伴随着互联网的普及，"网络民族志"研究有着无限的发展空间。但是，"网络民族志"并非是对既往民族志的彻底颠覆，它仅仅是面对新的对象产生的一种"新方法"，或者说是学者们对方法的一种再命名。任何方法均是为了解决问题，方法本身不会产生新问题，因此对于新方法的思考，也不能仅仅停留在具体的方法层面，必须超越这个层面，针对新对象，提出新问题，进而在理论上做出新的回答。只有这样，新方法才有意义。

五、结语

本文聚焦于民族志和网络民族志，首先对民族志的知识谱系进行了梳理，然后对网络民族志相关问题进行讨论。同时，本文并未停留在具体的操作层面来进行介绍，而是追问民族志与网络民族志之间的异同。由于网络民族志是民族志大家庭中的一个新成员，因此要很好地理解和应用网络民族志，还需对民族志的知识谱系有个清晰的认识。就网络民族志而言，因为对象发生了变化，自然会在具体的操作方式上出现一些变化，但是这些变化，在我们看来，还不是网络民族志最重要的方面。民族志自身的反思，往往是与社会环境变化密切相关的，或者说是与人类社会结构或关系的变化联系密切相关的。互联网的出现，为人文社会科学研究带来了很多的新命题，"网络民族志"的出现，顺应了这种变化。但是这样一种变化，绝不仅限于具体的操作层面，还在于我们在面对新现象时提出新问题，并对这些新问题做出一种新的回答。唯有这样，新方法才有价值。

虽然，人类社会跨入网络社会从某种意义上来说可能会具有托马斯·库恩（2004）所说的"范式转换"的意义，但是从理论研究的角度来看，并未出现库恩所说的"科学革命"的阶段。在本文中我们所做的种种讨论，其实更多地还是延续着库恩所说的"常规科学"阶段的思维定势。由此看来，我们对于民族志（亦包括网络民族志）的反思，还需继续前行。

【参考文献】

[1] 卜玉梅：《虚拟民族志：田野、方法与伦理》，《社会学研究》2012 年第 6 期。

[2]【美】大卫·费特曼：《民族志：步步深入》，龚建华译，重庆大学出版社 2007 年版。

[3] 高丙中：《〈写文化〉与民族志发展的三个时代》，见詹姆斯·克利福德、乔治·E. 马库斯编《写文化：民族志的诗学与政治学》，高丙中、吴晓黎、李霞等译，商务印书馆 2006 年版，译序。

[4]【美】克利福德·格尔兹：《文化的解释》，纳日碧力戈等译，上海人民出版社 1999 年版。

[5]【美】罗伯特·V. 库兹奈特：《如何研究网络人群和社区：网络民族志方法实践指导》，叶韦明译，重庆大学出版社 2016 年版。

[6]【美】乔治·E. 马库斯、米开尔·M. J. 费彻尔：《作为文化批评的人类学：一个人文学科的实验时代》，王铭铭、蓝达居译，三联书店 1998 年版。

[7] 任珏：《身体的在场：网络民族志的性别反身性》，《新闻大学》2014 年第 2 期。

[8]【美】托马斯·库恩：《科学革命的结构》，金吾伦、胡新和译，北京大学出版社 2004 年版。

[9] 王铭铭：《民族志：一种广义人文关系学的界定》，《学术月刊》2105 年第 3 期。

[10] 张娜：《虚拟民族志方法在中国的实践与反思》，《中山大学学报》（社会科学版）2015 年第 4 期。

［11］张小军：《三足鼎立：民族志的田野、理论和方法》，《民间文化论坛》2007 年第 2 期。

［12］钟碧兰、吴怡萱、林雯淑：《教育研究法专题研究—民族志研究》，来源：http：//linkwf. blog. hexun. com/77725115_d. html. 上网日期，2012 年 7 月。

［13］周永明：《中国网络政治的历史考察：电报与清末时政》，尹松波、石琳译，商务印书馆 2013 年版。

［14］Mark Granovetter. The Strength of Weak Ties：A Network Theory (Revisited). Sociological Theory，Vol. 1 (1983)，pp. 201-233.

媒介·空间·事件：观看的"语法"与视觉修辞方法

刘 涛

任何符号系统都存在一个修辞学的认识维度，视觉图像同样可以在修辞学意义上进行研究。[①] 视觉修辞（visual rhetoric）关注图像的意义体系，而这最早要追溯到罗兰·巴特（Roland Barthes）在《图像的修辞》中关于图像的"神话"分析。视觉修辞所关注的意义，其实就是巴特所说的图像二级符号系统的含蓄意指（connotation），即超越了图像一级符号系统的直接意指（denotation）的暗指意义（connotative meaning）。按照国际符号学权威期刊《符号学》（Semiotica）主编马塞尔·德尼西（Marcel Danesi）的观点，"视觉修辞的意义并不是存在于图像符号的表层指涉体系中，而是驻扎在图像符号深层的一个'修辞结构'之中。"[②] 视觉修辞之所以关注"修辞结构"，是因为它预设了一个潜在的假设——"修辞结构"意味着一个符码汇编系统，所谓的含蓄意指恰恰以某种"伪装"的编码形式存在于特定的结构之中，而且"伪装"行为依赖于特定的"语言"法则。其实，视觉符号的"修辞结构"并非一个抽象的事物，而是对应于隐喻、转喻、越位（catachresis）、反讽、寓言、象征等修辞性的意义装置。因此，视觉修辞方法强调对视觉文本的"修辞结构"进行解码处理，使得驻扎其中的那些被编码的暗指意义或无意识的文化符码能够显露出来，即通过对"视觉形式"的识别与分析，挖掘出潜藏于"修辞结构"中的含蓄意指。

作为一种研究方法，视觉修辞分析的前提是确定修辞对象，即确定视觉话语构建与生产的文本形态。目前，视觉修辞研究最具代表性的成果是三本

[①] Foss, S. K. (1986). Ambiguity as persuasion: The Vietnam Veterans Memorial. Communication Quarterly, 34, 326-340.

[②] Danesi, D. (2017). Visual rhetoric and semiotic. Communication. Oxford Research Encyclopedias (online), para. 1.

论文集：查理斯·希尔（Charles A. Hill）和玛格丽特·赫尔默斯（Marguerite Helmers）合编的《定义视觉修辞》，① 卡洛琳·汉达（Carolyn Handa）主编的《数字时代的视觉修辞：一个批判性读本》，② 以及莱斯特·奥尔森（Lester C. Olson）、卡拉·芬尼根（Cara A. Finnegan）和黛安·霍普（Diane S. Hope）合编的《视觉修辞：传播与美国文化读本》。③ 三本论文集关注的视觉修辞对象主要包括三种文本形态：第一是以广告、电影、摄影、漫画、纪录片、新闻图片等为代表的媒介文本；第二是以广场、超市、纪念堂、博物馆、庆祝仪式为代表的空间文本；第三是以公共议题建构与生产实践中的图像事件（image events）为代表的事件文本。

所谓视觉修辞，是指强调以视觉化的媒介文本、空间文本、事件文本为主体修辞对象，通过对视觉文本的策略性使用，以及视觉话语的策略性建构与生产，达到劝服、对话与沟通功能的一种实践与方法。相应地，视觉修辞方法主要体现为面向媒介文本、空间文本、事件文本的修辞分析。如果说媒介问题创设了一个观看结构（structure of seeing），空间文本则提供了一个体验结构（structure of experience），而事件文本则形成了一个参与结构（structure of engagement）。由于视觉文本与受众之间存在不同的作用结构，相应地也就形成了不同的视觉修辞方法，也即视觉修辞方法在传播研究中的不同应用维度。本文主要基于学术史的方法论考察，分别梳理和提炼视觉修辞的操作方法与分析模型，以此接近视觉修辞结构中观看的"语法"问题。

一、视觉语法与媒介文本的视觉修辞方法

苏珊·桑塔格（Susan Sontag）在《论摄影》中将视觉图像的意义问题置于一定的"观看结构"中予以审视。尽管说照片展示的是一个形象的世界，但"照片乃是一则空间与时间的切片"，也就是"将经验本身转变为一种观看方式"。④ 显然，作为一种实践形态，摄影不仅揭示了观看的哲学，

---

① Hill, C. A. &Helmers, M. (2004). Defining visual rhetoric. Mahwah, NJ: Lawrence Erlbaum Associates, Inc.
② Handa, C. (2004). Visual rhetoric in a digital world: A critical sourcebook. New York: Bedford/St. Martin's.
③ Olson, L. C., Finnegan, C. A., & Hope, D. S. (2008). Visual rhetoric: A reader in communication and American culture. Thousand Oaks, CA: Sage.
④ 【美】苏珊·桑塔格：《论摄影》，艾红华、毛建雄译，湖南美术出版社1999年版，第33-35页。

还揭示了观看的语法,而后者恰恰指向视觉构成基础上的图像意义系统。视觉图像究竟有没有类似于语言文本那样的"语法",这一问题虽然备受争议,但并没有影响学界对视觉语法(visual grammar)的探索步伐。1996年,甘瑟·克雷斯(Gunther Kress)和西奥·凡-勒文(Theo van Leeuwen)出版了影响深远的著作《解读图像:视觉设计的语法》,正式将视觉语法问题上升到一个理论维度,同时也在方法论上进行了大胆的探索。[1] 基于克雷斯和凡-勒文以及诸多学者的前期探索,索亚·福兹(Sonja K. Foss)将视觉语法上升为视觉修辞研究的一个非常重要的理论与方法问题。[2]

视觉语法不仅是视觉修辞研究需要回应的图像本体论意义上的形式与构成问题,同时也是探讨视觉结构的一个方法问题。依据迈克尔·哈利德(Michael Halliday)提出的语言的三大元功能——概念功能(ideational function)、人际功能(interpersonal function)和语篇功能(textual function),[3] 克雷斯和凡-勒文将视觉符号的意义系统同样划分为三种对应的类型——认知呈现的表征意义(representation)、人际交流的互动意义(interaction)和视觉布局的构图意义(composition),同时提出了每一种意义系统对应的视觉语法分析方法与过程,而这套分析系统也奠定了多模态修辞分析理论与方法的基础。

克雷斯和凡-勒文提到的三种图像意义分别对应于三种视觉语法系统,可以借助一定的操作方法分别接近图像意义生产的"语法"问题。第一,表征意义主要反映图像文本中的元素结构和叙事关系。表征结构可以通过图像的叙述结构(narrative structures)和概念结构(conceptual structure)来把握。[4] 叙述结构分析包括动作过程(action process)、反应过程(reactional process)、言语与大脑过程(speech process and mental process)、转换过程(conversion process)、几何符号使用过程(geometrical symbolism)和情景(circumstances)的视觉分析类;概念结构包括分类过程(classifi-

---

[1] Kress, G. & van Leeuven T. (1996). Reading images: The grammar of visual design. London: Routledge.
[2] Foss, S. K. (2005). Theory of visual rhetoric. In K. Smith, Sandra Moriarty, Gretchen Barbatsis, and Keith Kenney (Eds.). Handbook of visual communication: Theory, methods, and media. Mahwah, NJ: Erlbaum, pp. 141-152.
[3] Halliday, M. A. K. (1978). Language as social semiotic: The social interpretation of language and meaning. London: Arnold, p. 183.
[4] Kress, G. & van Leeuven T. (2006). Reading images: The grammar of visual design (2nd edition). London: Routledge, p. 59.

catory)、分析过程（analytical）和象征过程（symbolical）三个维度的视觉分析。① 第二，互动意义旨在揭示图像提供者与观看者之间的交流方式与认知态度，可以通过接触（contact）、社会距离（social distance）和态度（attitude）三种视觉语法手段来实现。② 接触强调借助视觉观看而建立一种互动关系，而图像究竟是作为索取（demand）还是提供（offer）而"出场"便意味着不同的观看结构与视觉关系。社会距离反映的是再现主体与观看主体之间的亲密关系，而不同的景别（特写、近景、中景、远景）能够体现出不同的社会距离，相应地也会形成亲密的（intimate/personal）、社会的（social）、疏远的（impersonal）三种不同的社会距离。态度反映的是图像认知中的信息形态和情绪问题，其中图像的行动取向（action orientation）和知识取向（knowledge orientation）反映的是客观态度，而视角（perspective）、水平角度、垂直角度反映的是主观态度。比如前视表示参与（involvement），斜视表示疏远（detachment），仰视反映出再现主体的权力（representation power），而俯视则体现观看者的权力（viewer power），平视则表现出平等与对话（equality）。第三，构图意义可以由信息值（Information value）、显著性（salience）和框架（framing）三个内在关联的图像语法手段来实现。③ 就信息值而言，图像的左-右、上-下和中心-边缘所代表的信息价值是不同的，如左边元素是已知信息，而右边元素则是新信息，因而具有更高的信息值。就显著性而言，类似于罗兰·巴特在《明室》中提到的"刺点"（PUNCTUM），图像中的某些位置的视觉元素具有更大的吸引力，其意义增长也更快，具有打开"画外空间"和"视觉想象"的穿透力。④ 显著度可以通过重复、大小、透视、对比等修辞手段来体现。就框架而言，图像中的不同的线条或框选手法能够揭示元素之间的分离性或融合性。

可见，视觉语法分析旨在探索视觉文本的元素构成与编码原理。在操作方法上，诸多学者对图像符号的构成问题给出了不同的认识方法。福兹认为，视觉形式分析的前提是对视觉元素的分类与编码，借助一定的集合思维来接近图像元素的内部构成法则。福兹给出的分析路径是"颜色集合、空间

---

① Kress, G. & van Leeuwen T. (2006). Reading images: The grammar of visual design (2nd edition). London: Routledge, p. 74.
② 同上书，p. 149.
③ 同上书，p. 177.
④ 【法】罗兰·巴特：《明室》，赵克非译，文化艺术出版社2003年版，第83页。

集合、结构集合和矢量集合等视觉元素的规律探讨"。① 玛蒂娜·乔丽（Martine Joly）认为，视觉形式分析其实就是图像的"自然性"分析，也就是视觉成分分析，具体包括形式、颜色、组成、画面品质（texture）。② 罗兰·巴特的学生雅克·都兰德（Jacques Durand）针对广告图像的构成语法，将视觉元素区分为产品、人物和形式（form），然后从传统的修辞格中寻找图像分析的"视觉等价物"（visual equivalents），以此分析广告图像中三种元素（产品、人物、形式）之间的组合关系及其意义生产机制。③

不同于符号学的分析过程，修辞学方法的最大特点就是对修辞效果的关注。④ 福兹提出了以修辞效果为"问题导向"的视觉修辞方法。具体来说，这一分析模型包括三个操作步骤：第一，将图像置于特定的传播结构中，立足于图像本身的各种物理数据和特征，识别和确认图像的"功能"（function），也就是图像发挥作用的原始意图。尽管说图像的"功能"阐释并不是唯一的，但修辞批评家必须提供足够的证据来说明物理数据与图像功能之间的内在关联。第二，探寻图像文本中支撑这一"功能"的图像学"证据"，也就是从图像的主体、媒介、材料、形式、颜色、组织排列、制作工艺、外部环境等多个维度进行监视，评估不同的"证据"维度对图像"功能"的作用方式和贡献程度。第三，立足于图像的原始意图，判断图像"功能"本身的合法性与合理性，比如图像符号体系是否符合既定的伦理道德，受众是否因为图像接受而获得更大的赋权等。⑤

必须承认，福兹的分析模型虽然对于修辞效果给予了足够关照，但却将视觉符号"悬置"于社会历史与意识形态之外，因而未能建立其从视觉语法到视觉话语之间的修辞关联。而视觉修辞要回应意识形态问题或后现代主义问题，则需要在传统的修辞批评基础上发展视觉修辞批评（visual rhetorical criticism）及其操作方法。乔纳·赖斯（Jonah Rice）提出了面向视觉产品

---

① Foss, S. K. (2004). Framing the study of visual rhetoric: Toward a transformation of rhetorical theory. In Charles A. Hill and Marguerite Helmers (Eds.), Defining Visual Rhetoric (pp. 303-314). Mahwah, NJ.: Lawrence Erlbaum Associates, Inc, p. 308

② 【法】玛蒂娜·乔丽：《图像分析》，怀宇译，天津人民出版社2012年版，第65-66页。

③ Durand, J. (1987). Rhetorical figures in the advertising image. Marketing and semiotics: New directions in the study of signs for sale. In Umiker-Sebeok, J. (Ed.). Marketing and semiotics: New directions in the study of signs for sale (Vol. 77). London: Walter de Gruyter pp. 295-318.

④ Berger, A. A. (1991). Media analysis techniques (rev. ed.). Newbury Park, CA: Sage, p. 27.

⑤ Foss, S. K. (1994). A rhetorical schema for the evaluation of visual imagery. Communication Studies, 45 (3-4), 213-224.

的后现代修辞批评模型——平衡视觉模型（omnaphistic visual schema）。平衡视觉模型包含两个层面的感知——内容（content）和形式（form）。如何对图像的内容和形式进行感知，赖斯并不赞同福兹的演绎推理，而是借鉴了皮尔斯逻辑学中提出的一种推理方式——溯因推理（abduction）。[①] 赖斯认为溯因推理先于任何归纳推理和演绎推理，它开始于先于任何事情的"视觉观察"，并且作为一种认识的起源而存在，能够提供一个"连接大脑与事物的可能先前存在的逻辑"的洞见。[②] 桑德拉·莫里亚蒂（Sandra E. Moriarty）将溯因推理应用于传播学领域，并将其发展为视觉解释的一种新理论。[③]

究竟如何来阐释后现代视觉修辞产品呢？赖斯给出了四个分析指标：第一是对立元素（oppositional elements），包括"冲突性风格、类属错位、并置、悖论、讽刺、对比性修饰以及其他表示对立的观念"；第二是同构元素（co-constructed elements），主要解释文本与观众之间的互动，包括"多义性、贴近真实世界、超真实、模拟、作品与观众的互动、参与、开放系统、眼神交汇、融合、观众与被观看之物的交互、拒绝宏大叙事等"；第三是"语境元素"（contextual elements），主要解释文本与语境是如何通过各种可能性产生关联的；第四是意识形态元素（ideological elements），主要强调后现代的视觉产品是如何"政治化、人性化、去理性、反科技、反客观化、消解伦理"的。[④] 显然，视觉修辞分析一方面需要识别图像文本中的对立元素、同构元素、语境元素和意识形态元素，另一方面需要分析对立元素、同构元素、语境元素和意识形态元素分别对应的内容、形式以及各种视觉经验的融合情况。

显然，面对媒介文本的视觉修辞分析，主要思路是在图像的形式与构成维度上发现"含蓄意指"的意义系统。其实，视觉话语分析并没有标准的分析范式，具体的研究方法还需要回到具体的问题情境，其目的就是实现"修辞结构"与"含蓄意指"之间的阐释逻辑。沿着这一基本的分析思路，笔者

[①] 不同于传统的归纳推理和演绎推理，皮尔斯认为溯因推理是新知识生产的唯一逻辑运作方式，强调从事实的集合中推导出最合适的解释的推理过程。
[②] Rice, J. (2004). A critical review of visual rhetoric in a postmodern age: complementing, extending, and presenting new ideas. Review of Communication, 4 (1-2), 63-74, p. 68.
[③] Moriarty, S. E. (1996). Abduction: A theory of visual interpretation. Communication Theory, 6 (2), 167-187.
[④] Rice, J. (2004). A critical review of visual rhetoric in a postmodern age: complementing, extending, and presenting new ideas. Review of Communication, 4 (1-2), 63-74.

在视觉修辞方法上提出了以下分析模型:从"意指概念"(ideographs)、"语境"(context)、"隐喻"(metaphor)、"意象"(image)和"接合"(articulation)五个修辞视角来把握环境传播的视觉话语结构;① 从"数据修辞""关系修辞""时间修辞""空间修辞"和"交互修辞"五个修辞维度来接近数据新闻的视觉话语结构。②

二、空间结构与空间文本的视觉修辞方法

视觉修辞所关注的文本形态不单单体现为漫画、广告、新闻图片等图像文本,而且逐渐拓展到许多空间文本层面,成为我们理解空间结构、功能与生产逻辑的重要的认识方式。具体来说,广场、会展、博物馆、纪念堂、游乐园、世博会等空间文本的设计和与构造,首先呈现给公众的是一个体验式的、沉浸式的视觉景观,其对应的不仅是空间生产问题,还是身体体验结构中的视觉修辞问题。在 20 世纪 60 年代以来的"空间转向"思潮中,不同的空间思想虽然在对待空间的认识上存在差异,但都强调空间的生产过程与社会内涵。③ 既然空间是被生产的视觉景观,而且往往携带着非常复杂的劝服欲望和修辞目的,于是便引申出学界普遍关注的面向空间文本的视觉修辞命题。

将空间作为视觉修辞的对象,存在一个普遍而严谨的学理渊源。如果说传统修辞学的关注对象是语言文本,新修辞学代表人物肯尼斯·伯克(Kenneth Burke)则将修辞学的研究对象推向了一个更大的符号实践(symbolic action),修辞学开始关注符号沟通实践中的一切物质对象。由此,视觉修辞的研究范畴已经不再局限于"修辞图像志"(rhetorical iconography)和"修辞图像学"(rhetorical iconology),而是尝试回应现实空间中的诸多视觉对象和视觉物体,由此推进了视觉修辞研究的"实物修辞"(material rhetoric)转向。④ 比如,莉斯·罗恩(Liz Rohan)的视觉修辞对象是一个母亲为了纪念自己的母亲而制作的一条棉被。这条棉被携带着 19 世纪的宗教仪式元素,但后来作为各种图像符号进入公共空间,由此重构了

---

① 刘涛:《新社会运动与气候传播的修辞学理论探究》,《国际新闻界》2013 年第 8 期。
② 刘涛:《西方数据新闻中的中国:一个视觉修辞分析框架》,《新闻与传播研究》2016 年第 2 期。
③ 刘涛:《社会化媒体与空间的社会化生产——列斐伏尔和福柯"空间思想"的批判与对话机制研究》,《新闻与传播研究》2015 年第 5 期。
④ Olson, L. C. (2007). Intellectual and conceptual resources for visual rhetoric: A re-examination of scholarship since 1950. The Review of Communication, 7 (1), 1-20, p. 6.

人们在空间实践中的文化记忆。① 在"实物修辞"的视觉分析框架中，物质对象往往被置于一定的空间结构中，或者说在空间的"存在之维"上获得意义阐释的基本"语境"，甚至空间本身也成为修辞分析与修辞批评的文本对象。于是，针对广场、博物馆、纪念堂、游乐园、世博会等公共空间的视觉修辞研究逐渐浮出水面，极大地拓展了视觉修辞研究的文本范畴。除了静态的空间研究，视觉修辞关注的空间文本进一步延伸到展会、庆典、仪式等更大的公共空间范畴。②

如果空间在视觉意义上编织着某种话语问题，那从修辞学的方法视角考察视觉话语的建构过程与逻辑，实际上推开的是一个视觉修辞研究命题。作为一种空间化的叙事文本，博物馆一直都是视觉修辞研究的重要文本形态。在博物馆的视觉修辞结构中，空间中的视觉设计与图景往往与特定的空间使命系在一起，即通过集体记忆的制造来完成既定的国家认同。而集体记忆研究存在一个修辞维度（rhetorical dimension），③ 即集体记忆往往体现为一个修辞建构与争夺的产物。大平原印第安人博物馆（The Plains Indian Museum）讲述了美国西进运动中美国白人与原著印第安人之间的故事和记忆。博物馆的视觉修辞目的就是对西进运动的美化处理，通过制造"忘记"来生产"记忆"，具体体现为挪用了一定的"敬畏修辞"（rhetoric of reverence）表征策略，使得身处其中的游客往往携带着一种敬畏式的美学目光来关照这段历史，其中的杀戮与死亡被悄无声息地推向了认知的黑暗区域。④ 同样，美国大屠杀纪念博物馆（U. S. Holocaust Memorial Museum）并非在普泛的人性与伦理维度上讲述大屠杀故事，其视觉话语实际上呈现的是一种完整的美国叙事（Americanizing the Holocaust），各种视觉材料的有意选择和使用，最终在空间体验上打造了一种通往美国神话的"朝圣之旅"。⑤

---

① Rohan, L. (2004). I remember mamma: Material rhetoric, mnemonic activity, and one woman's turn-of-the-twentieth-century quilt. Rhetoric Review, 23 (4), 368-387.
② Haskins, E. V. (2003). "Put Your Stamp on History": The USPS Commemorative Program Celebrate the Century and Postmodern Collective Memory. Quarterly Journal of Speech, 89 (1), 1-18.
③ Boyer, P. (1995). Exotic resonances: Hiroshima in American memory. Diplomatic History, 19 (2), 297-318.
④ Dickinson, G., Ott, B. L., & Aoki, E. (2006). Spaces of Remembering and Forgetting: The Reverent Eye/I at the Plains Indian Museum. Communication and Critical/Cultural Studies, 3 (1), 27-47.
⑤ Hasian, Jr, M. (2004). Remembering and forgetting the "final solution": A rhetorical pilgrimage through the US holocaust memorial museum. Critical Studies in Media Communication, 21 (1), 64-92.

如何在视觉修辞的操作方法上研究空间文本，围绕美国越战纪念堂（Vietnam Veterans Memorial）的系列研究，提供了一个可供借鉴的通往空间文本研究的视觉修辞方法与批评路径。位于美国华盛顿的越战纪念堂被认为是一个灵魂深处的没有硝烟的"战场"，[1] 诸多传播学者从视觉修辞维度上探讨其中的意义生产机制。皮特·艾伦豪斯（Peter Ehrenhaus）指出，传播实践中的"沉默"（silence）实际上是一种特殊的修辞话语，而越战纪念堂则抛弃了其他纪念堂惯用的政治宣讲，通过选择一些代表性的私人信件和个人回忆，甚至用逝者的名字作为纪念碑的视觉景观，从而在空间生产的视觉意义上"将沉默的力量发挥到了极致"。[2] 福兹通过分析空间结构中的视觉景观，发现越战纪念堂拒绝公共艺术（public art）中的传统展演策略，而是借助一定的视觉材料制造歧义（ambiguity），并认为这种"言而不语"的图像话语反倒传递了一种极具劝服性的修辞力量。[3] 洛拉·卡尼（Lora S. Carney）将越战纪念堂的视觉修辞机制概括为一种视觉隐喻（visual metaphor）。具体来说，纪念堂并没有使用传统的葬礼仪式或纪念修辞形式，而是制造了一个开放的、自由的、沉默的意义空间，其目的就是希望公众沉浸其中而发掘属于自己的理解和意义。其实，纪念堂虽然放弃了直接的政治观点和意识形态内容，但这种特殊的空白与沉默（understatement），反倒悄无声息地激活了人们的政治想象空间。这里的视觉修辞过程实际上是在隐喻维度上实现的，具体视觉隐喻策略体现为，转向依赖视觉意义上的意义留白（meiosis）、制造歧义（ambiguity）、期待落差（reversals of expectation）和自反认知（self-reflection）等修辞方式。[4] 纵观越战纪念堂的空间修辞逻辑，视觉修辞的基本理念就是对视觉材料的"去政治化"表征，但在一个"身体在场"的体验结构中，纪念堂刻意营造的"沉默"与"留白"则打通了人们的视觉联想空间，尤其是在伦理意义上完成爱国话语的视觉生产与认同。

当我们将公共空间视为一个生产性文本，空间修辞则体现为一个深刻的

---

[1] Palmer, L. (1987). Shrapnel in the heart: Letters and remembrances from the Vietnam Veterans Memorial. New York: Random House.
[2] Ehrenhaus, P. (1988). Silence and symbolic expression. Communication Monographs, 55, 41-57.
[3] Foss, S. K. (1986). Ambiguity as persuasion: The Vietnam Veterans Memorial. Communication Quarterly, 34, 326-340.
[4] Carney, L. S. (1993). Not telling us what to think: The Vietnam Veterans Memorial. Metaphor and Symbol, 8 (3), 211-219.

话语问题。今天，公共空间中的"视觉问题"承载了太多关于空间的认知与想象，也携带了太多超越美学意义的话语使命。因此，探究空间文本的视觉修辞方法，主要是考察空间的"功能"是如何在视觉维度上存在并发生作用的？只有将空间置于特定的评估体系中，我们才可以相对清晰地把握空间的"功能"，如此才能考察视觉意义上的空间想象力。公共空间的评估体系可以从以下六个维度切入：第一是公共空间的美学性，因为视觉的修辞性往往建立在美学性基础之上；[①] 第二是公共空间的带入性，即实用意义上空间与日常生活的对接性；第三是公共空间的沉浸性，即空间能否提供一种完整的在场体验；第四是公共空间的包容性，即空间能否促进城市或文化的包容性发展；第五是空间的对话性，即可沟通性，强调空间能否促进不同主体、不同阶层、不同文明之间的沟通与理解；第六是辐射性，即空间文化在日常生活中的体现，以及空间话语对日常生活逻辑的影响。

基于以上公共空间评估的六个维度，视觉修辞研究的基本思路就是探讨不同维度上的视觉话语生产状况，即空间是如何在视觉意义上体现并深化"六大功能"？"六大功能"可以进一步提炼为空间的性质与意义、空间的生产逻辑与价值定位、空间的社会意义与人文内涵。鉴于此，为了揭示空间在视觉意义上的"存在方式"和"发生逻辑"，我们将空间文本研究的视觉修辞方法概括如下：第一是探讨空间内部元素的视觉构成、要素选择、结构布局、设计理念、视觉风格如何体现并深化空间的性质与意义；第二是探讨空间与空间的关系逻辑和组合方式如何体现并深化空间本身的生产逻辑与价值定位；第三是探讨空间与主体的互动方式与参与结构如何体现并深化空间的社会意义与人文内涵。

其实，沿着视觉修辞方法探讨空间文本的意义机制，往往离不开对具体的视觉修辞问题或理论的思考。换言之，任何空间文本的视觉修辞研究，其实在学理意义上回应的是不同的视觉修辞问题，所谓的视觉修辞方法不过是特定视觉修辞理论统摄下的研究方法。因此，视觉修辞意义上的空间文本研究，首先需要结合空间的功能与定位，确定其意义生产所对应的视觉修辞问题，进而在特定的问题逻辑和理论脉络中开展空间文本研究。格雷格·迪金森（Greg Dickinson）和凯西·莫夫（Casey M. Maugh）对美国著名的野

---

① Peterson, V. V. (2001). The rhetorical criticism of visual elements: An alternative to Foss's schema. Southern Journal of Communication, 67 (1), 19-32.

燕麦超市（Wild Oats Market）的视觉修辞分析，在方法论维度上提供了一个典型的研究范本。野燕麦超市的深层消费逻辑是对某种后现代消费体验的生产，而这种消费体验建立在视觉修辞意义上的后现代空间生产逻辑基础之上。迪金森和莫夫立足于巴赫金的对话主义（dialogism），揭示了空间生产所对应的一个深刻的视觉修辞问题——语图互文理论。具体来说，图像元素和语言文字元素沿着两个不同的认同建构维度平行展开，图像元素致力于地域感（Sense of "Locality"）的认同建构，而语言元素致力于全球属性（Global Nature）的认同建构，两种叙事元素之间并不存在统摄、服从或支配关系，而是沿着两个独立的叙事路线分立前进，从而形成了语言和图像之间的对话主义结构。[1] 正是源于图像元素和语言元素之间的对话主义叙事关系的生产，野燕麦超市的空间实践在视觉修辞意义上生产了三个文化主题——"后现代性的异质与自我、超市内部的区域化体验、消费共同体的生产"。[2] 由此可见，野燕麦超市的空间话语生产，同样体现为空间意义上的视觉话语建构过程，而空间分析的方法论则追溯到视觉修辞理论体系中的语图互文问题。

三、新闻聚像与事件文本的视觉修辞方法

图像事件就是由图像符号所驱动并建构的公共事件，即图像处于事件结构的中心位置，而且扮演了社会动员与话语生产的主导性功能。默里·埃德尔曼（Murray Edelman）关注公共事件中沉淀下来的特殊的象征符号，认为它们具有形成符号事件（symbolic event）的能力，即激起人们对于某些事件或情景的强烈情绪、记忆和焦虑。[3] 当这种象征符号主要表现为图像，其结果就是制造了图像事件。

图像符号之所以获得了建构公共议题的修辞能力，是因为图像符号具有独特的视觉构成与情感力量，因而被卷入到一种冲突性的多元话语争夺旋涡中，不同的话语都尝试在图像符号上建构自己的意义体系，编织自身话语的

---

[1] Dickinson, G., &.Maugh, C. M. (2004). Placing visual rhetoric: Finding material comfort in Wild Oats Market. In Charles A. Hill and Marguerite Helmers (Eds.), Defining Visual Rhetorics. Mahwah, NJ.: Lawrence Erlbaum Associates, Inc, pp. 303-314.

[2] Borrowman, S. (2005). Defining visual rhetorics (Book review). Composition Studies, 33(2): 121-125, p. 122.

[3] Edelman, M. (1964). The symbolic uses of politics. Urbana, IL: University of Illinois Press, p. 6.

合法性，其结果就是在图像意义上创设了一个"政治得以发生的语境"，即图像的符号实践"创造了一个新的现实"。① 凯文·迪卢卡（Kevin M. DeLuca）在《图像政治：环境激进主义的新修辞》一书中详细论述了环保主义者的社会动员策略就是制造图像事件，也就是通过特定的图像符号的生产与传播来促进建构社会争议与公共话语，进而在后现代主义语境下发起一场指向新社会运动的"图像政治"（image politics）。② 在视觉文化时代，图像逐渐取代语言文字而成为社会争议（social arguments）建构的中心元素，图像事件已经不可阻挡地成为当前公共事件的主要形态，同时也是视觉修辞研究最具生命力的一个研究领域。③

我们不妨借助多丽丝·格雷伯提出的凝缩符号（condensation symbol）这一概念进一步把握图像事件的生成机制和分析框架。格雷伯在《语言行为与政治》指出，公共议题的构造往往依赖于特定的符号生产实践，有些符号永恒地定格了，一定程度上塑造了人们关于这一事件的主体认知。格雷伯将那些永恒定格的符号瞬间称为凝缩符号，并将其上升为一种非常重要的事件分析概念。正是因为凝缩符号的"出场"，公共议题最终成为一个事件。凝缩符号既可以是一些特定的概念术语、人物或词语，也可以是典型的图像符号，它们的共同特点就是给公众留下了深刻印象，使得公众按照其预设的价值立场而形成相应的认知话语。④ 在后来的研究中，格雷伯提出了凝缩符号的"图像转向"问题，即当前媒介事件中的凝缩符号主要体现为图像符号，其标志性符号结果就是图像事件。⑤ 罗伯特·考克斯（Robert Cox）的研究发现，环境传播实践的一个重要特点就是对视觉化的凝缩符号的制造并挪用，进而在视觉图像意义上完成环境议题的话语建构以及深层的社会动员过程。⑥ 在气候变化的视觉动员体系中，站在即将融化的冰面上的北极熊图像就是一个典型的凝缩符号，它被广泛应用于图书、电影、明信片等媒介系统

---

① DeLuca, K. M., & Demo, A. T. (2000). Imaging nature: Watkins, Yosemite, and the birth of environmentalism. Critical Studies in Media Communication, 17 (3), 241-260, p. 242.
② Deluca, K. M. (1999). Image politics: the new rhetoric of environmental activism. Mahwah, NJ.: The Guilford Press, p. 45.
③ Delicath, J. W., & Deluca, K. M. (2003). Image Events, the public sphere, and argumentative practice: The case of radical environmental groups. Argumentation, 17 (3), 315-333.
④ Graber, D. A. (1976). Verbal behavior and politics. Urbana, IL: University of Illinois Press, p. 289.
⑤ Graber, D. A. (1988). Processing the news: How people tame the information tide. New York: Longman Inc, p. 174.
⑥ Cox, R. (2010). Environmental Communication and Public Sphere (2nd edition). London: Sage, p. 67.

中，其功能就是激活人们对气候变化问题的深层焦虑。

兰斯·班尼特（W. Lance Bennett）和雷吉娜·劳伦斯（Regina G. Lawrence）提出的新闻聚像（news icons）分析范式，有助于我们进一步把握图像事件中的图像流动过程与修辞逻辑。新闻事件中往往存在一个"决定性瞬间"（decisive moment），它一般以特定的符号形式表现出来，成为我们关于整个事件认知的凝缩与象征。① 换言之，历史深处的某个媒介符号，往往进入后续相关报道的叙事体系，从而影响并塑造了后续报道的媒介框架和文化主题，而这种特殊的媒介符号就是新闻聚像。班尼特和劳伦斯对新闻聚像给出如下定义："所谓新闻聚像，主要指新闻事件中的一个影响深远的凝缩图像（condensational image），它往往能够唤起人们某种原始的文化主题（cultural themes），我们可以在其中发现理论上的探索潜力、矛盾与张力。"② 新闻聚像既可以是一个标志性的新闻事件，也可以是新闻事件中某个标志性的符号形态，如图像、任务、意指术语等。珍妮·基青格（Jenny Kitzinger）将历史上那些标志性的新闻事件称为"媒介模板"（media templates），认为"新闻模板"往往被挪用到当下的新闻报道中，并且影响了当下新闻的报道框架。③ 显然，基青格所说的"新闻模板"，其实是一种特殊的新闻聚像形态。

新闻聚像的最大特点就是流动性，也就是从"过往"进入"当下"，从而成为一个跨媒介的叙事符号。在图像事件中，往往都驻扎着一个视觉化的新闻聚像，考察新闻聚像的流动轨迹，一定意义上可以勾勒出视觉修辞的实践逻辑与结构。"二战"期间，美国士兵经过艰难的战争，最终将美国国旗插在太平洋战场的硫磺岛（Iwo Jima）山峰上，这一瞬间被随军记者乔·罗森塔尔（Joe Rosenthal）的摄影镜头抓取。随后，这张《硫磺岛旗帜》很快成为承载美国精神的一个象征符号，最终在历史上的诸多事件中被反复挪用和阐释，成为雕塑、绘画、电影、纪录片、图书、明信片等大众媒介场域中的符号原型。④ 显然，图像符号《硫磺岛旗帜》就是一个典型的新闻聚像，因为它不仅凝缩了硫磺岛战役的视觉印迹，也凝缩了美国精神的视觉意象，

---

① Moeller, S. (1989). Shooting war. New York: Basic Books, p. 15.
② Bennett, W. L., & Lawrence, R. G. (1995). News icons and the mainstreaming of social change. Journal of Communication, 45 (3), 20-39, p. 22.
③ Kitzinger, J. (2000). Media templates: patterns of association and the (re) construction of meaning over time. Media, Culture & Society, 22 (1), 61-84.
④ Hariman, R., &Lucaites, J. L. (2002). Performing civic identity: The iconic photograph of the flag raising on Iwo Jima. Quarterly Journal of Speech, 88 (4), 363-392.

因而成为一个流动于不同媒介系统的新闻聚像。

班尼特和劳伦斯虽然没有就新闻聚像的研究方法进行特别强调，但他有关新闻聚像的生命周期（life cycle）的理论论述无疑提供了一个探究视觉修辞的分析结构。具体来说，班尼特和劳伦斯将新闻聚像的生命周期分为三个阶段：第一阶段，图像符号作为事件中最具戏剧性的一个符号形式"出场"，然后进入大众媒体的再生产过程，最终跨越新闻的边界而进入到评论、艺术、电影、电视剧、脱口秀以及流行文化的其他领域；第二阶段，经过大众媒介的再生产，这一图像便承载了一定的公共想象力（public imagination），携带了特定的价值取向和文化主题。不同的社会组织往往通过对这一图像符号的征用，以此完成特定的公共议题的激活与建构。图像符号由此获得了普遍的公共属性，具有建构公共议题的视觉力量；第三阶段，图像符号逐渐从其原始的事件语境中脱离出来，成为一个独立的、自足的象征符号。当与其有关的其他新闻事件发生时，这一图像符号一般被策略性地选择和使用，并且作为一个非常重要的叙事符号进入当下的新闻语境，一定意义上影响了当下新闻的报道框架。[①]

显然，面向图像事件的视觉修辞分析，并不是将图像文本"悬置"下来进行静态分析，而是强调将其置于一定的实践和过程语境中，进而探讨作为修辞实践的图像事件的发生机制和意义过程。劳里·格里斯（Laurie E. Gries）提出了视觉修辞研究的一种新的数字化研究方法——图像追踪法（iconographic tracking）。格里斯立足于新唯物主义（new materialism）研究取向，强调图像追踪法"尝试在经验维度上测量图像是如何流动（flow）、转化（transform）和影响（contribute）公共生活"，在具体的测量方式上强调借助数据化的图像追踪方法"找到图像在传播过程中所经历的多重改变并确认其在与各种实体相遇后所产生的复杂后果"。[②] 格里斯认为，在经验意义上揭示符号的流动轨迹，也就等同于发现了图形符号的"修辞生命历程"（rhetorical life span）。

就具体操作方法而言，图像追踪法采取传统的定性研究与数字研究路径相结合的方式，在时间维度上探讨图像事件中图像符号的生命周期与流动实

[①] Bennett, W. L., & Lawrence, R. G. (1995). News icons and the mainstreaming of social change. Journal of Communication, 45 (3), 20-39, p. 26.

[②] Gries, L. E. (2013). Iconographic tracking: A digital research method for visual rhetoric and circulation studies. Computers and Composition, 30 (4), 332-348, p. 337.

践，进而揭示这种"符号历险"是如何修辞性地构成现实世界的生存条件。为了在经验意义上揭示图像追踪法的操作过程，格里斯选择了艺术家谢帕德·费尔雷（ShepardFairey）创作的一幅极具争议的图片——《奥巴马希望》（ObamaHope），通过图像追踪法探讨了这张图像在奥巴马竞选前后的五年间的"图像变化轨迹"和"修辞生命历程"。具体来说，图像追踪法分为两个研究阶段。第一个阶段包括三个步骤：一是数据收集，围绕某一特定的视觉议题，使用具有图像搜索能力的搜索引擎（SearchCube 或 TinEye）尽可能多地搜集大数据图像资源；二是数据挖掘，对大量的数据进行挑选以确定其中的模式、趋势以及关系，并借助特定的计算机分析软件（Zotero）和可视化工具（GoogleMaps）进行图像数据分类、文件夹建立并以关键术语或标签命名；三是数据汇编，对于数据挖掘阶段确认的图像符号的每一次视觉改变与符号转换，使用新的术语再次搜索并进行多次汇编。第二个阶段主要基于"文化-历史活动理论"（cultural-historical activity theory）等图像社会学相关理论，通过质化方式对图像的构成（composition）、生产（production）、转变（transformation）、发布（distribution）、传播（circulation）五大物质性过程进行研究。可见，格里斯关于图像事件研究的图像追踪法，既是对班德和威尔伯瑞的修辞观——"修辞作为人类存在与行动的普遍条件"[1]的新唯物主义意义上的经验性回应，也是在时间坐标上考察图像事件演化过程的一种视觉修辞方法。

概括来说，图像事件的视觉修辞不仅体现为图像符号本身的修辞，同样体现为作为符号事件的一种实践话语修辞，格雷伯的"凝缩符号"、基青格的"新闻模板"、班尼特和劳伦斯的"新闻聚像"从不同的理论维度上提供了一个视觉修辞研究的分析范式，格里斯的图像追踪法则提供了一种具体的操作方法。具体来说，我们可以从以下两个维度来把握图像事件本文的视觉修辞方法：第一是识别和确认图像事件中的凝缩符号。在图像事件中，究竟哪些图像扮演着凝缩符号的功能，这便需要借助大数据的方式来寻找并确认那个象征"决定性瞬间"的视觉符号。一般来说，凝缩符号具有某种强大的情感动员或争议制造功能，可以借助数据挖掘等方式进行确认，即那些转发量和讨论量最多的图像符号，往往便是图像事件中的凝缩符号；第二是探讨

---

[1] Bender, J. B., &Wellbery, D. E. (1990). The ends of rhetoric: History, theory, practice. Stanford, CA: Stanford University Press, p. 38.

凝缩符号的生命周期和跨媒介流动过程。班尼特和劳伦斯关于新闻聚像的生命周期的"三阶段说"以及格里斯提出的图像追踪法都旨在回应图像事件中视觉符号的流动机制与过程。作为新闻聚像的"凝缩图像"是如何被生产的，如何进入传播场域，如何建构了公共议题，如何实现跨媒介叙事，以及如何影响和塑造当下议题的媒介框架和社会认知？所有这些问题提供了一个考察视觉修辞实践的基本分析路径和操作过程。

传播的理论与理论的传播：传播学史研究及其知识社会学方法

王金礼

基于 1600 份英文文献的内容分析，普利（Jefferson Pooley）等人在《传播史手册》（Handbook of Communication History, 2013）中对传播学史（history of communication / mass-communication /mass-media research /study）的研究状况作了颇为负面的六点定性描述，认为这些研究是碎片化的，且极不平衡。[①] 通过建制化/语境化/学科史/思想史的分析矩阵，普利等人发现，"赢家通吃"几乎是主导既有传播学史研究的通则：研究者的注意力过度集中于北美和欧洲的传播研究、过度集中于伯明翰当代文化研究中心（CCCS）、芝加哥学派、应用社会研究所（BASR）等极少量的建制化研究及其少量的著名研究者，其他研究机构、学者尤其是女性学者却未能受到应有的关注。大规模调查的结果几乎印证了凯瑞（James W. Carey）多年前对传播学史研究作出的"不清白的历史"[②] 的判断，而布朗（Roger Brown）所谓"完整的历史"（full history）[③] 也似乎成了永远无法兑现的知识幻想。

传播学史研究总体上"赢家通吃"的不平衡状况首先自然应该归因于传播学自身的发展状况，北美、欧洲的传播研究领先于其他地区是不争的事实。但另一个重要的事实是，英雄成长史/英雄神话史的历史观念、服务于

[①] Pooley, Jefferson, and David Park. "Communication Research", in Peter Simonson, Janice Peck, Robert T. Craig, and John P. Jackson Jr. (eds.) The Handbook of Communication History. New York and Landon: Routledge, 2013, pp. 76-90, especially at p. 85. 本文引用之外的定性描述，还指出既有研究倾向于国别史而缺少国际化视野，关注了文化研究、言语传播学（Speech）、新闻学、电影研究等被认为隶属于传播研究的亚领域，但却未能深究这些亚领域之间诸如交互竞争、思想与建制的重叠等互动关系等。

[②] Carey, James W. "The Chicago School and Mass Communication Research", in Everette E. Dennis & Ellen Wartella (eds.), American Communication Research: The Remembered History. Mahwah, NJ: Lawrence Erlbaum Associates, Publishers, 1996, p. 21.

[③] Brown, Roger. "Approaches to the Development of Mass Media Studies", in Jeremy Tunstall (eds.), Media Sociology: A Reader, Urban: University of Illinois Press, 1970, p. 1.

学术资源争夺与话语政治争斗的知识意向，以及性别/族群偏见等意识形态因素也同样深刻地影响着传播学历史探究的问题域和历史解释的想像力。因此，历史的"清白"或"完整"实际上是祛除了历史书写中意识形态雾霾之后的澄明，是对"本领域的思想、理论形成、发展"过程中或成功或失败故事的诚实讲述。就传播学这一现代知识体系中的边缘学科而言，这种信史具有支撑学科合法性的重要意义。然而，信史不可能从天而降，历史的可信性源自其方法的发现力。传播学史的知识发现，需要将传播理论还原为历史-社会情境下的人的知识创造，将传播研究史/传播学史理解为人类反思自己的生活/交往方式的历史性实践，进而在研究者及其关系网络、研究建制及研究实践寓于其中的社会结构、社会意识形态等诸多因素及其复杂的交互影响中形成认知、判断。在此方法论原则之下，胡翼青曾借助曼海姆（Carl Mannheim）的知识社会学理论建设性地构想了传播学史研究的宏观路径，①本文则试图在相对具体而微观的层面上探讨传播学史知识社会学书写的可能性。

一、作为社会产品的学科史：传播学的神话史及其解构

凯瑞的"不清白"指控，针对的是自1960年代以来盛行的传播学标准史（standard history）。这个"标准史"的通用底本可以概述为两个著名判断：其一是，四位"先驱"奠基人（founder father）"在一个被称为传播研究的学术领域尚不存在时，进入并创造了这个领域"；其二是，传播学意在"探究媒介内容之于个人态度与行为的短期的、具体且可测量的影响，其结论是，媒介不是形成舆论的重要因素"。② 前者是传播研究的"起源神话"，后者是其"主导范式"，两者共同构成了传播学标准史的神话叙事。应该说，正如萨默尔森（Franz Samelson）研究所发现的，很多学科的早期学科史都

---

① 胡翼青：《传播学科的奠定：1922—1949·导论》，中国大百科全书出版社，2012年版，第21-36页。

② 分别见 Wilbur Schramm, The Beginnings of Communication Study in American: A Personal Memoir, Thousand Oaks: Sage Publications, 1997, p. 7; Todd Gitlin, "Media Sociology: The Dominant Paradigm", Theory and Society 6, 1978, p. 207. 这种标准史叙事的典型是罗杰斯的《传播学史》（A History of Communication Study: A Biographical Approach, 1994/2003）、施拉姆的 The Beginnings of Communication Study in American: A Personal Memoir (1997), 另见 J. G. Delia, "Communication Research: A History", in C. R. Berger & S. H. Chaffee (eds.), Handbook of Communication Science, 1987, pp. 20-98. Newbury Park, Ca.: Sage Publications，等。

编制过这种标准史神话,奥尔波特(Gordon Allport)讲述"现代社会心理学的历史背景"时,也曾将社会心理学的行为科学(behavioural science)传统附会为"孔德的社会心理学发现"。① 但与其他历史相对悠久的学科相比,传播学标准史诞生之后的命运明显不同。早在1983年,罗伯特·琼斯(Robert Jones)就发现,此前的1960年代晚期至1970年代初期,包括人类学、政治科学、社会学、心理学等在内的以人和人类社会为研究对象的社会科学均已全面检讨其学科的标准史神话,并着手建设学科的"新历史"。② 令人惊讶的是,声称"人类行为研究最繁忙的十字路口"③ 的传播学及其历史书写对此却完全无动于衷。恰恰相反的是,正是这一时期,由卡茨、拉扎斯菲尔德和施拉姆肇其始端的传播学标准史④开始盛行。甚至迟至20世纪的最后十年,传播学的标准史及其他神话叙事依然有着广泛的拥趸。

这种学科神话史的基本功能曾被科学史家库恩(Thomas Kuhn)精炼地表述为"阐述该领域的基本概念、理论,建构知识传统,吸引学生"⑤。普利也曾将传播学标准史如此长时间拥有主导地位归因于知识来源芜杂、缺乏共性的传播学必须维系同一个标签的学科建制需要。⑥ 似乎正是同样的建制需要诱使1990年代以后新出的两种重要传播学史——哈特(Hanno Hardt)的《传播学批判研究》(Critical Communication Studies, 1992)和席勒(Dan Schiller)的《传播理论史》(Theorizing Communication: A History, 1997)——分别将"批判性观念"和"生产性劳动"作为核心范畴,并由其贯穿传播研究的始终,从而建构起新的传播学史神话叙事。不过,较

---

① Samelson, Franz. "History, Origin Myth, and Ideology: 'Discovery' of Social Psychology", Theory of Social Behavior, Vol. 4 (2), 1974, pp. 217-232.

② Jones, Robert Alun. "The New History of Sociology", Annual Review of Sociology, Vol. 9, 1983, pp. 447-469.

③ Schramm, Wilbur. "Communication Research in the United States", in Wilbur Schramm (eds.), The Science of Human Communication: New Direction and New Finding in Communication Research, New York: Basic Books, 1963, p. 1. "十字路口"的比喻最初见于施拉姆关于贝雷尔森"传播研究正在消亡"论断的评论,但当时他还仅仅称传播研究是关于人的研究的"伟大的十字路口之一"(Schramm, "The State of Communication Research: Comments", Public Opinion Quarterly, Vol. 22, p. 8)。

④ See Pooley, Jefferson. "The New History of Mass Communication Research", in The History of Media and Communication Research: Contested Memories, edited by David Park and Jefferson Pooley, 2008, New York: Peter Lang, pp. 45-46.

⑤ Kuhn, Thomas S. "The History of Science", in David L. Sills (eds.), International Encyclopedia of the Social Science, Vol. 14, Macmillan & Free Press, 1968, p. 74.

⑥ Pooley, Jefferson. "The New History of Mass Communication Research", in The History of Media and Communication Research: Contested Memories, edited by David Park and Jefferson Pooley, 2008, New York: Peter Lang, p. 59.

之分析传播学神话史的叙事策略更为重要的问题是,这种叙事在何种意义上成为问题?或者说,如果传播学史如普利所说的,也正在形成"新历史",这一历史以及此前其他社会科学的新历史究竟为何?以及如何抛弃了标准史或其他神话史?

琼斯对上述社会科学各学科"新历史"的研究发现,其之所以兴起,是因为科学史研究对自然科学知识的性质、知识理论的重新认识——具体地说,就是科恩《科学革命的结构》一书的颠覆性影响。① 不过,科恩讨论科学家的常规工作及其范式转型的科学史研究何以导致社会科学领域蝴蝶效应般的巨大反应,琼斯却未予深究。然而,如果不考虑社会科学自其初创时期以物理学、生物学等自然科学为模仿范本并将自然科学的客观性、确定性等科学标准作为价值衡量尺度这一决定性因素,其间的关联性其实是令人费解的。正如知识史所熟知的,自启蒙主义者主张启蒙(enlighten)即把光(light)散播到人类心智的黑暗角落以来,科学已成为光明之路的前导。在启蒙思想的光照之下,现代知识——无论物质世界的,还是道德的、政治的,甚或是历史的——都被要求必须具有科学性。在任何知识领域里探索,都必须像自然科学那样客观地追求一般规律或者说通则。尽管自18世纪的维科(Giovanni Vico)至狄尔泰(Wilhelm Dilthey)、韦伯,知识史一直存在着强调以人为对象的研究由于"认识着的主体同时参与了他的认识对象的生产",因而不可避免地具有主观性②、必须区别于自然科学的"例外论"主张,但正如"新科学"(维科)、"精神科学"(狄尔泰)、"社会科学"(韦伯)等冠名所示,这些主张也不得不同时强调与科学的关联性以获取认同。当库恩的理论有意无意间撬动了科学作为客观、中立的普遍规律等神话的基石之后,社会科学和人文研究也就不得不随之开始重建知识标准、重写知识史。

《科学革命的结构》的颠覆性在于,凭借扎实的科学史调查,库恩雄辩地论证了科学知识"本质上是一个团体的共同财产",理解科学首先需要了解"创造和使用它的团体所具有的特征"。③ 将科学知识称为团体财产而不

---

① Jones, Robert Alun. "The New History of Sociology", Annual Review of Sociology, Vol. 9, 1983, pp. 448-458.
② 参见【德】哈贝马斯《认识与兴趣》,郭官义、李黎译,学林出版社1999年版,第143-144页。
③ 【美】库恩:《科学革命的结构》,金吾伦、胡新和译,北京大学出版社2003年版,第188页。

是人类或者至少是科学共同体的共有财产,库恩所强调的正是科学研究或者科学知识生产的社会性特征。依据范式(paradigm)及其不可通约性(incommensurability)这两个基本范畴,库恩描述了作为社会过程的科学知识生产活动。所谓范式,库恩指的是一些成就空前的研究范例,这些范例不仅能够吸引坚定的拥护者,并且为新的实践者留下众多有待解决的问题。作为范例,范式形成了一套由特定的概念预设、理论体系、研究方法、问题域(problem-field)和解题标准等组成的知识模式,从而对范式遵从者的问题选择和解题方式作出细致的规定;另一方面,范例成为范式,又意味建立了新的世界理解方式,或者说,关于世界特征的想像——库恩反复强调,"相继范式对于宇宙的构成要素及其行为有不同的看法""范式转换后科学家在一个不同的世界里工作"。① 通过范式形成的概念、理论、问题域又是选择性和排他性的。研究者选择性地遵从特定的研究范式,并在范式提供的问题域里提出问题,作出解答。因此,库恩说,科学知识生产的实质其实是"强把大自然塞进预先制成且相当坚实的'概念盒子'(conceptual boxes)里",而这个概念盒子正是由范式提供的。②

对范式的选择性遵从,库恩称之为知识承诺(commitment)。库恩承认,范式的选择性遵从仅仅表现在既有范式不能良好地处理经验数据,悖离范式的反常现象频繁出现的危机时刻。在大多数情况下,研究者团体总是能够在既定范式提供的问题域和解释框架里工作,知识承诺因而常常隐而不显。对此,曼海姆提出了类似的看法。在讨论知识形成的心理学解释时,曼海姆说:"人们试图在一个范畴框架中思维,而这个范畴框架力求否定一切估价,否定共同含义的一切痕迹或总体构造的一切痕迹。"③ 关于由范式主导、作为特定团体共同财产的科学研究何以被看作是科学研究者全体长期共有的共同财产,或者说,科学研究何以被描述成不存在范式的竞争和替代而只是在同一个知识传统下的直线式、累积性发展,库恩解释说,科学知识的传递主要是由教科书完成的,而教科书往往只是涉及科学家们对该书采纳的范式所提出的问题有所贡献的工作。"部分由于选择,部分由于歪曲,早期科学家所研究的问题和所遵守的规则,都被刻画成与最新的科学理论和方法上革命的产物,完全相同",人们的"历史感"因此也就"只能触及最后一

---

① 【美】库恩:《科学革命的结构》,金吾伦、胡新和译,北京大学出版社 2003 年版,第 4 页。
② 同上书,第 2 页。
③ 【德】曼海姆:《意识形态和乌托邦》,黎鸣、李书崇译,商务印书馆 2000 年版,第 24 页。

次革命的结果。"①

库恩的分析尽管并非针对科学史研究本身,但却很好地描述了各种学科神话史的原型,学科神话史的荒谬性也因此而显露出来:一方面在研究实践中强调以事实作为最高价值,另一方面却在历史叙事中基于功利性考量而随意裁剪事实。神话史的荒谬性产生了历史反思与建构"新历史"的必要性,库恩同时也就提供了"新历史"想像的基本路径。当然,这一反思与建构需要以充分理解学科史的知识定位与意义为前提:如果科学研究进展良好,争论科学史本身的真伪曲直似乎很有些学究气。毕竟在多数情况下,学科神话史也能够实现知识传递的建制功能。

二、传播学史的知识定位:传播的理论化与理论的传播

作为传播学学科建制的一部分,国际传播学会(International Communication Association,ICA)的历史分部(Communication History Division)用"传播史"(communication history)笼统地指称至少三个方面的研究:传播实践史(history of communication praxis)、传播思想史(history of the idea of communication)和传播研究史(history of the field of communication)——后两者在本文中统称为传播学史。② 应该看到,ICA 所称的思想史和研究史实际上有着显著不同。研究史往往以 1930 年代中后期的广播研究为起点,或者再上溯至 1920 年代的宣传研究,而思想史却没有时间上的限制,它可以囊括文明史中一切有关传播的反思性活动,如同彼得斯(John D. Peters)的《交流的无奈》(Speaking into the Air,1999)所做的那样。因此,传播研究史的研究兴趣往往相对集中于传播研究的社会科学化实践,而思想史的议题范围要宽泛得多,涉及传播一般性观念或理论的提出、扩散与意义嬗变,思想史的基本工作则是发掘与阐明这些观念、理论形成与发展的历史与逻辑。

不过,ICA 对传播的思想史和研究史所作的建制性区分不是刚性划界,关心研究实践的研究史实际上与关心观念嬗变的思想史一样,是对人类反思

---

① 【美】库恩:《科学革命的结构》,金吾伦、胡新和译,北京大学出版社 2003 年版,第 124-125 页。
② ICA. "Communication History: Mission". http://community.icahdq.org/ohana/groups/details.cfm?id=27,2014—5—20.

传播实践的性质、功能、意义等意识活动的历史表征。因此，本文使用了"传播学史"这一不加区分的笼统提法。传播学史的研究对象是传播活动的理论化（conceptualization）和理论的传播、影响（communicating），其基本目标是整理传播研究的知识成果、厘清研究路径、检讨传播理论建设的得失，促进传播的理论创新。对于 ICA 来说，这种知识定位似乎是自明的。在 ICA 的研究者看来，传播学史已经是一种自洽的知识类型，服务教学的建制性功能不再是其合法性的唯一来源。但这并不意味着，传播学的历史研究如朗格（Kurt Lang and Gladys E. Lang）所说的，"更多的是为了防止遗忘，而不是获得新的洞见"。① 实际上，传播学史的研究任务远不是朗格所描述得如此浪漫，现实的功能性考虑依然迫切。

朗格的说法是以传播研究的学术成熟为前提的。然而，多数传播学者的学科认知明显不同于朗格的判断，传播研究的"思想贫困"（intellectual poverty）② 与知识碎片化往往使研究者具有深切的学科身份焦虑——这种身份危机意识其实早在传播学建制形成时期就已经存在了。1959 年，传播理论的重要建构者贝雷尔森（Bernard Berelson）就明确指出传播学作为学术建制的困境：其理论资源基本上来自于相邻学科的研究者对传播问题——主要是说服性传播的效果——的偶然关注，并高度依赖个别研究者的知识创生能力。这一方面造成传播研究的问题域和研究方法缺乏整体性、连续性，传播理论自其开始就极端碎片化；另一方面，随着早期杰出研究者的兴趣转移，一度花团锦簇的传播研究随即枯萎。③ 这一被彼得斯称为"学科自我反思的起点"的高论，显然踩痛了正苦心孤诣搭建传播学学科架构的施拉姆的尾巴，直到 24 年后谈论传播学的建制成就时，施拉姆念兹在兹地夸耀对象依然是贝雷尔森。④ 不过，当谈及传播研究是否形成了具有中心问题并相互联系的理论时，施拉姆却不得不能给出否定的答案，而这才是贝雷尔森真正讨论的问题。时至今日，传播研究往往被看作是一个未能建立共享的问题域和解题标准、由七或八种研究传统拼合而成的"实践性学科"（practical dis-

---

① Lang, Kurt, & Lang, Gladys E. "Mass Society, Mass Culture, and Mass Communication: The Meaning of Mass", International Journal of Communication, Vol. 3, 2009, p. 998.

② See Peters, John D. "Institutional Sources of Intellectual Poverty in Communication Research", Communication Research, Vol. 3, 1986, pp. 527-559.

③ Berelson, Bernard. "The Present State of Communication Research", Public Opinion Quarterly, Vol. 22, 1959, pp. 1-6.

④ Schramm, Wilbur. "The Unique Perspective of Communication: A Retrospective View", Journal of Communication, Vol. 33, 1983, pp. 6-17. 该文非常荒诞地 16 次提及贝雷尔森。

cipline)。① 尽管这些研究传统之间并不一定像库恩所说的范式那样不可通约（incommensurable），而是具有某种内在的知识联系，或者说对话的可能性。但是，作为克里彭多夫（K. Krippendorff）所说的前范式（preparadigm）领域，② 这种知识联系却也并非像范式中的规则那样"不需要明确阐述"，而是需要细致的历史勘察与意义阐释。

应该说，传播理论的碎片化印象，与传播学标准史和其他神话史密切相关。如果无视或意识不到传播研究各传统的对话性，却又视某一特定的知识传统为正统，传播学史很容易沦为学术地缘政治争斗、学术资源争夺的工具，应运而生的只可能是各种神话史。拒绝神话史，传播学史研究首先需要厘清传播研究各种传统的问题域及其形成路径，钩连其对话性线索。作为长期专攻传播思想史的杰出研究者，彼得斯对于传播学历史研究这一应有的知识追求具有高度自觉。他在参与1993年《传播学刊》组织的学科反思时，就以"传播学系谱研究"（"Genealogical Notes on 'the Field'"，1993）对经验主义、人文主义和批判理论这三种的知识传统，进行了超越分歧、钩连共识的思想史阐释。就其分歧而言，彼得斯很清楚，无论是社会和政治哲学观点，还是具体议题、研究方法，作为三种传统知识源头的拉扎斯菲尔德、杜威与阿多诺（Theodor Adorno）各有其特定立场。媒介效果研究者拉扎斯菲尔德属于政治上的自由主义者，他主要关心的是媒介与受众态度改变的关系；作为社会民主主义者，杜威却把民主政治中的公民参与性当作首要问题看待，他的学术实践更多地是以社会哲学的道德反思，力求推进公众的道德重建与社会进步。作为马克思主义者，阿多诺的社会批判关心的则是资本主义文化工业中权力关系的象征性复制，也即资产阶级的政治统治如何通过文化与传播实现全面的社会控制。但彼得斯也看到，杜威、拉扎斯菲尔德和阿多诺等人所要解决的知识问题，其实非常相似。他们共同关心的，是大众传播形成的"对民众象征性控制的集权化新形式"。这样，杜威所说的"参与性公众的消失"、阿多诺所说的"资本主义的文化促销"与拉扎斯菲尔德

---

① See Craig, Robert T. "Communication as a Practical Discipline", in B. Dervin, L. Grossberg, B. J. O'Keefe, & E. Wartella (eds.), Rethinking Communication: Vol. 1. Paradigm Issues, Newbury Park, Ca. Sage. 1989, pp.. 97-122; Craig, Robert T. "Communication Theory as a Field", Communication Theory, Vol. 9, 1999, pp. 119-161; Craig, Robert T. "Pragmatism in the Field of Communication", Communication Theory, Vol. 17, 2007, pp. 125-145

② See Krippendorff, K. "On the Ethics of Constructing Communication", in B. Dervin, L. Grossberg, B. J. O'Keefe, & E. Wartella (eds.), Rethinking Communication: Vol. 1. Paradigm Issues, Newbury Park, Ca. Sage. 1989, pp. 53-65.

用统计方法研究的广播受众，在理论上就有了共通的意义——他们均是在探讨"被称为受众的陌生人集体中组织社会行动的可能性"。① 在彼得斯看来，传播研究的三种传统实际上具有明显的"家族相似性"（family resemblance），其中研究手段、关键概念等方面的分歧，只不过是具有相似问题关怀的不同研究者之间的"家族争吵"（family quarrel）。

钩连传播研究不同传统的家族相似性，实质上也就是在讨论，传播究竟是什么，传播的理论化需要解决的究竟是何种问题。这种钩连，不是在理论的表征体系中寻找相同、相似的概念和词语，也不可能仅仅通过理论文本的读解——哪怕是最贴近文本原始意义的读解完成。具体的传播研究者只是在其具体的问题情境中形成个性化的理论认知。传播理论的家族相似性，也即传播研究试图解决的根本性问题，需要通过多种理论在共时-历时的历史维度中比较分析、通过在形成理论的知识与社会语境中对传播理论化过程再度理论化，才可能逐渐明朗。因此，传播学史如默顿（Robert Merton）在区分理论与理论史时所说，包括理解和阐释一些在"其形成之时一度富于意义，但却被以后形成的经验检验所推翻或者被其后更适用于新事实的概念所代替"的"睿智但却错误的概念"，包括那些"错误的开端、现已陈旧的理论以及过去研究中有益或无益的错误"。② 就传播活动如何被认知、被理论化这一中心问题而言，这些所谓错误与目前尚未证明为错误的理论，几乎具有同等的解释意义。

而且，正如凯瑞在为汉诺·哈特的《报刊社会理论》（Social Theories of the Press, 1979）撰写"前言"时所说的，"人文科学知识史研究的绝对必要性"不仅在于有助于批判地理解当前的研究实践与理论建构，更重要的是，历史能够发掘科学发展进程中那些被草率抛弃但却具有重要意义的问题与方法，重新赋予其生命力，以激活学术研究的创生能力。③ 凯瑞尽管以发掘的名义主张学科史的功利性意义，但就其推动以杜威为代表的传播研究芝加哥学派"再度发言"，就其对杜威公共哲学的重新阐释以及格尔兹人类学理论资源的重新整合而言，凯瑞对传播理论的历史探究实际上形成了与传播研究所谓主导范式迥然不同的具有深刻意义的政治、社会解释。凯瑞的历史

---

① Peters, John D. "Genealogical Notes on the 'Field'", Journal of Communication, Vol. 43 (4), 1993, pp. 132-139.
② Merton, Robert. On Theoretical Sociology, New York: Free Press, 1967, p. 3.
③ Carey, James. "Foreword", in Hanno Hardt, Social Theories to the Press, Beverly Hills, Calif.: Sage, 1979, p. 9.

叙事因此就不仅是一种发掘,而是一种发明。可以说,凯瑞这种历史-解释所研究的已经不再仅仅是传播学史,它实际上就是一种理论建构。

三、传播学历史阐释的经验性确证:作为方法的知识社会学

不过,传播学史上的一些错误理论之为错误,并不是某一理论缺乏经验材料的支持,或者对新的经验材料失去了解释能力,而是因为该理论本身就是研究史叙事有意无意误读的结果,如被称为"皮下注射论"或"魔弹论"的强效果理论。晚近的文献分析表明,"皮下注射"这一臭名昭著的隐喻性概念其实直到1953年才首度出现在严肃的学术著述中,以描述传播效果,而其始作俑者正是两年后以《亲身影响》(Personal Influence, 1955)闻名的"有限效果"论者卡茨。① 如果说这一理论不是如某些研究者猜测的那样,仅仅是为了确证新近研究(即两级传播)的理论创新而编制的"稻草人"的话,可以确定地说,卡茨的效果研究史回顾并没有使用可靠的研究方法。正如斯普劳尔(Michael Sproule)所指出的,被卡茨认为持有"皮下注射"式效果观的宣传分析者并不关心媒介讯息与受众的关系,他们感兴趣的只是媒介生产者对内容的操纵、控制。② 为了避免卡茨式的理论"发明",传播的理论化及其传播的历史阐释必须具有经验性材料的支持和确证;或者说,传播学史研究的一般结论需要在传播理论赖以形成和传播的可能性与必要性等社会-历史条件的细致探究中获得。这些条件可以粗略地分为宏观的社会结构、时代基本问题和知识风尚与微观层面上具体知识生产者的社会身份、关系网络、知识传承、知识承诺,以及联结两者的知识生产方式等。这种多维度的社会-历史分析,就是知识社会学(sociology of knowledge)。

以知识的起源与其正当性(validity)③为思考对象,知识社会学的基本理念可以用默顿的话表述为:"就思想本身不是内在地决定的而言,以及就

---

① Lubken, Deborah. "Remembering the Straw Man: The Travels and Adventures of Hypodermic", in The History of Media and Communication Research: Contested Memories, edited by David Park and Jefferson Pooley, 2008, New York: Peter Lang, pp. 22-23.
② Sproule, J. Michael. "Progressive Propaganda Critics and the Magic Bullet Myth", Critical Studies in Mass Communication, Vol. 6, 1989, p. 226.
③ 这里试图表达的是 validity,而不仅仅是"正当性"。也就是说,知识社会学关心的,是知识的有效、可信可靠、正当合理等规范性要求。

思想的这个或那个方面在非认识因素中衍生出来而言，思想是有存在基础的。"① 与知识社会学立场相区别的，是知识/思想的"内在地决定"的观点。这一观点认为，知识/思想的发生——问题的设定、方法的选择、观点与理论的形成主要受制于独立自足（self-contained）的知识/思想本身的生长逻辑，新问题、新方法、新观点或是对旧的问题、方法与观点的延续、拓展，或是对知识发展内在困境的对策式反应。这一观点，怀特海所谓"一部西方哲学史只不过是柏拉图思想的一串注脚"的说法，表现得最为彻底。余英时的思想史研究讨论中国儒学从宋明理学"德性之知"朝向清代经学"闻见之知"的根本性变革，也采取了这种解释逻辑。余英时认为，这一变革之所以发生，既不是因为清代学者个体或集体的主观偏好，也不是因为清初严酷的知识环境，而是理学发展的自身逻辑"不可避免地逼出"了清代的经学考证。② 不过，这一"内在决定"的逻辑似乎更适宜于长时段的宏观解释，当其应用于具体知识/思想的理解与解释时，很可能只具有或然性的意义。在具体知识/思想之间建立关系，需要承担起表现概念连续性的举证义务，而严格的概念连续性证据往往并不明显存在，因此其论证具有很高的风险性。正是对知识/思想这种"逻辑连续体"（logical continuum）内在决定的怀疑，知识社会学强调"社会牵连"（social involvement）的观点，并认定"各种概念都表现为对给定情境的解释性反应"。③

作为社会学的经典命题，从孔德、马克思、涂尔干、马克斯·韦伯到曼海姆、舍勒（Max Scheler）以至于默顿等诸多社会学家均讨论了知识/思想与社会存在的关系。这个存在基础，对马克思而言是经济与阶级，对涂尔干而言是群体结构和群体关系，对舍勒而言，是由血缘与亲属关系、政治权力、经济因素这三种现实因素作为独立变量并以一定的可变秩序形成的"三阶段法则"。在一项综述性研究中，默顿则对精神产品的存在基础进行了详细的分类和列举。然而，无论是马克思的阶级还是默顿的列举，作为知识史研究方法的操作意义都并不十分明显。相比较而言，能够为知识史研究尤其是传播研究的知识史/传播学史提供方法论启示的，是欧内斯特·曼海姆

---

① 【美】默顿：《社会结构与社会理论》，唐少杰、齐心等译，译林出版社2006年版，第691页。
② 余英时：《清代思想史的一个新解释》，《余英时文集》第2卷，广西师范大学出版社2014年版，第236页。
③ Manheim, Ernest, "Introduction", in Karl Manheim Essays on the Sociology of Culture, New York: Routledge, 2003, pp. 2.

(Ernest Manheim)为卡尔·曼海姆的《文化社会学论集》撰写引论时概括的四种相互影响的变量。①

E. 曼海姆概括的四种变量的第一种是知识/思想试图予以反应、解释的情境（situation），如社区、国家、革命或阶级等。尽管日益学科化分类的现代知识一般都会有专门的知识对象，如果传播学的知识兴趣即在于传播行为，但是这些具体的知识对象从根本上说都是情境化的，只能在特定的情境中表现自己并成为情境的一部分。现代知识生产高度强调知识产品的正当性、经验性，也更强化了知识产品的情境性特征，从而使知识从总体上均表现为所谓"地方性知识"。理解、阐释知识/思想的过程就需要辨识、明确知识/思想的反应情境，实现知识生产、思想形成的情境还原，以减少误读、克服对情境化的知识/思想过度普遍化。传播学史之所以成为凯瑞所称的"不清白的"历史，忽视知识的情境不能不说是其主要原因。孙玮就曾谈到国内传播学反思时抽空芝加哥学派思想发生的关键场景（情境）——都市化进程引发的社会条件、人类秩序的变化——的"奇怪现象"。② 去情境地复述芝加哥学派诸人关于符号、传播、共同体、社会秩序等种种表述，不仅会产生诸如帕克发明了议程设置理论③这种对概念、理论进行"消耗性转换"④ 的问题，导致理论的理解偏差，更使传播理论沦落成死的知识，从而消解了其观照现实问题的解释能力。不过，正如E. 曼海姆接下来所称的，同一个对象一方面在不同的情境会有不同的理论化后果；另一方面，牵连进同一种情境中的不同的人也会以不同方式描述这一情境，试图使其发生相应的改变，因此，E. 曼海姆的第二个变量就是牵连进情境中的个体及其对情境的想像。

这种牵连，E. 曼海姆举以为例的是职业目标、政治抱负、亲属关系、经济上的竞争与联盟等一大批交互重叠的群体联结（group attachment）。这些举例主要适宜于解释一般社会思想的形成，并不完全适用于传播学这种正式知识，但作为一种参照，也大体可以对传播学史研究做类似的构想。这也

---

① Manheim, Ernest, "Introduction", in Karl Manheim Essays on the Sociology of Culture, New York: Routledge, 2003, pp. 2.
② 孙玮:《为了重建的反思：传播研究的范式创新》,《新闻记者》2014年第12期。
③ See Schramm, Wilber. The Beginnings of Communication Study in America: A Personal Memoir, Thousands Oaks: Sage Publications, 1997, p. 20, Note 2.
④ 语出王汎森先生2011年在复旦大学的演讲，见王汎森《执拗的低音：一些历史思考方式的反思》，生活·读书·新知三联书店2014年版，第23页。王汎森先生用"消耗性转换"对应林毓生的"创造性转化"的概念，意指现代学科建设过程中，传统学问中一些"复杂细微的成分被摒去了"。

就是说，理解和阐释传播思想、描述传播知识史的事实需要关注研究者个体与社会情境、与传播实践的接合方式，包括研究者的社会关怀与知识兴趣、知识规范、研究方法等方面的具体情况——这些情况表现为研究者的主动选择，也即库恩所称的知识承诺——以及研究者获得研究资助的具体方式。彼得斯早年比较杜威与拉扎斯菲尔德传播研究的路径差异，着眼点即是两者的社会关怀与知识兴趣：杜威的社会改革预言家与拉扎斯菲尔德的社会管理工程师。① 不过，这一议题并不是彼得斯当时研究的目标，他也只是仅仅提出这一具有启发性的结论而未进行充分的论证。实际上，研究者的社会关怀与知识兴趣完全可以作为独立的知识史问题予以深究。社会关怀和知识兴趣意味着相对于具体研究者的"知识为何"的意向性判断，而"知识如何"也即以何种方法获得材料、进行论证（归纳或演绎）、以何种形式呈现结论等，研究者会有其独特的理解和追求，从而使知识成为知识生产者的特定知识。另一方面，研究者也会以某种形式的文献（或私人材料，如信件、口述史等）呈现这一知识承诺，如帕克的"自然史"说明（explanation）与社会学解释（interpretation）②、拉扎斯菲尔德"弥合旧式人文传统与新式经验性研究的裂隙"的解释（explication）③ 等，据此也可以推断知识的特定品性。

在现代知识生产条件下，影响最大的牵连还是资助体系。利用对资助体系的研究，格兰德（Timothy Glander）、辛普森（Christopher Simpson）、巴克斯顿（William Buxton）等人解释传播研究何以会走上行为主义行政研究的道路。④ 普利（和卡茨）论证美国社会学者何以会放弃传播领域的研

---

① Peters, John D. "Institutional Sources of Intellectual Poverty in Communication Research", Communication Research, Vol. 3, 1986, pp. 527-559.

② See Park, Robert, & Burgess, Ernest. Introduction to the Science of Sociology, 3rd edition, Chicago: University of Chicago Press, 1969, p. 7, p. 16.

③ Lazarsfeld, Paul F. "General Introduction", in Paul Lazarsfeld and Morris Rosenberg (ed.), The Language of Social Research: A Reader in the Methodology of Social Research, Glencoe, Illi.: Free Press, 1955, p. 2.

④ Gary, Brett. The Nervous Liberals: Propaganda Anxieties from World War I to the Cold War, Columbia University Press, 1999; Glander, Timothy. Origins of Mass Communications Research During the American War: Educational Effects and Contemporary Implications, Mahwah, New Jersey: Lawrence Erlbaum Associates, 2000; Simpson, Christopher. Science of Coercion: Communication Research and Psychological Warfare, 1945—1960, New York: Oxford University Press, 1994; Buxton, William. "From Radio Research to Communications Intelligence: Rockefeller Philanthropy, Communications Specialists, and the American Intelligence Community", in The Political Influence of Ideas: Policy Communities and the Social Sciences, edited by A. G Gagnon and Stephen Brooks, Westport, CT: Greenwood, 1994, pp. 187-209; Buxton, William. "Reaching Human Minds: Rockefeller Philanthropy and Communications, 1935—1939", in The Development of the Social Sciences in the United States and Canada: The Role of Philanthropy Policy Issues in Education, edited by Theresa R. Richardson and Donald Fisher, Stamford, CT: Ablex, 1999, pp. 177-192. et al.

究，也运用了同样的视角。① 从根本上说，E. 曼海姆这一变量就是在追问研究者个人对知识生产所采取的基本态度、这种态度之所以如此的具体原因及其实现可能性等问题，而研究者形成知识态度的一个原因又被 E. 曼海姆单独列为第三个变量，他称为"诸个体与诸群体对情境的想像"，这里的"诸个体与诸群体"指的是研究者的社会关系网络，也就是影响研究者问题域、方法论选择的人际交往，包括日常交谈、通信、会议交流、授课等多种形式的直接联系，并邮件、会议记录、日记等材料之中，从而成为知识史研究的可据线索。

这一变量类似于一般知识史研究所称的"学派"（school）、"无形学院"（invisible college），或者霍林格（David A. Hollinger）所称的解释社区（community of discourse）。② 但需要明确的是，无论是学派还是解释社区，就其本质而言只不过是为了分析便利而对这些具有人际联系的"诸个体或诸群体"进行的概念化描述。这些个体或群体因为共享一些价值、信念、问题、看法、范畴而成其为学派或解释社区，并不是先验地存在所谓学派或解释社区从而可以推定"诸个体""诸群体"的思想。学派或解释社区虽然会形成一定的边界，但这种边界却又是模糊的。既不存在边界之内价值、理念等的完全一律，也不存在边界内外的决然隔绝。传播研究芝加哥学派内部的研究路径分野③或其与哥伦比亚学派的知识联系④，分别表现了这两种可能性。因此，考察知识/思想的发生、发展轨迹，重要的依据依然是个体、群体间的人际或知识联系，而不是学派或解释社区的标签。

E. 曼海姆的最后一个变量是"这些想像所传达到的受众"，包括受众的"特殊理解"、受众"附着意义于其上的符号"以及"予以反应的词汇"。E. 曼海姆认为，研究者是根据他实际面对或暗中期待的受众来想像主题的，一条讯息的形式和实质也会因为研究者试图与其建立良好关系的受众的

---

① Pooley, Jefferson, & Katz, Elihu. "Further Notes on Why American Sociology Abandoned Mass Communication Research", Journal of Communication, 2008, pp. 767-786.
② Hollinger, David A. "Historians and the Discourse of Intellectuals", in David A. Hollinger, In the American Province: Studies in the History and Historiography of Ideas, Bloomington, In.: Indiana University Press, 1985, pp. 130-151.
③ 参见王金礼《作为知识的新闻：杜威、帕克与"夭折"的〈思想新闻〉》，《学术研究》2015 年第 3 期。
④ See Pooley, Jefferson. "Fifteen Pages that Shook the Field: Personal Influence, Edward Shils and the Remembered History of Mass Communication Research", The Annals of the American Academy, Vol. 608, 2006, pp. 141-145.

不同而有所变化。① 拉扎斯菲尔德曾在接受诺尔-诺伊曼（Elisabeth Noelle-Neumann）的访谈时承认，他之所以离开传播研究转向数学社会学的真正原因其实是，他再也无法承受媒体施加的压力。② 由此合乎逻辑的推论是，拉氏传播研究的主题甚至结论与媒体的主观欲求有着难以割舍的联系，批评拉氏的传播研究弱化媒体的社会影响进而为媒体推诿社会责任提供证据，也就很难说是一种无端指责。就受众作为传播知识史研究变量的操作性而言，需要注意的是研究者观念表达的策略性及其真实意向的关系问题。有着"伪装大师"（impostor）之称的施拉姆，就曾在不同语境、面对不同对象时就传播的内涵表述了不同的理解，对传播研究的议题、目标做出过不同的构想。整理、分析这种差异，即使不能颠覆施拉姆的学科奠基人神话，至少也会在一定程度上改变既有传播学史叙事中的一些刻板印象。

因其问题域的拓展、论断的经验确证，传播学史的知识社会学研究引起传播学史研究的革命性变革，表现出极大的知识创造力。实际上，当知识社会学成为方法，对传播思想生成、发展做知识探究的传播学史本身也成为传播理论的一种形式。毕竟，就传播研究作为人类传播实践也即人类思想形成、意见交换、观念共享的知识探索而言，知识社会学方法的传播学史也是在探究思想、意见与观念的社会实践过程。在这个意义上，传播学史观照的就不仅是一种历史，它的真正关怀，从根本上说也是活生生的社会现实——思想的现实。

---

① Manheim, Ernest, "Introduction", in Karl Manheim Essays on the Sociology of Culture, New York: Routledge, 2003, pp. 3.
② See Noelle-Neumann, Elisabeth. "The Effect of Media on Media Effects Research", Journal of Communication, Vol. 33, 1983, p. 160.

大数据时代新闻传播学研究的重构与进路

吴小坤

大数据越来越多地应用于整个社会科学研究，不仅改变了传统的研究路径和条件，更是对研究领域、研究实践和学科边界加以改变和拓展，描绘了不同学科融合交叉的研究图景。哈佛大学量化社会科学中心的学者 Gary King 曾指出，大数据应用于社会科学，将使整个社会科学研究的实证基础发生重大变化，加速质化研究与量化研究取向的进一步融合。[1] 该学者提出这一趋势时值 2009 年，针对长期以来质化研究和量化研究的分野与融合，国际和国内学者争论已久。[2] 而之后大数据对社会科学更加广泛和深入的影响，促使今天社会科学研究从原本的质化与量化的二元方法论朝向质化研究、量化研究和计量研究三条路径发展。

有学者将大数据看作资本、劳动力和自然资源之外的第四种生产要素[3]，在数量、种类、处理速度和价值[4]方面都具有传统社会科学研究所远不可及的特性，由此带来的是整个社会科学研究实证基础的巨大改变。由于大数据所基于的互联网及其相关媒介成为研究关注的重心，在以互联网及其数据、关系和传播机制为支撑的社会科学研究中，越来越多的研究与新闻传播学关联起来，新闻传播学与其他社会科学研究的界限渐趋模糊。这一现象一方面带来了大数据环境下社会科学各学科领域之间的融合交叉，另一方面也造成学科边界模糊的困扰。从某种程度上看，社会学、政治学、经济学、人类学等领域的研究都在关注新闻传播学所关注的核心问题，包括信息传播

---

[1] Gary King. 2014. Restructuring the Social Sciences: Reflections from Harvard's Institute for Quantitative Social Science, Political Science & Politics, 47. 01, pp. 165-172.
[2] 冯天荃:《量化研究与质化研究：社会科学领域两种对立的研究范式》，《南京师大学报》（社会科学版）2008 年第 4 期；秦金亮:《国外社会科学两种研究范式的对峙与融合》，《山西师大学报》（社会科学版）2002 年第 2 期。
[3] 沈浩、黄晓兰:《大数据助力社会科学研究：挑战与创新》，《现代传播》2013 年第 8 期。
[4] 参见维克托·M. 舍恩伯格在《大数据时代》中对大数据的界定，包括 volume, variety, velocity, value。

的主体、结构和模式等，这使得新闻传播学作为显学的地位初现。而新闻传播学本身由于受到大数据的冲击，也在从传统人文学科的路径，转向规范质化、量化研究的强调，直至计量方法的延伸，其研究问题的广泛性不可避免地与其他学科发生更多的交叠。

一、社会科学中的大数据研究图景与新闻传播学的地位改变

社会科学通常被认为起源于欧洲，在孔德、涂尔干、韦伯等学者的影响下，成为构筑在宏大理论和抽象经验主义基础上的理性研究。但随着19世纪中后期工业化和现代化的迅速发展，社会科学研究的重心从欧洲转移到美国，在劳资冲突、城镇化、贫困、犯罪、种族、教育等种种社会冲突凸显的情境下，如吉登斯（Franklin Henry Giddings）、罗斯（Edward A. Ross）、库利（Charles Horton Cooley）等一批学者专注于社会底层现象、社会冲突与社会福利等议题的研究，社会科学研究也逐渐转向了实证研究。延续了美国和欧中两种不同传统，实证的社会科学研究与经验的社会科学研究之间的争论一直持续到今天，尽管其中不乏融合与对话，但这两种主要的研究范式长期以来保持不相上下的对峙姿态。近年来大数据在社会科学中被越来越多地使用，改变了这种势均力敌的对峙状态，实证研究的范式在诸多社会科学相关学科中开始占据主导位置。

大数据进入社会科学研究带来的另一显著结果是将原本作为新闻传播学本体的信息网络及其相关内容，推向了各个学科共同关注的聚光灯下。社会科学中出现了很多关乎大数据的研究专著，相关的研究论文也迅速增长。仅从中国知网CNKI数据平台的统计来看，直接以社会科学和大数据作为主题词的研究在2013年以后呈迅速上升趋势，有研究指出："大数据研究真正滥觞于2013年，一年之间产生出对本研究而言有效的论文728篇。"[①] 其中，社会科学研究与整体增长步调一致。以主题词为条件，输入"社会科学"包含"研究"和"大数据"，精确匹配后共得到相关文献159条[②]，数量的增长体现在从2013年的18篇增长到2015年的57篇，而在此之前的2006至

[①] 党明辉、杜俊飞：《中国大数据研究学术进展分析》，《中国网络传播研究》2015年第1期。
[②] 检索时间为2016年9月28日。

2012 年检索到的文献总数只有 5 篇。

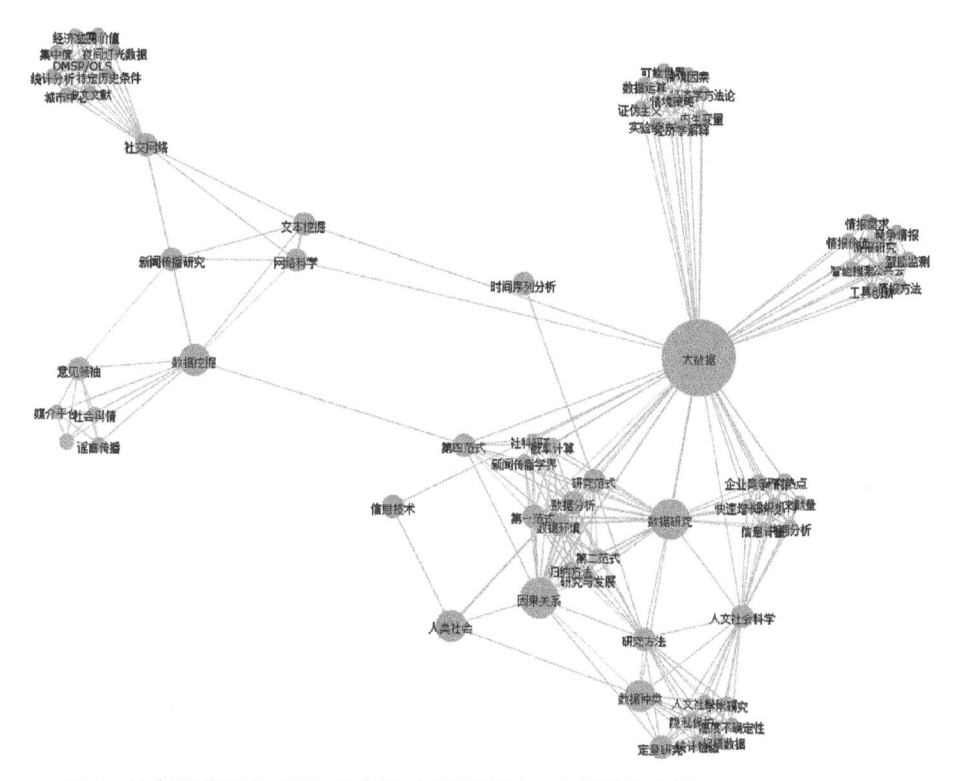

图 1　社会科学研究 CNKI 分布图（主干部分），文献覆盖时间：2006. 1—2016. 9

使用 CiteSpace 可视化绘制大数据相关的社会科学研究，共现词分析呈现出一个以大数据为核心概念，具有较为鲜明的簇特征的主干部分，以及三个彼此独立的小词群。为了方便清晰阅读，图 1 仅展示共现词分析关系图的主干部分。文献分析显示，在如经济管理学、新闻传播学、社会学、人类学等社会科学研究中，已呈现出与大数据紧密相关的态势。其中，"新闻传播研究""新闻传播学界"以及新闻传播研究中的核心议题如"意见领袖""社会舆论""社交网络""媒介平台""谣言传播"等。从共现词关系结构来看，"新闻传播研究"关联的大数据概念主要有"数据挖掘""文本挖掘""网络科学"等，在"社交网络"分析和舆情分析中最为突出，最常见的如"意见领袖""社会舆情""谣言传播"等。CNKI 文献的共现词分析说明了互联网时代所带来的新问题促使大数据与新闻传播研究紧密结合，对这些问题的把握需要建立在大量数据分析的基础之上，而这些问题本身所涉及的问题又是新媒体格局下社会发展过程中难以回避的重要问题，新闻传播因而被推至社会科学大数据研究的中心地段。

新时代　新媒介　新想象：当代新闻传播研究的问题与方法

同样，使用 CiteSpace 对 CNKI 中"新闻传播"＋"研究"进行共现词绘制（见图2），可以看到，新闻传播学与"大数据"之间的关联较为显著，但相比"媒介融合""新媒体"等词，该领域中与"大数据"直接相关的研究并不为多。分析表明，"媒体融合""新媒体""微博"等是新闻传播研究领域中与大数据共同使用较多的词条，而这些领域的研究也是近年来新闻传播研究中最为热点的议题。由此可见，大数据为新闻传播学与其他社会科学研究搭起了一个桥梁，正在并将进一步将新闻传播研究推向社会科学研究领域中更为显著的位置。

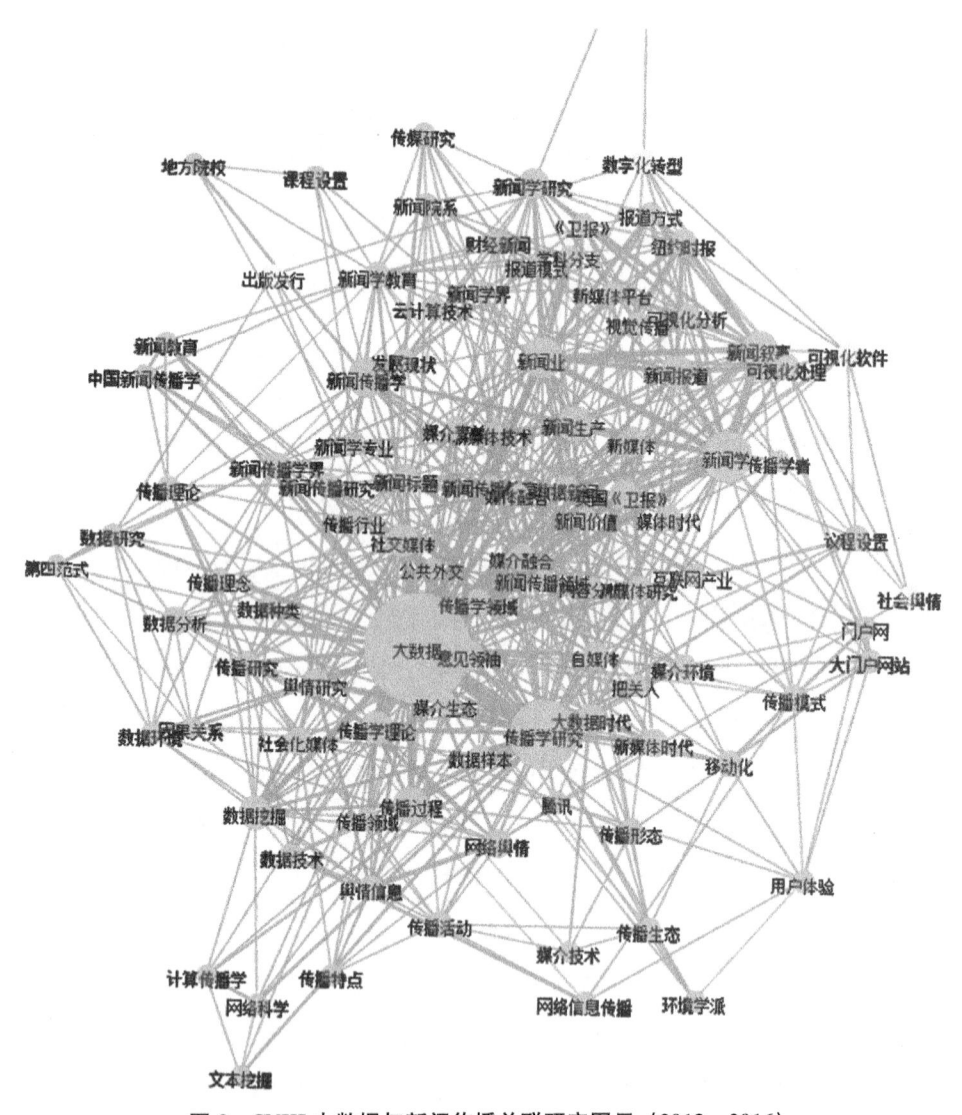

图 2　CNKI 大数据与新闻传播关联研究图示（2013—2016）

二、大数据对新闻传播学科范式的内外部重构

工业革命以降,专业化程度就被作为衡量一个社会现代化程度的标志。但也有学者认为,尽管专业化提高了人们认识和把握社会的效率,但却降低了人们对整体文化的了解和控制。① 受到美国社会科学研究专业化和细分化的影响,全世界的社会科学研究专业化都在增强。对整体的社会科学来说,正是这样的专业化分工使得学科之间的边界日益清晰,学科领域之间的分化越来越明显。大数据的出现让社会科学在细分化和专业化的过程中发生了转向,有学者认为,大数据的出现将会促使第三次学科融合的兴起,并将以数据为纽带,推动学科融合。② 在这样的背景下,新闻传播学科的发展将朝向两个方面的融合发展。

（一）大数据从外部促进新闻传播学与其他学科的交叉融合

相比社会学、政治学、人类学等社会科学研究来说,新闻传播学是一个相对后发的学科。西方理论界曾将传播学看作社会学的分支,社会学诞生在先,传播学产生在后。在新闻传播学的学科形成过程中,借鉴了社会学中调查统计等基本知识方法,关注的问题也与社会组织、行为和社会问题相关,重点研究其中的传播行为、过程和关系。今天,社会学也开始用传播学的成果来丰富其研究内容,尤其是在大数据的影响下,越来越多的学科开始从新闻传播学中汲取营养。

大数据的出现让原本趋向于分化发展的学科领域转而出现不同程度的融合,新闻传播学科与其他学科之间的对话和交流变得频繁。一方面,在近年来发表的新闻传播领域关于推特、脸书、维基百科等议题的大数据研究论文中,很多都有拥有计算机背景或科学背景的作者参与。另一方面,在大数据相关研究方法的工作坊或专题会议上,可以看到来自不同学科背景的学者有了更多的交流。比如,在2016年上海纽约大学举办的大数据研究方法工作坊中,就有来自不同国家的政治学者、社会学者、新闻传播学者、计算机学者、地理学学者等的共同参与。

---

① ［德］格奥尔格-齐美尔:《社会学—敢于社会化形式的研究》,林荣远译,华夏出版社2002年版。
② 陈云松、吴青熹、黄超:《大数据何以重构社会科学》,《新疆师范大学学报》（哲学社会科学版）2015年第3期。

大数据再次改变了科学与社会科学的边界分野,让原本只属于科学领域的精确量化被应用于新闻传播等社会科学研究领域。事实上,这种依靠研究方法的分野所做的学科领域划分,在之前的科学与社会科学边界问题上就不是一成不变的。康德曾认为心理学不能成为科学,其理由是心理学无法被精确量化。但在实验心理学家冯特借助心理物理学和实验生理学的数量化方法打破了这一状况后,在心理学的发展过程中,量化研究成为心理学研究的主流方法,实验心理学也成为更贴近科学的一门学科。

相比于其他社会科学研究,新闻传播学更关注信息传播的呈现规律,从信息传播的角度研究社会现象和社会问题。研究文献显示,互联网时代以来的信息传播研究强调网络所引发的社会问题,分析的重点包括社会网络和组织的关联、公共舆论的传播、公民与政府通过互联网和社交媒体的互动、网络空间所带来的社会文化变迁等。这些问题的研究对象较多地指向网络空间中的组织和个人,及其信息生成和传播规律。随着互联网在社会生活中的地位越发突出,今天的各行各业都与互联网形成了紧密的关联,对互联网及其相关问题的关注促使各个学科都在关注信息传播相关的问题,新闻传播学对信息传播规律的把握,为其他学科的相关研究提供了依据。对于互联网时代的信息传播研究来说,大数据不仅是其中的核心问题之一,而且为研究网络的传播规律和机制、参与者之间的互动等提供了有效的方法。研究者能够通过大数据的方式,准确地把握网络的结构和组成,信息节点之间的信息传播路径和关联等,这被广泛应用于政治、经济、社会问题分析的同时,也将新闻传播学的核心问题推向了显著的位置,新闻传播学与其他学科的边界变得模糊。

(二)大数据从内部推动新闻传播学研究的学科定位转向

世界范围内的新闻传播学历史并不长,19 世纪与 20 世纪之交新闻学在美国和德国形成学科,20 世纪 40 年代,传播学在美国形成学科。中国新闻学教育的开端通常以 1918 年 10 月北京大学新闻学研究会的成立为标志,1978 年 7 月复旦大学新闻系的刊物《外国新闻事业资料》首次公开介绍传播学,通常被视为中国新闻传播学研究的起点。[①] 尽管从一开始,新闻学和传播学就被作为两个不同的学科分支,在研究定位上,新闻学以职业规范导

---

① 参见百度百科,2016—10—06,http://baike.baidu.com/link?url=xJ40QFMBRpTgcd3tBh9fBq ONvA6xux-SX8KlfB Mw9a MwDdKyd8N6j1qv2LyRpOmAgaRZv6ee6ZGf9QMjrQGpg_

向为己任，传播学则是经验性学科，着重于传播对于社会的影响。① 但在学科布置方面却往往是新闻学与传播学并置，新闻传播也因此被列为一级学科，新闻学和传播学是其中的两个二级学科。该学科建设之初被作为人文学科，很多大学的新闻传播专业都设立在中文系或人文学院/文学院下面，如清华大学新闻与传播学院从中文系的编辑学专业到传播系，后来又成立了新闻与传播学院；南开大学的编辑出版学、新闻学建立之初都属于人文学院；安徽大学的新闻传播学曾属于文学院；吉林大学的广告学曾属于文学院等。由于历史原因所造成的学科建立早期师资力量不足，加之人文背景的专业设置方式，使得新闻传播领域的教师在很长一段时间主要来自中文或文学相关背景，新闻传播研究也在很大程度上沿袭了人文学科的研究路径。

受到 20 世纪 70 年代以来美国社会科学研究强调结构性因素的影响，弱关系、结构洞理论备受关注。新闻传播学也从诠释概念、假说和理论更多地转向对具体的传播现象的分析，其中大量地使用调查数据的实证研究方法，对问题进行支撑和检验。尽管在使用实证研究方法还是经验研究方法，通常被看作社会学科与人文学科在研究方法上的分歧，但直到今天，社会科学方法论仍然是一个并不成熟的领域，在社会科学与人文科学的关系等基本问题上也仍然存在激烈的争论。② 大数据应用于新闻传播学研究的一个显著结果是，促使新闻传播研究由传统的人文学科路径更大程度地向社会科学的研究路径倾斜，实证研究逐渐占据上风，并朝向更加精确化的方向发展。

大数据带来的研究更加精确化的趋势，使得传统的实证研究方法在大数据的冲击下得到拓展。早就有学者意识到实证研究受到大数据冲击的潜在危机，在 2004 年 ESRC 基金支持的社交网络研究中，研究者们通过对来自三个机构的成员进行问卷调查，他们耗费了大量的时间来分析问卷数据，并对部分受访者进行访谈以了解更多的细节。但一名非正式研究者借助其所工作的知名电信公司所拥有的这些受访者多年来的通话记录，通过简单的统计分析就获得了研究结果。甚至获得了比社会学家们更精确的结果，仅仅是因为他拥有大量的数据。③

在传统的数据采集方法下，研究者只能获得非常有限的资料，大数据为

---

① 黄旦：《整体转型：关于当前中国新闻传播学科建设的一点想法》，《新闻大学》2014 年第 6 期。
② 朱红文：《社会科学方法论驳论》，《河南社会科学》2000 年第 2 期。
③ 张旭、唐魁玉：《大数据及其"社会学后果"》，《新视野》2016 年第 3 期。

研究者提供了前所未有的海量数据和信息，大大拓展了原有的经验范畴。在传统的实证研究中，无论是哪种抽样方式都会存在一定的误差，并需要对数据分析结果进行检验。采用大数据的方法，可以获得研究相关问题某些断面的全样本，然后通过简单的统计描述就可发现其中的规律，从而跳出利用抽样数据对研究结果证实或证伪的传统研究模式。同时，全样本的数据分析还有利于避免因个人经验的局限所带来的干扰因素，能够帮助研究者开拓思维，发现经验之外的规律。

三、大数据重构新闻传播学实践图景

长期以来，新闻传播学的学科发展与新闻实践密不可分。大数据所带来的信息处理和传播方式的改变，直接影响新闻传播领域的生态结构与运作方式。媒体转型的过程中，在内容领域不断探索新的新闻样式。比如，近年来兴起的数据新闻通过对大量数据的挖掘、清洗、分析、发现，将故事以可视化的形式呈现给公众。这些新闻一方面改变了原有新闻实践的采写编评模式，将数据置于新闻报道的核心；另一方面通过数据的挖掘与分析，将一些传统的新闻报道所不能呈现的信息内涵呈现在公众的视野里。

与新闻传播学研究的精确化趋势相一致，数据新闻引领了新闻传播学实践领域的精确化趋势。其大数据实践遵循两条主要路径：其一是使用数据表现力对新闻的支撑，让读者一目了然地读懂需要大量文字才能呈现的内容；其二是从庞杂的数据中发现异常数据，进而形成新闻故事，打破人们的常规认知，帮助公众了解在没有数据分析的情况下很难发现的问题。在这个过程中，数据的获取及其精确性是新闻生产所需要的条件。数据精确性的要求，使新闻实践与科学研究所追求的目标更加接近。

与之相应，大数据时代的新闻也从传播信息转变为信息传播与信息使用并重。读者们不再满足于仅仅接受新闻所传递的信息，而是在接受信息的过程中也生产和使用信息。杰克·巴特塞尔（2015）在"数据即新闻"一文中指出，好的数据新闻并不是将大量数据呈现在读者面前，而是让读者可以使用数据。[1] 大数据一方面重构了新闻实践过程，另一方面也在一定程度上颠覆了原有的新闻价值和伦理规范，尤其是大量数据以及这些数据背后所附加

---

[1] Bastel, J. (2015). Data Is News. Nieman Reports, 69 (1): 48-51.

的价值条件，在一些重要的社会问题上与隐私权、甚至商业利益形成冲突。自维基泄密起，数据在多大程度上能够被合理使用成为令人困扰的问题。

此外，以大数据和算法为基础的信息处理技术改变了新闻生产者和新闻之间的关系。基于大数据和算法的新闻生产直接冲击了新闻行业，正如Automated Insights副总裁Adam Smith所言，"机器稿件生产系统的出现，将对新闻传播行业带来深刻而长远的变化，这种影响首先体现在对新闻传播行业的重新定义"。[①] 机器写作的应用让新闻报道的数量激增，有新闻报道显示，美联社在使用了机器写作新闻后，在无需增加人手的情况下，从每季度300篇新闻上升到4400篇。[②] 目前，我国的新华网、腾讯网等都已经开始使用机器写作生成新闻，这意味着依靠记者现场采访和报道新闻的重要性降低，新闻生产过程中劳动密集型的环节将更多地被机器取代。

大数据给新闻生产带来的冲击正在悄悄改变未来的新闻传播行业，继而改变行业需求和新闻传播人才培养的目标。目前全国很多新闻传播院系都在开设与数据相关的课程和专业，新闻传播学科原有的知识结构已经难以满足行业所需，因而在学科内容设置方面也需要作出相应改革。在美国的密苏里大学、哥伦比亚大学、美国西北大学等高校的新闻学院，数据技能被作为教学的重要内容。在我国，中国传媒大学、中国人民大学、复旦大学、上海大学等高校也相继开设了数据分析相关课程。对接行业新需求的学科建设改革在新闻传播领域正在进行。

四、大数据时代新闻传播学的研究进路

大数据正在影响着整个人类社会，也在改变着社会科学研究的范式，其给新闻传播学所带来的一大红利便是将其推到了社会科学研究的舞台中央。大数据正在冲击着新闻传播学研究的学科范式，带来了新闻传播学理论和实践的重构。这些转变和重构让新闻传播学与其他学科的边界变得模糊，什么属于新闻传播学领域的研究，新闻传播学研究应朝什么方向发展，侧重点在哪等等，各种困惑由此而生。笔者以为，新闻传播学者需要改变"地盘保护"的思维模式，拓展视野和思路，在跨学科的合作和交流中拓展新闻传播

[①] 金兼斌：《机器新闻写作：一场正在发生的革命》，《新闻与写作》2014年第9期。
[②] 同上书。

学研究的可能空间，与此同时，需要清晰核心研究主体，并着重弥补长期以来存在的研究方法薄弱的短板。

（一）开放心态与模糊边界：新闻传播学的研究进路

学科与学科之间边界究竟是否应该划分得泾渭分明，历来就有不同的声音。布尔迪厄就一直持反对态度，他反感"早熟的科学专业化以及因此而带来的琐碎的劳动分工"，"在他看来，非此即彼的选择毫无用处，只不过是为那些空洞无物却言之凿凿的抽象概括和实证主义虚有其表的严格观察，提供一个正当性理由，对经济学家、人类学家、历史学家和社会学家之间的分工而言，是将他们在能力上的局限合法化"。[①] 米尔斯在《社会学的想像力》中也对学术科层制进行了大胆揭露和批判，他认为受现代化推动所产生的社会科层化问题渗透到学术研究领域，在很大程度上窒息了社会科学研究的活力，学术科层化不利于思想沟通和碰撞，更不利于开阔学术眼界，由此，理性化的恶果蔓延到社会研究领域。[②] 罗杰斯在其著作中还这样描述过被称之为传播学四大奠基人之一的拉斯韦尔："H. D. 拉斯韦尔是被作为一个政治学家来培养的，但是他的思想如此兼收并蓄，涉及范围如此广泛，以至于他不适合任何学科的束缚。"[③] 实践也表明，打破学科之间的边界，展开跨学科研究，更容易创新、更容易出优秀成果，那些名垂史册的学术大师也大多涉猎广泛，经常在多个学科建树丰硕，打开本学科的大门，不断吸收其他学科的养分是一门学科保持自身活力的不二法门。

新闻传播学经过几十年的发展，尽管已建立了独立的学科，积累了一定的研究成果，但在历史积淀、理论体系和原创性的知识主体方面都还较为欠缺。长期以来，新闻传播学中的一些基本理论，如使用与满足、创新扩散、议程设置、符号互动、群体动力等，很多都是来自于其他学科。开放性是新闻传播实践和研究的最大特征。互联网和大数据下的媒介组织形式变化，推动了新闻传播学开放的广度和深度，也为新闻传播学者与其他领域学者之间的合作与交流提供了更多机会。

大数据的今天，新闻传播学被置于越来越凸显的位置，与其他学科发生交叉和互动。这并不意味着新闻传播学领域边界被侵占，而是给未来的新闻传播研究提供了更大的空间。新闻传播学者可以借此机会积极与其他学科的

[①] 吴飞：《传播学研究的自主性反思》，《浙江大学学报》2009 年第 2 期。
[②] 同上书。
[③] 同上书。

学者合作，不局限于新闻传播的传统方法和视角，将研究拓展至更广阔的范畴。

(二)寻找身份与清晰核心：新闻传播学研究的集中关注

不断拓展学科边界，汲取其他学科养分，主张跨学科研究，对一门学科保持活力来说，至关重要。然而，一门学科在其朝外拓展的同时，一些关涉自身立足和发展的"学术身份"问题，"本学科研究什么""本学科的特色在哪""本学科的价值在哪""本学科对它学科的贡献在哪"等等，更须关注。新闻传播学研究什么？学科特色是什么？学科价值在哪？对它学科的贡献在哪？等等，若进行类似的发问话，便可发现，若以1845年世界最早的新闻学专著普尔兹之《德国新闻事业史》算起，现代新闻学已有100多年历史，若以1943年哈钦斯委员会（又称报刊自由委员会）成立为起始点，现代传播学也有70多年历史，然而，至今来看，当面对这些最基础的学科问题，新闻传播学界似乎并不能对给出共识回应或理直气壮的回答。以新闻传播学的学科贡献为例，吴飞曾对美国著名新闻传播学刊《新闻与大众传播季刊》刊登一文所列出的35本"二十世纪最重要的新闻与传播学著作"进行JSTOR（美国社会科学文献检索系统）检索，结果发现："除了罗杰斯的创新扩散理论被社会学、营销学和农业推广学之类的学科广泛引用外，其他的传播学著作被传播学之外的学科引用的量并不大，有些著作甚至没有被人引用过"。[①]

其实，新闻传播学作为一门后起并经常被其他老牌学科轻视的新兴学科一直在为自身"学术身份"的寻找和认可而努力，然而上文所及关涉学科身份的诸多问题看似基础，但事实上在短时间内很难给出满意回应，尤其对于新闻传播学这门由多元学科杂交而成，历史不长，主体理论不统一、不丰满，研究方法尚待科学地学科来说，更需要假以时日。在大数据时代，一方面，新闻传播学的诸多基本概念、基础理论、研究范式，研究领域、研究对象、研究重点等都面临着重新调整；另一方面，新闻传播学又面临着其他学科不断介入渗透的窘境，这更让新闻传播学的学科身份变得更加模糊。因此，大数据时代的环境下，新闻传播学需要寻找自身的学术身份，但要有足够耐心。

大数据时代，新闻传播学虽不能在短期内找到自身的学术身份，但可以

[①] 吴飞：《传播学研究的自主性反思》，《浙江大学学报》2009年第2期。

在大数据所引发的各类新闻传播领域问题中，清晰自身的研究核心，明确自身的研究主体。从表面上看，现在各个学科都在涉足新闻传播领域，但不同学科的研究切入点却有差别。大数据在政治学的研究中比较典型的如关于选举的研究，研究的切入点和关注核心都是围绕政治制度的一系列相关问题；在经济金融领域，大数据场被运用在经济趋势的分析；在历史学研究中，大数据可被用来支撑和说明事件或知识的历史演进等。这些研究中信息传播及其相关问题常被作为支撑依据，但对新闻传播学研究来说，笔者认为，信息传播规律是研究的主体问题。研究视角和核心关注的不同，从一个方面将新闻传播研究与其他社会科学研究区别开来。

（三）补齐短板与方法训练：新闻传播学研究应加强的薄弱环节

大数据时代不仅向新闻传播领域的实践者提出了新的需求，为拥有计算机和人工智能等专长的学者参与社会现象的分析甚至转型为社会科学家提供了机会①，也向新闻传播领域的研究者提出了新挑战。对我国新闻传播学者而言，这些挑战既有知识积累方面的，更有研究方法领域的。

如前文所述，因缘于历史原因，我国新闻传播学被定位为人文学科，新闻传播学主体学者主要接受的是人文研究方法学术训练。然而，随着新闻传播研究广度和深度的延伸，新闻传播学科的社会科学特质愈发明显。因此，现实研究对规范质化和量化研究方法的急切期待，与研究者社会科学研究方法的准备不足，这一对矛盾伴随新闻传播学研究社会科学特质的加大加深而愈发凸显。这给新闻传播研究所带来的负向作用集中体现在，研究成果长时间很难被社会学、经济学、管理学、政治学等其他社会科学的主流评价体系所认可。以哲学社会科学研究领域最权威的学术期刊《中国社会科学》杂志为例，自办刊以来，该刊刊登了 7 篇②新闻传播学研究方面的文章，其中来自新闻传播学科的学者的文章仅 2 篇，分别是上海交通大学媒体与设计学院葛岩、秦裕林撰写的《Dragon 能否表示龙——对民族象征物跨文化传播的

---

① 陈云松、吴青熹、黄超：《大数据何以重构社会科学》，《新疆师范大学学报》（哲学社会科学版）2015 年第 3 期。

② 7 篇分别是：1988 年第 5 期刊登的武汉中南政法学院法律系夏勇撰写的《西方新闻自由探讨——兼论自由理想与法律秩序》，1992 年第 2 期重庆出版社夏树人撰写的《填补断代新闻史研究空白的力作》，2007 年第 1 期刊登的中南大学文学院欧阳友权撰写的《数字媒介与中国文学的转型》，2008 年第 1 期的上海交通大学媒体与设计学院葛岩、秦裕林撰写的《Dragon 能否表示龙——对民族象征物跨文化传播的试验性研究》，2009 年第 2 期刊登的北京师范大学文学院赵勇撰写的《媒介文化语境中的文学阅读》，2014 年第 2 期刊登的中国传媒大学政治传播研究所荆学民和苏颖撰写的《中国政治传播研究的学术路径与现实维度》，2014 年第 4 期刊登的江苏常熟理工学院人文学院丁晓原撰写的《媒体生态与中国散文的现代转型》。

试验性研究》和中国传媒大学政治传播研究所荆学民和苏颖撰写的《中国政治传播研究的学术路径与现实维度》。与该杂志编辑交谈时获知，新闻传播学者来稿被拒的重要原因是研究方法不过关。同样在与《新闻与传播研究》《国际新闻界》《现代传播》《新闻大学》国内四大新闻传播学刊的编辑交流时也会发现，当将新闻传播学科领域学者的论文送外审时，研究方法不过关同样是稿子未被刊用的主要原因之一。

　　大数据时代，以互联网技术为核心技术并不断升级更新的各种高新信息传播技术大有将现实社会各领域数码化、虚拟化和"一网打尽"的趋势，"互联网＋"正在成为当今最时髦的高频词。新闻传播学作为研究互联网传播规律的主体学科，也正随之将研究的触角延伸至社会的各个领域，新闻传播研究"社会化"的倾向越发明显。与之作参照，新闻传播学者的社会科学研究方法薄弱的短板也显得尤其扎眼。研究方法是展开学术研究的最基础条件，方法缺乏或不科学、不对路，研究的进路就会受堵，研究的创造性就会受限，研究的科学性也会遭质疑。大数据时代，新闻传播学要真正在社会科学学科中赢得该有的地位，就必须得加大对社科研究方法的重视。同样，大数据时代，新闻传播学的研究者想在未来的研究中形成自身的学术地位，仅靠传统人文方法的研究路数，路会越来越难走。可喜的是，国内一批越来越强调社会科学研究方法训练的中青年学者正在成长起来。我们期待，新闻传播学者不仅能学好和用好社科研究方法，而且能基于本学科的研究探索出独有的社会科学研究方法。

新闻框架与社会运动框架：
两种研究视角的整合与对话

郭小安 霍 凤

作为一种理论和研究方法，框架最初发端于文化学（社会学/文化社会学）和心理学，后来逐步被引入到传播学、社会学、政治学等领域，由此形成了认知框架、新闻框架、行动框架、政治传播框架并立的研究格局。相比于其他学科，新闻框架研究无疑又是成果最丰盛、"出现频率最高、使用最广泛的理论"，[①] 其使用频率甚至超过了使用与满足、第三人称效果等理论[②]。但与此同时，框架理论的概念和内涵也呈现出混乱之局面，潘忠党由此把它视为"一个理论混沌的研究领域"[③]，美国政治学家恩特曼（Entman）甚至将框架研究概括为"破裂的范式"。究其原因，很大程度上是由于各学科在引入框架概念后，并未充分注意到学科之间对话的重要性，导致框架理论在各个学科之间形成话语壁垒。新媒体环境下的媒介事件融合了媒介动员与社会动员的特性[④]，凸显了新闻框架与行动框架对话的必要性。有鉴于此，本文尝试从新闻框架理论研究的应然与实然层面入手，分析新闻框架的理论渊源及研究现状，进而探讨在新媒体的场域下，媒介事件中新闻框架与社会运动框架学科交叉和融合的可能性及路径，以拓展框架理论研究的想象空间。

[①] 陈阳：《框架分析：一个亟待澄清的理论概念》，《国际新闻界》2007 年第 4 期。
[②] Matthes, J., "What's in a Frame? A Content Analysis of Media Framing Studies in the World's Leading Communication Journals, 1990—2005", Journalism & Mass Communication Quarterly, Vol. 86, No. 2, 2009.
[③] 潘忠党：《架构分析：一个亟需理论澄清的领域》，《传播与社会学刊》（香港）2006 年第 1 期。
[④] 杨国斌：《悲情与戏谑：网络事件中的情感动员》，《传播与社会学刊》（香港）2009 年第 9 期。

一、破碎与失衡：新闻框架的理论、方法与研究现状

（一）新闻框架的理论渊源

从学科渊源来看，框架理论被认为渊源于心理学和社会学两大学科的研究传统。[1] 心理学传统关照下的框架概念具有"心理基模"的含义，其概念源自凯尼曼（Kanneman）和特维尔斯基（Tversky）的决策研究，心理学界将个人认知过程的假设建构称为"基模"，认为人们可以通过"心理基模"来了解、判断、诠释外界事物，由此形成了认知心理学范畴的框架效应。社会学一脉的框架概念则源自贝特森（Bateson）[2]，由戈夫曼将此概念引入到文化社会学，后来再引入到大众传播研究中，成为传播学的一个重要理论。

"框架"一词并非是戈夫曼的首创，他对于框架理论的研究起点来自于美国心理学家威廉·詹姆斯（William James）在1896年发表的文章《The Perception of Reality》中提出的问题："在什么情景下，我们认为事物是真实的？"[3] 1945年，舒茨（Schutz）在其论文《On Multiple Realities》中继续讨论了威廉·詹姆斯的论点。[4] 戈夫曼沿着胡塞尔（Husserl）和舒茨的现象学视角，并借鉴了人类学家贝特森提出的框架概念，更深入地分析人们如何回答"现在发生的是什么？"、如何凭借组织经验来建构现实这个问题。[5] 1974年，戈夫曼出版了《框架分析：经验组织论》一书，并将框架概念引入到传播语境中，探讨人们在日常生活中如何使用框架来诠释事物和对象产生的特定意义。戈夫曼认为，对一个人来说，真实的东西就是他或她对情景的定义，这种定义可分为条和框架。条是指活动的顺序，框架是指用来界定条的组织类型。[6] 他同时认为框架是人们将社会真实转换为主观思想的重要凭据，即人们或组织对事件的主观解释与思考结构。甘姆森（Gamson）进一步发展了框架理论，他认为一个成熟的框架分析应包含三个部分：

---

[1] Pan, Z., & Kosicki, G. M. "Framing analysis: An approach to news discourse", Political Communication, Vol. 10, 1993, pp. 55-75.
[2] Bateson, G., A theory of play and fantasy. In Steps to an ecology of mind, New York: Ballantine Books, 1955 (1972), pp. 177-193.
[3] Goffman, E., Frame analysis: An essay on the organization of experience, Boston, MA: Northeastern University Press, 1974, p. 2.
[4] 同上书，1974, p. 4.
[5] 同上书，1974, p. 4.
[6] 同上书，1974, pp. 6-8.

一是关注生产过程；二是考察文本；三是在意义协商中一个带有主动性的受众和文本之间的复杂互动，① 从静态和动态、应然和实然等方面对框架理论划定了一个清晰而完整的范围。

（二）新闻框架理论的概念谱系和分析工具

新闻框架研究被认为可以划分成媒介（新闻）生产研究、媒介（新闻）内容研究和媒介（新闻）效果研究。② 某种意义上，新闻框架反映了新闻从业人员的某种偏好或偏见，它通过新闻从业人员的选择、强化、过滤和同化等方式，以及标题、导语、引文和重要段落的编排，以实现对事件的归因和意义赋予。但对于新闻框架理论的概念和结构，目前学术界仍然有不小的争议，究其原因，一方面是因为在框架理论的扩散与转换过程中，逐步形成了一系列的概念谱系，如框架、框架理论、框架分析、框架化、框架化分析、框架化研究等，这些概念在不同的学科中产生了一些相近的阐释性概念，但没有形成统一的规范和研究范式，往往产生了很大的歧义。③ 另一方面，框架本身既可以当动词，又可以当名词，还可以把它当成复合结构。作为动词的框架指的是界限外部事实和心理再造真实的过程，如吉特林（Gitlin）认为框架是选择、强调和排除，恩特曼（Entman）认为框架是选择与凸选，钟蔚文认为是选择与重组，沃肯伯格（Volkenburg）、赛梅柯（Semetko）和弗雷瑟（Vreese）进一步区分了媒体框架和受众框架等。作为名词的框架往往从结构入手，把框架本身作为研究对象，如潘忠党将框架策略分为四类：句法结构、脚本结构、主题结构和修辞结构。④ 作为复合结构的框架把静态结构与动态过程结合起来，如臧国仁提出的新闻框架三层次说，高层次是对某一事件主题的界定，如标题、导言或直接引句等；中层次则包括主要事件、先前事件、历史、结果、影响、归因、评估等；低层次则是指语言符号的使用，包括由字、词等组合而成的修辞与风格，这里可以把框架概念理解为一个名词和动词的复合体。⑤

就方法论层面而言，由于"框架"概念滥觞于早期文化社会学，因而初

---

① 转引自黄旦《传者图像：新闻专业主义的建构与消解》，复旦大学出版社 2005 年版。
② 陈阳：《框架分析：一个亟待澄清的理论概念》，《国际新闻界》2007 年第 4 期。
③ 刘强：《框架理论：概念、源流与方法探析——兼论我国框架理论研究的阙失》，《中国出版》2015 年第 8 期。
④ Pan, Z., & Kosicki, G. M. "Framing analysis: An approach to news discourse", Political Communication, Vol. 10, 1993, pp. 55-75.
⑤ 臧国仁：《新闻媒体与消息来源-媒介框架与真实建构之论述》，（台北）三民书局 1999 年版。

期的框架构建研究多采用语言学、符号学中常用的文本分析等质化研究方法。坦卡德（Tankard，J. W，J）为避免研究过于主观和抽象，设计出了包括新闻标题、新闻图片、新闻导语等 11 项指标在内的"框架列表"①，某种程度上为框架的文本识别和计算提供了操作层面的指标。随着框架理论研究的加强，研究者也越来越倾向于用内容分析等量化研究方法来完成对媒介框架的文本层面的把握和理解②，在传播效果研究中则是以实验法、访谈法等量化研究为主的精确的议程测量。万小广曾从框架分析的内容、分析手段以及分析层次等三个方面对"架构分析"的特点进行了概括③，他将框架理论分析所指向的对象——社会行动者话语的内容视为以话语、话语建构与话语接收等多个环节构成的共同体，并且指出"架构分析"是一种对社会行动者的话语、话语实践、行动及社会场景进行的"整合式分析"。从操作层面来看，内容分析和文本分析、话语分析以及观察、座谈、访谈等方法实际上分别关照了话语的接收及其效果和话语本身的建构问题，因此定性与定量方法的结合才是理想层面的框架理论研究方法。但是现实中，框架理论的研究却走向了方法论上的失衡状态，表现在研究视角上：多数研究只集中于媒介文本的测量，而对意义层面的话语、文本、符号关注不够；在研究方法上，多集中于比较内容分析和框架比较，对新闻生产过程和互动过程的研究太少，被认为是对框架理论研究传统的一种偏离。

（三）新闻框架研究失衡的现状

自戈夫曼提出框架理论后，"引发了学界的跟风热潮，一时间几乎言必称框架"④。同时，新闻框架理论也极大地影响了国内传播学的研究范式，据考证，台湾最早是 1995 年钟蔚文和臧国仁教授发表的《新闻的框架效果》论文，中国大陆于 1996 年由清华大学李希光等在《妖魔化中国的背后》一书中首次采用框架分析方法。此后，框架理论的文献犹如汗牛充栋，成为新闻传播研究领域的热点议题。本文通过在中国知网以"框架，框架理论，框架分析，架构，架构理论，架构分析，新闻框架，媒体框架，媒介框架，社

---

① Tankard, Jr., J. W., "The Empirical Approach to the Study of Media Framing", in Reese, S. D., Grandy, O., and Grant, Jr. A. E., eds., Framing Public Life: Perspectives on Media and Our Understanding of the Social World. Mahwah, NJ: Lawrence Erlbaum Associates, 2001, pp. 95-106.
② 钟新、陆佳怡：《走近唐纳德·肖》，《国际新闻界》2004 年第 4 期。
③ 万小广：《论架构分析在新闻传播学研究中的应用》，《国际新闻界》2010 年第 9 期。
④ 刘强：《框架理论：概念、源流与方法探析——兼论我国框架理论研究的阙失》，《中国出版》2015 年第 8 期。

会运动框架，集体行动框架"为关键词检索文献，剔除教育学、计算机科学等学科的文献样本，截止到 2017 年 4 月共得到样本量为 1291 篇文献。详细的文章发表时间分布、发表层次分布情况分别见图 1 和图 2。

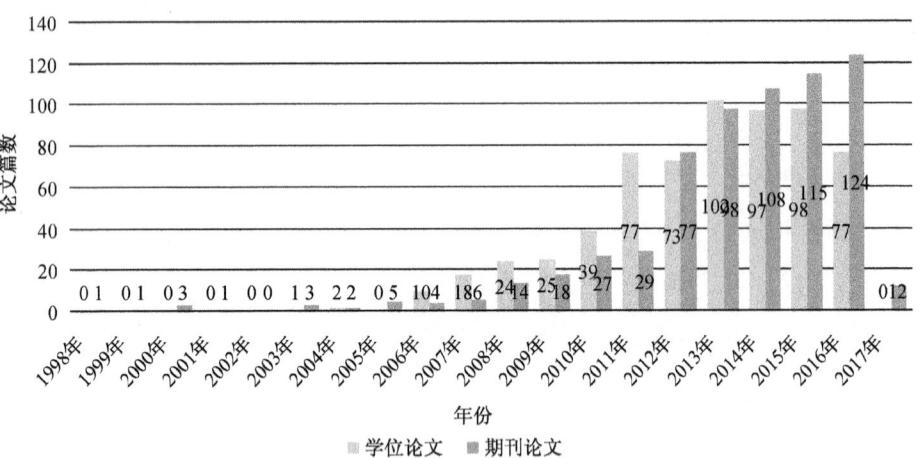

图 1　新闻框架论文发表时间分布

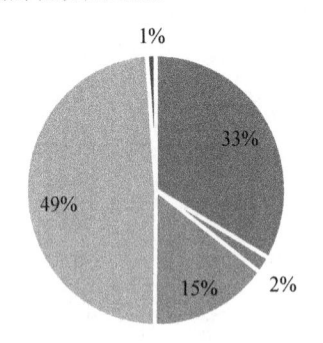

（数据来源：根据 CNKI 数据库检索结果整理）

图 2　1998 年—2017 年新闻框架论文发表层次分布

（数据来源：根据 CNKI 数据库检索结果整理）

　　从 CNKI 的检索结果来看，第一篇期刊论文是陆晔 1998 年发表在《新闻大学》上的《香港中文报纸中的中国内地新闻：新闻文本的框架研究》；第一篇硕士论文发表于 2003 年。自 2006 年起，新闻学界似乎找到了研究新闻文本、新闻话语更为规范化、理论化的研究路径——新闻框架理论，此类论文数量逐年升高，尤其在近五年达到研究的顶峰，平均每年都有近 200 篇论文发表。但在这数量繁荣的背后需要警示的是，文章发表层次多集中在一般期刊和硕士论文，来自一般刊物的文章数量占比 33％，硕士论文占比 48.7％，而来自 CSSCI 期刊的文章数量占比 15％，能检索到的相关的博士论文仅占比 1％。

从研究内容上来看，目前大陆学界对新闻框架的研究多集中在应用策略性研究（占比92.7%），对新闻框架的渊源、概念、研究范式等理论层面进行述评的文章仅有80篇（占比6.2%）。此外，有21篇（占比1.6%）论文在讨论案例的基础上对新闻框架理论进行了较为深入的探讨。新闻框架论文研究路径主要分为两种：其一为运用新闻框架理论对新闻文本进行内容分析或文本分析，讨论媒介对某事物或某群体的形象建构，其中"中国形象""女大学生""中国大妈"等具有较高的研究频率；其二为运用新闻框架三层次理论，针对当下热点事件分析不同媒介的框架呈现，议题主要集中在"雾霾""医患纠纷"等话题，多数研究都从坦卡德设定的"框架列表"中选取某些或全部指标，进行类目建构和编码，然后用内容分析方法进行数据统计分析，较少有研究从符号建构、社会结构、权力关系等视角切入。此外，新闻框架研究多有追逐当下热点事件的特点的倾向，此类研究多半停留在不同媒介间报道的话语差异，却很少涉及到背后的符号权力博弈或者符号意义建构过程。相当多数的研究将臧国仁的新闻框架三层次、坦卡德的新闻框架指标直接作为分析方法，将研究停留在对媒介现实的文本分析上，忽略了媒体与社会、政治的互动研究，使新闻框架研究有"沦为工具化的风险"。

相比而言，国外对于框架理论的研究议题更加多样化。本文考察了《Public Relation Review》等12本国际期刊中对于新闻框架的研究。国外近年对于新闻框架的研究也多是倾向于应用型，但视野不仅仅限于比较新闻报道框架差异的研究，社交媒体平台上的网络舆论已成为考量新闻框架建构的重要因素，呈现出"自媒体与大众媒体议程互动下的框架竞争"[1]、"危机公关中的框架建构"[2]、"政治传播中的框架建构"[3]等广泛议题。因此，国内对新闻框架的研究需要跳脱出大众媒体的报道文本研究范式，将框架放置到多种媒介议程互动竞争的语境下，并结合新媒体的媒介融合环境，注重与其他学科进行对话融合，以拓展研究的想象空间。

---

[1] Huang, Huiping. "Frame-rich, frame-poor: An investigation of the contingent effects of media frame diversity and individual differences on audience frame diversity", International Journal of Public Opinion Research, Vol. 22, 2009, pp. 47-73.
[2] Van der Meer, Toni GLA. Organizational crisis-denial strategy: The effect of denial on public framing, Public Relations Review, Vol. 40, 2014, pp. 537-539.
[3] Brewer, Paul R., & Lee Sigelman. "Political scientists as color commentators: Framing and expert commentary in media campaign coverage", Harvard International Journal of Press/Politics, Vol. 7, 2002, pp. 23-35.

二、从资源回归意义：社会运动框架理论及发展

如上所述，自20世纪70年代戈夫曼提出框架理论以来，框架理论被引入到传播学、社会学、政治学等各学科，但从研究现状来看，新闻框架和社会运动框架无疑是使用最为广泛、发展最为成熟、理论成果最为丰富的两大领域。20世纪80年代，甘姆森（Gamson）、本福特（Benford）和斯诺（Snow）等人借鉴了戈夫曼的框架理论[1]，将框架视角引入社会运动研究，指出行动者们需要通过框架化过程建构社会运动的意义，并建立了"社会运动框架"，用于社会运动微观动员过程的分析。斯诺等学者将框架从个体的"解读程式"重新定义为集体行动的"解读包"[2]，即社会运动领袖用来表达诉求、界定问题时所使用的一系列观点、修辞、论述、文本和标记等[3]。社会运动框架的含义是，通过一定的"框架"，社会运动组织或社会运动领袖赋予运动所涉事件或现象以特定意义，并扮演"信息发射体"的角色将其传播与推广，最终目的在于取得潜在参与者的共鸣，并成功动员他们付诸行动。[4]

与传统社会运动不同，以框架理论为支撑的新社会运动更追求身份的认同、对符号的控制权，反映的是现代化价值与后现代化价值之间的冲突[5]，社会运动的框架过程已经被认为是理解社会运动特征和过程的核心动力[6]。但与新闻框架相比，社会运动框架理论关注的是如何通过动员赋予意义，并纳入到社会动员的情感、理性范式中来，其概念化、理论化程度更高。克兰德曼斯曾把社会运动的动员任务概括为"共识动员"和"行动动员"两方面；威尔逊把意识形态分解为诊断、预后和推理三种构成的观点。[7] 社会运动框架建构论的旗手斯诺和本福特以威尔逊的思想为基础，结合克兰德曼斯

---

[1] Snow, David A. Framing and social movements, The Wiley-Blackwell Encyclopedia of Social and Political Movements, 2012.
[2] Gamson, W. A. & Lasch, K. E. "The political culture of social welfare policy", In S. E. Spiro, et al, eds., Evaluating the Welfare State, NY: Academic Press, 1983.
[3] Spector, M. & Kitsuse, J. I. Constructing Social Problems, Menlo Park, CA: Cummings, 1977.
[4] 夏瑛：《从边缘到主流：集体行动框架与文化情境》，《社会》2014年第1期。
[5] 赵鼎新：《社会与政治运动讲义》，社会科学文献出版社2012年版，第211-214页。
[6] Benford, Robert D., & David A. Snow. "Framing processes and social movements: An overview and assessment", Annual Review of Sociology, Vol. 26, 2000, pp. 611-639.
[7] 冯仕政：《西方社会运动理论研究》，中国人民大学出版社2013年版。

的观点，将社会运动的框架建构工作划分为三个步骤，诊断性框架建构，明确运动所针对的问题；预后性框架建构，明确解决这一问题的方法；以及促动性框架建构，明确具体的行动动机。[1] 具体到某个集体行动框架是如何被创造和发展的，斯诺等研究者认为，社会运动框架的创造、发展和更新过程可以区分为三组互相交织的过程，分别是：言说过程、谋划过程和竞争过程，在这三个过程中，谋划过程是最能体现抗争者的意志能动性，因此也是研究最早、最多的部分。[2] 在具体的抗争过程中，抗争组织者提出的某种意识形态、价值观或主张并不一定就是潜在参与者所能直接接受的框架，因此，为了实现最终目的，抗争组织者会在框架谋划阶段根据动员对象的情感和利益来改造原有的意识形态和话语体系，斯诺等学者将这一过程细分为框架搭桥（桥接）、框架扩大（渲染）、框架延伸（扩展）和框架转换（转变）四个方面，赵鼎新认为在此基础上还有框架借用这种谋划策略。[3] 此外，社会运动框架还包含主框架、框构与反框构、框架争议、社会运动的共鸣度等一系列的概念，构成了一个庞杂的理论体系。

方法论上，自斯诺的文章发表后，社会框架概念被广泛运用于描述和分析占社会运动主导地位的意识形态、运动修辞策略、集体行动的符号意义以及政府、媒体对运动的反应等众多领域。[4] 框架理论为社会运动研究提供了新的见解，例如，框架分析更注重社会运动中的话语分析[5]和文化共鸣[6]，并结合社会结构分析两者相互作用下对社会动员及政治效果的影响[7]，主框架的概念也多用于探讨交叉型社会运动已实现社会运动研究之间的对话[8]。需要指出的是，西方的社会运动理论已经相对成熟，但对社会运动框架的研究并没有太多批判性反思与评估[9]；而中国对集体行动的研究尚处于知识积

---

[1] 冯仕政：《西方社会运动理论研究》，中国人民大学出版社 2013 年版。
[2] 同上书。
[3] 赵鼎新：《社会与政治运动讲义》，社会科学文献出版社 2012 年版，第 211-214 页。
[4] 同上页。
[5] Sandberg, Sveinung. "Fighting neo-liberalism with neo-liberal discourse: ATTAC Norway, Foucault and collective action framing", Social Movement Studies, Vol. 5, 2006, pp. 209-227.
[6] Kolker, Emily S. "Framing as a cultural resource in health social movements: funding activism and the breast cancer movement in the US 1990—1993", Sociology of Health & Illness, Vol. 26, 2004, pp. 820-844.
[7] McVeigh, Rory, Daniel J. Myers, & David Sikkink. Corn, Klansmen, and Coolidge, "Structure and framing in social movements", Social Forces, Vol. 83, 2004, pp. 653-690.
[8] Carroll, William K., & Robert S. Ratner. "Master framing and cross-movement networking in contemporary social movements", The Sociological Quarterly, Vol. 37, 1996, pp. 601-625.
[9] Benford, Robert D., "An insider's critique of the social movement framing perspective", Sociological inquiry, Vol. 67, 1997, pp. 409-430.

累和理论建构的阶段,目前学界对社会框架的研究,多从意识形态、文化、政治结构和媒体等方面来讨论场域对社会运动框架建构的研究逐渐增多,注重概念性与理论性的探讨,但鲜有对社会抗争框架的量化分析。冯仕政曾指出,目前几乎每项社会运动框架研究都会归纳出一个具体的"集体行动框架",目前总结出的行动框架已超过 100 种,但这些框架都只能适用于一种或几种社会运动,不具备普遍性。① 在此种情况下,引入相应的量化方法对框架进行分类和测量显得很有必要,这可以避免概念的含糊性和随意性。因为社会运动框架确实存在框架的范围过宽或过窄、框架使用过度、框架未能切合受众文化背景和政治环境等问题,② 迫切需要提高其精确度和科学性。

三、新媒体环境下新闻框架与社会运动框架的交叉与整合

大众媒介与社会运动密切相关,从动员方式来看,大众媒介无疑是社会运动重要的工具,甚至是决定性因素。③ 孙玮认为,大众媒介在社会运动中的功能主要体现在议题建构、争取支持者、获得大众对运动基本理念的认同、形成有利于运动的社会舆论等,集中表现为"归因"和"表意"的功能。④ 夏倩芳认为,国外的社会运动研究主要集中在如何引起媒体关注的策略上,如信念概念化、制定标语和口号、表演行为艺术、制造戏剧事件、在内部成员中进行分工合作,调整论述等。⑤

周裕琼把乌坎事件视作媒体通过"框架化"机制主动介入社会运动的典型案例。⑥ 如果说上述论断所处的社会背景仍然是大众媒体时代的话,随着微博、微信等自媒体社交平台的兴起,新媒体技术降低了社会运动的参与成本,自媒体不仅是社交媒介,更成为公民集体行动中的联络组织、宣传动员、扩大认同的工具,有越来越多的研究开始关注自媒体在社会动员和议题建构中的功能,甚至有学者直接把这类事件称为媒介化事件。

---

① 冯仕政:《西方社会运动理论研究》,中国人民大学出版社 2013 年版。
② 同上页。
③ 吉特林:《新左派运动的媒介镜像》,华夏出版社 2007 年版。
④ 孙玮:《中国"新民权运动"中的媒介"社会动员"——以重庆"钉子户"事件的媒介报道为例》,《新闻大学》2008 年第 4 期。
⑤ 夏倩芳、张明新:《新闻框架与固定成见:1979—2005 年中国大陆主流报纸新闻中的党员形象与精英形象》,《新闻与传播研究》2007 年第 2 期。
⑥ 周裕琼、齐发鹏:《策略性框架与框架化机制:乌坎事件中抗争性话语的建构与传播》,《新闻与传播研究》2014 年第 8 期。

新媒体的出现既颠覆了新闻框架研究的既有理论概念，也为新闻框架研究的理论延伸提供了一种可能性。因为从媒介功能属性来看，自媒体作为社会运动的动员方式，既是媒介资源，也是行动工具。换句话说，抗争者既会借助自媒体扩大认同，同时也会以此吸引大众媒体的关注，自媒体和大众媒体之间往往可以形成议题互动关系。因此，对此类事件的分析应该走出单一的分析路径，而应借助社会运动框架理论来进行多视角分析。

从理论层面来看，虽然新闻框架和社会运动框架指向的研究对象不同，但都来源于戈夫曼的框架理论，有着共同的理论渊源。社会建构学者在提出"社会真实均由建构而来"的说法后，也强调人们须透过语言或其他中介结构来处理社会"原初真实"[1]，只不过，新闻框架侧重新闻文本来构建新闻事件的真实，而社会运动框架强调通过行动中的各种文本符号形式来建构、承载意义。同时，新闻框架和社会运动框架都基于认知主义来探讨框架对个体看待事物的看法或思路是怎样形成和改变的，新闻框架被认为可以帮助新闻生产者和读者选择、组织和诠释外界的信息，而社会运动框架的最终目的是框架整合，改变行动者的目标和方向，即改变行动者的原有认知，使其认可框架制定者的思路和理念[2]。由此，有学者将学界目前对框架的概念化途径分为两类，第一类是功能性的，第二类是注重"框架"概念本身抽象的理论属性[3]，多数学者对新闻框架和社会运动框架给出的概念属于前者，二者皆注重框架的"功能属性"。因此，新闻框架和社会运动在理论上存在对话的可能性。

从经验层面来看，媒介动员也是社会运动（社会抗争）绕不开的重要因素，它和社会运动相互影响，相互作用，互为因果。尤其是在当前处于转型期的中国实践语境下，社会运动中的行动者难以找到制度化的解决路径，通过自媒体平台引发网民的关注或借用自媒体力量调动社会资源成为常态化选择，因为媒介动员、议题建构能够影响到社会抗争的走向，并提供建构社会行动的竞争性话语空间。[4] 可见，媒介动员与社会动员的关系非常紧密：行动者既可以借助大众媒体的力量获得更广泛的社会资源，又可以利用自媒体

---

[1] 臧国仁：《新闻报导与真实建构：新闻框架理论的观点》，《传播研究集刊》第三集，1998年，第12页。
[2] 冯仕政：《西方社会运动理论研究》，中国人民大学出版社2013年版。
[3] 潘霁：《略论"媒体框架"的概念化》，《国际新闻界》2010年第9期。
[4] 袁光锋：《合法化框架内的多元主义：征地拆迁报道中的冲突呈现》，《新闻与传播研究》2012年第4期。

社交平台发表观点、设置议程以赢得舆论关注，同时网络议程也会成为媒介议程并形成媒体报道的框架。因此，媒介事件中的冲突竞争性话语既可以用新闻框架来解读，也可以用社会运动框架来进行阐释，两种框架可以互相借鉴，取长补短：第一，对新闻框架的研究仍然可以采用臧国仁的新闻框架三层次和坦卡德的框架指标来对文本进行量化分析，将媒介对社会运动事件构建出的新闻框架得以清晰、客观的展现，其中包括对大众媒体报道的新闻框架分析，也包括对抗争者运用的自媒体的内容分析。第二，引入社会运动框架概念分析社会运动过程中诊断性框构、预后性框构、促动性框构的形成过程，从动态的角度分析框架建构过程中符号建构、话语背后的权力运作，抗争者如何通过框架建构来实现自我身份、扩大认同并达到动员的目的。第三，可以用新闻框架理论来阐释大众媒体与自媒体在框架建构过程中的议题互动过程，以此形成对媒介事件文本的量化分析，增强意义形成过程中的文本呈现度。

四、框架研究的跨学科对话与反思

在新媒体场域下，新闻框架的研究的路径需要被重新检视，在媒介事件中开展新闻框架与行动框架的知识融合，乃至在不同学科之间开展对话，显得十分必要。本文认为应从以下四个维度完善框架理论的研究。

首先，框架理论的概念应更为清晰，分类研究应更为精确。框架概念有时指看待正在发生的事情的观点，有时指经验的组织方式，有时又被"固定"于现实中，"看上去任何东西只要能被组织或能被分辨，就能够被框架。"后来戈夫曼自己也承认对一些概念（如初始框架）的分析失之简单，这意味着，框架概念从一开始就有偏于宽泛的倾向。① 潘忠党认为，无论从哪个角度说，框架分析都是一个理论混沌的研究领域，美国政治学家恩特曼将其概括为"破裂的范式"，虽然有学者认为框架分析是个多范式、研究方法多元化的课题，但并不能解决基本概念混乱的问题，而理论的混沌则与研究问题的杂乱直接相关。② 由于框架理论定义和概念化上的模糊不清，使得

---

① 肖伟：《论欧文·戈夫曼的框架思想》，《国际新闻界》2010 年第 12 期。
② 潘忠党：《架构分析：一个亟需理论澄清的领域》，《传播与社会学刊》（香港）2006 年第 1 期。

"框架"在研究中的操作化与概念之间时常出现脱节。① 对于框架分类的现有研究,刘涛将框架存在的范畴形态划分为定义框架、知识框架、情感框架和价值框架四种"元框架形态"②,为框架概念的细分提供了较新的视角。但是,正如潘忠党所指出的那样,目前框架有多种分类,并且这些分类体系各自都不完整,因为这些研究都没有从分析框架的概念出发,以逻辑演绎法,分析在新闻和公共表达中的实践行动,并以此提出分类的层面与标准,因此无法显示不同框架途径或类别之间的理论关联。③ 框架概念的模糊性与宽泛性在某种程度上导致了研究方法过于局限于媒体文本的定量描述层面,因为除去清晰的文本,研究者将很难从庞杂和抽象的概念中寻找到落脚点,因此,进一步厘清框架理论中的概念和类别,并赋予其操作化定义,应成为今后的研究重点。

其次,新媒体环境下新闻框架研究与社会运动框架应相互取长补短。一方面,新闻框架研究应避免工具化和套路化倾向,表现在:多数研究先引用国外比较成熟的实证研究模板,结合国内时事热点,将内容套进框架分析的模板,最后在选题、叙事方式、词语、归因等方面进行比较并指出框架的差异性,但是,对框架背后的社会结构、权力关系、话语符号等进行研究的却凤毛麟角。此类量化研究虽然可以更为清晰地呈现出新闻框架的脉络,并增加了研究的客观性,但同时,也会导致研究者孤立地将新闻框架作为工具来分析,很少超越简单的描述④。这也不难解释,框架分析虽已成为传播学的核心关注点之一,但对框架分析的理论贡献甚微。而社会运动框架的研究现状则恰恰相反,多数社会抗争框架研究以思辨为主,更注重概念体系的借用,但鲜有对社会运动框架的量化分析。因此,新闻框架和社会运动框架的研究应相互借鉴,取长补短,对媒介融合时代背景下的媒介事件分析,既可以采用臧国仁的新闻框架三层次和坦卡德的框架指标来分析文本,同时也要借用社会运动框架概念体系来勾勒出抗争者借助自媒体建构意义、扩大认同的过程。

再次,不管是何种研究视角和研究方法,框架研究都不能偏离框架的原初意义即追求意义与认同。有批评者指出,戈夫曼的框架理论没有向我们提供任何关于历史的社会关系、多样化的阐释等的信息,而是将互动僵化到一

---

① 潘霁:《略论"媒体框架"的概念化》,《国际新闻界》2010年第9期。
② 潘忠党:《架构分析:一个亟需理论澄清的领域》,《传播与社会学刊》(香港)2006年第1期。
③ 刘涛:《元框架:话语实践中的修辞发明与争议宣认》,《新闻大学》2017年第2期。
④ 同②。

个单一的"框架"中，忽视了不同个体在具体情境中的多样性。① 凯瑞（James W. Carey）指出，对于政治、理性、权力及社会变迁的回避，是芝加哥学派符号互动论学者的共同特点，这种回避在戈夫曼那里也不例外。② 目前学界对新闻框架、媒介事件中的行动框架的研究也确实存在这种问题：相当一部分新闻框架研究只停留在对报道内容的文本分析上，孤立地分析新闻框架的层次或指标，忽视了对意义的关注，有学者由此认为现有研究关注的"是框架而不是框架建构"。此外，有学者质疑社会运动框架理论具有静态化倾向，因为现有研究只注重社会运动中的精英组织者的框架建构活动，而忽视普通民众"解读图示"的作用。事实上，在自媒体动员越来越广泛的公共事件中，普通网民对框架的带有主观色彩的理解方式也会对事件产生重要影响。③

最后，应从动态系统的视角把不同学科的框架分析看作一个公共事件的不同发展阶段，考察不同框架的因果联系。在媒介事件中，既应该研究自媒体与大众媒体的议题互动过程，也应该研究议题互动结果导致的政府回应框架，而对政府回应文本和话语框架的研究恰恰是一个方兴未艾的研究领域。因为一个完整的公共事件既包括个体、集体的认知框架如何影响事件的解读，也涉及到参与者如何借助各种手段来凝练意义，扩大认同并争取媒体的支持，而媒体的报道框架又将影响政府的回应框架，各个部分的框架化过程都不能割裂开来，应看作一个相互影响的有机整体。

总之，以新闻框架和社会运动框架为代表的不同学科领域对于框架理论的研究存在着割裂，迫切需要开展多学科对话，将认知框架、新闻框架、行动框架、回应框架四个层次做到有机整合，以此拓展新闻框架研究的想象空间。正如斯蒂芬 D. 里斯（Stephen D. Reese）在《框架构建的设计：修正媒介研究的一种桥接模式》所言，框架构建不应该被视为一个统一的范式，而应该成为一座可以嫁接不同研究领域的桥梁，不管是定性的还是定量的，是实证的还是解释的，各种研究都可以通过框架构建实现对话和交流，框架构建本身就是一种具有整合性的理论模式。④

---

① Denzin, N. K. & Keller, C. M., "Frame Analysis Reconsidered", Contemporary Sociology, Vol. 10, 1981.
② 肖伟：《论欧文·戈夫曼的框架思想》，《国际新闻界》2010 年第 12 期。
③ 冯仕政：《西方社会运动理论研究》，中国人民大学出版社 2013 年版。
④ 转引自李莉、张咏华《框架构建、议程设置和启动效应研究新视野——基于对 2007 年 3 月美国〈传播学杂志〉特刊的探讨》，《国际新闻界》2008 年第 3 期。

跋

2008年,我有了一个新的职业身份——学术期刊的编辑。一入行,就被安排做一个新设置的栏目,"新闻传播研究"。在综合性人文社科学术期刊还是传统一级学科拼盘运作的年代,"新闻传播研究"能获得"固定席位",并由一个新手具体来做,确实是仰赖叶南客院长和时任总编李程骅研究员的卓见和信任。

2018,来到十周年这个时间节点,"新闻传播研究"作为特色栏目,有幸得到国家社科基金的专项资助。我们用这笔资助做了两件事,一是做一个学术笔会,一是出这本题为"新时代 新媒介 新想象:当代新闻传播研究的问题和方法"的十年精选文集。从260多篇文章中遴选文集文章,其实也是一种"见字如面"。重温着和每篇文章、每个作者或多或少、或深或浅的交集,我想,若是把这些年的这些交集——细述下来,看似严肃的学术生产是不是会多一些温情、温度呢?只是,这样的职业自觉来得太晚,大部分与人与文的交集,并没有留下文字。不过,痕迹还是在的。在不同的场合,我多次说到依托学术期刊建设学术共同体的想法,大部分案例就来自于此。从去年起,我开始有意识地留下和作者(有时候他们也是外审专家)商议稿子的通联文字。作为编辑,我想我也是学术生产过程和学术生态营构的一部分。因文章而产生的诸多交集,也促使我有意识地观察和思考学术生产实践。我希望有一天这些观察和思考也能和大家见面。

简要说说这本文集。集子共分六个部分,所选文章大部分都产生了较为广泛的学术反响,基本反映了这个栏目"理论引领,问题导向"的选题定位和学术个性。这十年,也是新闻传播学科蓬勃发展的十年,我们尽量做到热的问题冷静做,新的问题沉淀做,大的问题深厚做,小的问题精致做。另外,熟悉这个学科的老师应该能感觉到我的一点编辑心迹,入选这本文集的论文作者,年龄从40后到80后,横跨40年,他们的作品一定程度上展现了学术代际的代表声音和传承痕迹。

虽然有点俗套,我还是要向十年间在这方园地贡献过智慧的学者表达谢意。在这一亩三分地里,我们一起种过桃,种过李,种过春风,也收获了欣喜、满足和快乐。

虞淑娟(御风)